Freiburg · Breisgau
Markgräflerland

Wolfgang Abel

14. Auflage 2006

*Über Liebe soll man nicht reden,
über Essen und Trinken
keine Bücher schreiben.*

JAKOB FLACH, Minestra

Dies ist kein Buch für Kegelbrüder und Heimattümler – nichts für jene, die im Südwesten Bollenhut und Kuckucksuhr suchen. Wer bei klodeckelgroßen Jägerschnitzeln, Fritten und Freizeitparks einen wässrigen Mund bekommt, kann gleich mit dem Lesen aufhören.

Ein Buch für Wein- und Tafelfreunde, für Tagdiebe und Augenmenschen. Besonders für jene, die sich gerne bewegen, bewegen lassen.

Wem die Menschen vor dem Freiburger Münster mehr bedeuten als die Heiligen drinnen; wer ahnt, daß auf Speisekarten mehr über das Lebensgefühl einer Region zu lesen ist als auf Gedenktafeln; wem die Gedanken im Kaffeehaus, beim Rückenschwimmen, oder unterm Kirschbaum kommen, der kann hier was erleben.

Inhalt

Bitte vor dem Essen lesen	6
Küche, Keller, Kundschaft	20

Freiburg 24

Feine Küche in Freiburg	33
Bürgerlich und behaglich	44
Kurz und gut	72
Badisch und Deutsch	84
Spät und Später	91
Herb und feucht	97
Die Rote Liste	119
Interessante Läden	122
Freiburger Allerlei	132

Freiburger Fluchten 152

Nach Süden	152
Schauinsland	166

Nach Westen 177

Nach Osten 187

Um Kirchzarten	188

Nach Norden 193

Glottertal	199
Um Freiamt	205
Elztal, Simonswälder Tal	209

Kaiserstuhl — 212

Zwischen Endingen und Burkheim 216
Orte im inneren Kaiserstuhl 226

Südlich Freiburg — 235

Um Wittnau und Sölden 237
Tuniberg 245
Rheintal zwischen Bad Krozingen und Müllheim 250
Staufen 258

Markgräflerland — 268

Müllheim 280
Badenweiler 296
Zwischen Müllheim und Schliengen 321
Zwischen Kandern und Weil 328
Kandertal 333
Rebland von Schliengen bis Weil 336
Lörrach 350

Weinwissen — 356

Die Schwarze Liste — 393

Ausgewählte Oasen — 397

Stichwortverzeichnis — 400

Orte	400
Gasthäuser	402
Läden, Handwerker & Winzer	404
Hinweise Hotels & Gästezimmer	406

Bitte vor dem Essen lesen

Meine etwas lang geratene Tirade wider den kulinarischen Unfug würde ich am liebsten streichen, aber die Realität spricht dagegen. Seit Jahren nahezu unverändert, sind die folgenden Seiten aktueller denn je – und sie werden es wohl bleiben.

Es schmeckt, wie Heino singt: Landauf, landab drohen Variationen von deodoriertem Gemüse, Lammhäxle frisch aus Neuseeland, Weißbrot mit dem Geschmack von Styropor. Antibiotikasatte Fernostcrevetten und traniger Zuchtlachs sind der Schweinsbraten des neuen Mittelstandes. Tutti frutti zu jeder Zeit: groß, viel, bunt. Fitnessteller, Hemdendesign und Stadtteilfeste gleichen sich mehr und mehr. Und alles schmeckt so lecker!

Dann die Mondaminfraktion: Sie rollt im gewienerten Geländewagen zum Großmarkt. Palettenweise wird in diesen Sonderdeponien Folklore gebunkert: Markgräfler Schäufele in Folie verschweißt, endlagerfähig. Pfifferlinge aus der Ostmark, Spargel aus Andalusien, Schwarzwälder Schinken aus dem Gülledreieck Ostwestfalens. Zurück in der Heimatstube, zwischen Brauereibarock und Jodlerstil, wird daraus eine regionale Plumpsküche: Vesperbrettle, Jägerschnitzel, Rahmsüpple. Die Karte in Fraktur geschrieben: Gasthäuser, die das Eiserne Kreuz verdient haben.

Oasen und Kompromisse: Dieses Buch versucht nun schon seit fast fünfzehn Jahren, ein paar Auswege zu weisen. Das ist nicht einfach, Kompromisse sind viel zu oft notwendig. Obwohl der Südwesten als kulinarische Landschaft oft gelobt wird, arbeitet die Mehrzahl der Gaststätten nach wie vor auf bedauernswert niederem Niveau. Das gilt auch für jene Gäste, die weder Stil noch Geschmack haben, die Misere zu erkennen.

Auf der Liste bedrohter Arten: Tischkultur

Mag sein, daß es anderswo im Land noch schlimmer ist. Mich hat nur eins interessiert: Wo sind die Oasen? Wo kann man einen Abend lang in anregender Umgebung sein, gut essen und trinken, eventuell noch lauschig übernachten, ohne am nächsten Morgen mit schwerem Kopf und leerem Geldbeutel aufzuwachen.

Um ehrlich zu sein, es gibt für mich höchstens zwanzig solcher Gaststätten im Wortsinn. Die Spannweite der Auswahl reicht dabei vom erstklassigen Haus, wo man dennoch mit einem Fünfziger pro Zunge auskommen sollte, bis hin zur Landbeiz, in der das Vesper nicht mehr als einen kleinen Schein kostet. Meine restlichen Tips sind Kompromisse und somit wie der Alltag: mal gut, mal mäßig, auch mal zum Davonlaufen.

Was ist neu? Gegenüber früheren Auflagen dieses Buches bekommen all jene Gasthäuser mehr Raum, die ein eigenes Profil zeigen. *Ideenarme Pachtknechte*, die Euroschrott verbraten und als Trendkost auftischen, all die Tarner und Täuscher, die Belangloses mediterran umrubeln, sollen nur noch als Fußnoten auftauchen. Beispielsweise, wenn ihnen

‚Nasses Herbstlaub' schmeckt nicht gut

Schicksal oder Erbe einen Betrieb in Traumlage beschert hat (Motto: Panorama gut, Essen schlecht). Ähnliches gilt für die *konventionelle Sternegastronomie:* die Abkocherei mit Luxusprodukten kommt, sofern sie sich nicht von überkommenen Mustern emanzipiert hat, ebenfalls nur noch als Marginalie vor.

Nasses Herbstlaub heißen in Japan jene Männer, die nach einer Karriere von ihrem Umfeld und vom Leben nicht mehr gebraucht werden. Sie treiben durch die Stadt und sitzen in U-Bahn-Schächten, ihrer ehemaligen Bedeutung nachtrauernd. Nasses Herbstlaub in der Küche schmeckt aber garnicht gut und in Deutschland gibt es eine Menge davon. Deshalb sei an ein paar Dinge erinnert:

Bezeichnend, daß frische gastronomische Konzepte meist von Seiteneinsteigern etabliert werden, wogegen Verbandsgastronomen zunehmend als Jammerprofis auffallen. Was nicht wundert, wer sich heute damit begnügt, Großmarktware aufzudonnern ist schlicht von gestern. Schon die Machenschaften auf dem Fleischmarkt zeigen die Bedeutung neuer Konzepte. Das klingt weder originell, noch neu, aber

Beim Brot fängt es an

so dringend wie eh und je! Dieser Satz steht hier übrigens schon seit zehn Jahren – und er wird auch noch in zehn Jahren aktuell sein. Man muß ja nur bedenken, wie frech die Bauernverbände ein paar Monate nach BSE et al. tönten. Die Agrarwende ist ferner denn je, solange die Geschmackswende fehlt. Leider haben sich die Konsequenzen auch im Gastgewerbe noch nicht rumgesprochen. Würde ich mich auf jene Betriebe beschränken, die aus Überzeugung (nicht aus Gründen anbiedernder Öko-Korrektheit) auf Qualität beim Einkauf setzen, hielten Sie eine dünne Broschüre in der Hand. Trotz allem, wenn Stimmung und Service erfreuen, wollen wir nicht kleinlich sein. Jenen Gesellen aber, die aus Industrieabfällen Karten mit -zig Positionen zimmern, gilt unsere Verachtung.

McLuxus – auch im Gourmetbereich hat sich längst eine Einförmigkeit sogenannter Luxusprodukte etabliert, ein McLuxus, der jeden fortgeschrittenen Genießer abschrecken müßte. Geliefert als kalibrierte Standardware vom Feinkost-LKW werden die üblichen Renommierware (Steinbutt, Riesengarnelen, Gänseleber et al.) gewinnbringend aufgerüscht. Und was machen die Michelin-besternten Helden? Der Bequemlichkeit wegen lassen sie sich die ganze Chose im Set anliefern: Normsalat, tourniertes Banalgemüse, Flugobst (Hauptsache exotisch). Das Menü in solchen Etablissements kostet ab 50 Euro aufwärts. Beim Einkauf wählen die Abkocher die um 10 Cent billigere Ware.

Untiefen im Hummerbecken. Ohnehin ein Jammer, daß diese Zeilen in einer stillen Ecke formuliert werden müssen. Medienköche und die vergreisten, frankophilen Großzungen der Gastronomiekritik, der ganze versippte Palazzo, dessen Aufgabe es eigentlich wäre, auf die seit Jahr und Tag verschnarchten Zustände hinzuweisen – alle sitzen lächelnd am selben Tisch. Bis auf ein paar Piekserein tut keiner dem anderen weh – es läuft wie beim Theater. Aber die Hummerbecken bekommen Untiefen. Deshalb ein paar Anmerkungen: Was auf jeder Weinkarte eine Selbstverständlichkeit ist – Angabe von *Herkunftsort, Erzeuger* und *Qualitätsklasse* – ist bei Speisen noch immer die absolute Ausnahme. Dabei wäre es – angesichts des Warenroulettes – doch wichtig, zu erfahren: Wo kauft der Wirt sein Fleisch ein, wo kommt das Gemüse her, gibt's Frisches aus der Region oder LKW-Ware? Und bitte klare Angaben, kein Gefasel vom ‚heimischen Weiderind' oder vom ‚Schwarzwälder Ziegenkäsle'. Und wo finden Sie differenzierte Herkunftsangaben bei heimischen Spitzenhäusern? Totale Fehlanzeige.

Dafür verzwickte Menüfolgen, mit protokollarischem Ernst serviert. Wen interessiert eine solch repressive Verköstigung eigentlich noch? Das katholische Hochamt konnte sich zwar bis heute halten, aber wer geht hin? Außer der Kirche und der Politik produziert wohl kaum eine andere Branche so hartnäckig am Kunden vorbei wie die Top-Gastronomie. Fragt sich, wie lange das noch geht. Beim Betreten der einschlägigen Tempel will einem DANTE jedenfalls nicht aus dem Kopf: „Ihr, die Ihr eintretet, lasset alle Hoffnung fahren."

Hinterwälder verzweifelt gesucht

Geiltriebe des Luxus: Was könnte die Fragwürdigkeiten der Kulissengastronomie deutlicher offenlegen als die Geiltriebe, die dem Luxus geschossen sind. Auch die verschämt installierte Bauernstube, oder der neoromantische Gewölbekeller ist keine Lösung. Richtungsweisende Konzepte entwickeln ihre Dynamik aus sich selbst, aus der Kraft einer neuen Idee und nicht durch die Kopie traditioneller Muster.

Warum sagt keiner: Laß' uns einen aufrichtigen Gärtner suchen, Viehzüchter, Fischhändler. Laß' geachtetes Personal arbeiten? Biete Gerichte für 10, 20 und 30 Euro an, mittags ein fixer Teller für 10, 15 Euro? Aber genug, wir müssen weiter im Text. Der Grundgedanke hinter diesem Buch bleibt, wie er war: Gute Küche verlangt nach guten Grundprodukten. Wer Mist einkauft, serviert nun mal Mist, egal ob das Gekröse püriert, getrüffelt oder sonstwie getarnt wird.

Die Sache ist wichtig: Der EU-weite Aufbau von Agro-Fabriken führte bekanntlich zu genormten, geschmacksneutralen Produkten (aromafreies Obst, Fabrikfleisch von der Blitzmastsau, elastischer Retortenkäse). Warum lassen wir uns so etwas gefallen? Die Demutshaltung deutscher Gäste, ihre höchstens noch in England übertroffene Leidensfähigkeit ist nur noch psychologisch zu erklären. Die urdeutsche Kinderzimmerparole vom ‚Essen, was auf den Tisch kommt' erscheint beim Erwachsenen sublimiert als ‚Zwang zum schlechten Essen'. Freudvoll erlebt wird nicht das Essen an sich, sondern die Erinnerung an die eigene Kindheit, beim Fraß. Was tun? „Boykott. Und bei doch aus Not stattfindendem Besuch Protest. Protest bei Tisch." (STEFAN OPITZ)

Öko-Lügen: Es vergeht fast kein Tag, an dem nicht über irgendwelche Initiativen zum umweltschonenden Wein- und Landbau palavert wird. Über Absichtserklärungen und wachsweiche Empfehlungen gehen die Anbaurichtlinien aber selten hinaus. Gleiches gilt für die regionalen Gütezeichen (*Drei Löwen* etc.), deren Kriterien zusammen mit den Verursachern der Malaise erarbeitet wurden. Trotz all dem Medien-Tamtam werden in Deutschland gerade mal drei Prozent der landwirtschaftlichen Fläche nach ökologischen Regeln bewirtschaftet (beim Weinbau fünf Prozent!); in der Schweiz sind es ca. 15 %; in Österreich 25 %! Fazit: Selbst die angeblich so fromme Ökonische in Deutsch-Südwest bleibt weit hinter den Möglichkeiten.

Auch die aktuelle Regiotümelei nervt, weil eigentlich Selbstverständliches wie eine Monstranz präsentiert wird. So frömmelt es auf den Karten gewaltig, die Kollaboration mit dem Bauern um die Ecke und einem friedensbewegten Möhrenschnitzer ist zur Pflichtübung besserer Stände geworden. Aber schon ein einziger Gang zu den großen Gastrolieferanten der Region zeigt: Gleich, ob Sterne- oder Sportheimküche, bei der *Metro* wird der Wagen mit den Vakupacks durch die Hochregal-Lager bugsiert und daheim in der Wirtschaft lese ich dann was von frischer, regionaler Küche. Stimmt, sofern man Großmärkte als regionale Quelle bezeichnet. Aber wer in der bürgerlichen Mittelklasse bemüht sich denn um sauberes Brot, ordentlichen Essig, gutes Öl? Weshalb auch,

Achtung Klapperschlangensuppe!

es tut ja auch der 10-Liter-Kübel mit essigsaurer Pisse, „isch jo so günschtig". Für den Liter Motoröl gibt der Wirt allemal mehr aus als für den Liter Speiseöl. Und so kommt ja auch der Fleischwahnsinn zustande. Erzeuger, die erstklassige Qualität bieten, haben gegen die Preise der Mastbetriebe im In- und Ausland keine Chance. Die liefern zwar nur grobfasrige Kaumasse, aber die billig und überall.

Der Warmlutscher: Lebensmittelskandale, gleich, ob sie die Schweinezüchter Westfalens oder irgendeinen Hühnerbaron treffen, sind letztendlich ja nur ein Spiegel der Konsumwünsche. Der Produktsurfer will alles sofort. Ein Verhalten, das der Triebstruktur von Kleinkindern entspricht – zum Slogan geronnen in: ‚Ich und mein Magnum!' Die modernen Warmlutscher, wie sie heute zwischen Eismann, Wohnmobil und Mikrowelle pendeln, sind das Ende einer Produktkultur, die auf langfristige Beziehung angelegt ist. Nicht nur BMW und Mercedes, auch Fleisch und Brot brauchen Zeit und kosten Geld. Mit dieser düsteren Sicht ins Innere des Freizeitanzuges sei die Predigt beendet.

Küche mit Mut, Gäste mit Geschmack

Was schmerzlich fehlt, ist nicht das vierundzwanzigste Gasthaus, in dem grenzdebile Kreationen geboten werden (vorläufiger Höhepunkt siehe auf der letzten Seite: Klapperschlangensuppe!). Was die Geschmacksbildung betrifft, ist auch die oft betonte Pionierrolle der Spitzengastronomie zu Ende. Die Arrangements von ‚an und auf' schmecken schal – sie stehen für eine im Ritual erstarrte Küche zu pharmazeutischen Preisen. Überholt wie das Gehabe mit kalligraphisch gestalteten Speisekarten. Früher Fuchsschwanz und Spoiler, heute Krustentiervariationen unter Blätterteighäubchen. Es könnte auch sein, daß Kunstsammler und sternenhörige Gourmets eines gemein haben: daß sie immer ein wenig abkassiert und gequält werden wollen. Wie heißt es doch so schön:

> *Es steigt bei näherer Betrachtung*
> *mit dem Preise, gleich die Achtung.*

Der Koch soll in der Küche bleiben. Wer will sich denn noch von blasierten Blicken ins Bockshorn jagen lassen, wer will noch lauwarme Fetische in tiefen Tellern betrachten? Die höfischen Zeiten sind vorbei, der Koch soll nicht gütig nicken, er soll kochen. Wer möchte Bohnen aus Kenia, Obst aus Ougadugu? Freilich sind diese Gedanken für Köche (auch für Gäste), die unablässig ihr angeschmortes Sozialprestige aufbessern müssen, kaum nachvollziehbar. Also wird weiter gekünstelt, als gelte es, ein Lagerfeld der Kochpötte zu werden. Das Pfauenkleid paßt aber nur wenigen.

Anstatt sich auf das zu besinnen, was man kann, geht das Geklimper jetzt schon in der Mittelklasse los. Jungköche, die sich noch in der kulinarischen Pubertät befinden, drehen schon in mäßigen Landbeizen ihre Gockelrunde, verkaufen gequollenen Milchreis als Risotto und verfertigen sinnfreie Carpaccios. Milchbärte tapsen in namenbestickten Kitteln

Prost, Mahlzeit! – Gesehen an der Sichelschmiede in Freiburg

durch die Gänge, auf der Karte Riesengarnelen aus Asien, im Hof der neueste Benz. Klima, Leder, Alu, tiefergelegt. Ein Ding, das zu allem taugt, nur nicht, um einen Sack Kartoffeln vom Bauern nebenan zu holen.

Derweil wird von den üblichen Verdächtigen über eine ‚Küche der Regionen' palavert (gerne auf Einladung) und hernach fleißig darüber geschrieben, in der Praxis sehe ich die Crème der regionalen Hochküchen wie eh und je im Großmarkt. Muß aber nicht sein: Wer Geschmack hat *und* informiert ist, kann im Südwesten für kleines Geld gut essen und hervorragenden Wein bekommen. Leider sind solche wachen Genießer eine Minderheit, ganz im Gegensatz zu jenen Tölpeln, deren Konto schneller als die Urteilskraft gestiegen ist. Sie müssen nun zur Strafe in Trendkneipen im Durchzug harren; schleppend bedient von überforderten Aushilfen.

Aber: Unbedingte Anerkennung, wenn's schmeckt, wenn ordentlich bedient wurde. Der Nährstand hat Achtung verdient, sofern er aufrichtig arbeitet. Könner erhalten vom Gast leider selten die Anerkennung, die angemessen wäre. Gastronomie ist ein hartes Geschäft, der neue deutsche Gast eine tägliche Herausforderung. Seien Sie kritisch, haben Sie im Fall des Falles aber ein großes Herz. In unserem lauwarmen Land können eindeutige Gesten nicht schaden. In diesem Sinne ein kleine Polemik zur Kunst der Reklamation:

Keine Feigheit vor dem Wirt: Der unzufriedene Gast erzählt im Bekanntenkreis in der Regel dreimal so oft von seinen Erlebnissen wie ein zufriedener Kunde. Leider gehört der souveräne Umgang mit Beschwerden im deutschen Gastwesen zu den Ausnahmen. Mein Eindruck, gleich ob Bauernbeiz oder Spitzenrestaurant: Gast und Gastgeber tun sich gleich schwer, obwohl es oft um Kleinigkeiten geht. Post tabulam wird der gestaute Frust dann umso heftiger abgebaut, was sich oft in einer geradezu professionellen Freude am Petzen äußert. Auf der anderen Seite blasierte Kellner und divenhafte Köche, die in jeder Reklamation einen persönlichen Angriff sehen.

Grundsätzlich gilt: Überblick gewinnen, Energie sparen und niemals die Kraft in hoffnungslosen Schlachten vergeuden! Eine Sudelküche ist eine Sudelküche und bleibt eine Sudelküche. Nur Heilige und Dummköpfe diskutieren mit Gauklern und Trickdieben. Wer in einen Hinterhalt geraten ist, sollte nicht argumentieren, sondern schauen, daß er rauskommt. Hauptsache schnell und ohne bleibende Schäden. Schon aus Selbstachtung ist allerdings jedes Fraternisieren mit dem Angreifer zu unterlassen. „Hat's geschmeckt?" – „Nein!" „War's recht?" – „Nein, schlecht!" Die Antwort auf versuchte Körperverletzung kann nur eine kurze Gerade sein. Eine grenzdebile Gastronomie ist nicht resozialisierbar.

Die Höchststrafe geht so: Edlen Mutes alles bezahlen und nichts anrühren. Wenn der erste Ärger verflogen ist, fühlt man sich als Sieger – mit dem schönen Gefühl, Würde und Appetit gerettet zu haben. Für Herren tut sich hier zudem eines der letzten Felder praktizierter Ritterlichkeit auf. Sich und seine Begleitung durch einen gezielten Erstschlag vor weiteren aromatischen Anwürfen zu schützen, gehört zu

Gefechtsbereit: Manfred Schmitz – Enoteca, Freiburg

jenen Tugenden, die einem Geizgeilen nicht zur Verfügung stehen. Abwehr durch Freigiebigkeit kann allerdings auch gewissen Gästen gegenüber angewandt werden: bei Querulanten und Psychopathen kann der Gastgeber auch die Bezahlung ablehnen. Auch das spart Energie und gibt das befriedigende Gefühl, sich dauerhaft von einer Last befreit zu haben.

Dort, wo das Reklamieren mutmaßlich Sinn macht, sollte es entspannt und gelassen zugehen. Fehler sind immer menschlich und manchmal sexy. Der Umgang mit Fehlern sagt oft mehr über ein Haus als der Fehler selbst. Also kein schlechtes Gewissen, kein Fuchteln und Zischeln, sondern erst die Gedanken sortieren, dann tief durchatmen (hilft wirklich), Blickkontakt und das Gespräch suchen. Klar und kooperativ, etwa so, wie man eine gute Bekannte auf einen gebrochenen Auspuffkrümmer oder einen Defekt der Oberbekleidung hinweisen würde – um Vergleichbares geht es ja meist. Peinlich ist nicht die Reklamation, sondern das verlegene Lächeln mutloser Gäste. Gelassenes Reklamieren setzt allerdings Einigkeit am Tisch voraus. Gerade bei Paaren ist mitunter zu beobachteten, daß die eine Hälfte kurz vor der Eruption steht, während sich die andere die Schamröte aus dem Gesicht pudert, was zwangsläufig zu unbefriedigenden Situationen führt. Die Reaktion des Gastgebers entscheidet dann über lange Freundschaft oder solide Feindschaft. Die Unsitte, auf eine mißratene Leistung mit einem ‚Schnäpsle' oder ähnlichen Unverlangtsendungen zu reagieren, ist jedenfalls keine besonders originelle Lösung. Wenn der Absatz quietscht, möchte ich einen neuen Absatz und keine Schnürsenkel gratis.

Erfolgreiches Reklamieren gelingt natürlich nicht ohne ein Mindestmaß an Geschmackssicherheit auf beiden Seiten. Aufgeblasene Männchen, die Barrique- und Korkgeschmack verwechseln, sind keine Freude für den Service. Personal, das am Korken schnüffelt, um zu zeigen, daß der Wein in Ordnung ist, signalisiert mit dieser olfaktorisch sinnlosen Geste aber auch nur, daß es über keinen Weinverstand verfügt. Da Winzer einen reklamierten Wein ohnehin anstandslos ersetzen, sollte über Korkgeschmack, gleich ob massiv, eben noch schmeckbar oder eingebildet, ohnehin nicht diskutiert werden müssen. Kein ernst zu nehmender Gastgeber läßt seine Gäste vor einem Wein ausharren, der ihnen nicht schmeckt, egal aus welchem Grund. Ein Rätsel auch, weshalb ausgerechnet in Weinregionen einige Mängel beim Service so hartnäckig überleben können. Die Leidensbereitschaft der Gäste trägt sicher dazu bei, daß lauwarm servierter Rotwein und badewannenvoll eingeschenkte Gläser noch ein paar Jahre überleben können.

Die andere Seite der mangelnden Kritikbereitschaft ist eine auffallend verzagte Haltung beim Trinkgeld. So verklemmt mancher Gast beim Reklamieren, so spitz dosiert er sein Trinkgeld. Nach der Kleingeisterdevise „nur nicht auffallen" werden dann dreistellige Beträge um einen Euro neunzig aufgerundet. Trinkgeld sollte man wie Blumen geben, mit

Lust und Laune. Schlimm sind Verlegenheitsaktionen. Usambaraveilchen für 1,99 Euro, dann lieber nichts. Wer eine besondere Leistung mit einer besonderen Geste honorieren möchte, wählt einen Betrag, der beiden Seiten im Gedächtnis bleibt. Ein Trinkgeld, an das man sich nicht erinnert, verpufft. Die mutige Reklamation und das mutige Trinkgeld gehören zusammen.

Bitte & Dankeschön

Schreiben Sie, wo es Ihnen besonders gut oder schlecht gefallen hat. Eine Sammlung wie diese kann nie vollständig und wird auch nie ganz ohne Fehler sein. Autor und Verlag sind laufend am Urteil Anderer interessiert. Zugleich danken wir für die zahlreichen Zuschriften und Reaktionen, ohne die ein solches Buch nicht möglich wäre. Schön zu wissen, daß es Leute gibt, die in ihrer Region nicht nur dumpf dahinkonsumieren.

Dank auch all jenen, die mit ihrem mehr oder minder gemäßigten Zorn gezeigt haben, daß Urteilsvermögen mit der Nähe zum eigenen Tellerrand rapide abnimmt.

Und natürlich

Besonderer Dank an alle treuen Käufer unserer Bücher. Oase-Freunde helfen mit, daß eine der wenigen, unabhängigen Stimmen der Region bleibt, wie sie ist. Wir schreiben für unsere Leser und für niemanden sonst.

Badenweiler, im Herbst 2005

Küche, Keller, Kundschaft

Spielregeln: Ich versuche, Gasthäuser pointiert vorzustellen. Wenn es heißt ‚eher zum Vespern', dann heißt das auch, die warme Küche ist nur ‚warm und reichlich'. Ein Kommentar wie ‚in erster Linie wegen der Lage lohnend' bedeutet gleichzeitig, daß die Küche schwächelt. Gut sortierte Weinkarten werden besonders erwähnt; ohne Kommentar bedeutet: keine besonderen Weine usw.

Ein paar Worte zu den Kriterien in diesem Buch:

Küche: Lieber eine schlichte, *kleine* Karte mit frischen Produkten als Truhenpamp in allerlei Variationen. Regionale Produkte dann, wenn sie am besten schmecken. Kein Fleisch aus Gefängnissen, kein Obst und Gemüse aus Chemieplantagen. Jeder Koch, der Schweine- und Geflügelfleisch aus konzentrierter Lagerhaltung verarbeitet, müßte sich nur einen Tag lang einen Mastbetrieb von innen anschauen. Wer danach noch so kocht, als sei nichts gewesen, dem sollen Haare und Zunge ausfallen…

Eine bürgerliche Küche ist eine gute Küche. Eine Küche allerdings, die heutzutage verdrängt wird von Systemgastronomie, läppischen asia-mediterranen Imitationen und internationaler Ratlosigkeit, die sich unter Begriffen wie *Weltküche* oder *Fusionfood* breitmacht (Nächstes Jahr wird eine neue Sau durch den Feinschmecker getrieben!). Abgeklärte verfolgen solche Torheiten eher aus der Distanz. Es ist ja ein wenig wie in der Mode: nach dem kleinen Schwarzen kam auch nicht mehr allzu viel. *Bürgerlich* im Text ist demnach positiv gemeint, *gutbürgerlich* ist ein dickes Lob, *besserbürgerlich* die (leider rare) Steigerung davon.

Schwarze Liste: Es gibt Zeichen, die verraten, in welcher Küche besonders üble Betonköpfe den Löffel schwingen.

Seltener Anblick: Weinkultur im Dorfgasthaus

Ein Teil davon sind Ignoranten, die nie dazulernen werden, ein Teil sind heimtückische Wegelagerer, die uns ausnehmen wollen – lesen Sie hierzu die *Schwarze Liste* am Buchende (S. 393 ff).

Keller: Wir leben in einer Weinregion, aber seit Jahr und Tag ist die Weinpflege auf dem flachen Land ein Trauerspiel. Es gibt in unserer Region vielleicht gerade ein Dutzend gediegener Restaurants und Beizen, die eine sinnvoll und sachkundig zusammengestellte Weinkarte anbieten. Im Text wird eigens auf diese Häuser verwiesen. Was nützt ein gutes Essen, wenn man dabei gezwungen wird, provokant schlechten Wein zu trinken?

Zum Mythos Faßwein: Faßweine sind weder ursprünglicher noch reiner als jeder x-beliebige Flaschenwein. Im Gegenteil, die offene Lagerung im Faß – zwangsweise verbunden mit Luftzutritt – birgt Risiken. 99 % aller Faßweine sind zudem ‚verbessert'. Das bedeutet, sie wurden vor der Gärung mit Zucker angereichert. Solche Weine sind zwar trocken, weil durchgegoren, aber ihr Alkoholgehalt wurde künstlich angehoben (vgl. das Kapitel «Weinwissen»), so was haut auf die Ohren. Weitere Probleme bei Faßweinen sind hoher Schwefelgehalt und – im Sommer mit fortschreitender Wärme im Keller – oxydative Alterungstöne – von Geschmacksdeppen bisweilen noch als typischer Faßweingeschmack mißverstanden. Nun bieten – besonders Genossenschaften – moderne Faßweinzapfanlagen mit Edelstahlcontainern an. In diesen wird der Wein kühl gehalten und mittels einer stickstoffhaltigen Gasmischung gefördert. Weil der Wein ohne Sauerstoffzutritt ins Glas kommt, bleibt solcher Faßwein über die gesamte Zapfphase zumindest frisch und ohne Fehltöne.

– *Flaschenweine:* Auch in guten Restaurants sind bessere Weine (speziell im Kabinett- und Spätlesebereich) meist nur als Flaschenweine und oft nur übertuert zu bekommen. Wann endlich gibt es feine Flaschenweine auch glasweise bzw. solide Flaschenweine zu vernünftigem Preis? Wann kalkuliert die Gastronomie mit einem einheitlichen Aufschlag je Flasche? Der Aufwand beim Service ist ja immer der gleiche, egal was die Flasche im Einkauf gekostet hat. Alle Winzer raten zu solcher Kalkulation, alle Gäste würden sie begrüßen, nur die Stahlhelmfraktion der Gastronomen bleibt beim Aufschlag von 300 - 400 Prozent.

– Der *Ethnobluff:* Jede Menge italienischer (kalifornischer, australischer, neuseeländischer) Flaschen auf der Karte. Hintergrund: Die niederen Einkaufspreise der Exoten sind für den Kunden nicht zu rekonstruieren. Verkauf mit astronomischer Spanne ist eher möglich als bei regionalen Flaschen, deren Preis ab Winzer ja vielen bekannt ist. (Auch der Aldi-Schampus wird zum teuren Apéritif umgerubelt.)

– *Protzig, lange Weinkarten:* und wenn man eine Flasche bestellt, ist sie angeblich soeben ausgegangen. So was widerfährt mir bei etwa einem Viertel aller Bestellungen und das ist kein Zufall, weil Nachfragen bei Winzern ergeben, daß das betreffende Lokal einzelne Positionen, die es auf seiner Karte listet, noch nie beim Erzeuger bestellt hat, also nur mit dessen guten Namen angeben will. Auch üblich: nur zwei Flaschen am Lager, von der nächsten nur der jüngere Jahrgang etc.: da erkennt man Etikettenschwindler. Beschämend auch, daß in einer Weinregion in mehr als der Hälfte der Gasthäuser folgende Regeln nicht beachtet werden:

1. Die Flasche Weißwein wird im Kühler serviert.
2. Rotweinflaschen haben im warmen Gastraum (hinter dem Tresen) nichts zu suchen. ‚Zimmertemperatur' bei Rotwein bedeutet 18 Grad. So warm war es früher im Nebenraum oder Schlafzimmer, eben ‚chambriert'. Aber um Himmels willen nicht 22 oder gar 30 Grad, wie im Hochsommer üblich.
3. Wein wird nicht aus dickwandigen Senfpötten, auch nicht aus elefantenfüßigen Römern getrunken, sondern aus angemessenen Stilgläsern (die nicht wie ein Hammer gehalten werden).

Kundschaft: Herrliche Lage, ansprechendes Ambiente – und der Service versprüht den Charme einer Klobürste. Der verschwiegene Geheimtip – schon wieder okkupiert vom *Offroad-Club* aus Wermelskirchen. Jahrzehnte die einfache Kneipe: jetzt werkelt der Junior ‚an einer Sauce von', an der Wand Bilder einer Doppelnamen-Künstlerin.

Dagegen steht Brauereibarock, Resopalgemütlichkeit – aber das Lachen ist echt, das Brot gut, der Wein wenigstens kalt. Das Glück, zum richtigen Zeitpunkt am richtigen Tisch zu sitzen, ist nicht planbar. Aber es gibt Gasthäuser, da stimmt 's – man ist angekommen. Der Worte sind genug gewechselt. Beschließen wir den theoretischen Teil mit einem Theoretiker:

Der Prozeß der Zivilisation kann am kulinarischen Geschmack beobachtet werden. Infolge der künstlichen Produktionsmethoden in Landwirtschaft, Metzgerei und Küferei werden die starken Speisen, die Unterschiede abgeschliffen – ganz wie auf anderen Gebieten… Aber nur die Hoffnung nicht aufgeben, es gibt der Gegentendenzen genug. Soweit der HORKHEIMER MAX in den 50er Jahren.

Kleine Großstadt Freiburg: Am Augustinerplatz

FREIBURG – Mit anderen Worten

In Freiburg trifft man sich immer zweimal.
Achim Stocker, Präsident des SC Freiburg

Ich weiß nicht, wieso ich euch so hasse, Fahrradfahrer (Backgammonspieler, Tanztheater) dieser Stadt.
Tocotronic im Lied «Freiburg»

Siegeszug der geteilten Mülltonne. 29 000 Haushalte in Freiburg bilden Entsorgungsgemeinschaften.
Aus der Badischen Zeitung

In Freiburg gilt das erste eherne universitäre Naturgesetz. Immer noch. Je kleiner und südlicher die Stadt, desto größer die spezifische Behaarungsdichte pro Einwohner. Rastawürste, Pferdeschwänze und gern auch Fusselmatten, die ums blasse Kinn herum gelegt werden. Es sprießt und wuchert, daß man mit einem Rasierer Amok laufen möchte."
Rainer Schmidt, Spiegel online

Kleine Großstadt Freiburg: Am Schloßberg

Wenn ich Mütter sehe, die Kleinkinder im Fahrradanhänger durch die Stadt kutschieren, in Auspuffhöhe, ist mir klar – jetzt bist Du in Freiburg.
Peter Christ, Chefredakteur
(früher Freiburg, jetzt Stuttgart)

Da ich Sozialpädagogin, Erzieherin und kritische Mutter bin…
Aus einem Leserbrief an die Badische Zeitung

Wir lassen den Atem kommen, wir lassen ihn gehen und warten, bis er von selbst wiederkommt.
Aus dem Kursprospekt »Der Erfahrbare Atem«

Jurek, kommst du mal bitte.
Mutter-Kind-Dialog auf dem Wiehre-Wochenmarkt

→ Mehr zum Thema ‚Freiburg' erfahren Sie im «Freiburger Glück – Heimatkunde, Klatsch, Lebensart». Von *Wolfgang Abel* und *Martin Halter*. Oase Verlag 2005. (Siehe auch den Hinweis am Buchende)

Im Zentrum der Behaglichkeit: Fischerau

Die Freiburg-typische Melange aus Provinzialität und Wohlleben wird geschätzt und gefürchtet. Den meisten gefällt es hier gerade deshalb und so unterscheidet der Volksmund zwei Arten von Freiburgern: Solche, die schon hier sind und solche, die noch her wollen. Das reizarme Sozialklima wird – je nach Lebensphase – mal als willkommene Hängematte, mal als tückische Behaglichkeitsfalle erlebt. Wobei man gelernte Freiburger daran erkennt, daß sie unermüdlich an der Optimierung der eigenen Falle arbeiten. Das erklärt auch einige Besonderheiten der Stadt:

Hohe Therapeutendichte von Theaterpädagogik bis Psychoanalyse; jemand wird Ihnen immer zuhören und mitfühlend nicken – gegen angemessene Bezahlung.

Des weiteren sollten Neulinge beachten: Der SC Freiburg gewinnt verdient und verliert unglücklich. Trainer Finke, Spieler und Zuschauer wären aber lieber Entwicklungshelfer als Fußballnarren – und Freiburg ist heimliche Hauptstadt:

1. der Solarenergie
2. der Liegeradler
3. aller Gutmenschen.

Sinnsuche in Teilzeit: Im Grunde funktioniert die Stadt wie eine einzige Harmonisierungsmaschine. In Freiburg ist es demnach ohne weiteres möglich, wesentlichen Lebensfragen in Teilzeit nachzugehen. Selbst bei der gastronomischen Versorgung offenbart sich der selbstzufriedene, in sich ruhenden Charakter. Zwar haben Pizzatheken, Dönerecken und Trendlokale ein Qualitätsangebot weitgehend verdrängt – aber eben nicht so arg wie andernorts. Dennoch könnte die *Verdönerung* oder *Rucolisierung* der Zentren als Indikator des städtischen Wandels begriffen werden. Die Vertreibung der Qualität aus zentraler Lage gehört ja längst zu den Konstanten moderner Stadtentwicklung. Dieser Prozeß greift auch in Freiburg, freilich mit südbadischer Verzögerung, in einer gemütlichen Variante.

Staffelmiete und Sauerbraten: Auch die aufrichtige Gastronomie wird den Zeitenlauf nicht aufhalten. Gegen die Staffelmiete hat der Sauerbraten nun mal keine Chance. Dennoch wird ein Großteil der Freiburger Einkehren hartnäckig überschätzt, wie später im Detail nachzulesen ist. Der gute Ruf vom Zentrum einer begünstigten Region ist ein Relikt vergangener Jahre, liebevoll gepflegt von jenen, die gut daran verdienen, vor und hinter dem Tresen. Deshalb merket auf Kollegen: die 27. Geschichte über das ‚Kulinarische Hoch im Südwesten' mag Eure Beutel füllen, wahr ist sie deshalb noch nicht (ebenso wenig wie die peinlichen Lobhudeleien über das Elsass). Tatsache bleibt ein Mangel an aufrichtigen Weinstuben, soliden Vesperbeizen, gediegenen Kaffeehäusern („Entwirf bei Wein, exekutiere bei Kaffee." – Jean Paul)

Fazit: Es fehlt an Orten mit Charme. In der Not suchen Ortsunkundige Erlösung auf dem Münsterplatz. Der kann jedoch – so schön er vormittags zur Marktzeit ist – abends, wenn der Höllentäler bläst, garstig werden. Von Feiertagen, wenn der Platz zur Touristensteppe wird, ganz zu schweigen. Bezeichnend auch die Ansammlung von Plastikgestühl auf dem tra-

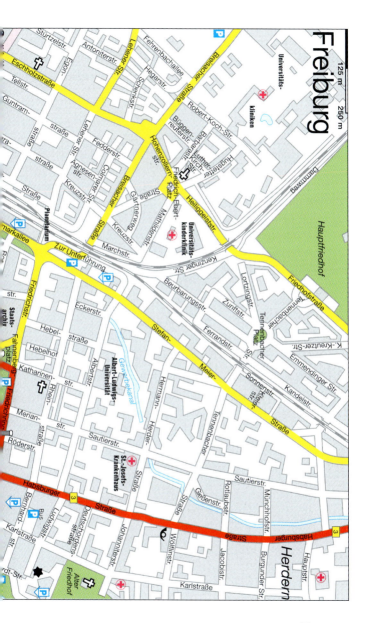

ditionsreichsten Platz der Stadt. Es schmeckt hier genau so, wie die angeschraubte Romantik befürchten läßt. Wein wird im Römer serviert, gesessen wird auf Pressplastik, kassiert wird wie im Salon.

Auswege: Auf der Südseite die fundamentalgemütlichen *Oberkirch's Weinstuben* neben dem historischen Kaufhaus (Details vgl. dort). Ansonsten gilt nicht nur für den Münsterplatz, sondern auch für das engere Zentrum: Sie können es aufgeben, in sogenannten gutbürgerlichen Häusern nach dem Selbstverständlichen zu suchen, nach dem, was die oft bemühte ‚Freiburger Lebensart' eigentlich ausmachen würde: nach einem lauwarmen Kartoffelsalat, nach tatsächlich gebackenem Brot, aromatischem Schinken und gutem Käse, nach erstklassigen, auch offen ausgeschenkten Weinen. Summe meiner Erfahrungen: „Soviel Wasser und nichts zu trinken!"

Wir suchen doch alle
den guten Kartoffelsalat.

Der alte Seufzer eines Freiburger Gastronomen ist symptomatisch für den kulinarischen Zustand im Südwesten: Die Spitze ist besetzt – es gibt genug Heroen, die sich auf's Pürieren und Arrangieren verstehen. Auch die Grundversorgung für das marodierende Wellfleisch in Ballonseide ist gesichert: Warm, viel und gerne ein bissle mediterran gibt es an jeder Ecke. Meinetwegen. Wer Grünschnittdeponien, Nudelberge und Putenbruststreifen schätzt, dem ist ohnehin nicht zu helfen.

Fusion in Omas Küche: Wan Tan, Badische Filets und Litchisorbet

Bemerkungen zum kulinarischen Freiburg

Wie in selbstverliebten Gemeinden üblich, wird auch in Freiburg mit schmückenden Prädikaten nicht gespart. So firmiert Freiburg als Solarhauptstadt, Wohlfühlmetropole und kulinarisches Zentrum des Südwestens. Bekanntlich unterscheiden sich aber Innen – und Außenansicht erheblich. Selbst in der Terrinenliga ist die 200.000-Einwohner-Stadt Freiburg mit nur einem Sternehaus, dem *Colombi*, eher unterrepräsentiert. Aber das sind ohnehin rückwärtsgewandte Debatten.

Dringender ist die Frage, ob ein fortgeschrittenes Publikum derlei Darbietungen eigentlich noch schmecken und bezahlen will. Interessanter als der mühselige und mehrfach gescheiterte Versuch *(Traube, Eichhalde)* neben dem Colombi ein weiteres konventionelles Spitzenrestaurant zu etablieren, wäre die Lösung folgender Fragen:

Wann endlich gibt es in Freiburg ein *reformiertes Gasthaus*, in dem Qualität zu vernünftigem Preis geboten wird. Wo in der Stadt bekomme ich einen sauber runtergebratenen

Fisch ohne preistreibende Unverlangtsendungen (Hummertortellini). Wo ausgesuchte, regionale Fleischqualitäten (Hinterwälder) statt der immergleichen Nummer vom Großmarkt? Wo gibt es auch mal was elegant in Wein Geschmortes aus dem großen Topf geschöpft, statt dem ewigen Kurzgebrätel, wo einen Braten aus der Röhre mit klarem Jus? Dazu in freier Kombination zwei, drei Beilagen, und zwei, drei frische Gemüse. Das Ganze serviert von Leuten, die den aufrechten Gang beherrschen. Das geht doch anderswo auch. Leider nicht in der Wohlfühlmetropole!

Verdammt nochmal: Was fehlt, ist die solide Gaststätte. Nicht der Pfännle- und Töpfleschwachsinn debiler Altfolkloristen, nicht die überzogen kalkulierten, oft stilfreien Kompositionen von Ehrgeizlingen (Warum schreiben sie dauernd ‚Variation von Edelfischen', wenn sie in Wahrheit ihre Reste loswerden möchten?). Was fehlt, ist ein deutsches Tafelhaus, gradlinig durchkomponiert. Warum macht das niemand? Es gibt genug Gäste, die hierfür einen fairen Preis bezahlen würden. Aber nein, der Boden wird mit Marmor gefliest, es piepsen Kassencomputer, das Pissoir funktioniert vollelektronisch, nur das Brot taugt nicht mal als Pferdefutter.

Geschmack macht einsam: An den Speisekarten drechseln Hobbypoeten, heraus kommt ‚ein Dialog von Seeteufelröschen an einer Sauce von', dabei können diese Künstler nicht mal die heimischen Süßwasserfische aufzählen. Das Problem liegt im Verlust der Mitte. Stilsicherheit ist zur Randgruppentugend verkommen. Machen wir uns nichts vor: Solange Grillpartys, Stadtteilfeste und Freizeitparks zu den Säulen der Gesellschaft gehören, solange werden auch Lachsschnitte, Fertigsauce und Salatbuffet überleben. Geschmack macht eben einsam. Ausnahmen und Notlösungen – *Reihenfolge ohne Wertung:*

Besonderes Pflaster

Feine Küche in Freiburg

Manche Vorurteile sind besonders zäh, eines davon lautet: Freiburgs Gastronomie zählt zur ersten Liga.

Für ein, zwei Häuser mag das noch zutreffen, der Rest gehört zur Mitte, die von recht ordentlich bis sehr mäßig reicht. Selbst die konservative Bewertung im MICHELIN spricht für sich: das Umland wird – besonders im Süden – besser bewertet als die Stadt selbst. Und noch ein Hinweis zur Sterneküche, den irgendwann auch die letzten Hinterbänkler begreifen werden: Ein Stern bringt selten echten Mehrwert (weder kulinarisch noch ökonomisch). Über die Jahre gesehen nützte das umstrittene Prädikat einzig einem Haus (Colombi). Bei anderen Adressen wirken die Bemühungen, einer überkommenen Küchenauffassung hinterherzukochen, verkrampft und ideenlos. Aber die Zeit und der Markt haben es noch immer gerichtet.

COLOMBI – Wenn es um Konstanz und kulinarische Routine geht, hat das Colombi keine Konkurrenz in Freiburg.

Kalmierte Zone vor dem Colombi-Café

Unbestritten auch die Position unter den besten deutschen Hotelrestaurants. Man mag zur Hochküche und ihrer Inszenierung so oder so stehen – wer solches liebt, wird im Colombi versorgt, mit allen Vor- und Nachteilen einer eingespielten Maschinerie. Wer aber eine Küche regionalen oder gar individuellen Stils mag, wer eindeutige Aromen gezirkelten Tellern und Saucenspiegeln vorzieht, wird eher anderswo glücklich. Wegen der spätbürgerlichen Stimmung und der formalen Atmosphäre ist das Haus zudem nicht erste Sahne für einen lauschigen Abend à deux.

Über das Hotelfoyer werden die unterschiedlichen Restaurantzonen erreicht: Zunächst die gepolsterte *Zirbelstube*, danach die *Falkenstube* mit altbadischer Holz- und Kerzen-Eleganz. Beim Publikum tagsüber Geschäftskundschaft, aber auch Privatklientel, die sich auch sonst einiges gönnt. Abends arriviertes Breisgauer Bürgertum, darunter die üblichen Verdächtigen aus den ‚Old Boy-Netzwerken'. Der Service wirkt old-style, uniformiert, mitunter fast schon dressiert. Zum Habit paßt die barocke Tischdekoration mit großen Tellern, Untertellern und putzigen Klapperdeckchen dazwischen.

Blumenschmuck ist vorhanden, im Arrangement aber so originell wie in einer Fleurop-Filiale.

Die Colombi-Karte orientiert sich am Altbewährten, sie wirkt kulinarisch austariert, Luxusprodukte sind gesetzt. Im *Menu de la Saison* (59 Euro für vier Gänge, 46 Euro für drei) liest sich das so: ‚Chartreuse von Seezunge und Hummer mit grünen Spargelspitzen', und weiter im Diktat: ‚Taubenbrüstchen mit Steinpilzen im Blätterteig gebacken auf geschmorten Romana-Salatherzen, glacierte Karotten und Polenta'. Saisonzeiten und Regionalprodukte spielen eine eher untergeordnete Rolle und im Zweifel gilt auch für die Küche: lieber noch eins drauf. Im großen *Menu du Chef* (98 Euro pro Person, ab zwei Personen) folgt auf die ‚Supreme vom Steinbutt' ein ‚Rehrückenfilet mit Aprikosen-Chutney gebraten, auf grüner Pfeffersauce mit Brokkoliflan und Schupfnudeln'. Ob die Verflanung von Brokkoli zu den kulinarischen Glanzleistungen zählt, muß offen bleiben – festzuhalten bleibt: Auf die Balance von zwei, drei präzis herausgearbeiteten Aromen pro Teller mag sich die Colombi-Küche selten verlassen. Mancher Hauptgang wirkt bemüht wie die Festrede eines Verbandsoberen. Routine und Handwerk der Küche reichen aber allemal zur Umsetzung solcher Prüfungsaufgaben. Allerdings wirkt manches Angebot, ebenso wie Ambiente, Service und Stimmung, mittlerweile doch recht altklug, bis heute gehört kulinarische Besitzstandswahrung (neben dem patronalen Führungsstil) zum wichtigsten Hausrezept.

Nur selten kommt die Küche außer Tritt, etwa bei Ausflügen ins Mediterrane. Risotto und Gnocchi zeigten einmal mehr, daß mediterrane Kopien selten überzeugen und Dessertaufbauten mit Januarhimbeeren sind wohl mehr dem optischen als dem aromatischen Effekt verpflichtet. Die Qualität des Tischbrotes liegt traditionell hinter jener der Küche. Aber das sind Details. In der Summe bilden die Vorzüge der Colombi-Küche zugleich ihre Grenze: Die kulinarische Routine im Haus ist letztlich ebenso beruhigend wie limitierend – was bei einem Publikum kaum wundert, das den innovativen Teil seines Erwerbslebens mehrheitlich hinter sich haben dürfte.

– Zu den Attraktionen des Hauses zählt die *Tageskarte*, sie bietet – *nur mittags* – mehrere Dreigang-Menüs zu einem freundlichen Unkostenbeitrag, der noch unter 30 Euro liegt. Eine Option, die in Freiburg nach wie vor konkurrenzlos ist. Das Tafelwasser und die (zu) wenigen offen servierten Weine sind freilich so kalkuliert, daß sich das Angebot relativiert (etwa durch Tagesweinempfehlung nahe 10 Euro fürs Viertele). Ähnliches gilt für die hochpreisige Auswahl an Flaschenweinen. Auch hier gilt stets: Etikette geht vor Entdeckung.

– Zur Hotelrestauration gehört noch eine rustikale Holzkoje, *Hans-Thoma-Stube* genannt. Das kuschelige Nest wirkt inmitten eines auf Status getrimmten Hotels eigenartig fremd. Geboten werden bürgerliche Mittagsgerichte von Tafelspitz bis zum geschmorten Ochsenschwanz. Der Einbau von Rustikalstuben à la Baiersbronn gehört zwar längst zur Ausstattung von Luxushotels. Ich kann im Highcycling von Wurmstichigem wenig Überzeugendes entdecken. Wenn schon Colombi, dann richtig.

– Das erst unlängst erweiterte *Tagescafé Graf Anton* links des Haupteingangs bietet auch ein kleines, kulinarisch unauffälliges Mittagsangebot. Zu den Vorzügen des Platzes gehört aber eine ebenso engagiert wie freundlich geführte und reich bestückte Kuchen- und Confiserietheke; sie zählt zu den ersten Adressen für einschlägig Interessierte (ansonsten ist das Confiserieangebot in Freiburg ausgesprochen dürftig). Die bewirtete Gehsteigterrasse unter Kastanien hat an einem warmen Sommertag einigen Charme. Somit wäre hier einer der wenigen Plätze in der Stadt, die zentrale Lage und Distanz vereinen. Zudem hat das Vorfahren der Karossen mitsamt Ein- und Ausstieg einigen Unterhaltungswert.

– In der an Barkultur armen Stadt Freiburg wäre die *Hotel-*

Enoteca-Restaurant in der oberen Gerberau

bar des Colombi immerhin eine Möglichkeit unter wenigen anderen. Ein Platz, um in betulich-konservativer Umgebung lange ins Glas oder in die Augen zu schauen. Hinterm Tresen unterschiedlich souveräne Besetzung, der Stammkeeper hat jedoch Format. Abschließend sei die Vielfalt der Welten gepriesen, zwischen denen der Gast im Colombi wählen kann. Wie bei jedem Hoteltanker kommt es auch hier darauf an, zur rechten Zeit das passende Deck aufzusuchen.

→ Hotel-Restaurant **Colombi** (Hotelier Roland Burtsche, Küchenchef Alfred Klink), Rotteckring 16. Restaurants kein RT, Café bis 19 Uhr. Piano-Bar So geschlossen, sonst 18-3 Uhr. Telefon für alles: 0761-21 06-0, Fax: 31 410, www.colombi.de. **Preise**: hoch, einzelne Mittagsmenüs gehoben. Hoteleigene Tiefgarage (für Kostgänger kostenlos).

ENOTECA – Restaurant und Trattoria. Keimzelle des italienischen Edelkombinates in der oberen Altstadt war der kleine Trattoria-Keller am Schwabentorplatz. Anfangs nur als Weinhandlung mit Antipasti-Küche geplant, wurde daraus ein Treff für Leute, die italienische Küche in schlichter, aber geschmackssicherer Umgebung genießen

Geschmeidiger Service: Giuseppe im Enoteca-Restaurant

wollen. Erst später kam das aufwendigere Restaurant schräg gegenüber dazu. Spiritus des Ganzen ist Manfred Schmitz, der sich, mit unterschiedlicher Intensität und Zuneigung um die Seinen kümmert. Tagesform sowie Fluktuation beim Personal sorgen in der Enoteca für eine gewisse Varianz, wobei der Ablauf mit den Jahren zuverlässiger wurde. Nach allem, was war, ist und kommen wird, kann der folgende Blick nur eine Momentaufnahme sein.

Die Enoteca-Trattoria (auch liebevoll *Eno-Loch* genannt) ist ein Platz, der atmosphärisch stimmt. Ein Ort für Unkompliziertes: kleine Karte, flotter Service, Schwerpunkt Antipasti, Pastagerichte und Klassiker von der Rotbarbe bis zum geschmorten Kaninchen, in der Gesamtschau ist das Angebot durchaus ordentlich (kulinarisch und preislich). Die Weinauswahl spiegelt das eigenwillige Geschmacksurteil des Herrn Schmitz wieder. Zweifellos ist das stramm kalkulierte Sortiment vereinzelt hochklassig, freilich mehr einem üppig-schweren als dem leicht-fruchtigen Weintyp verpflichtet. ‚Betonweine' polemisieren Kritiker. Soweit möchte ich nicht gehen, aber festhalten: Was fehlt, sind unkomplizierte

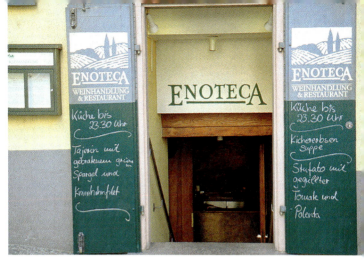

Liebevoll ‚Eno-Loch' genannt: die Trattoria

Burschen, die auch mal höher dosiert werden können, ohne gleich die Taxizentrale bemühen zu müssen, vor allem aber Weinpreise, die einer Trattoria angemessen sind. Es gibt mittlerweile unzählige Alternativen zu den hochpreisigen, mitunter nur mittelmäßigen Etikettenweinen, die hier (und im Restaurant) in der Mehrzahl angeboten werden. Serviert wird in der Trattoria auf zwei Kelleretagen, Gäste mit höheren Ansprüchen sollten ins Restaurant nebenan ausweichen. In der oberen Altstadt bleibt die Trattoria eine der raren Adressen für ein Intermezzo in angenehmer Umgebung.

Das Enoteca-Restaurant bietet einen der eleganteren Governmenträume Freiburgs, auch etwas Kunst durfte hinein, dazu im Eck zwei blanke Nußbaumtische, die Leute wie mich magisch anziehen. Auch sonst eine klare Linie: weiße Tischwäsche, Granit und etwas Chic, vielleicht ohne jenen Schlag Herzenswärme, der ein schönes Restaurant zum Kracher machen würde. Zum Restaurant gehört noch ein separates Kellerabteil im Stil des Hauses. Der effiziente Service wird von Meister Giuseppe ebenso umsichtig wie geschmeidig koordiniert.

Die Küchenleistung ist recht stabil, wobei im Zweifel weder mit dem Olivenöl, noch mit Butter gespart wird. Für eine italienisch orientierte Küche mit Niveau gibt es in Freiburg nach wie vor keine bessere Adresse – was ein Lob für beide Eno-Lokale ist, aber keines für Freiburg! Bis heute ist die Enoteca eine der wenigen Adressen, wo Küchenleistung, Grundstimmung und Publikum in beruhigender Höhe zueinander kommen. Angeboten werden Teller, die mal mehr, mal eher zitatweise an ihre italienische Vorbilder erinnern. Erfreulich auch, daß die Küche begriffen hat: Kochen heißt auch mal weglassen. Die kulinarische und finanzielle Spannweite der Karte variiert, so hält Schmitz neben seinem mitunter zotigen Humor (Eroteca) seit längerem ein Rezessionsmenü parat. Jedenfalls bleibt man hier von mediterranem Kitsch ebenso verschont wie vom Protokoll einer ritualisierten Hochküche.

Eine Flucht in die Indifferenz bunter Teller ist der Küche so fremd wie die Anbiederung an Trends und Trendchen zwischen Weltküche und Spätzlebräsigkeit. Im Restaurant gibt es über Mittag auch ein gastfreundlich kalkuliertes Tagesangebot (zwei Gänge mit Espresso ca. 15 €; die günstige Kalkulation wird allerdings durch die strammen Wein- und Wasserpreise bedrängt). Dennoch ein vernünftiger Ansatz, der gerne wahrgenommen wird. Man sieht: Popularisierung bedeutet nicht zwingend Verpöbelung. Das Abendpublikum ist erfreulich gemischt: viel neue Mitte, wenig junge Tölpel. Fazit: Ohne die Enoteca sähe es in Freiburgs oberer Altstadt kulinarisch ziemlich altdeutsch aus.

→ **Enoteca – Restaurant und Trattoria**: Gerberau 21, 12-14/18-24 Uhr (Küche bis ca. 22 Uhr). RT: Sonn- und Feiertage; Restaurant: 12-14 sowie ab 19 Uhr, Menübestellung bis gegen 21.30 Uhr; Tel. 0761-38 99 130. In der Trattoria kleine Küche bis gegen 23.30 Uhr. Zur Eno-Gastronomie gehört eine Weinhandlung, im Angebot auch Olivenöl, ligurische Oliven etc. **Preise**: *Trattoria:* günstig-mittel; *Restaurant:* gehoben; Weine hoch (über Mittag im Restaurant auch günstigere Angebote; in der Trattoria abends auch kleine Gerichte).

Rohes und Gekochtes – Basho-An, Freiburg

☼ **BASHO-AN:** Seit dem Jahr 2000 hat Freiburg einen Japaner, einen richtigen Japaner und kein Restaurant, das auf Japan und Fernost macht, weil das gerade so üblich ist. Natürlich lebt eine Küche, die nichts kaschieren kann, von der Sorgfalt bei der Verarbeitung und die ist im Basho-An beachtlich: Die Sushi-Meister hinter der Theke können Messer führen und mit ihren Händen umgehen. Alles geschieht mit der Sicherheit von Leuten, die nicht erst seit gestern wissen, was sie tun. Sushi und Sashimi – Röllchen und rohe Fischfilets – sind bekanntlich nur ein Segment der japanischen Küche (beides auch zum Mitnehmen). Im Eck steht der große, runde Teppan-Tisch, wo auf einer heißen Steinplatte gegart wird. Aus der Küche im Hintergrund kommen zum Beispiel Miso-Suppe und Tempura (also luftig Fritiertes). So besteht das Angebot im Basho-An, zumindest für Europäer, aus einem schönen Querschnitt: Rohes wie Sushi und Sashimi gibt es entweder sortiert oder kombiniert (Kombipacks klein, mittel, groß), auch integriert in Menüs (diese abends zu recht hohen Preisen von 40 bis 60 Euro). Deutlich preiswerter sind die kombinierten Sushi-Mittags-

Yuichi Kusakabe formt Röllchen

und Abendangebote: so z.B. mittags eine kleine, aber vollauf genügende Auswahl ‚Basho-An', inkl. Miso-Suppe und grünem Tee ab 15 Euro.

Die etwas reizlos zusammengestellten Abendmenüs ersparen einem allenfalls die Überlegung, ob Nigiri-Sushi mit Futomaki oder doch besser mit Makimono zu kombinieren wären. Wer sich etwas auskennt, fährt mit individueller Auswahl oder den Kombinationsangeboten besser (also genau umgekehrt wie in europäischen Restaurants). Die hohen Preise am Abend sind angesichts der Qualität gerade noch gerechtfertigt, zumal Fisch zwar frisch, in der Auswahl aber doch eingeschränkt ist. Das Angebot an Krustentieren ist eher bescheiden. Wein, überhaupt Getränke sind über der Schmerzschwelle kalkuliert und so kommt man im Basho-An leicht in Bereiche, die bis heute eine Akzeptanz des eigentlich interessanten Angebots in breiten Kreisen verhindern. Aber wie erwähnt: über Mittag gibt es preiswerte Angebote und allein schon das Zuschauen bei der Zubereitung ist ein Genuß. So sind die Plätze an der Bar immer eine Überlegung wert, gerade für einen kurzen Imbiß. Angenehm auch, daß man hier nach einem ausgedehnten Mahl befriedigt, aber nicht gemästet vom Tisch geht. Ein Gefühl, das in der Brägelehauptstadt Freiburg nicht selbstverständlich ist.

Nach wie vor zu beachten: Das Betriebssystem zeigt sich bis heute etwas eigenwillig. Das jahrelange Hin und Her mit Öffnungszeiten und Personal hat sich zwar gelegt, der Service wirkt stabiler, aber trotz reichlich Personal erscheint der Ablauf mitunter etwas holprig. Nachdem es seit Anfang 2004 einen preiswerten und immerhin passablen Zweitjapaner (in der Passage am Augustinerplatz) gibt, müßte im ersten Haus am Platz noch mehr Kundennähe geboten werden, ansonsten dürfte es die Adresse weiter schwer haben. Bis heute fehlt ein Geist im Haus, der die Teile zum Ganzen formt. In der Gesamtschau bleibt Basho-An eine Bereicherung des Freiburger Exotik-Angebotes, das gerade in der Oberklasse extrem dünn besetzt ist. Mein Wunsch: Stabilität und Kundenorientierung.

→ **Basho-An**, Am Predigertor 1 (Colombi-Turm), Tel. 0761-28 53405, www.bashoan.de. Küche von 12-14.30 und 18-22 Uhr, derzeit Sonntag und Montagmittag geschlossen. Diverse Sushi- und Sashimi-Sortimente auch zum Mitnehmen. **Preise:** abends gehoben-hoch, mittags auch günstig-mittel.

■ Als Zweitjapaner empfiehlt sich die **Sushi-Bar** am Augustinerplatz 2 (unten in der Passage). Unkompliziert, preiswert, populär, freilich nicht in der Qualität von Basho-An (Details siehe unter «Kurz und Gut», S. 76).

Bürgerlich und Behaglich

Der Mangel an tatsächlich bürgerlichen Häusern in der Innenstadt wurde bereits dargelegt. Bezeichnend, daß lohnende Adressen eher am Stadtrand und etwas außerhalb als direkt im Zentrum liegen (eine Ausnahme: *Kreuzblume*, in der Konviktstraße, vgl. gegenüber). Aber in der Freiburger Innenstadt ist die Entwicklung wie anderswo auch – stilbildend sind hohe Mieten, Filialbetriebe und eine Kundschaft, die sich im Hamsterrad der Sonderangebote dreht. In so einem Klima gedeiht die kulinarische Zuverlässigkeit natürlich schwer.

Und all Ihr notorischen Freiburg-Verehrer, hört endlich auf mit dem Gerücht, anderswo sei alles noch viel schlimmer. Mag ja sein, aber nördlich der Dreisam steht die Zeit nicht still. In Berlin, selbst im ach so teuren München bieten renommierte Häuser längst einwandfreie Mittagsangebote für kleines Geld; und im tiefsten Pott begab sich das Folgende: um 23 Uhr kam ein gut gelaunter Kellner mit einem großen Tablett dampfender Fleischküchle an jeden Tisch. Das ist die

Seriöse Innenstadt-Gastronomie – Kreuzblume, Konviktstraße

Zeit, in der z' Friburg in der Stadt der Rosentamile auftaucht, ersatzweise ein Bob-Dylan-Verschnitt aufspielt. Dampfend, heiße Fleischküchle, mit frischer Petersilie drin!

KREUZBLUME – obere Altstadt. Der Niedergang von vernünftigen Altstadt-Einkehren im gehobenen, aber nicht abgehobenen Bereich wurde ja schon mehrfach beklagt. Hier wäre ein Altstadtlokal, das seine zentrale Lage nicht als Freibrief zum Schröpfen oder Matschen versteht. Mit ihrer altdeutschen Wandtäfelung und der tiefen Raumwirkung wirkt die Kreuzblume innen auf den ersten Blick ein wenig retro und bieder, aber ein Blick auf die Karte zeigt, daß hier über dem Durchschnitt gewirtet wird. Geboten wird ein klares Angebot statt aufgepepptem Firlefanz. Und so wird auch gekocht: seriös, mal etwas regional, stets mit einer traditionell, französischen Grundierung, die der Herkunft des Küchenchefs geschuldet ist. Das ergibt Teller mit ein, zwei Beilagen, handwerklich solide zubereitet, freilich ohne den Drang zur Finesse. Darunter Gassenhauer wie geschmortes

Kaninchen, auch Lamm und Geflügel, erfreulich oft Fisch – auch mal ein ganzer Loup an der Gräte, der mit dem notwendigen Gespür für Garzeiten zubereitet wird. Man sieht und schmeckt, daß hier mit Routine und Können gearbeitet wird und weil der Chef selbst in der Küche steht, sind Sonderwünsche meist auch kein Problem.

Auf der *wechselnden Mittagskarte* gibt es stets ein paar Positionen um die 10 Euro, diese werden mit einer kleinen Suppe im Bistrostil flott serviert. Ein Angebot, wie es viele Gäste aus dem bürgerlichen Milieu schätzen, aber anderswo kaum mehr bekommen. Das Abendprogramm ist im gleichen Geist gehalten, bei etwas höheren Preisen. Die Küche zeigt schmeckbar französischen Einschlag und eine Vorliebe für den Süden, sie verzichtet aber auf mediterrane Moden und überladene Touristenteller, wie sie einem ansonsten in Lauf- oder Romantiklagen vorgesetzt werden. Angenehmes Stammgästepublikum in seinen besten Jahren, abgeklärter Service, gepflegte Weinauswahl, auch offen (Weißweine werden in geeister Karaffe serviert!). Eine Bank für risikoscheue Gäste.

→ **Kreuzblume** (Thierry Falconnier), Konviktstraße 31, Tel. 0761-31 194 (zentral in der Fußgängerzone gelegen, aber problemlos anzufahren, dank der nahen Schloßberggarage). RT: Mi. **Preise**: mittags günstig-mittel, abends mittel-gehoben. Mit acht Gästezimmern.

EICHHALDE – Herdern. Die Eichhalde liegt etwas versteckt im Stadtteil Herdern. Das ist dort, wo bemooste Gartenmauern auf vergleichsweise stabile Besitzverhältnisse hinweisen. Vom Stil her wirkt die Eichhalde wie ein gehobenes Ecklokal in besserbürgerlichem Umfeld, innen schon etwas in die Jahre gekommen. Bereits im Jahr 2003 verzichtete Matthias Dahlinger auf seinen Stern, er zählt damit zu den frühen Abtrünnigen im neuen Jahrtausend. Mittlerweile sind dem roten Michelin ja noch ein paar Häuser mehr von der Fahne gegangen (u.a. *Blauels* in Neuenburg, *Engel* in Vöhren-

Stüble, Gärtle, Plat du jour – Eichhalde in Herdern

bach, *Gaertner* in Ammerschwihr) und die Dinge werden sich noch weiter entwickeln. Was die Publizität betrifft, kann man Dahlinger ohnehin nur gratulieren. Die Medienresonanz auf den Abtritt aus der Pastetenliga war jedenfalls größer als jene beim Aufstieg. Auch das zahlende Publikum goutierte die Rückkehr zum Kalbsleberle. Die zuvor schütter besetzte Eichhalde brummte nach ihrer Entsternung mitunter, als gäbe es etwas zum halben Preis. Das ist zwar nachweislich nicht der Fall, aber der kulinarische Befreiungsschlag hat sich unterm Strich sicher ausgezahlt.

Nach Abzug der heißen Luft bleibt auch im Fall der Eichhalde wenig mehr als die gewöhnliche Geschichte von gewagter Flughöhe und rauer Landung. Auf den Stern folgt eben noch lange keine treue Kundschaft. Gerade bei kleinen Betrieben, die nicht von Hotels quersubventioniert werden, sorgt die Übernahme antiquierter Luxuskonzepte für wirtschaftliche Schwierigkeiten. Allerdings wird niemand gezwungen, nach dem Kanon der Altkulinariker von MICHELIN zu arbeiten, deren Wertungssystem so reformresistent wie zeitfern ist. Bleibt die Frage nach der Qualität:

Wenn die suggestive Wirkung von Edelprodukten entfällt, tritt das Handwerkliche klarer hervor und da bleibt die Eichhalde auf gewohntem Kurs. Der ist gehoben-bürgerlich, im Stil eher füllig und barock, als pur und leicht. Mir reicht da jedenfalls ein Teller zur anhaltenden Sättigung. Manches wirkt aromatisch etwas indifferent, das Füllen und Ummanteln aus Michelins Zeiten klingt noch nach. Ansonsten – vor allem über Mittag – gepflegte Bistroküche mit einer *Plat du jour* (zu 13 Euro), das kleine Mittagsmenü liegt bei Mitte 20 Euro, auch sonst die Vernunft der Mitte, etwa: Kabeljau mit Fenchel und Orangenravioli (14 Euro), oder: Tafelspitz mit Karotten und Kartoffelpürree, ebenfalls zu 14 Euro.

Der Service ist präsent und freundlich, das breite Weinangebot hat Format. In der Summe entspricht das Potential der Eichhalde den Ansprüchen einer unaufgeregten Klientel, deren kulinarisch moderate Wünsche im Stadtteil Herdern besonders breit vertreten sind. Der Gast wird umsorgt, städtischer Tumult ist fern und je nach Tagesform lassen sich in der Eichhalde anregende Stunden verbringen – ein Teil der Gäste nutzt das Lokal ohnehin als verlängertes Wohnzimmer. Im Sommer kommt die kleine, eingewachsene Freiterrasse in ansprechender Lage hinzu.

→ **Eichhalde** (Matthias Dahlinger), Stadtstraße 91, FR-Herdern, Tel. 0761-54 817. RT: Mo und Di, Küche 12-14 und 18.00-22.00 Uhr. **Preise**: mittel-gehoben.

■ Nur wenige Häuser weiter **Naturkost in Herdern**, ein Ökosortiment ohne Bioladenmuff. Wohlsortiertes Angebot in einem lichten Laden, darunter Fleisch, Käsetheke, sehr vielfältiges Gemüseangebot und dazu noch andere Dinge für korrektes Essen und Abspülen. Alles im Zentrum von Herdern, wer hätte das vor zwanzig Jahren vorhergesehen: Grüne und Schwarze einträchtig Korb an Korb.

Wochenmarkt in Herdern: Jeden Freitag von 14 bis 18 Uhr *Herdermer Bauernmarkt*, ein kleiner Erzeugermarkt – also nur Produkte aus der Region. Räucherstäbchen und Henna gibt's nach wie vor nicht auf dem Kirchplatz. Auch recht.

Pommesfreie Zone: Grüner Baum in Merzhausen

GRÜNER BAUM – Merzhausen. Gut fünfzehn Jahre gibt es den Grünen Baum nun; nachdem sich Pächter und Gemeinde im letzten Jahr nach einigem Hin und Her auf einen Vertrag geeinigt haben, wird die Geschichte wohl noch ein paar Jahre weitergehen, und es ist gut so. Das unkomplizierte, vitale Dorfgasthaus gehört ja mittlerweile eher zu den gastronomischen Raritäten, in Merzhausen steht ein Musterexemplar dieser Gattung. Zugleich ist die Geschichte vom Grünen Baum eine Ohrfeige für alle verschlafenen Jägerschnitzelgastronomen mit ihrer ewigen Leier vom *kannschnixmache-zwenigpersonal-bliibtnixhänge*.

Natürlich kann man was machen: Ohne Firlefanz, Fertigpommes und Mischgemüse kochen, preiswerte Saisongerichte und Klassiker auf einer kleinen – seit eh und je krabbencocktailfreien – Karte, konstante Qualität zu anständigem Preis. Keine Sahnehaube, keine Kiwiapplikationen, kein aufgeplustertes Gourmetmenü. Dafür Brot und Butter auf jedem Tisch, ein Salat ist bei allen Gerichten obligatorisch. Alles kommt befriedigend, appetitlich und ohne Brimborium. In dieser Klasse gibt es so viele Lücken, daß man jedem dankbar

Gute-Laune-Koch: Hans Riehle, Grüner Baum, Merzhausen

sein muß, der am heimischen Herd bleibt und Kochen nicht mit Schaustellerei verwechselt. Hans Riehle ist so einer. Zudem merkt man dem Laden an, daß er nicht im Kasernenton geführt wird, was atmosphärisch bis an den Tisch wirkt.

Zum Angebot: Mittags an Werktagen werden auf der Tafel zwei Standardmenüs knapp unter 10 Euro geboten, ein Angebot, das weit und breit konkurrenzlos ist. Es gibt dafür: Brot & Butter, Suppe, Salat, zwei Hauptgerichte zur Auswahl (eines davon fleischlos) – sauber runtergekocht, flott serviert und sehr beliebt beim freisinnigen Milieu der Umgebung: Viele Gäste kommen und kennen sich seit Jahren, so ist eine Art informeller Privatkantine entstanden, oft brummt der Laden wie ein Bienenschwarm. Aber auch am Abend ist emsig Betrieb, dann bei einer etwas aufwendigeren Karte, dito Preisen, die jedoch im Rahmen bleiben, zumal fast alle Gerichte auch als kleine Portion geboten werden. Immer gibt's frischen Fisch und Nudeln, was Kurzgebratenes und ein paar regionale Standards (Leberle, Brägele etc.). Dazu auch Menus von klein bis surprise, bei Anmeldung auch Extrawürste. Durchmischtes Publikum aus der Phase nach

Brägele unter Fachwerk: Hirschen in Merzhausen

Hennes & Mauritz. Das Weinangebot entspricht der Küche, voll befriedigend.

→ **Grüner Baum** (Hans Riehle), Merzhausen, Hexentalstr. 35. Mit einer kleinen, schmucklosen Freiterrasse über der Hexentalstraße. Auch preiswerte Zimmer. Tel. 0761-45 94 00. Kein RT. Angeschlossen ein Partyservice. **Preise**: günstig bis mittel.

HIRSCHEN – Merzhausen. Ein Bild von einem Gasthaus: innen rundum Holz, in Jahrzehnten gereift. Die Stube nicht vollgestopft mit Schwarzwaldplunder, niedere Decke, knarzende Dielen und ein flaschengrüner Kachelofen, macht zusammen richtig Nestgefühl. Draußen noch der lauschige Garten unter Weinlaub. Unter den Gästen Wohlsituierte, Zuschauer und ein Schlag Bohème, wie es sich für Merzhausen gehört. Lange Jahre wurde das Haus zusammengehalten von Hannes Isaak, jetzt liegt das System Hirschen in der Händen der nächsten Generation, was erwartungsgemäß einigen Wandel bei Gästebetreuung, Ton und Angebot brachte. Gekocht wird aber nach wie vor die traditionell kleine Standardkarte (im DIN A5-Format) mit

Mit Patina und Stubencharme: Hirschen in Merzhausen

ordentlicher, öfter mal guter, immer jedoch betont bürgerlicher Küche. Darunter Regionales in der Fleischküchle- und Kalbsleberleklasse, auffallend gute Brägele, eher einfache Salate. Das Tagesangebot steht auf der Tafel, dort auch etwas Fisch und Geflügel, zur Saison Spargel, Wild und dergleichen. Mitunter schleichen sich Konzessionen an den zeitgenössischen Abteilungsleitergeschmack ein, wie die mittlerweile unvermeidliche Rucola- und Seeteufelnummer. Mit der Modernisierung der Küche und der Etablierung der Nachfolger hat die Konstanz jedoch zu- und die Wartezeit abgenommen. Weiteres wird der Alltag richten und man wünscht dem jungen Gespann die nötige Mischung aus Zugriff und Gelassenheit.

Das ehemals karge Weinangebot wurde ausgebaut, die Auswahl von regionalen Gütern vergrößert. Statt in Römerpötten wird nun auch in Stilgläsern serviert. Die Kulisse eines der angenehmsten Traditionsgasthäuser in der näheren Umgebung Freiburgs hat sich herumgesprochen. Es herrscht ein munteres Kommen, Schauen und Urteilen, aber selbst der Auftritt von Markenopfern in Begleitung von Dauergrinsern ist hier leichter zu ertragen als unter Halogen oder Neon, schließlich wird man mit kurzweiligen Szenen versorgt. Zu den Eigenheiten des Hauses zählt, daß man bisweilen eng plaziert wird, wobei Hüftkontakt von manchen Gästen toleriert, mitunter sogar angestrebt wird. Mitunter tauchen auch Frauen auf, die aussehen, als hätten ihre Kleider sie gekauft, nicht umgekehrt. Dazwischen mischen sich Frühsemester in Ausgehuniform und Reste der arbeitenden Klasse. Der Reiz des Hirschen wechselt demnach mit der Gunst der Stunde und der Abmischung des Publikums. Aber es bleibt dabei: der Platz hat Charme und wenn mal wieder Hexentäler Komödienstadl gegeben wird, genießt man als Zuschauer in erster Reihe.

→ **Hirschen** (Marc und Lola Isaak), Merzhausen, in der alten Ortsmitte. Romantischer Garten unter Weinlaub, ohne Plastikstühle. Kleine, gemütliche Nebenzimmerkoje (für konspirative Treffen geeignet). Tel. 0761-40 22 04. Ab 17 Uhr geöffnet, RT: So und Mo. **Preise**: überwiegend mittel.

■ Zur Hirschen-Gastronomie-Familie gehört das **Hotel beim Hirschen**, nur ein paar Häuser weiter gelegen, in einem Neubau mit Volksbank-Filiale. Das Hotel bietet derzeit 8 Zimmer und sechs Appartements in einem schmucklosen Gebäude in der typischen Bankarchitektur der 90er Jahre. Lage im alten Ortszentrum von Merzhausen, direkter Busanschluß ins Zentrum (ca. 3 km). Tel. 0761-40 08 10, Fax: 40 08 140. Doppelzimmer um 90 Euro.

■ Im selben Gebäude das ebenfalls zur Familie gehörende **Café-Tasse** (zugleich Frühstücksraum für das Hotel). Nach Raumwirkung und Stimmung ein hell-luftiges Tagescafé, zusätzlich zum Caféangebot gibt es eine kleine Karte. Das Objekt wird derzeit betreut vom Senior Hannes Isaak; kleine Sonnenterrasse. Je nach Tagesform und Zeit gemischtes Publikum von Schüler über Erbe bis Erblasser. Mo bis Fr von 7-18.30 Uhr, Tel. 0761-40 08 10.

Hirschen erstmals besucht im Garten am 27.8.08. Einfach wunderbar

Alt und neu, dicht an dicht: Hirschen Gasthaus und Hotel Clarion

☼ **HIRSCHEN – Lehen.** Seit der Hoteleröffnung im Mai 2005 bietet der Hirschen ein gemischtes Doppel: Im alten Gasthaus geht es traditionell, holzgemütlich, aber nicht altbacken zu. Das neue *Hirschen Hotel* bietet aufgeräumt mediterranen Landhausstil, zusätzlich großzügige Gasträume, Sonnenterrasse und die handelsüblichen Wohlfühlzonen.

Gasthaus-Romantiker werden wie eh und je den alten Lehener Hirschen mit seiner Patina bevorzugen; wer ein modernes, ruhig aber verkehrgünstig gelegenes und freundlich möbliertes Zimmer sucht, liegt im neuen Hoteltrakt sicher richtig. Auch dort wird Gastronomie geboten, im Zuschnitt aber mehr für den zeitgenössischen Tagungs- und Hotelgast, oder auch für eine späte Kleinigkeit an der Bar. Mehr Nostalgie und Seelenwärme bieten die eingesessenen Räume im alten Gasthaus. Dazu kommt ein schattiger Biergarten, der durch den Hotelbau freilich einiges vom alten Format eingebüßt hat. Drinnen erfreut ein routiniert, geübter Service, wie er selten geworden ist. Auch die gehoben-bürgerliche Küche der Gebrüder Baumgartner ist seit Jahren stabil, der Hirschen hat zu sich gefunden. Es wird überwiegend Frisches, auch

Umsatzstark und trotzdem gemütlich: Hirschen in Lehen

Regionales geboten, nicht auf feinem, aber doch auf einem soliden und konstanten Niveau. Das ist schon mal mehr als 90 % aller Schaumschläger bringen. Die – recht große – Karte bietet eine breite Mischung, vom unverwüstlichen Hirschen-Evergreen ‚drei frische Fleischküchle vom Grill, Gemüse, Pommes, Salatteller' über Klassiker wie Leberle bis hinauf zu Ambitioniertem, darunter stets auch diverse Fischgerichte. Dazu kommt Saisonales, mehrheitsfähig zubereitet, mitunter auch mal etwas Modisches. Die Standards stimmen: frischer Salat, gute Spatzen, goldgelbe Raschelpommes. Bei Feinmechanik und Finessen, bei Fischsaucen und schwierigen Beilagen (Risotto) wird allerdings bald klar, daß Durchsatz vor Finesse geht, was bei einem Betrieb dieser Größe nicht erstaunt. Die Gebrüder Baumgartner sind nicht nur geübte Köche, sondern auch ausgefuchste Ökonomen, denen die Logik des Grenznutzens vertraut ist. Dies offenbart auch die Kalkulation der meisten Flaschenweine, die nicht lehener, sondern großstädtischem Niveau zustrebt. Andererseits muß die soziale Kalkulation einzelner Speisenpositionen, vor allem des preiswerten Mittagstellers gelobt werden

– im Freiburger Westen gibt es derzeit kein vergleichbares Angebot. Der Hirschen bietet somit ein erstaunlich breites Spektrum: vom Viertele bis Grand Cru, vom Wurstsalat bis Rebhuhn, von der Tagung bis zum langen Wochenende im Breisgau. Der positive Gesamteindruck wird von einer munter aufgestellten Truppe und einem Weinangebot gestützt, das deutlich über dem liegt, was ein Traditional-Wirtshaus ansonsten bietet. Ein Platz, der – mit angemessener Erwartung besucht – kaum enttäuschen kann.

→ **Gasthaus Hirschen** (Gebrüder Cornelius und Werner Baumgartner), 79110 FR-Lehen, Breisgauer Str. 47, Tel. 0761-82118, RT: Do. lebhafter Biergarten. **Preise**: mittel-gehoben.

→ **Clarion Hotel Hirschen**, eröffnet im Mai 2005. 70 (mit Grundwasserkühlung) klimatisierte Zimmer, alle mit Balkon, eine Suite, Sauna, Dampf- und Freibad, Tagungsräume, Einzelzimmer ab 75, Doppelzimmer ab 105 Euro, Tel. 0761-8977690, Fax: 0761-87994, www.clarion-hotel-freiburg.de

LÖWEN – Lehen. Der Löw' liegt wie eine Insel im alten Ortskern von Lehen. Schon die Fassade mit Metzgereischaufenster und einem stattlichen Treppenaufgang spendet Vertrauen. Ein Vertrauen, das bei vielen Positionen der traditionell gehaltenen Karte nicht enttäuscht wird. So gesehen ist auch der Löwen eine positive Ausnahme: Typ solides Stadtrandgasthaus, das ein breites Publikum anspricht und annähernd jedem Geschmack etwas zu bieten hat. Die verschiedenen Räumlichkeiten innerhalb des Hauses decken unterschiedlichste Ansprüche ab: Romantik satt und Kachelofenbank in der überaus behaglichen alten Gaststube. Diverse folkloristisch bis demi-elegant hergerichtete Nebenräume sind Geschmacksache, sie werden vom Publikum aber gerne angenommen, seien es nun Handelsreisende von der nahen Autobahn, Ländler auf dem Weg in die Stadt, oder Städter auf dem Weg ins Land. Hinzu kommt die bisweilen unter-

Mit behaglicher Kachelofenstube – der Löwen in Lehen

schätzte Balkon-Terrasse: geschützt und weg von der Gass', eingewachsen, in warmer Westlage, also ideal für einen längeren Abend unter freiem Himmel (anders als im quirligen Hirschengarten nebenan, sitzt man auf der Löwenterrasse beschaulich, fast schon intim).

Das Lokal ist seit Jahr und Tag recht zuverlässig, es bleibt von neurotischem Trendpublikum verschont, die Bedienung aufmerksam. Insgesamt kommt der Löwen damit auf hohe Behaglichkeitswerte und wird so zur Vernunfteinkehr. Bei einem breit gefächerten Angebot darf man keine Perfektion erwarten, aber zuverlässige Standards: Die Stärken liegen denn auch deutlich beim Traditionellen, bei einzelnen Fleischgerichten, Leberle etc., mitunter auch Geflügel- und Fischküche. Dazu passen ein vernünftiges, zivil kalkuliertes und qualitativ überdurchschnittliches Weinangebot, sowie ein Weinservice, der vom Schrecken altbadischer Römerkultur weit entfernt ist.

→ **Löwen**, FR-Lehen, Breisgauer Str. 62, Tel. 0761-82 216, RT: Mo und Di, sonst ab 16 Uhr geöffnet. Gästezimmer. **Preise**: mittel.

Gut renoviert, gewöhnlich serviert: Kybfelsen, FR-Günterstal

KYBFELSEN – Günterstal. Eigentlich ein Bild von einem Gasthaus: Der Kybfelsen ist eine stilsicher renovierte Traditionsschenke an der Straße nach Günterstal, gesegnet mit einem wunderbaren Biergarten (Modell: Kies&Kastanien, Licht&Schatten). Das Haus bietet zwei luftige, dennoch behagliche Gasträume ohne Protz, optisch zweifellos eine stimmige Sache.

Trotz einiger Korrekturen bleibt die kulinarische Leistung bis heute hinter der Ästhetik der Lokalität. Hinter dem öfter neu austarierten Angebot kann ich kein klares oder gar avanciertes Konzept erkennen. Die Karte liest sich zunächst durchaus anregend, aber was nützt das, wenn manches auf dem Niveau eines Müttergenesungswerks bleibt. Auch die Weinkarte wirkt zunächst fortgeschritten, einzelne Preise (0,1 l Pinot Sekt 5,90 Euro!) verleiten jedoch eher zum Bierkonsum, was nicht wundert (die Eigentümerin des Kybfelsen, CDU-Stadträtin Martina Feierling-Rombach, ist u.v.a. Braumeisterin, zur Familie gehört auch die gleichnamige Hausbrauerei in der Gerberau in Freiburg, vgl. dort). Die Bemühungen der Küche seien anerkannt, die Karte konzentriert sich neben einigen einfachen Vespern vorwiegend auf bewährte Klassiker. So ist unser aller ‚Zander auf der Haut gebraten' ebenso mit von der Partie wie die heute unvermeidliche Maispoulardenbrust. Allerdings findet man auch anderswo seltene Klassiker wie etwa einen ‚Rinderschmorbraten mit Kartoffeln und Salat' (für 12,50 Euro); warum eigentlich nicht öfter? Insgesamt bietet die Küche eine etwas indifferente Fisch-Fleisch-Spaghettini-Küche, die wenig Eigenart erkennen läßt. Das kann funktionieren, muß aber nicht. Draußen gilt eine verkürzte Gartenkarte, die noch genug Möglichkeiten bietet. In der Summe ist der Kybfelsen jedoch – vor allem anderen wegen seiner reizvollen Lage und Innenarchitektur – eine mögliche Adresse am grünen Saum Freiburgs. Vor allem im Hochsommer mit dem Biergarten (Prädikat besonders wertvoll) sowie im Winter in der guten Stube.

→ **Kybfelsen** (Eigentümer Fam. Feierling-Rombach, Pächterin Sabine Ipser), FR-Günterstal, Schauinslandstr. 49, Tel. 0761-29 440. RT: Mo. Saumseliger Biergarten. **Preise**: mittel.

ZUM WEINBERG – Herdern.

Im Freiburger Stadtteil Herdern herrscht kein Mangel. Baumbestand, Villen und Gärten reduzieren den Wind des Daseins auf ein erträgliches Maß. Zwar wird da und dort über die immer näher heranrückende Nachbarschaft geklagt, aber neu ist das nicht. Vor gut 60 Jahren beschrieb der Freiburger Biologieprofessor KONRAD GUENTHER den Wandel Herderns von der alten Handwerker- und Kleinbauernkolonie zur Beamten- und Privatiersiedlung: „Vor dreißig Jahren gab es in der Herdermer Vorstadt ausgedehnte Gärten, die einer nach dem anderen aufgeteilt worden sind. In einem der urwüchsigsten voller Hecken und Büsche, unter denen man das Laub nicht ausharkte, so daß es Würmer genug gab, andererseits anschleichende Katzen durch das Rascheln verraten wurden, brüteten die Nachtigallen, die eben solche Verhältnisse ver-

Gut eingesessener Herdermer Quartierstreff

langen. Heute stehen auf dem Grundstück Oberrealschule und Realgymnasium." Statt schleichender Katzen begegnet man in Herdern heute öfter joggenden Damen. In den höherliegenden Vierteln bietet die eine oder andere Hecke aber noch immer Schutz – nicht nur für Nachtigallen.

Das Private findet seine Entsprechung in der Quartiersgaststätte. Hier herrschte lange Jahre ein bitterer Mangel, gerade in Herdern. Die Eckkneipe im Arbeiterviertel, das Büdchen der Vorstadt hat sich gehalten. Die Gaststätte im bürgerlichen Wohnviertel schien dagegen auch in Freiburg lange Zeit ein Auslaufmodell. Dies, obwohl feststeht, daß sich der Verlust eines sozialen Treffpunktes durch keine noch so ambitionierte Aufrüstung der eigenen vier Wände ausgleichen läßt. Ein Plasma-Bildschirm ist kein Ersatz für den Stammtisch. Also wurde auch die Wiederbelebung des Gasthauses zum Weinberg allgemein begrüßt, weil die kulinarische und soziale Grundversorgung dadurch erfreulichen Aufschwung nahm: eine Gaststube für Anlieger und Stammpatienten, die im Weinberg allerdings mehrheitlich privatversichert sind. Nicht zuletzt lebt das Haus von jenem Gemisch aus Gästen und Gerüchten, die ein bewirtetes Wohnzimmer ausmachen. Koch, Wirt und Supervisor Peter Rentler belebt das Ganze mit einer nicht unsympathischen Mischung aus Gleichmut und Engagement. Er waltet an einem guten Tag wie ein barocker Kurfürst – die Fürsten Kleinherderns haben aber nicht nur gute Tage. Gleich wie, für manchen, der sich die Austern auch ans Bett bringen lassen könnte, gehören Wurstsalat oder Fleischküchle im Weinberg zum Ritual. Zum Publikum zählen aber auch Werktätige und die üblichen Professoren mit Drittfrau, die soziale Mischung stimmt also.

Angesichts solcher Vorzüge war und ist eine kulinarische Wertung im engeren Sinne müßig. Man geht in den Weinberg und wird gut satt, das muß eigentlich genügen. Es gibt eine kleine Mittagskarte mit drei, vier Gerichten (unter zehn Euro), abends steht Aktuelles auf der Tafel, dazu ein konventionelles Angebot, darunter Basics von Leberle mit Brägele bis zur geschmorten Kalbsschulter. In der Vesperklasse werden die in Südbaden bewährte Eiweißsalate angeboten, in Varianten wie Ochsenmaul, Wurst und Rindfleisch.

Die Räumlichkeiten wirken gut eingesessen, der eigentlich reizvolle rückwärtige Garten unterm Kirschbaum hat im Sommer 2005 jedoch stark Moos angesetzt. Die Stimmung im Hause ist – wie erwähnt – familiär, mitunter bringen Gäste ihre Tischblumen selbst mit. Hierzu paßt der konziliante Service, der Besonderheiten vor und hinter dem Tresen respektiert. Die offenen Weine sind anständig, die besseren Flaschen noch anständig kalkuliert. Alles in allem eine öffentliche Privatgaststätte.

→ **Gasthaus zum Weinberg**, FR-Herdern, Hauptstraße 70, Tel. 0761-35490. So und Mo geschl., Sonntagsstammtisch 10.30 bis 12.30 Uhr (für Eingeborene; Voranmeldung ratsam); ansonsten: über Mittag und 16 bis 24 Uhr (derzeit). **Preise**: günstig-mittel.

Außen verwettert, innen vital: Ochsen in Zähringen

☼ **OCHSEN – Zähringen.** Der Ochsen ist ein Fall für sich. Es gibt wohl kein zweites Quartiersgasthaus, das mit einem so knappen Angebot eine solche Zahl von Stammgästen gefunden hat. Es gibt zwar eine Karte, aber wer nach ihr fragt, gilt als Ochsenanfänger. Hier wird gegessen, was auf den Tisch kommt, wobei auch das nicht ganz stimmt. Wer etwa zum Kreis der anonymen Richter zählt, die hier seit Jahren zusammenfinden, hat bedingt Anspruch auf individuelle Zuteilung. Wobei weder Bildung noch Status überbewertet werden sollten. Um mit Seniorchefin Gehri zu sprechen: „Wir haben hier soviel Akademiker, da kann ich net lang diskutiere."

Zum Programm der mozzarellafreien Zone gehören: Panierte, dünn ausgeklopfte Schweineschnitzel, die kleine Portion wird mit zwei (!), die normale mit drei Lappen pro Kopf auf großer Platte serviert – dazu gibt es entweder einen glänzenden, handwarmen Kartoffelsalat oder eine Halde Brägele; vorweg wird ein klassischer Blattsalat in der Glasschüssel gereicht (schmucklos, aber schön sauer angemacht). Zu den Klassikern im Haus zählen außerdem die guten Bratwürste

Die Schnitzelbank im Ochsen

(klein, grob, wenig Fett, von der Metzgerei Linder, Glottertal, Stand in der Stadt: in der Schwarzwaldcity unten). Außerdem wenige Vesper, mitunter auch Leberle oder mal einen Braten, jeden Montag saure Nierle mit Sauce. Vereinzelt auch Saisonales wie Wild (der Koch und Pächter ist Jäger) – alles schmucklos einfach, aber sauber gekocht.

Von außen wirkt der Ochsen abgewettert. Innen wie eine schlichte Einkehr, deren behagliche Raumwirkung heute kein hochbezahlter Gasthausdesigner hinbrächte. Eingelaufener Eichenboden, umlaufendes Holz im Kirchenbankstil verarbeitet. Licht und Ton, Raum und Gast, alles stimmig. Dazu ein großes (unter Vollast lautes) Nebenzimmer. Die Eröffnung des potentiell reizvollen Gärtle unter den Kastanien wurde bislang durch tatkräftiges Engagement der Nachbarschaft verhindert (Freiburger Lebensart gut und recht, aber nicht vor meinem Balkon!).

Schon vor Jahren wurde das Relikt ‚Ochsen' an Michael Winterhalter verpachtet – Seniorchefin Gehri zeigt sich bis heute kassierend (mit Holzkässle). Der neue Pächter war klug genug, das überlieferte Konzept nur da und dort behutsam zu vitalisieren. Er weiß: „Ich kann hier nur das machen, was zum Haus paßt" (nach wie vor wird Alufolie zum Einpacken der Schnitzel gereicht).

Winterhalter steht für eine einfache, aber ehrliche Küche und mehr ist bei der jetzigen Ausstattung der Küche nicht drin. Wobei der Betriebsablauf durchaus mal dem Zulauf angepaßt werden müßte, Wartezeiten und andere Ochsen-Besonderheiten erfordern mitunter etwas Toleranz! Zu den bereits erfolgten Optimierungen zählen: vereinzelt Saisonangebote, sowie eine Ergänzung des Weinangebotes. Es gibt gute offene und tatsächlich trockene Vierteleweine (Gutedel von *Ruser*, Lörrach-Tüllingen; Spätburgunder von *Lang*, Munzingen und *Lämmlin-Schindler*, Mauchen). Der Ochsen ist bis heute eine Adresse, die mehr in geschlossener Gesellschaft umläuft. Für Stadtneurotiker uninteressant. Bleibt zu hoffen, daß das Relikt die Risiken des Generationswechsels überdauert und bleibt, was es war: Einfach eine gute Adresse für Gäste mit Gefühl.

→ **Zum Ochsen** (Frau Gehri/Michael Winterhalter), Zähringer Str. 363, FR-Zähringen Tel. 0761-55 38 60. RT: Mittwoch. Reservierung (besonders im Winter) ratsam. Ab 18 Uhr. **Preise**: niedrig.

Zentraler Landeplatz: Tizio in der Rathausgasse

Drei Italiener – oder Pasta für Passanten

Es geht doch: Statt Dönertasche oder Fleischkäsweck bieten in der Innenstadt immerhin einige Italiener Alternativen zum Essen aus der Faust. Man fragt sich nur, weshalb sowas kein Bundesbürger hinbekommt. Von deutschen Verbandsgastronomen ist außer Gejammer ja nicht mehr viel zu vernehmen. Allein schon deshalb möchte man den Dreien zurufen: Schön, daß es Euch gibt! Die drei Lokale unterscheiden sich nach Stil und Ambiente erheblich, bieten aber jeweils ein Angebot, das sich von deutscher Imbißkultur deutlich unterscheidet.

TIZIO – Innenstadt: Eng gestellte Tische, mitunter auch mal ein ziemliches Gewusel, dazu Plätze im Freien, direkt in der belebten Fußgängerzone und somit ideal zur Beobachtung des Umtriebs auf dem Laufsteg Eisenbahnstraße, oder auch als spätere Einkehr nach einem langen Stadtbummel. Angelo Pellegrinis Trattoria-Angebot bietet an einer belebten Stelle der Innenstadt eine passable Einkehrmöglichkeit. Klar, daß bei solcher Lauflage und dem üblichen Personalwechsel immer wieder mit Schwankungen zu rechnen ist. Hinzu kommt der scharfe Kostenblick des Patrons, was Materialaufwand und möglichen Ertrag angeht. Gleichwie, es gibt eine passable Auswahl an Antipasti von der Theke sowie wechselnde Tagesgerichte, die meisten auf Pastabasis, alle auf einer Tafel angeschrieben. Die Weinauswahl wird vom Service angesagt (eher wolkig als önologisch). Alles kommt ganz bis ziemlich ordentlich zu Tisch, jedenfalls ohne die Schrecken fetttriefender Imbißecken. Somit ist es Pellegrini gelungen, in zentralster Lage der Stadt flott und zeitgemäß zu wirten. Am Abend beruhigt sich die quirlige Mittagsszenerie: Es findet sich dann vom Flaneur bis zum Theaterbesucher eine muntere Mischung ein – Stunden, in denen auch mal eine Flasche bestellt werden kann, die es in größerer Auswahl gibt. Eventuell kann demnächst die Wirtsfläche vergrößert werden, was die Raumwirkung entspannen könnte. Summe: Stimmiges Konzept, überwiegend gelungene Realisierung, weiteres Potential ist gegeben.

→ Tizio (Angelo Pellegrini), Rathausgasse 35/Rotteckring 14 (unmittelbar neben der Freiburg-Information), Tel. 0761-29 25 711. Sonntags und feiertags geschlossen. **Preise**: mittel.

D.O.C. – **Gerberau:** Eine sympathisch-quirlige Einkehr mit großer Theke, ein paar kleinen Tischen und vielen freundlichen Leuten, die hier um die Mittagszeit ihre Futterkrippe zwischen zwei Terminen gefunden haben. Seit einiger Zeit gibt es nun auch ein *Trattoria-Abendangebot* (diverse Pasta, kleines Menü um 20 Euro) mit etwas geruhsamerem Ablauf, das vom Start weg gut angenommen wurde. In der Freiburger Gerberau gehört Tobia Iannicellis d.o.c. mit seiner gut gefüllten Theke und der heiteren Grundstimmung zu den Anlaufstellen der Wahl.

Mittags gibt es Antipasti, eine wechselnde und gut gemachte Tagespasta frisch vom Zweiplattenkocher und eine

Gut aufgestellt – Tobia mit Frau und Küchenteam

Risottovariante, direkt aus dem großen Parmesan-Laib geschöpft (Langkorn Reis, kein Rundkorn, schmeckt aber trotzdem piccobello). Signore Tobias Laden zählt damit zu den erfreulichen Ausnahmen im Imbiß-Bereich der gehobenen Art. Unkompliziert und zentral, konstant und bezahlbar, alles mit einem Schlag Italienità serviert. So füllt die Adresse in der Gerberau eine Lücke zwischen Breisgauer Dasein und mediterraner Illusion: Mit beliebten Klassikern wie dem ‚Risotto Combinazione', einer kleinen Auswahl an Vorspeisen mit besagtem Reis. Daneben gibt es als Standard Antipasti, die ab Theke, aber auch zum Mitnehmen verkauft werden. Dazu ein offener Wein des Tages, auch Spumante, natürlich Caffè (nebenbei: nur Nordlichter trinken nach dem Essen statt eines belebenden Espressos eine Badewanne voll Cappuccino – die Steigerung: Carpaccio mit Cappuccino, auch schon vorgekommen!).

Zum Mitnehmen – bei Bedarf auch zum Probieren an Ort und Stelle – gibt es aus Theke und Regal Fundamente für die italienische Küche: Schinken, Coppa, Salami, Käse, Olivenöl, Weine und Grappa. All dies wird in ansprechender Umge-

Antipasti, Risotti, Pasta – d.o.c. in der Gerberau

bung und mit einer Einstellung angeboten, die vom deutschen Imbiß so weit entfernt ist wie eine Minestrone vom Gaisburger Marsch. Abends bei Kerzenlicht gilt ein erweitertes Trattoria-Agebot mit hausgemachter Pasta und einem Menü um 25 Euro. Mille grazie, Tobia Iannicelli!

→ **d. o. c.** (soll heißen: *dispensa, osteria, culinaria*) ist eine Tages- und Abendosteria, ital. Lebensmittelangebot, Feinkost-Service, Straßenverkauf, Gerberau 9, Tel. 0761-38 24 14. Mit wenigen Tischen im Freien. Flotte Mittagsgerichte, abends Trattoria-Angebot mit Antipasti, sehr guter hausgemachter Pasta, Einzelgänge zwischen 9 und 14 Euro, kleines Menü um 25 Euro. Geöffnet über Mittag bis ca. 15 Uhr und abends (außer Mo) ab 18.30 Uhr (derzeit); geschl. So. **Preise**: preiswert, abends mittel.

■ **Vini e Dintorni – Innenstadt**. Der Ableger eines ehemaligen Tizio-Mitarbeiters im hochfrequentierten Latte-macchiato-Dreieck hinter der Uni. Mit ähnlichem Konzept wie bei Tizio, aber verschlankt: täglich Pasta, mitunter auch Risotto, dazu einfache Antipasti aus der kleinen Theke. Eine belebte und persönlich geführte Zapfstelle in zentralster Lauflage. Frühstück; einfache, noch eben preiswerte Mittagsgerichte, alles auf engem Raum flott serviert. 10-24 Uhr; abends warme Gerichte bis 22 Uhr, sonntags und an Feiertagen geschlossen. Niemensstraße 7 (Fußgängerzone nahe der Uni), Tel. 0761-20 85 934. **Preise**: günstig-mittel.

Draußen nur Cappuccino – in Freiburg vor dem UC-Café

Kulinarisches Freiburg I

Keine Doppelhaushälfte ohne Milchschaumdüse

Zum Wesen der Epidemie gehören Ansteckungsgefahr und Ausbreitung. Kein Tag vergeht ohne Kontakt mit Menschen, die lecker gegessen haben, in besonders schweren Fällen sogar ‚total lecker'. Auch die Generationenschranken sind mittlerweile durchbrochen. Pensionäre genehmigen sich nach Mischgemüse und Jägersoße noch ein „lecker Tässchen Cappuccino". Die kalorienreduzierte Mutti schwört längst auf Prosecco und Rucola, Heranwachsende in geschwollenen Turnschuhen nuckeln rund um die Uhr an ihrem Latte macchiato. Wie üblich im Freien, auch bei Rauhreif. Und alles war wieder mal „super lecker". Es schmeckt nach Flächengenußvertrag. ‚Draußen nur Kännchen' war mal, jetzt gilt: ‚Draußen nur Cappuccino'. Dauermotto: Hauptsache lecker, vom Grill und mediterran, oder umgekehrt.

Manche Leckerer leiden an Sekundärinfektionen. Dauergrinsen, ersatzweise auch anhaltendes Stuhl- oder Fußwippen, dazu ein Wortschatz wie unter Schock. Manchmal bricht es heraus wie ein reifer Abszeß. „Die Gorgonzolasauce! Total lecker, Du! Die Lebensart-Fraktion hat eine Zeitlang versucht, die Verbreitung des Leckeren mit dem Delikaten unter Kontrolle zu halten. Vergebens. Sankt Siebeck entfuhr angesichts einer getrüffelten Perlhuhnbrust ein dreifaches „Lecker, lecker, lecker!" Stilistisch ein Geiltrieb, biographisch vermutlich eine Regression in die Griesbreiphase.

*Milchschaum und Toleranz,
bei vollem Lohnausgleich*

Leckerer sind notorisch gutgelaunt. Die schönsten Exemplare sind aber kaum zu sehen, denn sie leben in Quarantäne: In Baden-Baden, in einer Anstalt des öffentlichen Rechts. Dort arbeiten Berufsjugendliche mit Rahmentarifvertrag. Ihr Gemüt befindet sich im Zustand der Dauererheiterung. Wenn es draußen wärmer ist als drinnen, diagnostizieren die von SWR 3 „lecker Grillwetter". Manchmal kommen ihre Fans in Hallen zusammen und finden es dort sehr witzig, hinterher reden sie wie Zonengabi nach der ersten Banane: „Wahnsinn, total geil, ein superleckerer Typ." Die besten dürfen später im Frührentnerprogramm SWR 1 eine ‚Tour de Pfännle' moderieren. Das Ganze wird mit Zwangsgebühren finanziert. Deutschland, einig Leckerland.

*Pro-Aktiv-Stoffe
und rechtsdrehender Balsamico*

Zur Mehrheit geworden fällt der Leckerer nicht weiter auf, jedenfalls nicht der Mehrheit. Leckerer sind einmal im Jahr gegen rechts, ganzjährig für den Frieden und immer für Putenbrust aus Käfighaltung. Oft ist Party, sonst Aktionswoche. Der Leckerer surft zwischen seinen Lieblingen Mozzarella, Milchschaum und Toleranz, aber nur bei vollem Lohnausgleich. Nachhaltigkeit geht schwer in Ordnung, ein nachhaltiges, multikulturelles Schnäppchen wäre der Endsieg, möglichst mit Pro-Aktiv-Stoffen und rechtsdrehendem Balsamico. Wer bei uns essen will, sollte in Zukunft einfach über ein Minimum an Sprachkenntnissen verfügen: *Farfalle, Rigatoni, Trenette, Fusilli,* das ist doch das Mindeste an kultureller Anpassung.

Leckere Sache so eine
mediterrane Zentralverriegelung

Mehr als die Substanz schätzt der Leckerer die Applikation. Etwa die bunte Kapuzinerkressenblüte, die es neben dem Basilikumblättchen zum Voodoo aufstrebender Jägerschnitzelköche gebracht hat. In Szenelokalen wird das Leckere gerne mit einer aufgestreuten Akne aus dreifarbigem Paprikastreu betont. Im Gourmetlokal ist das fritierte Thymianzweiglein in die Jahre gekommen, Saucentupfen und Carpacciofächer sind aber nach wie vor gesetzt. Unschlagbar in bürgerlichen Kreisen bleibt der Überzug mit einer kolpinghausfarbenen Sahnetunke, die durch mediterrane Kräuteradditive verfeinert wird. Mediterraner Muckefuck, gerne auch ein Schlag Ostasien läuft im Stammland der Discountgenießer besonders gut. Die Nachhaltigen schätzen dagegen eine Garnitur mit Sprossen oder mit knackigen Sonnenblumenkernen. Denn das Knackige ist der naturnahe Bruder des Leckeren.

So wurde das Mediterrane zum festen Bestandteil jeder Doppelhaushälfte nördlich der Alpen. Die Espressomaschine hat den Nierentisch verdrängt, ohne Milchschaumdüse geht nichts mehr, 15 bar ist das Mindeste: Kein Sack Kartoffeln im Keller, aber ordentlich Druck auf der Düse. In einschlägigen Kreisen sind mittlerweile auch solargetriebene Milchschäumer beliebt, möglichst mit eingebautem Regenwaldpfennig. Der integrierte Regenwaldpfennig gehört zur Grundausstattung der ‚Generation Lecker', neben Milchschaumdüse und Zentralverriegelung. Leckere Sache so eine mediterrane Zentralverriegelung. Auch oben rum.

Kurz und Gut

MARKTHALLE – Ein Gastrobasar beim Martinstor, derzeit mit gut 20 Ständen auf 1000 Quadratmetern in den zentral gelegenen Hallen der ehemaligen Zeitungsrotation von POPPEN & ORTMANN (Generalrevision der Halle und des Konzeptes für 2006 geplant). Die Markthalle wurde 1987 vom verstorbenen Lokal- und Gastromatador Holger Westphal gegründet, der auch die angrenzende Institution *Kolben-Kaffee*, *Osteria/Oporto* (vgl. unten) und die *Hausbrauerei Martinsbräu* im Keller des Gebäudes initiierte. Eigentlich eine gute Grundidee: Kleine Anbieter können bei den üblichen Innenstadtmieten kaum Fuß fassen. Also wird eine große Fläche komplett angemietet, danach parzelliert und an einzelne Stände weitergegeben. Freilich wurde das ehemalige Grundkonzept, nur qualitätsbewußte Händler zuzulassen, mit den Jahren mehr und mehr verwässert; zudem kam es wegen der unvermeidlichen Fluktuation und Querelen (20 Hobbyköche unter einem Dach) immer wieder zu Wechsel und Risiken, die dem Kunden nicht dienen. Folge: Neben wenigen gutsortierten Ständen auch Überflüssiges und unerhebliche Imitationen von Exotikküche, dazu lange Zeit ungelöste Lüftungsprobleme und in den letzten Jahren eine deutliche Erosion der Attraktivität.

So bleibt zu hoffen, daß die nun anstehende Runderneuerung der Markthalle zu einem konstanten und hohen Niveau der eigentlich reizvollen Liegenschaft führt. Im Moment also nur der Hinweis: abwarten und beobachten.

→ **Markthalle (Revision 2006 geplant):** Gastronomiestände, Wein- und Sektbar, geöffnet während der üblichen Ladenzeiten. Im Keller unter der Markthalle liegt eine geräumige Hausbrauerei namens *Martinsbräu*. Hier derbe Holzbankatmosphäre und ein dazu synchrones, bisweilen gewagt komponiertes Speiseangebot (*Knöpfle al Pesto*). Unübertroffen bleibt der feine Tiefsinn eines Werbespruches für das ausgeschenkte, wirklich gute Martinsbräu: „Naturtrüb wie unsere Stadt". Tel. 0761-38 70 018.

Gute Aussichten: Kolben-Kaffee am Martinstor

KOLBEN-KAFFEE – Gute Kaffeequalität, steter Kundenstrom, kommunikative Grundstimmung. Somit wäre hier der richtige Ort für einen kurzen Plausch in der Innenstadt. In der Freiluftsaison kommt noch der reizvolle Straßencafébetrieb im angrenzenden Gässle dazu. Das Kolbenkaffee (Koka) bietet guten Kaffee (fünf verschiedene Sorten), richtig eingestellte und leistungsfähige Dampfpressen, differenzierte Zubereitung (u.a.: Café Crème, Espresso, Ristretto, Cappuccino). Das ist bemerkenswert in einem Land, wo sich Filterjauche und ‚Draußen nur Kännchen' noch immer behaupten. Serviert wird, mit hohem Umschlag, in einem Stehabteil, bei gutem Wetter auch mehrreihig, im Stile südländischer Promenadencafés in der angrenzenden Pflastergass'. Dazu gibt es eine schöne Auswahl italophil belegter Brötchen, Baguettes, kleine Happen, deren Qualität über dem Durchschnitt liegt. Mitunter merkt man dem Betrieb jedoch an, daß eine leitende, kundige Hand fehlt. Die Ideen des verstorbenen Gründers Holger Westphal sind gut, aber nicht für die Ewigkeit – eine Revision des Gesamtsystems brächte sicher neuen Schwung. Nach wie vor bemerkenswert auch

Im Kolben-Kaffee

die breite Auswahl an Kuchen und süßen Stückchen, nach französischen Patisserie-Rezepten gefertigt, nicht bleischwer, sondern anregend. Im Straßencafé (dieses nur in der warmen Jahreszeit) sitzt man gut und zentral, dennoch nicht so sehr dem Pöbel ausgesetzt wie anderswo in Lauflagen der Innenstadt, ideal also für einen ruhigen Tagesbeginn. Über alles gesehen ein multifunktionaler Steh- und Sitzplatz, aber dennoch gilt: Auch Melkplätze müssen gepflegt werden.

→ **Kolben-Kaffee**, Kaiser-Joseph-Straße 233 (direkt beim Martinstor), täglich 8-18 Uhr. Innen als Stehcafé, im Sommer mit Freiterrasse und Sitzplätzen auf Flechtstühlen. Verkauf auch über die Straße, diverse Kaffeesorten zum Mitnehmen. Stehcafé auch an **Sonn**- und **Feiertagen** geöffnet: auch dann Verkauf von belegten Schnittchen und frischem Gebäck (gehobenes Niveau, feine hauseigene Patisserieauswahl), Tel. 38 70 024.

Café-Bar BURSE – Nach einer Renovierung im Winter 2004 zeigt sich der – zuvor sanft eingeschlafene – gastronomische Komplex im Bursengang nun in gestyltem Gewand, sowie mit multifunktionaler Ausstattung. Von der Frühstücksbar

Freiburg leuchtet – und der Wienerwald wird zum Wiener

über das Tagescafé zum Bistro-Lunch sollen hier so ziemlich alle Ansprüche von urbanen Shoppern und Hoppern bedient werden; selbst eine Vinothek wurde installiert. Nun denn, die Einrichtung ist betont rechtwinklig ausgefallen, die Stimmung entspricht der Passagen-Komponentengastronomie. Die Bedienungen könnten auch in einer schikken Vorabendserie mitspielen. Gute Zeiten, schlechte Zeiten – der Horizont zwischen Croissant, Latte macchiato und Kartoffel-Kokossuppe wird immer ähnlicher, nun auch z'Friburg in der Stadt. Im Bursengang, täglich geöffnet von der Früh bis nachts.

Café-Bar WIENER – Auch hier eine Totaloperation in Richtung Lifestyle. Wo sich früher Brathendeln drehten und feurige Pusztasoße verabreicht wurde, befinden wir uns jetzt am anderen Ende der Skala: Deshalb heißt es nun ‚Zitronenhühnchen auf Tagliatelle', die Karottensuppe wird mit Ingwer versetzt und zur ‚pikanten Reispfanne' gibt es eine Sweet-Chilli-Sauce. Flammkuchen oder Tapas geht aber auch. Oder frühstücken und flirten, lunchen und lesen, es geht eben fast alles im Neuen Wiener. Absolut Crossover der Laden. Die Multioptionalität macht mich zwar etwas rumpelsurrig, wie man auf gut Badisch sagen würde, aber jedem das Seine.

→ **Wiener,** Kaiser-Josef-Straße, Frühstück ab 8 Uhr, Sa und So ab 10 Uhr, durchgehend warme Küche von 11.45 bis 22 Uhr, danach Tapas, täglich geöffnet.

SUSHI-BAR – ein Angebot für alle Tage. Die Sushi-Bar im Untergeschoß der Atriumpassage bietet eine preiswerte und unprätentiöse Alternative zum Komfortjapaner *Basho-An*. Zu den Vorzügen der Sushi-Bar gehört das günstige Mittagsangebot (Miso-Suppe plus vier mal Sushi vom Schiffchen plus grüner Tee zu 9,80 Euro). Ambiente und Röllchenqualität können natürlich nicht mit Freiburgs erster Adresse mithalten, sind aber in Ordnung und der unkomplizierte Ablauf mit kreisenden Sushi-Barken, die vor den (recht eng plazierten) Bargästen vorbeigleiten, hat auch was. So ist die Adresse für ein schnelles, leichtes Mittagsmal ebenso geeignet wie für die fleischlose Abendspeisung. Die Einrichtung wurde vom Start weg gut angenommen, mitunter hat der fleißige Sushi-Mann hinterm Tresen alle Mühe, die Nachfrage zu bedienen. Die anfangs etwas unsynchrone Bedienung hat sich weitgehend eingelaufen. Beachtlich hoher Frauenanteil unter den Gästen, funktional-schlichte Einrichtung. Eher für Zwischendurch, nicht zum langen Hocken.

→ **Sushi-Bar**, Augustinerplatz 2 (im Untergeschoß der Atriumpassage), Tel. 0761-13 75 555, Sonntag geschlossen.

CAFÉ – im Museum für Neue Kunst. Anstrengend, diese Asienfans, die einem die kulinarische Finesse der indischen Hochlandküche näher bringen wollen. Und wenn jene, die zuhause kaum Bratkartoffeln von Brägele unterscheiden,

Gut aufgehoben – im Museumscafé für Neue Kunst

über die Zubereitung einer Fledermaussuppe dozieren, kommt kein Appetit auf. Wer nicht mit der Frühlingsrolle aufgewachsen ist, vertraut bei Exoten am besten seinem gesunden Menschengeschmack. Schließlich gilt auch in der asiatischen Küche der erste kulinarische Grundsatz: was schmeckt, hat recht. Und die Universalzutat Gastfreundschaft wirkt am Hindukusch so anregend wie in Freiburg.

Das gilt auch im Freiburger Museum für Neue Kunst. Schon seit einiger Zeit führt eine freundliche Koreanerin das kleine Tagescafé rechts des Eingangs: Ein aufgeräumter, hallenhoher Raum mit warmen Farben und einer Gastgeberin, bei der Aufmerksamkeit und Distanz so fein austariert sind, daß man sich gleich gut aufgehoben fühlt. Über Mittag gibt es ein wechselndes koreanisches Tagesessen zu sehr moderatem Preis (um 8 Euro), handgemacht, beherzt gewürzt, obligatorisch dazu die sprichwörtliche Schale voll Reis. Ein schneller Café geht aber auch, oder ein langer Tee aus großer Auswahl, dazu etwas Kuchen. Keine Überraschung, daß die unaufgeregte Stimmung auffallend viele Frauen anspricht, die hier eine ruhige Sitzgelegenheit finden. So eine Sandbank im städtischen Strom, etwas aus der Zeit und einer der wenigen Plätze zum absichtslosen Verweilen.

→ **Café im Museum für Neue Kunst**, Freiburg, Marienstraße 10a, Tel. 0761-28 56 557. Von Di bis So 10-17 Uhr.

OSTERIA-OPORTO – ein Romantik-Doppelpack in der oberen Altstadt. Ein mediterran-atlantisch dekoriertes Lokal, dessen frei interpretierte Mischung aus italienisch-portugiesischen Fragmenten – nach erfolgreichen Jahren – heute eher müde wirkt. Die *Osteria* lebte lange vom Charme des hallenhohen Raumes mit offenen Ziegelwänden, Lüster und Kamin, der schlicht und geschmackvoll renoviert wurde. Dazu offener Rotwein aus dem Glasballon (wuchtig), ein aktuelles Weinangebot auf der Tafel (forsch kalkuliert wie die meisten Flaschenweine), einfache Happen und Antipasti. Zum Service wäre zu sagen, daß es nicht unbedingt für die Freiburger Kundschaft spricht, wenn eine rudimentäre Dienstleistung für typisch italienisch gehalten wird. Lässigkeit gehört mittlerweile gerne zum Standard einer Kneipe, ist aber noch kein Prädikat. Ebenfalls problematisch: Die Durchdringung des Publikums mit Goldkettchen und Plastiktütenträgern.

Auch der portugiesische Teil namens *Oporto* gibt sich folkloristisch: Dunkelgrüne Lederbänke, Azulejos an der Wand, Vorbild lusitanische Weinstube. Im Angebot portugiesische Weine von Portwein über Viñho Verde bis zum Dão. Das Angebot wird von Kleinstspeisen und Konserven einfachst eskortiert. Schon in den letzten Auflagen stand: „Dennoch wäre es so langsam an der Zeit für eine große Inspektion – qualitativ wie atmosphärisch." Nun ist höchste Zeit.

→ **Osteria & Oporto** (im Anschluß an die Markthalle), Zugang von der Grünwälderstraße 2 (tagsüber auch von der Markthalle aus). Osteria & Oporto-Tel. 0761-38 700 38. Öffnungszeiten: 10 bis 1 Uhr, So 16 bis 1 Uhr. **Preise:** mittel.

Tinto y Manchego – La Cabaña in der Fischerau

LA CABAÑA – Das einfache Konzept ‚kleines Trink- und Happenhüttle' funktioniert seit 2001: ein kommunikativer Platz an einem potentiell reizvollen Ort, für einen Schluck nach dem Seminar oder für eine letzte Flasche im Stehen. Wobei das Wort ‚Cabaña' ernstzunehmen ist, der schmale Schlauch mit Tresen und drei, vier Tischen ist genau das Gegenteil eines gestylten Citytreffs, die Laufstegfunktion zwischen allerlei Heimwerkermobiliar bleibt begrenzt. Immerhin gibt es hier alles zum Überleben in der Stadt: Einfache Tapas mit Brot und Wein, Kommen und Gehen, Serranoschinken und Manchegokäse. Vale, vamos!

→ **La Cabaña**, Fischerau, Tel. 0761-20 88 566, ab 17 Uhr bis 1 Uhr, im Hochsommer geänderte Öffnungszeiten.

ARAN – Sauerteig am Augustinerplatz. Imbiß-Alltag und Pausenkaffee gehören ebenso zum kulinarischen Kanon wie das Hochamt der Foie-gras-Kader. Großmeister, wie die Kochlegende ALFRED WALTERSPIEL, wußten dies: „Eine Scheibe ofenfrisches Bauernbrot, mit leicht gesalzener Butter bestrichen, dazu ein spritziger Riesling und eine Handvoll

Sauerteig und Lifestyle – bei ‚aran' am Augustinerplatz

junger Haselnüsse. Etwas Besseres gibt es nicht." Leider gehört ein belegtes Brötchen, dessen Garnitur über das unvermeidliche Salatfragment hinausreicht, zu den verkümmerten kulinarischen Tugenden.

Immerhin sind einzelne Gegentendenzen erkennbar: am Augustinerplatz gibt es nun einen Ableger von ‚aran, Brotgenuß und Kaffeekult'. Selbstbedienung an der Theke, dazu kerniges Brot und Vollholz in luftig-heller Atmosphäre. ARAN (= gälisch für Brot) präsentiert sich als Franchise-Konzept, das alte Tugenden neu inszeniert, im Besonderen die Schnitte Brot. Neben anderen Sorten läßt ‚aran' Sechspfünder-Natursauerteiglaibe von Holzofenbäckern in Lizenz backen und veredelt die Scheiben à la minute mit diversen, zeitgeistig abgemischten Brotaufstrichen (Bäckerei für Aran-Freiburg ist der Rothaus-Hofladen an der L 120 Rimsingen-Breisach, auch dort Brotverkauf). Zur täglichen Schnitte (ab 2,80 Euro) gibt es fünf Kaffeesorten und einige Tees, auch komplettes Frühstück. Im Angebot finden sich auch allerlei Trendprodukte, darunter Bionade-Limo und Zitate aus der guten, alten Zeit wie Afri Cola und Bluna. Manches bei ‚aran' (auch die Aushilfen an der Theke) erinnert ein wenig an Starbucks plus Vollkorn und Massivholz. Warum nicht, statt noch so einem Instant-Backparadies, einfach gutes Brot mit flottem Aufstrich. Wenn es niemand macht, machen wir es – so werden die Leute von ‚aran' gedacht haben. Freiburgs Pflaster böte noch Platz für weitere Ideen in der Art.

→ **aran**, Freiburg am Augustinerplatz, bis 21 Uhr, So bis 19 Uhr, Mo geschlossen.

→ In Kürze soll am Martinstor (stadtauswärts) eine große Brötle- und Sandwichbar nach amerikanischem Muster eröffnet werden.

STELLER – Naturkostbar. Eine ordentliche Salat- und Suppenbar gehört mittlerweile zur gastronomischen Grundausstattung jeder Großstadt. In Freiburg dauerte es etwas länger, aber nun gibt es eine: Die aufgeräumt, freundliche Stehbar am Unterlindenplatz 11 bietet Säfte, Salate und Suppen aus Bioprodukten, ohne Zauberpulver zubereitet. Fastfood mit gutem Gewissen: Montag bis Freitag von 11 bis 18 Uhr.

LA FINCA – badische Tapas. In der Herdermer Stadtstraße, nur ein paar Meter von der Eichhalde entfernt, gibt es mit La Finca eine Freiburger Adaption südeuropäischer Microgastronomie. Für alle Gäste, die beim Ausgehen noch nicht wissen, ob sie reden oder essen, trinken oder schauen, oder alles zugleich möchten, ist das spanische Tapa-Konzept ideal. Allerdings sind nördlich der Alpen – auch in Freiburgs Finca – nur Schwundformen der Tapakultur angekommen. Auch wenn es in Herdern bei einer frugalen Interpretation bleibt, Jamón und Chorizo passen zum einfachen Wein. Und Boquerones und Gambas al ajillo gelten bekanntlich als Trinkbeschleuniger. Die Preise sind volksnah, das Publikum ist sozial breit aufgestellt. Auf der Hinterhof-Terrasse läßt sich schluckweise in die Sommernacht gleiten.

→ **La Finca**, FR-Herdern, Stadtstraße 50, Tel. 0761-29 67 229. Nur abends, kein Ruhetag.

Tratschen und Trinken auf drei Stockwerken: Feierling, Gerberau

HAUSBRAUEREI FEIERLING – Gucken und tratschen auf drei Stockwerken. Der naturtrübe eingebraute Sud kommt direkt aus dem blanken Kupferkessel, dazu gibt's grob Badisches. Auch nach allerlei Versuchen kann ich der Küche allein Sättigungsabsicht unterstellen, womit der übliche Level städtischer Durchlaufgastronomie erreicht wäre. Bleibt die Frage, warum soviel Energie für selbstgebrautes Bier und dann Vesper von der Stange? Immerhin, der Sud läuft zügig, die Stimmung ist faßbieradäquat und Vielen gefällt's ja. Abends und dann namentlich an den Landeiertagen am Wochenende ein Kontakthof für die Generation Breuninger. Ideal für Damen, die einen Schnauzer kennenlernen wollen, der biertrinken und fliesenlegen kann.

→ **Hausbrauerei Feierling** (Feierling-Rombach), Gerberau 46, Altstadt/Insel, Vesper bis gegen 23 Uhr, Tel. 0761-26678.

FEIERLING BIERGARTEN – Direkt gegenüber, unter gleicher Regie der einzige klassische Biergarten in der Innenstadt: Altfränkische Schankatmosphäre, Kastanienschatten, bunte Lampenkette, gekiester Grund – alles wie es sein muß.

An lauen Sommerabenden herrscht hier jenes saumselige Stimmengewirr, besser: Volksgemurmel, das im Verein mit ein paar Bieren therapeutisch und entspannend wirkt. Eine Etage über dem Biergarten steht die umlaufende Galerie zum Beobachten aus der Distanz bereit. Die Renovierung des Küchentraktes führte zur Erhöhung des Durchsatzes, nicht zu Fortschritten bei der Qualität. Einerlei, der Platz ist beliebt, an Sommerabenden brummt es hier wie im Bienenstock und nach einem gewissen Quantum ist eh alles Wurscht. Hossa!

→ **Feierling Biergarten**: Geöffnet ab 11 Uhr, Schankende strikt 23 Uhr.

GANTER HAUSBIERGARTEN – Die Alternative, auch für Einzelgänger, Gruppen und Grantler geeignet. Ein Riesenareal mit Lichterkette und derbem Parkplatzcharme. Angrenzend Lagerhallen, Brauereigebäude und Dreisamufer. Der herben Anlage mangelt es zwar an den Biergartenattributen Kastanien & Kies, sie ist aber nicht ohne Reiz. Ein charmant verlottertes Biotop, vereinzelt sind sogar Lettre-Leser zu beobachten. Dazu frisches Ganter-Bier, dessen Qualität im geschmacksblinden Teil des Studentenmilieus gerne unterschätzt wird. Ein zügig gezapftes Ganter-Pils gehört zu den Spezialitäten des Breisgaus! Weiterer Vorteil: das Areal ist gegen den garstigen Höllentäler Wind geschützt, der an warmen Sommerabenden nach Hereinbrechen der Dämmerung aufbrist. So schmeckt die Halbe hier auch noch zu später Stunde. Marginales Speisenangebot. Ein Platz zum Wegdriften.

→ **Ganter Hausbiergarten**, Leo-Wohlleb-Str. 4, Tel. 0761-70 70 444, einfache Vesper. Im Sommer bis gegen 24 Uhr. Mit Pétanque-Anlage und Liegestühlen. Brotzeit mitbringen kein Problem (neudeutsche Sommeraktivitäten wie Grillen, Jonglieren und Trommeln sollten unterbleiben, derlei Umtrieb gehört nicht in einen Biergarten).

■ **Weitere beliebte Biergärten** in Freiburg: Siehe unter den Gaststätten *Kybfelsen* (FR-Günterstal) und *Greiffenegg-Schlößle* (aussichsreicher Kastaniengarten über der Innenstadt am Schloßberg).

Institut am Münsterplatz: der Oberkirch

Badisch und Deutsch

Bekanntlich hat auch die Einkehr in der Fremde ihren Reiz. Erlebnisgastronomie beginnt dort, wo das Vertraute endet und das Abenteuer beginnt. In diesem Sinne ein paar Anregungen zur teilnehmenden Beobachtung in sozialen Biotopen:

OBERKIRCHS WEINSTUBEN – Münsterplatz. Seit Jahr und Tag betört die Institution Oberkirch mit ihrem traditionellen Anblick und den grundgemütlichen Räumen. Der Oberkirch ist somit eines der sehr wenigen Häuser in der Innenstadt, das – zumindest optisch – seinem Stil treu bleibt und nicht auf pseudorustikalen Nippes oder Mätzchen setzt. Innen erwartet einen dezidiert altbadisches Holz- und Stubenambiente; dazu ein Publikum oszillierend zwischen Stammtisch, Feinrippträger und Gastprofessor. Allerdings ist die Gästeschaft zur Saison – und der Münsterplatz hat immer Saison – international stark durchmischt, also sowohl ein Platz für Freiburganfänger und Sprachschüler, als auch für Altgediente, die nicht jeden Unfug mitmachen wollen. Ein Blick auf die Karte zeigt allerdings rasch, daß auch hier, gerade hier am Münsterplatz mit einem scharfen Gespür für die Vorlieben einer kulinarisch nicht weiter gefestigten Kundschaft aufgetischt wird. Das ‚Badische Schneckenragout mit Gemüserahmsauce überbacken' dürfte eher etwas für Außerbadische sein. Andererseits werden zumindest ein paar Standards von Flädlesuppe bis Wiener angeboten. Zu den eigentlichen Vorzügen zählt die ledergebundene Weinkarte mit fair kalkulierten badischen Flaschenweinen (alle mit Analysewerten für Restzucker, Alk. und Säure!). Demnach gehört ein Winterabend mit Kabinett, Kachelofen und Stubencharme zu den Stärken des Oberkirch. Eine Stube für jene, die anderen nichts mehr beweisen müssen und mittels scharfer Selektion die Stärken des Hauses zu nutzen wissen.

→ **Oberkirchs Weinstuben**, Münsterplatz 22 (neben dem historischen Kaufhaus), Tel. 0761-20268-68. Kein RT. **Preise**: mittel, Weine erfreulich günstig. Auch angenehme Gästezimmer.

HEILIGGEISTSTÜBLE – Münsterplatz.

Ein traditioneller Name für eine recht neue Stube. Die Immobilie an der Nordseite des Münsterplatzes gehört zum Bestand der größten Stiftung Freiburgs. Sie wurde bereits vor Jahren totalsaniert, der gastronomische Teil neu geschaffen. Wobei man es gut gemeint hat, aber gut gemeint ist ja häufig das Gegenteil von gut gemacht. Heraus kam eine gewollte Mischung aus Tagescafé, Gaststätte und Retrostube, unter schlauchförmigem Grundriß und Tante-Helene-Stimmung leidend. Man müßte den Gaststättenplanern mal einen Betriebsausflug nach Südeuropa ermöglichen. Der Einwand, sowas sei auf Freiburger Boden nicht möglich, gilt nicht. Das Prinzip der Trinken-Reden-Essen-Bar funktioniert gerade auf katholischem Grund und Boden vorzüglich, und wo wäre Freiburg katholischer als zwischen Heiliggeiststüble und Münsterturm? Immer-

Am Wurststand Uhl – Freiburg Münsterplatz/Nordseite

hin, man wird anständig bewirtet, was am Münsterplatz nicht selbstverständlich ist. Das Publikum schwankt zwischen lokal und international. Wobei sich eine Zweiteilung ergeben hat: Kameraträger sitzen draußen, drinnen Bobbele und Windjacken. Auf der Positivliste steht die Weinkarte mit einem Weinangebot aus Stiftungskellereien, darunter Gutes aus der eigenen (vgl. hierzu auch ‚Jesuitenschloß', Merzhausen). Beim Speiseangebot versucht die Küche, per Spagat ein extrem unterschiedliches Publikum zu bedienen: Also Speckpfannkuchen und Putenschnitzel (wie zu erwarten mit Pfifferlingrahmsoße), aber auch Regionales wie Schäufele, eingemachtes Kalbfleisch, dazu ein Tagesteller, ein Tagesmenü. Ein mehrheitsfähiger Ort und eine Adresse für jene, die im Schatten des Turms satt werden wollen (was unter Freiburgern als heidnische Verirrung gilt).

→ **Heiliggeiststüble**, Münsterplatz 15, Tel. 0761-29 23 579, RT: Mo. **Preise**: mittel.

Potential wäre vorhanden – Markgräfler Hof in der Gerberau

MARKGRÄFLER HOF – Gerberau. Ein stattliches Haus in reizvoller Altstadtlage. Personelle und andere Unwägbarkeiten sorgen für eine unübersichtliche Entwicklung in dem potentiell interessanten Lokal, das wegen seiner zentralen, dennoch ruhigen Lage auch als Unterkunft in Frage kommt. Nach Lage und Stimmung böte der Markgräfler Hof einige Möglichkeiten: vom Mittagstisch über die spontane Abendeinkehr bis zum Absacker nach dem Kino. Hierfür wäre besonders die per Glasfront zur Fischerau hin geöffnete Bar ein Fleck. Speise- und Weinkarte decken das oben geschilderte Spektrum ab und lesen sich partiell anregend. Wolfsbarsch am Stück gebraten (18 Euro), Lammkotelette mit Minze (17 Euro), mittags ein günstiger Tagesteller. Die Realisierung der Ansprüche gelang in letzter Zeit unterschiedlich, Wechsel in der Küche erschwert die Prognose. Der Bar fehlt noch die Seele (vor und hinter dem Tresen). So schwankt meine Haltung zwischen Reserve und Hoffnung, Potential hätte das Haus allemal.

→ **Hotel-Restaurant Markgräfler Hof** (Barbara Kempchen), Gerberau 22, Tel. 0761-32 540, **Preise**: mittel (günstige Mittagsangebote). Ruhetage im Restaurant: So, Mo.

Der neue, alte Meyerhof ist wieder auf Kurs

☼ **GROSSER MEYERHOF**: Im November 2005, also kurz vor Drucklegung, öffnete der sanierte Große Meyerhof. Ehemals ein würdiger Brauereigasthof (‚altbekanntes Speisehaus, jeden Samstag Metzelsuppe' steht noch heute an der Fassade), zuletzt im Stil des Ratsherrentoasts geführt. Nun aber in vielversprechende Hände geraten: Gabi und Elmar Wittmann, die ehemaligen Pächter vom *Deutschen Haus* in der Schusterstraße, kümmern sich jetzt um das prächtige Lokal im Meyerhof-Anwesen und die Beiden haben bewiesen, daß sie eine robuste Innenstadtgastronomie aufziehen können. Der Koch zog ebenfalls mit, so könnte der neue, alte Meyerhof wieder das werden, was er früher schon mal war: Ein schier unsinkbares Gasthaus für alle Lebenslagen. Mit Holzdecke, Dielenboden und blanken Holztischen, statt Halogenstrahlern wurden Glühlampen eingeschraubt. Nudelsuppe, Maultaschen und ein preiswertes Tagesessen gehören zum Programm, auch Auftritte von Künstlern wird es wieder geben. Also, bitte Kurs halten! Tradition bedeutet Bewahrung des Feuers, nicht Anbeten der Asche.

→ **Großer Meyerhof**, FR-Innenstadt, Grünwälderstr. 1, Tel. 0761-38 37 397, www.grosser-meyerhof.de, RT: So.

In der Bewährungszeit: Deutsches Haus, Schusterstraße

DEUTSCHES HAUS: „Ein gastronomischer Ackergaul, was ein Kompliment sein soll." Das stand in der letzten Auflage und mein Kompliment galt zum einen den schier unverwüstlichen Räumlichkeiten (mit einem der bizarrsten Toilettenzugängen in Freiburg); zum anderen galt es den Pächtern, die seit Ende 2005 im *Großen Meyerhof* wirten.

Die Hardware im Deutschen Haus blieb wie eh und je. Was nicht weiter wundert, weil eine so charmant-patinierte Gaststube ohne Not natürlich nicht geliftet wird. Nach dem jüngsten Pächterwechsel wurde dann auch einmal mehr das wohlfeile Versprechen echter, badischer Küche gegeben. Zu den vollmundigen Ankündigungen des neuen Inhabers zählte auch jene vom besten Kartoffelsalat der Stadt. Nun denn, eine kleine Inspektion nach der Eröffnung im Herbst 2005 ergab bei Kartoffelsalat, Nudelsuppe und anderen Standards der im Grunde sinnvoll traditionell und knapp gehalten Karte einige Schwächen, die Nudelsuppe duftete gar nach gekörnter Brühe. Brezeln zum Bier gab es auch, sie wurden aufgebacken und erreichen annähernd Tankstellenqualität. Mittlerweile scheint die Küche aber auf einem besseren Weg und man darf hoffen, daß hier eine bodenständige Altstadteinkehr erhalten bleibt. Zum Basisangebot zählt der Dreiklang Maultaschen, Sauerbraten, gekochtes Rindfleisch. Von Anfang an zu den Pluspunkten gehören die Wurstwaren vom Endinger Metzger Dirr (vgl. dort), namentlich dessen grobe Bratwurst hat Klasse; sie wird in drei Varianten – scharf, würzig, mild – angeboten (mit Kartoffelsalat 6,80 Euro). Das bodenständige Angebot wird freundlich serviert, das Bier läuft frisch, die Preise sind volksnah.

→ **Zum Deutschen Haus**, Schusterstraße 40, Tel. 0761-24 500. Kein Ruhetag, **Preise**: günstig.

Auf der Piste: Ein paar Anhaltspunkte noch für's Warm- und Auslaufen vor oder nach dem Pistengang. Freitags und ganz besonders samstags gibt sich, wie überall, das Umland die Ehre. An den gastronomischen Ballungsgebieten, besonders rund ums Martinstor, kommt es dann zu beachtlichem Wildwechsel. Der geübte Freiburger bleibt zu so verkehrsreichen Zeiten tunlichst zuhause, oder er begibt sich seinerseits ins Umland.

Anwärmen (studentisch-bürgerlich) geht in einer der zahlreichen Surf- und Lächelkneipen zwischen *Wiener* (Kaiser-Josef-Straße, vgl. dort), *Grace* (stylish, an der Mehlwaage) und *Maria* (neue Sonnengläser nicht vergessen, Löwenstraße).

Gleich ums Eck das Lokal mit dem wohl ‚größten Bierausstoß Freiburgs auf kleinstem Raum: der sehr studentisch geprägte **Schlappen**, zwischen Martinstor und Löwenstraße gelegen. Eine Mischung aus leistungsfähiger Trinkstube und waberndem Kontakthof. Innen runderneuert und unter Erhaltung einiger Altelemente im Retrolook relauncht. Das mit dem Bierausstoß stimmt wirklich!

Kölsch auf badisch geht auch, etwa in der oberen Altstadt zum Beispiel **Alter Simon**, Konviktstraße 43, eine Bierhütte mit rohem Holzbankcharme.

Anlehnen und Maß nehmen: Jackson Pollock Bar, Theaterpassage

Spät und Später

Am Samstagabend kommen Emmendinger in die Stadt, trinken zuviel Bier und pinkeln in die Ecken. (Ein Freiburger)

Abgesehen vom Wochenende wird es in Freiburg ziemlich früh ziemlich ruhig. Weggehen bis zur Einkehr der Nüchternheit kann somit zur anstrengenden oder auch einsamen Sache werden. Sicher, es gibt diverse Anlaufpunkte von Keller bis Loft, aber für undogmatische Streuner ist es nicht leicht, in der Stadt eine Nacht lang in Gesellschaft allein zu sein oder dem Morgen entgegen zu hoffen. Vielleicht bleibt es auf der Gass auch deshalb so ruhig, weil es im Breisgau zu Hause so idyllisch ist, auf einer Dachterrasse in der Wiehre, irgendwo im zweisamen Altbau mit Freunden unter Stuck.

So bleibt die Frage: Wo gehen in Freiburgs früh hereinbrechender Nacht erwachsene Menschen hin, die bei einer Bar an Diskretion, Eleganz und Schutz denken? Vielleicht noch an ein paar abgewetzte Clubsessel, die nach alter Regel gefertigt wurden: je größer, je schwerer, je dunkler – desto besser. Ein Möbelstück, von dem es im Herrenbrevier von F.W. Koebner heißt, daß alle Tages Last und Mühe von dem abfällt, „der vertrauensvoll zwischen seine daunengepolsterten Arme fällt". Fazit: Fortgeschrittene Bar-Kultur ist nicht, eher ein paar Nischen und Gäste, die sich redlich Mühe geben.

■ **Jackson Pollock**, die Bar in der Theaterpassage ist eine der wenigen Möglichkeiten, die Freiburg bietet, wenn es darum geht, sich den Herausforderungen der Nacht zu stellen. Daß dies bis auf wenige (aber nicht reizlose) Sitzplätze ausschließlich im Stehen, sowie in nüchternem Passagenambiente geschieht, muß kein Nachteil sein. Der Trunk schlägt hier direkt auf Gemüt und Bein, manches Gespräch kommt schneller auf den Punkt, auch Blick und Figur profitieren von der aufrechten Haltung.

Gut 12 Quadratmeter eines Jackson-Pollock-Remakes hängen hinter dem langen Tresen und das wandbreite Farbgewimmel (Obacht: action painting!) liefert einen Kontrast zum extrem aufgeräumten Look der Bar: Langer Tresen, flache Ledersitzgruppen am Eingang (ideal zum Abhängen), gnädiges Schummerlicht, Säulen und viel Wand zum Anlehnen und Maß nehmen. Kommunikation und ästhetisches Urteil aus der Halbdistanz sind jedenfalls möglich. Das war nicht immer so. Früher hieß der Ort ‚Kurbelpassage' und es roch nach verschüttetem Bier und grobmaschiger Kleidung. Frauen, die mal einen Rock wagten, waren in den 80er in Freiburg ja noch seltener als Windräder. Vor den Luken der Kinokassen bildeten sich Schlangen, die – wie heute – einen aufschlußreichen Querschnitt des Freiburger Abendpublikums gaben. Arafats Tuch und Breitcordhose – mit und ohne Fahrradklammer – waren immer dabei. Aber mit den Jahren kam die Eleganz der leeren Räume auch hierher. Ob damit gleich ein ‚diskursiver Salon' geschaffen wurde, wie ihn einer der soziologisch belasteten Veranstaltungsleiter reklamiert, muß hier nicht weiter interessieren. Jargon in Ehren, das Wort ‚Stammtisch' hätte es auch getan.

Andererseits, jeder soll seinen Bembel genießen, selbst wenn er jetzt Caipirinha heißt. Die Bar ist jedenfalls ein munteres Örtchen, speziell aufs Wochenende zu und nicht zu früh. Mitunter fallen Gruppen schwarzgewandeter BAT-Empfänger aus dem Theaterensemble auf. Ihre angestrengte Präsenz wird bei hoher Konzentration aber lästig – der Existenzialist und Freiburg. Dennoch, man sollte hier schon mal reingeschaut haben, Alternativen gibt es kaum. Im Sommer mit einer nahen Außentreppe zum Abhängen. In den ruhigen Stunden an einem frühen Winterabend nicht ohne Reiz. *Jackson Pollock Bar*, Theaterpassage, Bertoldstr. 46, ab 18 bis gegen 2 Uhr, Tel. 0761-28 15 94.

Emporkommen und B 52 nippen: Kagan Bar im Bahnhofsturm

- **Kagan:** Die Feuerträger der Moderne mögen anderswo sitzen, tiefergelegt vorgefahren und in den 17. Stock emporgekommen, kann man hier immerhin an Mojito, Caipirinha oder B 52 nippen (Grauburgunder gibt es auch); bei Bedarf auch am ‚Mr. Freiburg'-Wettbewerb teilnehmen. Überhaupt haben die Pächter – younger boys der Breisgauer Nachtgastronomie – wenig Mühe gescheut, ein Stückchen weite Welt über den Freiburger Bahngleisen zu installieren. Marmorboden, Glas und Edelstahl sind angeblich einem New Yorker Architekten geschuldet, der als Namenspatron dient. Im Zuge der Deprovinzialisierung wurde der Dämmerschoppen zur ‚after work party'. Auswärtige kommentieren das so: „Das Kagan sieht aus, als habe jemand zu viel WALLPAPER gelesen und dann versucht, alles im Freiburger Möbelhandel nachzukaufen." Hart, aber treffend.

Als *Kagan café-bar-club-lounge* firmiert die multifunktionelle Kanzel mit vollem Namen. Zu beachten wäre das nach Tageszeit sehr unterschiedliche Publikum: Tagsüber kommen durchaus brave Bürger wie Sie und ich und man wird instantlächelnd bedient. Im Dämmer vor dem Abend oder auch nur zum Heftle lesen unter der Woche kann da oben ein entspannter Platz sein (vor allem bei Wind und Wetter). Später am Abend und am Wochenende geht es sehr jung bis blutjung zu, wobei sich dann schön beobachten läßt, daß Taschengeld heute eine ganz andere Bedeutung hat als früher, auch in der Höhe.

Am Sonntag das Übliche: langes Frühstücksbuffet und so weiter.

Blaue Stunde im Kagan, Bahnhofsturm

Ausschütteln ist auf dem Tanzboden im 18. Stock möglich, das Wort ‚tanzen' wirkt hier deplaziert. Das Publikum bewegt sich im Takte einer Musik, die den Vorlieben der Gäste entspricht. Die Mehrzahl der Besucher dürfte ein Jahres-Abo in den Körperstudios der Vorstädte besitzen, man trägt den Stolz im Kinn, gerne auch Gel im Haar oder Ring im Ohr. Bei den Damen viel Blond und Brust, oder beides. Am Abend findet auch mal eine milde Einlaßkontrolle statt: Wer die Herren am Aufzug optisch nicht überzeugt, kann sich mit Groucho Marx trösten: „Einem Club, der mich als Mitglied aufnimmt, möchte ich niemals angehören." Die Einlaß-Hürde ist freilich für jeden zu nehmen, der eine Fabrikverkaufsadresse kennt. Man darf im Kagan ohnehin keine Großraumtheoretiker erwarten, klar auch, daß solch ein Platz zwischen Himmel und Erde nicht nur der Speisen wegen besucht wird, Angebote gibt es trotzdem: Viel Biobio und so ‚Fit-for-Fun'-Sachen.

In der Summe wäre festzuhalten, daß ehemals klassische Funktionen einer Bar – Diskretion, Austausch und Schutz – durch Merkmale des neuen Marktes ersetzt wurden: Präsentation und Hoffnung bestimmen die Szene. Jean Paul hat einmal geschrieben: „In einer großen Stadt zum Fenster hinaussehen heißt episch werden – im Dorfe lyrisch." Wer in Freiburg aus dem Fenster schaut, sollte realistisch bleiben. Auch im 17. Stock. **Adresse**: Kagan, Bismarckallee 9, täglich ab ca. 11 Uhr bis in die Nacht geöffnet, Tanzboden im 18. Stock ab ca. 22 Uhr. So Frühstücksbuffet. Tel. 0761-7672766. www.kagan-lounge.de

Gute Aussichten: Café-Bar Kagan im Bahnhofsturm

■ **Webers Weinstube** war Jahrzehnte lang ein Klassiker nach Mitternacht. Eine Melange aus Altsemestern und übriggebliebenen Oberräten, dazwischen Provinzbohème, weinschlotzend, verliebt, Weltgericht haltend. Nach einer umfassenden Entrümpelung präsentiert sich der Platz zeitgemäßer, gleichsam als ‚Weber light'. Übersichtlich, von außen einsehbar, eben szenegerecht, oder was immer man in Freiburg dafür hält. Kurz, ein nettes Lokal für Leute, die wesentliche Entscheidungen im Leben noch vor sich haben oder nie treffen werden. Wie auch immer, wenn in der Stadt schon die Gläser poliert werden, wird hier noch immer eingeschenkt, abgenickt und ausgelacht. Mit ein paar angenehmen Gehsteig-Tischen zur Volkszählung, besonders während warmer Sommerabende einer der wenigen Plätze in der Altstadt mit ein wenig Boulevard-Gefühl. Bis 3 Uhr geöffnet, somit die korrekte Adresse für einen Absacker. Küche (bzw. Kalorien) bis ca. 2.30 Uhr. Talstraße/Ecke Hildastraße, Nr. 35. Tel. 0761-70 07 43.

– **Am Rande:** Gleich gegenüber, an der Ecke zur Talstraße, eine gewöhnliche Bäckereifiliale namens *Bueb*. Innen sind die wunderschönen Jugendstil-Wandkacheln einen Blick wert, sie gehören noch zur ursprünglichen Metzgerei-Ausstattung der Räume. Zwischenzeitlich war hier auch ein Ökoladen, der *Hildaladen*, untergebracht. In den 80er Jahren eine Ikone der Freiburger Vollwertbewegung, später dann stehengeblieben. Auch die Sechskornmischung frißt ihre Kinder.

- **Löwen.** Der Löwen in der Herrenstraße ist auch so eine Freiburger Legende, *Lonely-Planet*-empfohlen und so weiter. Eine der raren nächtlichen Futterstellen („Durchgehend warme Küche bis 3 Uhr früh"), Künstlertreff nach dem Auftritt, auch steile Absturzrampe. Ein multifunktionaler Platz also. Tatsächlich kann man hier bis weit nach Mitternacht für kleines Geld von der Maultasche bis zum Haxenfleisch heftige Gerichte zermessern oder andere Dinge reintun, die aber auch nicht wesentlich leichter im Magen liegen. Unter der etwas zweideutigen Rubrik ‚Unser Dauerschlager' wird knusprige Schweinshaxe angeboten. Zur Vermeidung von Haxenabusus gibt es aber auch semivegetarische Alternativen: ‚Rösti mit Schinken, Ananas und Käse überbacken'. Manchmal ist viel los. Dann ist wieder nicht so viel los. Eine Freiburger Nachtlegende, unverwüstlich wie Schweinshaxe. *Löwen*, Herrenstraße, Tel. 0761-33161.

- **Pizzeria Bürgerstube.** Etwas ungewohnter Name für ein Ristorante mit Pizzeria, der bei genauer Betrachtung aber durchaus in Ordnung geht. Das Haus liegt genau gegenüber Stadttheater und Cinemaxx-Komplex sowie unweit vom Konzerthaus und als späte Einkehr nach der Vorstellung gehört es zum festen Spielplan einiger Besucher. Da der späte Hunger auch vor Künstlern, Darstellern und Entourage nicht halt macht, trifft sich hier mitunter eine recht bunte Mischung. Fast könnte man sagen, das offizielle Programm klingt hier aus, oder nach, oder es bäumt sich nochmal auf; je nachdem. Bei soviel Kultur spielt das Essen nicht zwingend die Hauptrolle, aber man bekommt – von einem freundlich speditiven Service – fast alles, was der Freiburger an der italienischen Küche so schätzt, vor allem wird man noch kurz vor Mitternacht satt, und gut unterhalten. *Bürgerstube*, Sedanstraße 8, Tel. 0761-32647.

Kreuzberg an der Dreisam – Kyosk (im Sommer mit Dachterrasse)

Herb und Feucht

Die Stimmung in Freiburger Studentenkneipen schwankt zwischen Vorhölle und katholischem Jugendheim. UNI-SPIEGEL

■ **Legende Grünhof**: Falls irgendwann mal die Mülltonnen brennen, wird es im Falle Freiburgs vermutlich im kleinen, fast putzig störrischen Grünviertel anfangen. Das ist dort, wo die Büdchen *Kyosk* heißen, und die Hunde so trotten wie ihre Herrchen. Einen zarten Hauch von Alt-Kreuzberg an der Dreisam gibt es im Viertel Grün, da und dort auch im angrenzenden Stadtteil Stühlinger. Noch immer paaren sich hier Szenenreste und Rastaopas, es riecht ein wenig nach schwarzem Leder und frischer Farbe (aus der Sprühdose). Das Lokal zum Set war der *Grünhof*, der ‚alte' Grünhof. Der Grünhof vor Jahren. Was dann kam und bis heute anhält, ist nur noch ein blasser Mythos (kulinarisch und sozial). So bleibt momentan nur ein nostalgischer Rückblick:

Der Grünhof war über die Jahre ein Kristallisationspunkt von Theorie und Praxis. Das Lokal gehörte zu den soziokulinarischen Legenden Freiburgs. Es gab von und vor allem warm und reichlich: insbesondere Atmosphäre und Schnitzel. Im Wesentlichen bestand der Erfolg des Lokals aus Sekundärtugenden, die ein Gutteil seiner Besucher bei der eigenen Lebensgestaltung erfolgreich vermied: Gehorsam und Pflichterfüllung, Leistungsbereitschaft, Verzicht

Hoheitsgebiet der Bewegung – Jos Fritz mit Spechtpassage

auf Selbstverwirklichung. Tat statt Rede. Der alte Grünhof war für Vegetarier die Vorhölle, für Eiweißfixierte mit Bafög die Rettung.

Der Ort war über die Jahre auch deshalb so beliebt, weil er neben lokusdeckelgroßen Schnitzeln eine Robustheit zeigte, die im dunkelgrünen Freiburg selten ist. Neue Pachtverhältnisse brachten dann den Niedergang der alten Tugenden. Für die pantomimischen und verbalen Fähigkeiten der alten Wirtsfigur Fritz konnte kein Nachfolger gefunden werden, kulinarisch gilt das alte Grünhofprinzip, Quantität vor Qualität zwar nach wie vor, aber man kann Prinzipien auch überstrapazieren (Spaghetti Bolognese mit Parmesan 2 Euro, Mittagstisch zum halben Preis). Früher brauchte es Mut zum Grünhof, heute Resignation. Dabei hat schon KARL MARX das Ende solcher Institutionen kommen sehen: „Alles Gemeinschaftliche verdampft". In Erwartung postmarxistischer Zeiten. *Grünhof*, Belfortstraße 52, am Westrand der Innenstadt, Sedanviertel. Tel. 0761-31 108. Kein Ruhetag, So und Mo erst ab 17 Uhr. Mit einem rauhen Nebenzimmer und einem nicht minder rauhen Hinterhof-Garten (ideal für einen harten Beziehungstest).

■ Das **Cräsh** kommt so, wie es heißt. Obwohl das inbrünstig kultivierte Schmuddeleck seine besten Tage angeblich immer mal wieder hinter sich hat (es war geplant, das Areal mit einem Bürogebäude zu überwaben), ist seine Existenz durch eine städtische Bestandsgarantie seit 2004 nun für weitere 10 Jahre gesichert (auch der ‚Drifters Club' mit seinen 700 Mitgliedern darf weiter driften).

Feuchter Turnschuh – das Cräsh

Sozialhygienisch gesehen erfüllt die begehbare Musikkatakombe vom Typ ‚laut und feucht' eine sammelnde und befriedende Funktion zugleich. Ein städtisch tolerierter Sozialschwamm. An guten Wochenenden finden Leute zusammen, für die Bausparvertrag und Autowäsche erkennbar noch nicht oder nicht mehr zum Lebensmittelpunkt zählen. Das war und ist den Stadtoberen offenbar recht, sie sorgen für offizielle Duldung und günstigen Mietzins und garantieren nebenbei den Betreibern einen sehr ordentlichen Lebensstandard. Man kennt das: erst mal unten links einsteigen und dann weitersehen. Jedenfalls gibt es dank solchen Orten der Soziapflege keine Praktiken wie in Straßburg, wo das Autoabfackeln mittlerweile zu den Trendsportarten von Randgruppen zählt. Aber das wäre jetzt ein anderes Thema. Im Cräsh möglich: Abhängen und ausschütteln in low-budget-Atmo (Bier im Becher), vereinzelt Eruptionen, die für Stammesunkundige schwer verständlich sind. Eine Klinik ohne Lärmschutzmaßnahmen. *Cräsh*, Schnewlinstraße 7. Derzeit so bis 2 Uhr, Fr und Sa ab 22 bis 4 Uhr, bzw. bis party over (anschwellender Betrieb ab 24 Uhr, im Sommer auch nach draußen wuchernd).

- **Jazzhaus**: Musikkeller mit Barbetrieb und wechselndem Live-Programm (Programminformation in der BZ-Beilage *Ticket*). Vom Potential her zweifellos ‚der' Keller in der Stadt. Ein stimmungsvolles Ziegelgewölbe, lange, zu lange unter amateurhafter Regie leidend. Sowohl kulinarisch als auch musikalisch blieb der Ort in den letzten Jahren weit hinter seinen Möglichkeiten, mitunter erinnerte der Keller an eine sterbende Zeche. Krampf und Querelen im Trägerverein waren eine der wenigen Konstanten und behinderten die Neuorientierung. Im Grunde steht auch das Jazzhaus für das übliche Fördermittelsyndrom: städtischer Geldfluß und Eitelkeiten einer Old-boy-Connection behindern die fällige Reform. Nach einer Renovierung und mit neuer Führungsriege ist das Jazzhaus am Leben, aber nicht über dem Berg. So bleibt allein die Hoffnung – der Ort hätte einen guten Lauf verdient. Die Stimmung schwankt je nach Ereignis und Auftritt von lauwarm bis hochtourig, das Publikum von Mainstream-Umland bis zum Blödmann mit Häkelkappe. Bar-Tresen mit marginalem Angebot. *Jazzhaus*, Schnewlinstr. 1, Tel. 0761-34 973.

- **Reichsadler** (im Milieu unter ‚*Geier*' geläufig). Die Gaststätte wirbt mit dem Slogan: ‚Einzige Hafenkneipe Freiburgs'. Tatsächlich liegt der Geier zwischen Ankommen und Ablegen, Einrichtung und Angebot bleiben auf das Notwendigste beschränkt, der Service wird von der Direktion mit zwei Worten treffend umschrieben: ‚Tresenservice – Selbstbedienung'. Der Eingang ist mit Plakaten tapeziert, drinnen fehlen Zierrat und Dekoration auf Teller und Wand. Die Einrichtung pendelt im Stil zwischen Bauhaus und türkischem Kulturverein. Alles vermischt sich zu einer Atmosphäre, in der man zügig bei den wesentlichen Dingen des Lebens ankommt: „Da sitz' ich nun am Mittelmeer und habe keine Mittel mehr." In einer Großstadt wäre der Geier ein Schmelztiegel, in Freiburg ist er ein Rückhaltebecken. Selten flattert hier eine Königin der Nacht herein, die sieht in einer Hafenkneipe noch schöner aus. Schade, langsam wird man älter und verträgt den Rauch nicht mehr. *Reichsadler*, Belfortstraße 38. Täglich von 17-2 Uhr. Tel. 0761-33 650. Ansprechend gestaltetes Gaststättenschild. Weitere Infos bei Interesse unter www.dergeier.de

Herrentoilette mit Wickeltisch – Omas Küche in der Wiehre

In der Wiehre

■ **Omas Küche**: Omas Küche heißt nur so, im Grunde handelt es sich um ein Lokal am Puls der Zeit, derzeit also irgendwo zwischen Alexandertechnik und Familienstellen, zwischen Ricottaravioli und Zitronengras in der Suppe. Auf den ersten Blick ist Omas Küche eine stattliche Eckgaststätte, strategisch günstig gegenüber dem Kommunalen Kino im alten Wiehrehof gelegen, ein Haus, dem man seine Vergangenheit als traditioneller Quartierstreff nur noch wage ansieht. Das Anwesen liegt an einer Stelle Freiburgs, die bis in die Wolle tiefgrün durchgefärbt ist. Die dazugehörende Partei konnte sich hier zur stärksten politischen Kraft entwickeln, also wachsen Lauchstangen aus Satteltaschen, die an teuren, schwarzen Fahrrädern befestigt sind, die nicht teuer aussehen. Aber nicht nur ökologisch, auch sozial ist hier immer was los: Von Tai Chi bis zur Salsa Puertoriquena wird einiges geboten (nicht in Omas Küche, aber im Wiehre-Kiez).

Wer dort einfach so für sich hingeht oder mal erleben möchte, was es mit der Patchwork-Biographie auf sich hat, sollte unbedingt mal reinschauen in Omas Küche, sozial ertragreiche Stunden sind garantiert. Es herrscht ein munter, reformiertes Treiben, wobei unklar bleibt, ob die Gäste gerade von der Arbeit kommen, dorthin gehen, oder beides nicht nötig haben. Der Laden läuft, Personal und Betriebssystem zeigen jene Art von Dauerfreundlichkeit, der nur schwer etwas entgegenzusetzen ist. Zu essen gibt es auch: Natürlich Gemüsespieß und Putenbrust allerlei Zuschnitts für werdende Mütter und rüstige Omis, aber auch ‚Hirse-Cashew-Bratlinge' für die Freunde von Ballaststoffen, sowie ‚Gegrillte Auberginen mit Knoblauchdip und Reis' für ehemalige WG-Insassen. Dazu paßt eine Frage am Tisch nebenan: „Wo kaufst Du Deine Energiesteine?" Zitat aus dem Gästebuch: „Leckere Bedienung allesamt, lechz!" Pisa liegt wirklich um die Ecke.

In der Summe ist Omas Küche ein gastronomischer Krabbelsack, der vom preiswerten Mittagessen bis zum Sonntagsbrunch die Ansprüche eines sozialen Mittelbaus befriedigt, dessen ästhetische Haltung lange Zeit überschätzt wurde. Der Betrieb läuft professionell, der Service auffallend kundenorientiert, warm und kalt von 11.30 bis 24 Uhr, zwei Mittagskombis unter 7 Euro von 12 bis 14.30 Uhr; mal kocht Hermann, mal Mathias. Eigentlich gibt es in Omas Küche alles für alle. Familienersatz mit Gastronomieangebot.

Draußensitzen geht natürlich auch, und wie: im Sommer lauschig im Kastanienschatten, wenn's kühler wird gäbe es die intensiv besonnte Südwand zur Urachstraße hin, eine Art Solarium mit gastronomischem Service. Und wer sich noch mehr exponieren möchte, kann dies direkt auf der Gasse auf Freiluft-Barhockern tun. Selbst zur Unschärfe alter Rollenmuster liefert das beliebte Haus seinen Beitrag: Auf der Herrentoilette wartet ein Wickeltisch. Alles zusammen ein bewirteter Großfamilienersatz. *Omas Küche*, Hildastraße 66, Tel. 0761-78686. **Preise**: niedrig-mittel. Kein RT.

- **Wiehre-Bahnhof.** Im gleichnamigen Bahnhofsgebäude. In einer Umgebung, die in deutschen Landen gastronomisch im Allgemeinen unauffällig bleibt, existiert hier eine wunderliche Ausnahme: Die alte Gaststube zählt rein optisch zu den angenehmsten Bahnhofskneipen, auch die große Terrasse neben den Bahngleisen hat ihren Charme. Das Haus wurde unlängst neu verpachtet und liegt nun in den Händen der *Casa Espagnola*-Wirte (eine vitale Tresen-, Trink- und Kontaktstube in der Adelhauser Straße, wo von abends bis später Cerveza und Tinto strömen). Im Wiehre-Bahnhof ist die Schlagzahl etwas geruhsamer. Es gibt einen preiswerten Mittagstisch, so zwischen Sahnegulasch und Gemüselasagne; auch die Standardkarte ist ein schönes Beispiel für die mittlerweile schier allgegenwärtige badisch-mediterrane Fusion. Also die große Koalition von ‚Putensteak Pizzaiola' über Gnocchi und Entenbrust bis Maultaschen. Das mag einer Handarbeitslehrerin munden, wirkt bei mir aber nicht unbedingt vertrauensfördernd. Man erwarte also wenig mehr als low-cost Sättigung. Die Stätte lebt einfach von ihrer

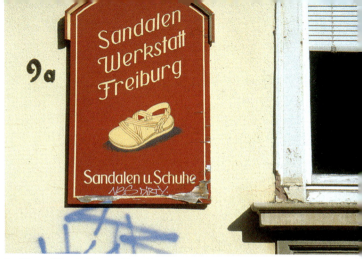

Im Kiez – Mittelwiehre, Talstraße

ebenso robusten wie unvermurksten Atmosphäre. Das sozial breit gefächerte Wiehre-Publikum sorgt im holzvertäfelten, musikfreien Gastraum für eine gelöste Stimmung, die zur eigentlichen Stärke des Betriebs zählt. Intimes Nebenzimmer. Bahnhofstypisch herber, aber keinesfalls reizloser Freisitz auf dem Bahnsteig, besonders apart an lauen Sommerabenden. *Wiehre-Bahnhof*, Gerwigplatz 20, Tel. 0761-75 558, warme Küche von 11.30 bis 14 Uhr und von 18.00 bis 22.30 Uhr, RT: Sa. **Preise**: niedrig.

■ **Goldener Anker**. Muntere Quartiersgaststätte klassischen Zuschnitts und somit eines der letzten Refugien, um ein Bier zu kippen und noch eins und noch eins. Die dazu notwendige Unterlage kann kalt oder warm bestellt werden. Gäste, Interieur und Service bilden eine lockere Einheit, die sich wenig um den Zeitgeschmack schert. Manche kommen auch nur zum Alleinsein und Zeitunglesen her, was kein schlechtes Zeichen ist. Insgesamt eine Wirtsstube ohne freiburgtypische Attitüde. Mit einer kleinen Eckterrasse. *Goldener Anker*, Uhlandstr. 13, Tel. 0761-74 880. Täglich ab 18 Uhr, **Preise**: niedrig.

Spaghetti zum Sozialtarif: Brennessel, Eschholzstraße

Im Stühlinger

Eigentlich gibt es zwei Freiburg: das Freiburg westlich und das östlich der Bahnlinie. Der weite Westen wird von denen im Osten auch *Freiburg-ex* genannt, er wirkt rauher und prolliger, soweit das in Freiburg möglich ist. Auf der östlichen Seite der Bahnlinie wurden die Dogmen aus alten Kämpferzeiten dagegen längst modifiziert: Man denke nur an die Materialwahl beim Fahrrad oder an die Fertigkeit, mehrfädige Kaschmirteile so nachlässig über die Stuhllehne zu legen wie damals den demonassen Islandpullover.

Während man im Osten also mit gebührendem Abstand und A 13 plus x dem Zeitgeschehen folgt, heißen die Vereinslokale des Milieus im mittleren Westen Freiburgs noch immer *Brennessel* oder *Egon 54* – und manche sehen auch so aus, ziemlich schluffig: Die Holztische tragen Brandnarben, darauf Teller mit Nudelbergen. Wer also eine Reise ins Land von Selbstdrehern und Parkaträgern vorhat, findet im Stühlinger ein ergiebiges Revier. Frohsinn ist hier freilich kaum zu Hause, vielmehr hat sich mit den Jahren doch eine gewisse

Verberlinerung eingestellt, gerade was Straßenpflege, Hundescheiße und Tristesse der Treppenhäuser angeht. Auch drinnen sieht es nach 30 Jahren staatlicher Fürsorge nicht so gut aus. Die Gasthäuser mögen von außen unterschiedlich erscheinen, in den meisten sitzt eine verwandte Haltung. Gleich ob schwäbisches PH-Mädle oder Krankenpfleger mit Bali-Sehnsucht, oft wird versucht, dem Alltag durch Indifferenz wohnliche Aspekte abzugewinnen. Was im Milieu natürlich anders heißt, etwa so: „Die eigenen Kraftquellen entdecken". In manchen Gaststätten hocken auch Übriggebliebene vor Premiere und da vergeht sogar mir das Lästern.

■ In der **Brennessel** werden Stilfragen im Zweifel durch Negation gelöst. Die Einrichtung ist einfach und stimmig. Ein Ensemble von Holztischen, das aus einer mazedonischen Grundschule stammen könnte. Plakate und Handzettel informieren über Kulturelles, eng beschriftete Tafeln über Kulinarisches. Bei Speisen und Preisen steht die Zeit: Es gibt die Klassiker der deutschen WG-Küche, selbst der ‚gebackene Camembert' hat überlebt, auch ‚Spätzle mit Sauce' etc. Am frühen Abend werden Spaghetti zu reduziertem Tarif serviert, aber durchaus fix und freundlich. Die Mehrzahl der Gäste trägt eine Art unfreiwilliger Vintage-Mode. Vor Mitternacht legt sich eine Mischung aus Rauch, Rede und Musik über das Publikum, wie ein dicht gewobener Flokati. Man glaubt unweigerlich, jetzt steht einer auf und gibt den Dylan. Die Vermeidung von Stil halten manche Gäste der Brennessel vermutlich für eine Haltung. Aber da ist Vorsicht geboten. In einer immer rauer empfundenen Welt übernimmt das Interieur bekanntlich die wichtige Funktion der Trostlandschaft. Die Romantik nistet bei Bedarf auch in der Tropfkerze und seit dem Biedermeier gilt ohnehin: Einkehren heißt, Vertrautes suchen. *Brennessel*, Eschholzstraße 17, Tel. 0761-281187.

■ Gleich um die Ecke in der Egonstraße: **Egon 54.** Auf ihre Art eine der aufrichtigen Adressen im Stühlinger. Seit Jahr und Tag gradlinig auf Wesentliches beschränkt, ohne Tendenzen zur Verhübschung. Kommt gut bei starkem Durst, nach Möbelrücken oder allgemeinen Renovierungsarbeiten im Sozialbereich. Egonstraße 54.

■ Am Ende der sehr verkehrsberuhigten Klarastraße gehört die patinierte Eckkneipe **Babeuf** zur bewährten Einkehr eines gereif-

Robuste Anlegestelle im Stühlinger – Babeuf in der Klarastraße

ten Teils der Szene. Vereinzelt auch Gäste, die ihren politischen Kurs mehrmals neu, aber stets klar definiert haben. So gehörte einst eine Dame zu den Stammgästen, die früher jeden Freiburger Wasserwerfer mit Namen kannte, nun aber die S-Klasse bevorzugt. Das ist zu respektieren, schließlich meinte schon Zsa Zsa Gabor: „Ich weine lieber in einem Rolls-Royce als in einer Straßenbahn."

Die gediegene Weinauswahl ist für eine Wohnzimmerschenke tatsächlich bemerkenswert: gute badische Weine, ausgesuchte Italiener, Spanier, teils beachtliche Qualitäten zu günstigen Preisen, auch Verkauf über die Gass'. Bei Engpässen also eine wichtige Adresse. (Der sehr empfehlenswerte *Weinladen* nebenan in der Egonstraße 16, sowie jener in der Wiehre, Ecke Scheffel-/Talstraße gehören zum System). Bei den Speisen sollte man keine Überraschungen erwarten. Immerhin verspricht die Karte ausdrücklich, daß täglich frisch gekocht wird, was durch Zeugenaussagen bestätigt wird. Also Küche, statt Reanimation. Jedenfall wird man mit Würde satt und bekommt einen ordentlichen Schluck dazu. So ist das Babeuf auf eine angenehme Art aus der Zeit, was auch daran zu erkennen ist, daß mancher Gast noch seine Gorleben-Klamotten aufträgt. Somit wäre hier ein Handlungsorte für die noch zu drehende ‚Freiburg-Rolle'. Insgesamt in Ordnung und unverwüstlich. „Basst scho", wie man in Franken sagen würde! *Babeuf*, Ecke Klarastraße/Egonstraße 16, Tel. 0761-27 36 13. Bis ein Uhr, am Wochenende auch länger. Weinläden: www.weinladen-freiburg.de

Ganz entspannt vor der Luisenhöhe in Horben

Im Grünen, am Rand, mit Sicht

- **Waldsee.** Der ‚Waldsee' ist das Vereinslokal für Leute, die in keinem Verein sind. Idyllisch am Teichle gelegen, wie der Name schon andeutet. Großzügige Räumlichkeit mit Saalambiente und Terrasse am kleinen See. Zum Lokal gehört auch ein Veranstaltungsraum (interessante Konzerte, relaxte Stimmung: Montagabend ‚Tag eins' mit Clubbing, Dienstagabend ‚Jazz ohne Stress', Sa-Nacht auch freie Tanzveranstaltungen mit Szenefaktor). Die Stärke des Waldsees liegt in der Mischung von Ort und Publikum. Oft kommen hier angenehme Leute zusammen und ohne Programm entsteht eine lässige Stimmung – zwischen Zeitung lesen und Luftschloß bauen ist so ziemlich alles möglich. Bei solchen Vorhaben wird man von der offerierten Speisenqualität nicht weiter abgelenkt. Es schmeckt wie damals bei Beate: Gemüseauflauf essen Seele auf. Die Getränke sind jedoch auf dem Stand der Zeit. Je nach Tageszeit und Wochentag sehr unterschiedliches Publikum. Cave dominium: An Sonntagen droht ein Doppelpack aus Endlosfrühstück und Krabbelstunde! *Waldsee*, Waldseestr. 84 (Richtung Littenweiler), Tel. 0761-73 688.

- **Schloß-Café Lorettoberg.** Je nach Jahres- und Tageszeit eine Mischung aus Bühne und verträumter Sommerfrische, stillem Café und Guck-mal-Börse. Alles in aparter Lage auf dem Lorettobergle. Somit ein innenstadtnahes Ziel für die langen Nachmittage zwischen Vordiplom und Assistentenstelle, dazwischen auch mal ein paar Krankenschwestern vor mittleren Salattellern. Weil die ruhebedürftigen Doctores längs der Auffahrt zum feinen Lorettoberg aber früh zu Bette gehen, wurde vor Gericht jahrelang um jede Stunde Öffnungszeit gerungen, nun darf bis 22 Uhr gewirtet werden. Als Bühne dient eine historische Villa mit verwunschener Freiterrasse. Großzügige Innenräume mit nostalgischem Ambiente, wobei die Möglichkeiten des Ortes nur zurückhaltend ausgeschöpft werden. Geboten werden schlichte Speisen (einmal mehr mit mediterranen Zierleisten, gerne auch mit Körnern, Sprossen oder alles zusammen), harmonische Weine, bunte Cocktails. *Schloß-Café*, Lorettoberg, Kapellenweg 1 (kurzer, schöner Fußzuweg über den Bergleweg ab Lorettostraße, nahe Lorettobad), Tel. 0761-40 38 40. Mo bis Sa 10-22 Uhr, So 14-22 Uhr.

SANKT VALENTIN: Die Waldgaststätte St. Valentin, oberhalb von Günterstal im tiefen Forst gelegen, gehört zu den Freiburger Gastro-Legenden. Ganze Proseminare verhockten hier einst lange Abende, zwischen Marxismus-Exegese und zwischenmenschlicher Kontaktsuche wechselnd. Dazu Paare unter Lindenlaub und Lampenkette. Manche Heimfahrt glich einer Schlittenpartie, gerade in Sommernächten. Die Legitimation der gastronomischen Einsiedelei gründete freilich eher in idyllischer Lage und speziellem Betriebssystem, jedenfalls nicht in kulinarischer Höchstleistung. Mögen die legendären Pfannkuchen noch so groß gewesen sein, materialkritisch betrachtet waren sie wenig mehr als Notverpflegung. In der Hauptsache war die Einkehr auf St. Valentin ein emotionaler Brandbeschleuniger.

Nach Totalsanierung und Neuverpachtung hat die Legende seit dem Herbst 2003 wieder geöffnet. Dabei konnte der Charme der alten Gastroklause zu einem guten Teil konserviert werden. Nach wie vor lockt eine anrührend heimelige Wirtsstube, hinzu kommt ein saumseliger Garten im Halbschatten alter Hausbäume: im Winter ein Fleck, um Rotbäckchen zu reiben, in der warmen Jahreszeit eine feine Jausenstation. Die Hardware geht also soweit in Ordnung,

Original black forest cooking – Waldgaststätte St. Valentin

die Gunstlage im Wald über Günterstal und doch nah bei der Stadt ist ohnehin unverwüstlich. Die neuen Pächter bemühen sich mit Elan und bemerkenswerter Freundlichkeit, die alte Legende als neue Ausflugsadresse zu etablieren. So weit, so angenehm.

Zum Neustart gehört eine Karte, die einerseits Valentin-Memorials anbietet, wozu vor allem die Überformat-Pfannkuchen in Varianten wie Speck, Pilz und Apfel zählen. Zur munkelebraunen Pilzfüllung wäre zu sagen, daß deren Fließverhalten an guten Mörtel erinnert. Ansonsten verspricht die laminierte Speisekarte ein Spektrum, das ein Austauschstudent vermutlich als ‚original black forest cooking' loben würde, darunter: multikulturelle Flammkuchen (Schafskäse&Oliven/Tomate&Mozzarella/Apfel&Zimt), Käsespätzle, Spaghetti Bolognese, Schnitzel und natürlich auch unser aller Salat, mit Schafskäse, Oliven oder Lachsstreifen weltläufig garniert. Hinzu kommen noch Tagesgerichte. Zwar sagt ein altes maurisches Sprichwort: „Ein Stein aus Freundes Hand ist ein Apfel." Ob dies auch auf St. Valentin gilt, muß jeder selbst entscheiden. Ein genuin regionales Angebot, gar ein verschärftes Produktbemühen, sind für mich jedenfalls nicht zu erkennen. Also wieder eine Chance weniger und das in einer Immobilie, die auch dank reichlich städtischer Mittel erhalten wurde. Was die Ökometropole und ihre Verpachtungspolitik angeht, gehört öko reden und Convenience handeln offensichtlich zum guten Ton. Nach wie vor gelingt es im Breisgau nicht, auch nur eine Ausflugsgaststätte auf das Niveau einer fortgeschrittenen südtiroler Vesperstation zu bringen. Soviel zum viel zitierten ‚kulinarischen Hoch im Südwesten'.

Die Verpflegungsqualität auf St. Valentin relativiert sich allerdings durch Extras. Der freundliche und speditive Service zählt wie die ungewöhnlich gute Weinauswahl zu den Pluspunkten. Hinzu kommt der hohe Romantikfaktor und eine Lage, die einfach gütig stimmt. Alles in allem also kein Paradies, aber ein Platz zum Träumen. Vom Paradies.

→ **Sankt Valentin** (Günterstal), Valentinstraße 100, Zufahrt auf einer Waldfahrstraße, ab Ortsausgang Günterstal ausgeschildert. Tel. 0761-3884131, www.restaurant-valentin.de. Geöffnet: ab 12 Uhr bis 24 Uhr, an Wochenenden ab 10 Uhr. **Preise**: günstig-mittel.

Tische mit Aussicht

An warmen Tagen und lauen Abenden lohnt der kleine Anstieg auf den Schloßberg. Nur fünf Minuten von der oberen Altstadt entfernt, gibt es einen herrlichen Blick über die Stadt, eine frische Brise und verschiedene Promenaden durch die lichten Wälder. Zuoberst der markante Aussichtsturm, der ein gewaltiges Panorama auf die Stadt bietet. Vorzüge, die man angesichts der Gastronomie bald schätzen lernt:

- Das **Greiffenegg-Schlößle**, der Traditionsbau direkt oberhalb des Schwabentors bietet herrliche Aussichtslage, eine luftige Terrasse mit Blick über die Dächer der Stadt und einen Biergarten mit separater Schankbude und wiederum großartiger Aussicht über die Altstadt. Im Lauf der Jahre wurde das Gebäude immer wieder verändert, mittlerweile ist der ursprüngliche Bauzweck

Freie Sicht auf Freiburg – vom Greiffenegg-Schlößle

nur noch an der Lage und am Namen zu erkennen: Das Schlößle war einst ein biedermeierliches Repräsentationsgebäude für die Statthalter Vorderösterreichs. Nach ihrer Umwidmung wurde die Residenz zunächst zum bürgerlichen Restaurant, erst viel später zu einem Ausflugstreff quer durch alle sozialen Fakultäten, nun geführt mit scharfem Blick für Renditeoptimierung. Reizvoll an warmen Sommerabenden, um in wenigen Schritten Distanz zur Stadt zu bekommen.

Auch draußen im Garten Umsatzgastronomie: die Umgebung, Kastanienschatten und Panoramablick ist reizvoll, das Angebot üblich. Studentisches Publikum hockt auf Brauereigarnituren, übt sich in Minne und Lebensqualität. Es bleibt dabei, daß auf dem Greiffenegg-Schlößle seit jeher Blick und Lage vermarktet werden. Vielleicht an einem lauen Sommerabend, wenn man nicht viel reden und mehr schauen will. Zu beachten wäre allerdings, daß es im lauschigen Biergarten am späteren Abend, nach Eintritt des frisch blasenden Höllentälers, zugig werden kann. Schloßbergring 3, oberhalb Schwabentorplatz, kein RT, Tel. 0761-32 728.

■ Im Traditionshaus **Dattler,** dem zweiten Restaurant am Schloßberg, geht es bürgerlicher zu. Auch hier freie Aussichtslage, die freilich von einer Betonterrasse konterkariert wird. Gehobene, freilich knochenkonservativ realisierte und inszenierte Küche. So bleibt der Blick auf's Städtle das Herausragende. Am Schloßberg 1, Tel. 0761-31 729, RT: Di.

Aufgeräumte Vesperstube mit Talblick: Sankt Barbara

■ **Waldgaststätte Sankt Barbara**, FR-Littenweiler. Der historische Ort hat auch gastronomisch eine Vorgeschichte: reizvoll im Wald über Littenweiler gelegen, konnte das Anwesen erst nach Jahren der Auseinandersetzung mit Anliegern wieder zur Einkehr werden. Auflagen bezüglich Zufahrt, Öffnungszeiten und Sitzplatzzahl beschränken den Wirtsbetrieb bis heute. Das Ruhebedürfnis der Anlieger in Ehren, aber es bleibt erstaunlich, wie gerade in besserbürgerlichen Wohnvierteln jede gastronomische Initiative mit fundamentalem Eifer bekämpft wird. Dabei sollten auch die Bewohner der Schöner-Wohnen-Viertels wissen, daß ein Abend in der eigenen Stube ziemlich lang werden kann. Aber zurück zum Thema: Das Waldcafé wurde geschmackvoll renoviert, Vollholz und klare Linien, vor der Glasfront Tische im Freien, am Hang die üblichen Installationen für die lieben Kleinen. Die Küche bietet Vesper und Warmes, einfach getellert. Die Weine sind vom Weingut Dr. Schneider, Müllheim-Zunzingen, auf dessen Familieninitiative beruht auch die großzügig realisierte Wiederbelebung des Kleinods (Karte ähnlich wie in der Gutschänke Dr. Schneider in Müllheim-Zunzingen, vgl. dort). Wegen der Lage am Nordhang sind helle Sommermonate am ehesten für einen Besuch geeignet. An Volkswandertagen herrscht an so einem Ort natürlich beachtlicher Umtrieb. Lieber zur Dämmerstunde in der Zwischenzeit.

→ **Waldgaststätte St. Barbara,** FR-Littenweiler (Pkw-Zufahrt nur bis Parkplatz, ca. 1 km unterhalb). Tel. 0761-69 67 020, 12-22 Uhr, RT: Mo; Mitte Okt. bis Mitte April geschlossen. **Preise**: günstig.

Schön wär's: Tischkultur statt Nudelbergen

Kulinarisches Freiburg II
Von Miracoli zu Ethno-Nippes

Durch die verbreitete Zwangsmediterranisierung wurde aus Maggi zwar Balsamico; aber noch immer gibt es kaum ein *authentisches* Ethno-Restaurant in der Stadt, das sich wegen außergewöhnlicher Qualität empfehlen würde. Bis auf die genannten Ausnahmen (*Basho-An* – japanisch; *Enoteca*, *D.O.C.*, *Tizio* – italienisch) dominieren unter Pizzerien und Ausländern die üblichen Sättigungslokale. Sie müssen also gar nicht erst lange suchen. Bei manchem Exoten drängt sich ja ohnehin die Vermutung auf, die Gastronomie sei nur ein Teil des Gesamtumtriebs.

Das Leben ist schwer genug – soll ich Sie auch noch mit all den kulinarischen Enttäuschungen behelligen, die einem so unterkommen? Mit all den gut- und bösgemeinten Tips, die als Reinfall enden? Nur soviel: Wenn ein Lokal hier nicht genannt wird, heißt das nicht, daß dort keine Suppe gelöffelt wurde. Mancher Wirt darf froh sein, hier *nicht* vorzukommen.

Aber nochmals: Wir freuen uns über jeden Hinweis und den allermeisten wird nachgeschmeckt. Außerdem ist es ja schrecklich langweilig, von all den Banalitäten zu berichten, die einem wieder und wieder vorgesetzt werden. Vorzugsweise in der noch unsterblichen Putenbrustklasse, wo es so schmeckt, wie bereits die Fuchsienhängeampel hinten rechts vermuten läßt – hoffnungslose Fälle. Nicht besser die im Ethnomix gestylten Lokale, wo versucht wird, mit ein paar Kübeln Wandfarbe einen neuen Küchenstil zu kreieren. Wir hatten ja alle mal Träume, aber deshalb muß man nicht gleich ein Lokal eröffnen und kochen wie im Campingbus. Dann lieber promovieren und Taxi fahren. Das richtet weniger Schaden an.

Auch das mediterrane Herdfeuerchen, das vor gut 30 Jahren mit einer Dose Ravioli begonnen hat, ist längst zum Flächenbrand geworden. Ein massiver Basilikumangriff droht mittlerweile in jeder Vorstadtkneipe zwischen Flensburg und Fischingen und vor Rucola ist man nicht mal mehr in Vereinsgaststätten sicher. So entlarvt sich die kulinarische Provinz heute am ehesten in ihrem krampfhaften Bemühen um eine sogenannte mediterrane Küche. Längst wird in Deutschland mehr Ciabatta verkauft als in Italien und es wird der Tag kommen, an dem unerschrockene Germanen bei wenig über Null draußen sitzen und ihren Caprese mit dem Eispickel zu sich nehmen.

Dabei hat alles so harmlos begonnen: Mit einer langen Nacht vor dem Zelt, in Gesellschaft von Miracoli und Monika. Von damals blieb die Einsicht, daß man mit Tomatensauce nie ganz falsch liegt, mit Ethno auch nicht. Also machen oberschwäbische Wüstenfüchse, die ihre kulinarischen Lehrjahre auf den Campingplätzen rund ums Mittelmeer verbracht haben, heute eine Wirtschaft auf und belästigen einen mit ihrer Interpretation des Schafskäses. Womit das Wort *mediterran* sein Haltbarkeitsdatum endgültig über-

Freiburg, Löwenstraße: Happy hour mit Pasta mista

schritten hätte. Und vom letzten Sonnenbaden in Mexiko stammt die Erkenntnis, daß es ziemlich gleichgültig ist, wie das Bier schmeckt, Hauptsache, es steht *sol* oder *desperado* drauf. Vorstadt-Rastafaris betreiben Gangstacooking, lächeln grenzdebil und servieren ihr Unvermögen als den letzten Schrei, *Crossover cooking* oder *fusion food* genannt – mit der üblichen Verzögerung dann auch in Freiburg zu besichtigen.

Früher brachte man Ponchos aus den Anden mit, gerne auch guatemaltekische Wolljuppen, bunte Steine aus Bali, heute hat der Weltenbummler ein neues Gastronomiekonzept im Gepäck, wenn er von seiner sechswöchigen Badekur auf Bali nach Hause kommt. Den Resultaten ist dann in den einschlägigen Stadtteilen der Universitätsstädte nachzuschmecken, Caipirinha im Stühlinger, Tex-mex in der Mittelwiehre, Mediterranes am Güterbahnhof. Sind wir nicht alle ein bißchen Ethno? Das Schlußwort spricht Wilhelm Busch:

> *Leicht kommt man an das Bildermalen,*
> *Doch schwer an Leute, die's bezahlen.*

Leider Legende: Gekonnte Tellerführung im Grünhof

Service light – ein bißchen kellnern

Es gibt Hupfdohlen und Bedienungen. Hupfdohlen hören auf Namen wie *Manu* oder *Kim*, ihre Freunde heißen *Ben* und alle kennen sich irgendwie. Letzte Nacht waren sie noch beim *Roy*, die demnächst mit Projektarbeit anfängt. Und zwischendurch kellnern alle ein bißchen. Bringen Stullen, die Ciabatta heißen, tragen Tellerchen an wackelige Tische. Das heißt, eigentlich würden sie lieber modeln, aber da wäre noch das Tatoo vom vorletzten Sommer und das Weglasern des ollen Drachenkopps gibt's halt auch nicht für umsonst und draußen. Dumm gelaufen, also ein bißchen kellnern.

Wobei das mit dem Laufen so eine Sache ist. Es gibt welche, die tragen lange Schürzen, was elegant aussehen soll, aber sehr komisch wirkt, wenn man gen Tisch rumpelt wie *Angela Merkel* zum Rednerpult. Volle Kanne, respektive halbvolle Untertasse. „Ups, da hat's ein bißchen gewackelt", sagt Kim dann, wenn sie was sagt. Dafür wippt das Ringchen im Bauchnabel. Andere wirken chronisch dauergestresst wie *Heidemarie Wieczoreck-Zeul* in ihren besten Tagen. Ein porentief Gebräunter schreitet durch das Publikum wie Blücher, bewaffnet mit einem Gläschen. Mehr kann so eine Hand mit fünf Fingern nicht tragen.

Wer Anschauungsmaterial zur heiklen Situation an den Universitäten benötigt, besucht am besten eines der Bistros oder Cafés in Campusnähe. Seltsame Orte, an denen sich das Dilettieren zur Blüte entwickelt hat. Man hängt ab, wie es treffend heißt. Eigentlich sind alle nur aus Versehen da, weil nachher, da kommt ja noch die Chris mit ihrem Projekt im Rucksäckchen.

Die serviceähnlichen Verrichtungen, die einem heute geboten werden, lassen das Gerede von der Dienstleistungsgesellschaft rührend erscheinen. Nun kann nicht jeder bedienen wie jene klassischen Kellner, die das Tablett führen, als sei es mit dem Unterarm verschraubt. Könner, die im stillen Einvernehmen mit Stammgästen handeln, sind selten geworden wie die Aura eines Wiener Kaffeehausprofis, dessen eleganter Gang noch im Kleinen Braunen nachschmeckt. Eine Dohle kann nun mal nicht auftischen als wäre Geschirr schwerelos. Aber gerade weil es im Service so unbeholfen zugeht, könnte mehr Achtung vor einer gediegenen Leistung nicht schaden. Dabei geht es nicht um die Reanimation des Auslaufmodells dressierter Kühlschrank im Frack, auch die Serviertochter im Spitzenschürzchen darf gerne zuhause bleiben. Serviettenbrechen als Prüfungsinhalt ist im Zweifel entbehrlich. Muß aber ein anspruchsvoller und ehrenwerter Beruf ohne Gegenwehr in die Hand von Praktikanten geraten, wird Service zur Domäne von 400-Euro-Aushilfen?

Dabei klingt die routinierte Gastronomenklage vom immerwährenden Personalnotstand so bekannt wie unglaubwürdig. Wenn Löhne und Arbeitsbedingungen geboten werden, die denen der Entsorgungsbranche ähnlich sind, darf sich keiner wundern, wenn es beim Auftischen entsprechend zugeht. Noch fataler wirkt aber die notorische Geringschätzung von Dienstleistung, gerade in der Gastronomie. Offensichtlich geht es hier um eine altdeutsche Tugend, in einem Land, in dem mit Hingabe am liebsten dem Staat gedient wird – unter Kenntnis der aktuellen Versorgungsansprüche. Da ist es nur konsequent, wenn Deutschland mit der geringsten Selbstständigenquote Europas glänzt.

Bezeichnend, daß Volkshochschulen mittlerweile Kurse zu Tanztherapie und tibetanischer Tempelküche anbieten. Kenntnisse zur angemessenen Versorgung von Gästen scheinen dagegen nicht mehr zum Wissenskanon zu gehören. Es wird soweit kommen, daß jeder im Internet rumstochern kann, der Umgang mit Messer und Gabel spielt auf der Höhe solcher Zivilisation dann keine Rolle mehr.

Die Kim und der Roy werden all die Aufregung nicht verstehen, sie stehen auf Fingerfood und nehmen ihre tägliche Dosis Mozzarella auf Wackeltischchen ein. Zeiterscheinungen, meinetwegen. Seltsamer ist dies: Da gehen Bildungsbürger ins Theater, lauschen Dialogen, Tönen und Figuren, urteilen, geben Beifall, äußern Missfallen. Danach dann aufkommender Hunger und Durst. Es treten auf: Sehr vereinzelt Könner, verbreitet Dohlen und keiner muckt auf.

Ja, und dann noch was

- Welches Kraut wächst gegen Gäste, die „junge Frau" zur Bedienung sagen, sodann einen „Schoppen halbtrockenen Roten" bestellen und danach ihre Römer mit einem „Prösterchen" zusammenbringen?

- Schaufel und Besen haben oben, der Weinkelch hat unten einen Stil dran. Das ist so, damit man vernünftig damit arbeiten kann!

- Kann es sein, daß immer mehr erwachsene Männer, auch nach dreizehn Jahren Schulzeit, Studium und Auslandspraktika eine Speisegabel noch immer so ähnlich verwenden wie einst das Schäufelchen im Sandkasten?

Feinobst und Frischgemüse: Schwörer am Münsterplatz

Die Rote Liste

Bürgersteige werden zu Wühltischen für Fernostfeudel, dazu überziehen Verlegenheitsmusikanten, Gaukler und die Stadtteilgruppe zur Rettung des Birkenröhrlings die Innenstadt mit einem Netz von Lebenslust und Betroffenheit. Dazwischen Heranwachsende mit der Narrenkapp'. Es ist soweit, die Stadt als permanenter Erlebnispark. Wer aber ein gut gebackenes Brot oder ein solide gearbeitetes Hemd sucht, hat es verdammt schwer. Dieses Buch ist zwar ein kulinarischer und kein allgemeiner Einkaufsführer, ein paar Reservate möchte ich aber doch nennen. Damit Sie ein wenig Appetit bekommen, nachfolgend also ein paar Happen zum Thema Originalität und Qualität, wobei speziell für Freiburg gilt, daß die **Wochenmärkte** für die Versorgung mit frischen, hochwertigen Produkten an Bedeutung gewonnen haben. Dabei hat der werktägliche Markt auf dem Münsterplatz natürlich eine zentrale Funktion, aber auch die meisten Markttage in den einzelnen Stadtteilen haben sich mittlerweile etabliert, gerade ihre Bedeutung hat in den letzten Jahren zugenommen.

Meister der Essiggurken: Gerald Burkhardt aus Burkheim

Marktübersicht

Münsterplatz (Mo bis Sa 7-13 Uhr): Der größte und schönste Markt in Freiburg, stimmungsvoll und vielseitig

Kleine Gebrauchsanleitung für Neukunden: Von unten gesehen rechte Seite, also *Südseite*: Vorwiegend Stände mit Handelsware, also saisonunabhängige Großmarktprodukte, die vor der verkaufsfördernden Münsterkulisse angeboten werden. Von unten gesehen linke Seite, *Nordseite*: Erzeuger- oder Bauernmarkt, überwiegend mit einheimischen Produzenten. Hier sollen Kontrollen für ein tatsächlich regionales Erzeugersortiment sorgen (was mal mehr, mal weniger gelingt; zudem darf das Sortiment in der gemüsearmen Winterzeit auch auf der Erzeugerseite mit Handelsware ergänzt werden). Das größte Angebot gibt es an Samstagen, dann auch viele Anbieter von Bio-Ware, besonders rechts oben, auf der Höhe der Stadtbibliothek und noch weiter nach oben, zur Herrenstraße hin. Aber bedenke: Nicht alles, was aus Bauernhand kommt, wurde auch von derselben gesät.

Marktritual: Die Kombination von Marktbesuch und Wurst aus der Faust. Die ‚lange Rote' (*mit* oder *ohne* Zwiebeln) gilt als Archetypus der Münsterplatz-Würste. Aber nur die Vormittagsrote von den Buden an der *Nordseite* – deren Position wechselt nach rollierenden System, Liebhaber bleiben ihrem Stand treu! Die Nachmittagsbuden bieten weder Qualität noch Ambiente der Vormittagsanbieter.

■ **Schwörer:** Der schönste Obst- und Gemüseladen der Stadt, Münsterplatz Südseite, am oberen Ende. Ein breites Sortiment, schön präsentiert, mit Kenntnis verkauft. Vom Kaiserstühler Weinbergpfirsich bis zum kleinblättrigen Feldsalat, von den ersten bis zu den letzten Artischocken, bei Schwörer finden Sie es. Für Augen, Seele und Gaumen eine Wohltat. Münsterplatz/Buttergasse. Mo geschl., sonst zu übliche Ladenzeiten.

■ **Weitere Wochenmärkte (in Auswahl)**

Wiehre: am alten Wiehrebahnhof, Mi ab 14 Uhr, Sa 8-13 Uhr. Qualitativ gutes Angebot, darunter auch viele Öko-Anbieter, hoher Anteil an Leinenkleidern und anderen Uniformteilen aus dem edelgrünen Umfeld. Publikum für Milieustudien geeignet.

Oberwiehremer Bauernmarkt: Schwarzwaldstraße, beim neuen Einkaufszentrum, Mi 15-19 Uhr, Fr 11-18 Uhr, Sa 8-14 Uhr. Kleiner Demeter-Erzeugermarkt vor der Waldorfschule in der Schwimmbadstraße 29, Sa von 8 - 12 Uhr.

Herdern: Kirchplatz, Freitag 14-18 Uhr. Erzeugermarkt.
Stühlinger: Stadtbahnbrücke, Sa 8-13 Uhr. Breit und gut sortierter Markt, viele Öko-Anbieter.
Mooswald: Elsässer Straße/Mooswald-Bierstube, Sa 8-13 Uhr.
Littenweiler: Bürgersaal/Ebneter Weg, Sa 8-13 Uhr.
Landwasser: Platz der Begegnung, Mi 7-13, Sa 7-13.30 Uhr.
Weingarten: Platz beim Einkaufszentrum, Mi und Sa 8-13 Uhr.
Vauban: Marktplatz, am Mittwochnachmittag.
Zähringen: Platz der Zähringer, Mi und Sa 8-13 Uhr.
St. Georgen: Bozener Straße/St. Peter und Paul, Sa 8-13 Uhr. Kleiner Erzeugermarkt Mi und Sa Innsbruckerstraße.

Zwei kleine Märkte:
Brühl: Tennenbacher Platz, Sa 8-13 Uhr.
Rieselfeld, Maria-von-Rudloff-Platz, Sa 8-13 Uhr.

Fein gestrickter Teeladen – Teekontor Seibert, Oberlinden

Interessante Läden

KÄSE-STÄHLE (Albert Stähle): Wohlsortierter Käseladen in der Schusterstraße. Führt auch das Brot von der Elitebäckerei Hofpfisterei München (man kann sich die Brote aber auch direkt aus München schicken lassen, der Versandservice funktioniert professionell). Gute Auswahl und Beratung, angenehm aufgeräumte Präsentation der Ware. Schusterstraße 2, Tel. 0761-36136.

KÄSESPEZIALITÄTEN – Münsterplatz 16 (Südseite): Fachgeschäft mit breitem Sortiment, darunter viele Rohmilchsorten, auch regionale Hartkäse aus dem Schwarzwald, sowie ein gepflegtes Sortiment an Ziegen- und Schafskäse in diversen Reifestufen. Freundliche Beratung durch die Inhaberin, persönliche Atmosphäre. Dazu gibt es ein Feinkost-Beiprogramm, einige Weine. Guter Laden am schönen Platz. Tel. 0761-2859866.

MESSER-FERRAZZA – Altstadt, Obere Schusterstraße: Messer, die schneiden. Gabeln, die stechen. Dazu umfassende Beratung mit klarem Standpunkt, Service und ein geübter Messer- und Scherenschliff, alles auf gut 10 Quadratmetern. Hier gibt's die wenigen Marken, eben jene ‚feinen Solinger Stahlwaren', die dem Generationenvertrag genügen. Mit denen gibt sich – anstelle von Mikrowelle und Induktionsherd (mit Festplatte) – die gute Küche und der sachkundige Gastgeber zu erkennen. Außerdem ein feines

Sortiment von Fahrten- und Sackmessern (erfreut den Mann im Mann!), auch spezielle Pilzmesser etc.

Zum Brot-Notstand:

Das Drama vom Verschwinden des guten Brotes, von der Diktatur der Backmischungen (zwanzig verschiedene Sorten aufgeblasener Fitness- und Mondphasen-Brötchen, aber keines schmeckt); die Schmiererei mit Halbfertigprodukten ist ja ein Thema für sich, hier nur soviel: Es gibt allenfalls noch eine handvoll Bäckereibetriebe in Freiburg, die statt eines breiten, aber qualitativ kümmerlichen Allerweltssortiments Qualität führen: zum Beispiel mit einem echten, lagerfähigen Holzofenbrot, einem dunklen Sauerteigbrot, vernünftigem Kleingebäck und vorzüglichen Laugenbackwaren. Was *Brezeln* angeht, ist die Bäckerei **Herr** in Waldkirch (am Marktplatz) die absolute Ausnahme (vgl. Bild auf nächster Seite); eine Adresse, die allein der unerreichten Laugenbrezeln wegen einen Ausflug wert ist!

Ganz zu schweigen von einem hellen Weizen-Sauerteigbrot, wie man es in Frankreich sehr wohl bekommt (jawohl: Weizen-Sauerteig!). Fragen Sie hier mal danach, der Bäcker wird Sie wie einen geistig Verwirrten ansehen. Leider sind auch viele Öko-Bäckereien keine Ausnahme, ihre Produkte erinnern bisweilen ja nur an gepreßtes Vogelfutter. Nach all dem, was auf diesem Sektor ablief, ist zu befürchten, daß die meisten Bäcker selbst nicht mehr wissen, wie gut Brot schmecken kann. Es ist ja bezeichnend, daß mitten in der Stadt die wenigen Stände mit gutem Bauernbrot vom Land umlagert werden wie zu Notzeiten (vgl. unten). Und wie verräterisch ist doch das oft zu lesende Schild: ‚Brot vom Vortag zum halben Preis'.

Eine Ausnahme: **Bäckerei FALLER**, Hauptgeschäft Schwarzwaldstraße 98, mit einer Filiale in der Bertoldstraße, gegenüber der Uni, KG II: Der Laden heißt zwar etwas verwirrend *Brotboutique*, es schmeckt aber nicht so. Schwerpunkt: Holzofenbrote und Vollkornbrote, gelungen zum Beispiel das *Roggen-Vollkornbrot* (jeden Mo und Do frisch; das Brot kann – und soll – aber gut ein paar Tage liegen). Das Roggenbrot gibt es in den Varianten ‚Kasten' sowie rund mit Kruste, also freigeschossen. Der Brot-Laden von Faller hat ordentlich Zulauf, die meisten Brote sind weit über Durchschnitt, z.B. auch das feingemahlene Ruchbrot, die hellen Doppelweggle. Das Hauptgeschäft hat auch am Sonntagvormittag geöffnet.

Sauerteigbrot und *Holzofenbrot* auch bei **aran**, ein Café am Augustinerplatz (vgl. dort); die Bäckerei für die diversen aran-Brote ist

Rösche Brezeln mit dünnen Ärmchen – bei Herr in Waldkirch

der Rothaus-Hofladen, er liegt an der Bundsstraße 31 von Bad Krozingen/Rimsingen nach Breisach (das Brot von dort wird z.B. auch in Fritz Kellers Rebstock in Oberbergen als Tischbrot gereicht). Werktags täglich geöffnet, Tel. 07667-91 29 66.

Frische Sonntagsbrötchen und Kleingebäck gibt's in **SCHÖPFLINS BACKHAUS.** Die Bäckerei konzentriert ihre Kapazität in einem persönlich geführten Laden, neben Gebäck auch eine breite Auswahl an bauhohen Torten und Konditoreiprodukten (nach deutschem Standard und Format). Mit kleinem Polsterstuhl-Tagescafé, Markgrafenstraße 6 (FR-Haslach), Mo bis Fr von 6-18 Uhr, Sa von 6-16 Uhr, So von 9-17 Uhr (kein Frühstücksbuffet), Tel. 0761-49 40 77.

Brotstand BURKHART. Samstagvormittag ein Stand der Hofbäckerei Burkhart aus Jechtingen: Es gibt diverse Sorten, viele (bes. die hellen) erstklassig, manche mit viel Körnle, aber ohne handelsübliche Zusätze gebacken: Landbrot, Dinkelbrot, aber auch ein langes helles im Ciabatta-Stil, genannt ‚Toskanisches Weißbrot', dazu Sonntagsgebäck wie Zopf und Gugelhupf. Grünwälderstraße/Ecke Hettlage, Durchgang zur Salzstraße. Bei größerem Bedarf kann auch direkt in Jechtingen bezogen werden (Backtag ist Freitag), *Weingut Burkhart*, Am Haberberg 1, Jechtingen, Tel. 07662-61 73.

Brot nach Ladenschluß: gutes, tagesfrisches Brot, vom großen Laib geschnitten (Hersteller: Bäckerei Pfeiffle), gibt es bei *Degusto*, dem mediterranen Feinkostsortiment im Hauptbahnhof (vgl. S 126).

Schoko & Style – in der Gerberau

LA PASTA MIA: Die Nudelwerkstatt bietet tagesfrische Teigwaren, die Haltung zeigen und ihre italienischen Vorbilder nicht mehr fürchten müssen. Gleich ob Varianten mit und ohne Ei, Füllung vegetabil oder fleischlich, das meiste gelingt durchweg erfreulich, zum Beispiel die tadellosen Ravioli mit Spinat-Ricotta-Füllung. Von einem Kilo an wird auch nach persönlichem Wunsch gefertigt, gefüllt, gefärbt. Außerdem gibt es täglich über Mittag einen ordentlichen, warmen Nudelteller sowie italienische Thekenware von Parma bis Mozzarella. Persönliche und freundliche Bedienung. *La Pasta Mia* (Domenico Vela), Kartäuserstr. 24, Tel. 0761-23571.

SCHOKOLÄDEN: Schokolade in aller Munde, allein in Freiburg sind 2005 drei Depots hinzugekommen, die dem Unentschlossenen das weite Feld zwischen cremiger Vollmilch und herben Hochprozentern näher bringen können. Als Orientierungsrahmen für Selbstversuche oder bei Abhängigkeit mag der jährliche deutsche Durchschnittsverbrauch von vier Kilogramm Tafelschokolade pro Person dienen. Inklusive Pralinen, Riegel und Osterhasen sind es gut acht Kilo. Quellen in Freiburg, jeweils mit einem Stehausschank, Zusatzartikeln und Geschenken; am repräsentativsten und mit Sitzplätzen die Confiserie Mutter:

- **Confiserie Mutter,** Gerberau 5, Tel. 0761-29 27 141
- **Chocolaterie**, Kaiser-Joseph-Straße 265. Tel. 0761-35 375
- **Moka**, Hildastr. 17, Tel. 0761-88 14 581

SEIBERTS TEEKONTOR: Seit drei Jahren gibt es in Freiburg einen besonders fein gestrickten Teeladen. Keine Rumpelkammer, in der es nach Fruchtbonbons und Räucherstäbchen duftet, sondern eine ruhige Insel, deren wohltuende Wirkung gleich nach Betreten einsetzt. *Seiberts Teekontor* neben dem Oberlindenbrunnen bietet eine reiche Auswahl bis hin zu hochwertigen lagentypischen Plantagentees, den Grand Crus der Teefreunde. Insgesamt gut 200 Sorten, darunter 40 Grüntees und ein hochwertiges Oolong-Angebot. Das klare Sortiment paßt zur aufgeräumten Umgebung, statt des üblichen Setzkastennippes wird noch ausgewähltes Teezubehör angeboten, dazu ein paar chinesische Antiquitäten und etwas japanische Keramik. Eine ausführliche Teeliste (die zugleich als Versandliste dient) informiert über die gesamte Breite des Teeangebotes und dessen segensreiche Wirkung. Der Kunde bekommt schließlich das gute Gefühl, daß Ulrike Seibert nicht einfach eintütet und verkauft, sondern den Tee schätzt und seine guten Eigenschaften weiterreicht. *Teekontor U. Seibert,* Oberlinden 7, 79098 Freiburg, Tel. 0761-29 27 766 (Teeversandliste kostenlos).

DEGUSTO: Vorwiegend italienisches Feinkostsortiment mit Cafébar in der Bahnhofspassage. Besonders breites Angebot an Schinken (auch spanischer Jamón), Coppa und Salume, dazu eine Käseauswahl und die erwartbare Einlegware. Gutes Brot (auch Sauerteig) und ein vorzüglich bereiteter Café, allein schon wegen der Öffnungszeiten ein willkommener Retter bei leerem Kühlschrank. Täglich bis 22 Uhr.

PRIMO-MARKT: Italienisches Lebensmittelsortiment mit üblichen Standards und mancher Spezerei, dazu gibt es eine beachtliche Auswahl an italienischem Frischgemüse. Das wird zu Beginn der Woche auf dem Mailänder Großmarkt eingekauft und jeden Mittwoch ist dann Frischetag im Primo-Markt (auf Vorbestellung auch Sonderwünsche). Besonders ab Wochenmitte lohnt ein Streifzug durch den Markt, der zum Kurzurlaub werden kann. Ganz hinten im Kühlregal wartet noch eine frische Pasta aus Turin (u.a. Agnolotti und Basilikumravioli), die – unter Schutzgas versiegelt – mehr als zwei Wochen hält und somit auch als Notration für Überraschungsgäste geeignet wäre. *Primo Markt,* Bernhardstraße 6.

ASIA SHOP: Nur ein paar Häuser weiter stadteinwärts im Zähringer Tor-Komplex, die Quelle für die asiatische Küche: Ein eng gepackter Supermarkt, im Sortiment Tee, Gewürze, Gemüse, Kräuter, Geschenke, Zubehör und Küchenutensilien. Habsburgerstraße 127, Tel. 0761-28 19 61. www.asiashop-freiburg.de.

Michael Sohr in seiner Werkstatt

Leder, Schuhe, Schuhmacher, Täschner

Lederwaren MICHAEL SOHR: Für mich einer der schönsten kleinen Freiburger Läden mit einem grundsoliden, handwerklich *und* ästhetisch überzeugenden Angebot. Eine permanente Versuchung: Im Sortiment Gürtel aus eigener Fertigung, eigene und fremde Taschen, Aktentaschen, Rucksäcke und Koffer. Aber auch Kleinteile wie Börsen und Brieftaschen sind zu haben. Alles nur vom Feinsten, aber nicht übertteuert. Der Laden ist ein Paradies für die Sinne: Es fängt bei der Türklinke an, die Sie beim Eintreten anfassen, danach umfängt Sie ein Duft von klassisch gegerbten Lederwaren und dann bekommen die Augen was zu sehen: Keine vollgestellten Regale, die einen anblöken, sondern Einzelstücke, mit denen man Freundschaft schließen kann.

Irgendwann einmal ist aus der Konsum- eine Wegwerfgesellschaft geworden. Und mit der handgefertigten Naht verschwindet eben mehr als ein Stück Handwerk. Mit der flächendeckenden Einführung des Ramsches wird anstelle des Gebrauches der Verschleiß zur Maxime erhoben. Und wo zum Kaputtmachen nicht mehr genug Zeit bleibt, wird eben weggeworfen, mit der eingebauten Entlastungsfunktion des grünen Punktes, der gelben Tonne und wie die Vollwaschmittel der ökologisch Abgerichteten sonst noch heißen. Welche Qualität der Konsum erreichen kann, welche Arbeitsplätze er unterhalten kann, auch davon erzählt der Laden von Michael Sohr. Daß so ein Betrieb zum Solitär geworden ist, zeigt nebenbei, wo unsere Produktkultur steht und wie weit es der sogenannte kritische Verbraucher von heute gebracht hat.

→ **Lederwaren Michael Sohr**, Talstraße 9a, Tel./Fax 0761-71 12 805, www.michael-sohr.de. Ladenzeiten: Di bis Fr 10-13 und 15-18 Uhr, Sa 10-13 Uhr.

SANDALENWERKSTATT: Im Hinterhaus – mit der Lederwerkstatt von Michael Sohr nicht weiter verbandelt – die *Sandalenwerkstatt*. Das Kollektiv beansprucht die Urheberschaft für das klassische Modell ‚Mexiko', das mittlerweile tausendfachen Gang durch Seminare und Institute hinter sich hat. Die handwerklich nach Maß (bzw. Fußabdruck) gefertigte Riemensandale ist am Fuß unübertroffen, erreicht aber leider nur untere Eleganzwerte. Emigrierte Ex-Freiburger bekommen angesichts der 3 Riemen stets nostalgische Wallungen, wie jener TAZ-Redakteur, der Freiburg einst ungebrochene Provinzialität attestierte, allein schon wegen der Verbreitung der dreiriemigen ‚Mexiko-Sandale'. Neuerdings produziert das Kollektiv auch weniger aufwendige Modelle sowie andere Schuhe nach Maß. *Sandalenwerkstatt,* Talstraße 7 (im Hinterhof).

WERNER VENZL – Schuhladen und Schuhwerkstatt: Wohlsortierter Schuhladen mit einem überschaubaren und feinen Damen- und Herren-Angebot. Darunter bewährte Marken wie *Reiter, Paraboot, Dinkelacker, Heschung* etc. Von einzelnen Marken (z.B. von Reiter) können auf Wunsch auch Einzelpaare bestellt werden. Im Sortiment auch solide Wanderschuhe, Festeres (u.a. Meindl) und andere Grobstoller. Das in Freiburg in dieser Form einzigartige Schuhsortiment wird durch etwas Konfektion (englische Pullover, Hosen, Wetterjacken) ergänzt. In der angeschlossenen Werkstatt wird repariert, Einzelstücke werden auch nach Maß gefertigt. Eine interessante Adresse für alle, die begriffen haben, daß am Schuhwerk zuletzt gespart werden sollte. Ein Blick auf die Schuhe erspart schließlich manch überflüssige Diskussion, gerade zwischen Mann und Frau.

→ **Schuhladen Werner Venzl**, Wilhelmstr. 38, gegenüber der Buchhandlung Jos Fritz. Kleine Vitrine im Kassenraum der Rotteckgarage, sowie auf der Insel. Öffnungszeiten Mo bis Fr 10-13 u. 15-18.30 Uhr, Sa 10-13 Uhr. Tel. 0761-39 360, www.venzl-schuhe.de.

HERMANN – Schuhreparaturen: „Warum gibt es eigentlich immer weniger Schuster und immer mehr Sozialpädagogen?" Auch so eine Frage, für die sich unsere Universitäten zu fein wähnen. Wäre doch ein Promotionsthema, oder? Schuhmacher *Hermann* besohlt, repariert, versäubert und berät bei Schuhfragen. Guter Mann, guter Laden. *Schuhmacher Hermann*, Leo-Wohlleb-Straße 6 (in der seltsamen Passage gleich neben dem Sexshop), Tel. 0761-26424.

Weitere Adressen: Schuhmacher *Kienzle*, Carl-Kistner-Straße 30 (Haslach), Tel. 0761-494644; Schuhreparatur-Werkstatt von *Maria Beate Schend,* beim alten Wiehre-Bahnhof (im Holzhäusle), Adalbert-Stifter-Straße 15, Tel. 0761-7049726 (von Mi bis Sa).

Täschnerei und Sattlerei ECKERT: bessert aus, restauriert Koffer und Taschen, auch Neuwaren. Granatgässle 7, Tel. 0761-23040.

MC ENTIRE – Feinleder: Gleich, ob Sie die ‚Brecherjacke', das ‚Modell Friseuse', einen etwas zurückhaltenderen Entwurf oder ein Lieblingstück, das Sie gerne nachgebaut hätten: *Andreas Aly* bringt Leder in Form. Von Extravagant bis Klassisch, die Innentasche kommt da hin, wo der Kunde sie braucht; die Wahl zwischen Ledersorte, Futterstoff und Knöpfen bestimmt der eigene Geschmack und nicht das Lager des Händlers. Für Auftrag und Fertigung bei Aly gilt: Präzise Vorstellungen des Kunden (am besten ein Modell mitbringen oder klare Skizze) erleichtern die Abwicklung und verhindern Mißverständnisse bei der Fertigung. Beruhigend zu wissen, daß ein neues Stück, gerade bei feudalem Material, nicht viel teurer kommt als ein vergleichbares Teil von der Stange des Fachgeschäftes. Zu Alys Kunden gehört der Jäger von nebenan, der lange Richie G., auch die Dame auf der Suche nach einem eleganten oder ausgefallenen Teil. Wartezeiten sind bei einem Betrieb so individuellen Zuschnitts ebenso unvermeidlich wie die eigenwillig-pointierte Abwicklung durch den Inhaber.

→ **McEntire Feinleder**, Andreas Aly, Konviktstraße, Tel. 0761-30552.

Parfümerie KERN am Tor: Vor lauter Douglasundsonstnochwas ist die gut sortierte, die beratende und animierende Parfümerie etwas aus der Zeit geraten. Hier wäre ein prächtiges Exemplar: Ausgesuchte Produkte ansprechend präsentiert, dazu kundiges Personal und eine Stimmung im Lokal, die sich von den Reinlaufbuden deutlich unterscheidet. Mit einer nicht minder gut sortierten Farben- und Hauschemieabteilung im Keller. Einfach mal hingehen, Sie werden schon was finden. *Kern am Tor,* Kaiser-Josef-Straße/am Martinstor.

Aussteuer Fachmann: Felix Waidner

Aussteuer-Fachgeschäft WAIDNER: Was ist der Unterschied zwischen Frottée und Frottier? Nimmt man als Trockentuch für Weingläser Halbleinen oder besser reines Leinen? Und für die Hände ein Tuch aus Waffelpiqué, Gerstenkorn oder lieber Frottée? Für solche Fragen gab es früher das Fachgeschäft für Aussteuerwaren, eine Institution, deren Bedeutung freilich nicht mehr in allen Kreisen akzeptiert wird. Zum einen besteht seit 1957 in Deutschland keine gesetzliche Verpflichtung der Eltern zur Gewährung einer Aussteuer mehr, zum anderen unterliegt die Aussteuer selbst dem Wandel. Heute ist bei Eheschließung der Bestand an Handys in der Regel größer als der an Leinenservietten. Offen bleibt, ob das Angebot der letzten Aussteuergeschäfte demnächst ins Visier von städtischen Gleichstellungsbeauftragten gerät.

Felix Waidners Freiburger Laden heißt im Ton der 80er Jahre *Bett & Tisch*, aber eigentlich ist es ein Fachgeschäft traditionellen Stils und das fängt schon bei den Fächern an. Die sind hier hinter der Ladentheke und somit dem kundigen Zugriff, nicht aber dem Wühlen der Laufkundschaft ausgesetzt. Wie viele Fachhändler ist Waidner mit seiner Ware aufgewachsen; vor 75 Jahren gründete der Vater das Geschäft, das vor dem Krieg überwiegend als Großhandelsbetrieb geführt wurde. „Jedes Dorf hatte damals noch seinen eigenen Schürzenstoff, sein eigenes Muster." Die Zeiten änderten sich, aber lange Zeit gehörten in einen bürgerlichen Haushalt zwei Dutzend Leinentücher, mit Monogramm und durchnumeriert von 1 bis 24, zur Kontrolle nach der Rückkehr aus der Wäscherei.

1970 übernahm Felix Waidner den Laden und bis heute steht er hinter der Theke, mit einem feinen Lächeln und wachen Sinnen für Tuch und Zwirn. „Für einen gut gedeckten Privattisch ist die Halbleinenserviette nach wie vor das Beste." Das sind Worte, wie sie bei IKEA eher nicht zu hören sind und so gibt es bei Waidner auch jene Qualitäten, die im emanzipatorischen Gedränge etwas aus der Mode geraten sind: Unter den Handtüchern aus Kräuselstoff zum Beispiel weiches Walkfrottier, aber auch das steifere Zwirnfrottier zum Wachrubbeln nach dem Kampfduschen am Morgen. Natürlich hält Waidner Geschirrtücher in allen Qualitäten vor, wobei das Reinleinentuch wegen seiner absoluten Fusselfreiheit am dünnen Weinkelch unerreicht bleibt, freilich erst eingefahren werden muß: Über Nacht in kaltes Wasser legen und danach ohne Weichspüler waschen.

Neben der Tisch- und Bettwäsche bietet Waidner zudem Utensilien an, die man in SB-Märkten vergeblich sucht. Darunter die Reiseplaids der schottischen Traditionsfirma GLEN SAXON. Eine zweieinhalb Quadratmeter große Kaschmirdecke von Glen Saxon wiegt gerade mal 600 Gramm, sie fühlt sich zauberhaft an und kostet kaum halb soviel wie ein Navigationssystem fürs Auto, sie ist aber vielseitiger, außerdem ist der Einbau leichter. Im Falle einer Panne fände eine mitreisende Dame unter so einem Zubehör eine angemessene Zuflucht, zumindest für die Dauer der Reparatur.

→ **Aussteuer-Fachgeschäft Bett & Tisch**, Felix Waidner, Freiburg, Merianstraße 23/Ecke Ringstraße, Tel. 0761-31642.

Freiburger Allerlei

Aufnahmeprüfung: Es gibt verschiedene Möglichkeiten, mit Hilfe derer ein Freiburger Gutmensch promovieren kann: Unterwürfigkeit gegenüber Kampfradlern gehört dazu, auch unbedingter Mülltrennungsgehorsam. Draußensitzen und Latte M trinken muß auch sein, so ab sieben Grad Celsius. Die Vermeidung optischer Eleganz empfiehlt sich ebenso wie Respekt gegenüber Randgruppen, auch wenn sie gröbsten Unfug verbreiten. Korrekt ist die intellektuelle Verbrämung des Fußballs im allgemeinen sowie des SC Freiburg im besonderen (O-Ton Trainer Finke: „Unser Verschieben lebt von der Kommunikation.") Die Kapitulation vor Minderheiten, die vom Kulturrätesystem gesetzt wurden, ist in Freiburg ebenfalls todschick: Gegen eine weibliche Kulturbeauftragte mit doppelter Staatsbürgerschaft, womöglich alleinerziehend, läßt sich ohnehin kein Argument mehr anbringen.

Artenschutz genießen zudem: Der AAK, das E-Werk, Mitglieder des Freiburger Kulturrates, Aktionswochen, das geschlechtsspezifische Binnen-I, werdende Väter, Badnerlied, Bürgerbeauftragte, Hocks, Liegeradler, Lebensqualität, Niedrigenergiehäuser, Stadtteilgruppen, Kulturvereine & Theatergruppen, Kommunales Kino, Esoterik – in der jeweils aktuellen Ausgabe, Feuilleton (als solches), Theater (sowieso und immer), Objektkunst, Wohnzimmerkneipen, mediterrane Lebensart (Oleander und Palmen in Kübeln können bei der Stadtverwaltung entliehen werden – gegen Gebühr), Werkstattgespräche, Literaturforen, Regiokarte, Viertele. Die Liste ist unvollständig. Unter den Einsendungen mit weiteren Vorschlägen verlost der Oase-Verlag permanent Bücher. ausgemästete Mitarbeiter der Freiburg GmbH dürfen leider nicht teilnehmen. Der Rechtsweg ist ausgeschlossen.

Apropos Litfass, Moltkestraße: Die Wohnzimmerkneipe hinter der Uni-Bibliothek galt über Jahre hinweg als Miniatur des alternativen Milieus. Eng, nett, unigeprägt, Tischgespräche nostalgisch, Kleidung schluffig. Bis heute geht man hier mit der Zeit, aber gerne ein paar Jahre hinterher. So hat sich neben den Milchkaffee die Latte Macchiato geschlichen, demnächst wird es der Galão sein, wie er in Altona schon heute serviert wird. Auch nach diversen Pinselrenovierungen ahnt man noch etwas von der psychischen Enge, die in jenen Kreisen am bedrückendsten ist, die sich unkonventionell geben. Noch heute sind die Archetypen vom sanften Ende der Bewegung versammelt. Von der zartgrünen Socke bis zur radelnden Cordhose aus der Fachhochschule, dazu Schachspieler und Weizenbiertrinker: „Bringsch' mer a Dunkels". Auf mittelbraunen Holztischen brennen Kerzen, es tropft so vor sich hin. Oder soll man schreiben: Es weinen Kerzen? Zufallszitat: „Durch den Körper kommst Du in Kontakt mit Deinem so sein." Neufreiburger sollten sich der Herausforderung stellen. Wer hier einen Abend übersteht, hält Freiburg aus. Zugleich ein Training für noch schärfere Prüfungen, wie sie beispielsweise im Café Capri in der Gerberau warten. *Litfass*, Moltkestr. 17, bis Mitternacht oder noch länger.

Freizeitgesellschaft am Augustinerplatz

Augustinerplatz heißt einer der schönsten Plätze in der oberen Altstadt. Rundgelaufenes Pflaster, historische Hausfronten, Treppe zum Absitzen, der Feierling Biergarten um die Ecke, obendran ein Café mit Freiterrasse in Logenlage (vgl. jeweils dort). Wie gesagt, einer der schönsten Plätze, aber wehe, wenn die Sommernacht lockt! Dann zieht es eben nicht nur den kultivierten, also toleranten, also zurückhaltenden Städter (im Plessnerschen Sinne), sondern auch marodierende Kohorten auf den Platz. Für jeden aufrichtigen Landfahrer müssen die sozialversicherten Hobby-Penner eine Provokation sein. Mit bekifften Augen, verlaustem Pelz und kläffenden Tölen hängen sie auf dem Platz ab und kontrollieren ihre Körperöffnungen nur bedingt. Mit der Zeit gesellen sich Gelegenheitsmusikanten und Trickdiebe dazu, im Publikum der unvermeidliche Austauschstudent und kleine Mädchen aus der Vorstadt, die Bronx spielen wollen.

So geht das nun seit Jahren, immer wieder sommers. Eine Zeit lang konnte man dem Treiben – aus der Distanz – noch mit einer gewissen Gleichgültigkeit zuschauen, naivere Geister hielten den Auftrieb für, was denn sonst, für mediterran!

Eine Zusammenrottung von Halbtrunkenen, die Pizza aus der Klappschachtel nagen, gerne mal eine Pulle fallen lassen, um Mitternacht mit Sektflaschen kegeln und mit ihrem Geklampfe die Anwohner um die Nachtruhe bringen, ist aber das Gegenteil von mediterran. In einer mediterranen Stadt hätten die Anlieger dem Spuk längst ein Ende bereitet. Die schleichende Enteignung des öffentliches Raumes durch dreiste Mitbürger wird – wahrlich nicht nur am Augustinerplatz – von öffentlicher Seite auch noch geduldet. Im Falle Augustiner wurde sie lange Zeit sogar mit gewissem Stolz beobachtet. Ach, was sind wir lebensfroh, mediterran, tolerant! Dem Aufmarsch des Pöbels zuzusehen, ist das Gegenteil von tolerant. Die Melanie aus Unna sieht das aber total anders.

Brüllkinder: „… die Öko-Muttis lassen sich von ihren dreijährigen Arschlöchern tyrannisieren, weil sie es nicht gut finden, ihnen mal eine zu schwalben." (Thomas Kapielski, Aqua Botulus, Verlag 2001). „Auch ich lasse meinen Sohn immer an einen Busch pinkeln, weil der Heimweg viel zu lange wäre." (Ein Leserbrief an die BZ)

Wo wir schon mal beim Thema sind, nicht nur auf den Plätzen, auch drinnen ist der Verzicht auf Rücksicht das Gebot der Zeit. Schön zu beobachten in Cafés und Restaurants. Es ist eben bequemer, über die eigenen Eltern zu lästern, als den Kindern zu erklären, daß Restaurant-Polsterbänke kein Trampolin sind. In der Regel reicht eine nichterziehende Mutter mit ihrem Brüllkind, um 50 Gäste in Schach zu halten. Zeitweise werden Cafés auch mit Krabbelstuben verwechselt: für ein Kindermädchen reicht es eben doch nicht. Am schlimmsten, wenn sich eine Gruppe prinzipienloser Matronen zusammenrottet, an Sekt-Orange nippt und den Hund, besonders gerne aber den Nachwuchs rausläßt. Flehende Blicke von Gästen und Personal werden ignoriert oder als feindselig betrachtet. Kinderfeindlichkeit als Generalverdacht zieht in Deutschland immer. Dabei gilt: Kinderfeindlich sind nicht die Gäste, die ihre Grundrechte andeuten, sondern Eltern, die zu faul, zu feige oder schlicht unfähig sind, ihren Nachwuchs zu erziehen. Neben anderen Rechten haben Heranwachsende auch ein solches auf Erziehung. Wo die Öffentlichkeit zum Parkplatz für individuelle Unpäßlichkeiten wird, verliert sie ihre vornehme, europäische Bedeutung, die da wäre: Friedvoller Austausch – ohne urinieren, Gläser schreddern, trommeln, jonglieren, brüllen, säugen und wickeln. (Leserzuschriften nach wie vor zwecklos!)

Boule *(Pétanque)*: Man kann ja lange über den Stadtteil Wiehre schmunzeln, über die Doppelverdiener- und Frühherbenidylle zwischen wiederbegrünter Baumscheibe (Malven!) und flaggenbewehrtem Fahrradanhänger. Ein paar Dinge haben die Leute einfach gut hingekriegt. Auch das abendliche Stelldichein zum Boulespielen vor dem alten Wiehrebahnhof hat ja was. Locker auf die Gass' gehen und ein paar Leute treffen, die ähnlich ticken; Formation annehmen und sodann die Arme schwingen. Das funktioniert sonst ja nur noch in städtischen Randlagen, wo unsere kasachischen Landsleute die Parkplätze von Großmärkten temporär als Verkehrsübungsplatz nutzen, als Tauschmarkt, oder zu einem kurzen Kräftemessen. Aber eben nicht mit Boulekugeln.

In der Wiehre gehört die Straße aber nicht der Randgruppe, sondern dem Volk (Autofahrer wissen und respektieren das). Und der selbstverwaltete Bouleplatz ist wirklich eine feine Sache. Nebenan ein Café, das eigentlich mehr ein Vereinslokal für Menschen in sedierter Gemütslage ist. Da sitzen dann Flaschenbiertrinker mit und ohne Krawatte, eine Musikerin schreibt Partituren (linkshändig). Manche sitzen nur, andere trinken nur, der Service wirkt provokant unspeditiv. Wiehre halt. Geht in Ordnung so. Nur, was macht Ihr, wenn eines Tages der Trittin kommt und mitmachen will? (Fragt einer, der sieben Jahre Wiehre auf dem Buckel hat.)

■ **Café im alten Wiehre-Bahnhof**, Urachstraße 40, Di bis Fr 19 -1 Uhr, Sa und So 15.30-1 Uhr. Während des Wochenmarktes am Mi-nachmittag und Sa-vormittag ebenfalls geöffnet. Bei gutem Wetter mit ein paar Tischen auf dem Vorplatz. Tel. 0761-709595. Eine weitere Pétanque-Anlage im Ganter-Hausbiergarten.

Brutalstmögliche Mülltrennung: Im amtlichen Abfallkalender der Stadt Freiburg war mal zu lesen: „Plastiktüten brauchen Sie nicht, denn Sie haben Ihre Tasche, Ihren Einkaufskorb, -beutel oder Rucksack dabei." Und weiter: „Für Brot oder Gebäck bringen Sie schon seit längerem Ihren Stoffbeutel mit. Kuchen backen Sie ohnehin am liebsten selbst." Ich bekenne: Ich backe keinen Kuchen selbst. Liebe Stadt Freiburg, muß ich jetzt in ein Umerziehungslager?

Zum Problem reinen Kompostes erklärte sich bereits ein Gemeinderat der Grünen in einem Brief an Oberbürgermeister Salomon: „Das Problem, daß Fehlwürfe den Biomüll verunreinigen, wird durch die Verschärfung der Belastungsgrenzwerte bei der anstehenden Novellierung der Bioabfallverordnung stärker beachtet werden müssen." Der Müllwart plädierte für die Ausstattung der Müllwagen mit einer „elektronischen Störstofferkennung." Woraufhin der Leiter des Freiburger Umweltschutzamtes zu bedenken gab: "Bei Mehrfamilienhäusern können wir nicht nachvollziehen, wer Störstoffe in die gemeinsame Biomülltonne geworfen hat." Ein Mangel, der sich eventuell durch die Ernennung von ehrenamtlichen Abschnittsbeauftragen beheben ließe, die Altkader von der PDS haben da noch Erfahrung.

Der volkspädagogische Furor mit dem Verwaltungen ihre Bürger kontrollieren und schikanieren, wird ebenfalls stärker beachtet werden müssen. Die verordnete Fürsorge kennt anscheinend keine Grenzen mehr. Auch die Duldungsstarre der Traktierten ist erstaunlich. Mir bleibt unverständlich, weshalb sich die Bürger einer Stadt solche Aktionen bieten lassen – und sie noch selbst bezahlen. Fessenheim ist überall, hieß es früher mal. DDR-light auch.

Mit dem Charme der Badeanstalt – Lorettobad in der Wiehre

Bunter Nachmittag: Zum Schwimmen oder Sonnenbaden bietet sich für ruhigere Zeitgenossen unter den städtischen Bädern vor allem das *Lorettobad* an (Lorettostraße, Wiehre). Das Bad wird – trotz Renovierung – vor allem wegen seiner nostalgischen Stimmung besucht. Mit einem separaten Damenbad, Holzkabinen, viel Nußbaumschatten und weiteren liebenswerten Eigenheiten.

Zum ausgiebigen Schwimmen gibt es im Raum Freiburg sonst nur die Baggerseen am Stadtrand. Es fehlt halt das ‚große Wasser'. So sind die stadtnahen Seen im Westen oft überlaufen oder sie werden von ghettoblastertragenden, mitunter auch exzessiv grillenden oder spechtenden Mitbürgern heimgesucht (Opfinger See). Manche Orte wirken auch wegen fehlender Einrichtungen oder wegen intensiver Nutzung (See bei Oberrimsingen) arg verbollert und vermüllt. Am beliebtesten im Nahbereich Freiburgs war – trotz hoher Nitratwerte – lange Zeit der große *Opfinger See* an der Opfinger Straße, nahe der Autobahn. Einigermaßen idyllisch gelegen, nun auch von deutsch-russischen Mitbürgern als Kommunikationsort entdeckt, wodurch das Spektrum der

Am See bei Nimburg

Aktivitäten und Verhaltensstile beachtlich erweitert wurde. Gleichwie, Wald und Gras reichen an einigen Stellen bis ans Wasser – unter der Woche ist Platz, zur Ferienzeit nicht. Obacht: An Wochenenden reicht selbst die riesige Fläche nicht aus, um das Heer der Griller, Spanner und – noch immer steuerfreien – Surfer aufzunehmen; beliebt auch abends als Fest- und Grillplatz (Vorsicht: Schweinenacken auf Alufolie!). Die Halbinsel im Norden des Sees ist ein Feuchtbiotop, also Tabu für Freizeitpaddler.

Weitere Möglichkeiten: Zehn Kilometer weiterfahren zum beliebten Baggersee bei Rimsingen (sog. *Schweinebucht*): Kiesstrand, klares Wasser, aber wenig Schatten und besonders gegen Ende der Saison Unrat, zudem wenig Parkplatz, dafür schöne Anfahrt mit dem Rad möglich. Mittlerweile eher ein Treff für freizeitbewegte Freiburger Mittel- und Unterschichten, sowie für das tiefergelegte Umland. Gebadet wird viel im Lichtkleide, abends auch Flaschenbiergelage und andere Grobheiten. Wegen des Kiesstrandes und der großen Brachflächen etwas herber als der Opfinger See.

Am Burkheimer Baggersee

- **Badesee-Alternativen**: Bei höheren Ansprüchen an Landschaft und Liebreiz lohnt sich eine weitere Ausfahrt zum Wasser, z.B. nach Norden zum Badesee bei *Nimburg* (AB-Abfahrt Teningen-Nimburg, relativ gepflegtes Terrain, mit quirligem Kiosk, eigenem Parkplatz und angelegten, müllfreien Liegewiesen). Da kein Baggerbetrieb mehr läuft, sind einzelne Uferpartien schon renaturiert, der Seegrund ist etwas dunkel-moorig, das Wasser auffallend warm und sehr weich. An Sommerabenden stimmungsvoller Flaschbier-Hangout am Kiosk.

– Nach *Burkheim,* am Westrand des Kaiserstuhls. Abseits und landschaftlich aufs Schönste in den Rheinauewäldern gelegen ein recht großer Baggersee. Abseits des laufenden Baggerbetriebs mit teilweise angelegten ‚Freizeitflächen', Feuerstellen und ausgewiesenen Parkplätzen. Dort Liegeflächen mit Gras bis ans Wasser, aber auch stille Kiesbuchten in Richtung des Abbaubereiches. Beste Wasserqualität, schöne Radtour ab Freiburg. Zumindest unter der Woche nicht überfüllt.

– Zum kleineren See bei *Hartheim* (aber nur derjenige westlich der Autobahn, nächst beim Rhein gelegen!). Zufahrt: von der Landstraße 134 Hartheim–Grezhausen/Oberrimsingen ca. 300 Meter nördlich der Autobahnbrücke links abzweigen und parken, dann über den Siedlerhof/Eierfarm weiter bis zum See (Schranke wird geschlossen!); ständiger Baggerbetrieb, am Seeufer aber eigens ausgewiesene Badeflächen und reichlich Platz in unterschiedlichen Biotopen zwischen Grobkies, Sand und Weidenschatten.

— Ein See mit klarem Wasser und angelegter Liegewiese liegt auf halber Strecke an der Landstraße 104 zwischen *Sasbach* und *Wyhl*, also am Nordostrand des Kaiserstuhls. Unverbraucht-rustikale Stimmung, Reste von Landjugend, die mit großen LKW-Schläuchen zu Wasser geht.

■ **Wolken und Blumen zählen:** Schöne Liegewiesen um Freiburg beginnen südlich der Stadt, vor allem in der Region *Schönberg/Hexental*. Anfahrt zum Beispiel bis *Jesuitenschloß* (oberhalb Merzhausen), von dort nach Laune ausschwärmen und den Teppich ausrollen. Zweite Anfahrtalternative: das Hexental hoch bis Wittnau, dann weiter auf dem Sträßchen über den Schönberg in Richtung *Ebringen* bis zum Parkplatz an der *Berghauser Kapelle* (Naturschutzgebiet ‚Berghauser Matten', wunderschöner, blütenreicher Magerrasen). Die gesamte Schönbergregion ist bestens geeignet für einen zerrinnenden Nachmittag im hohen Gras.

In aussichtsreicher Lage auf dem Schönberg, südlich Freiburg: der recht ordentliche Ausflugsgasthof *Schönberger Hof*, auch dort in der Umgebung reichlich Platz zum Ausbreiten einer Decke. Näher bei Freiburg, mit grandioser Sicht auf Stadt und Land und weniger grandioser Bewirtung: das *Jesuitenschloß* (Details zur Gastronomie vgl. jeweils dort).

Cafés, Kaffeehäuser und solche, die es werden wollen. Nicht lange suchen, es gibt keines im lupenrein traditionellen Stil. Und schon gar keines, das entfernt den strengeren Kriterien der Wiener Kaffeehausschule genügen würde. Kein ‚Lipizzaner der Gastronomie', wie die Bollwerke gegen kurze Gastrotrends auch genannt werden. Nirgendwo wird Wasser nachserviert, keine mürben Kipfel und schon gar keine frische Abendzeitung (tja, die abschwellende Dienstleistungsgesellschaft). Nichts also mit der Chance, in Gesellschaft allein zu sein. Seit Schließung der Institution *Steinmetz* sieht es für den Freund eines vergeigten Nachmittags noch düsterer aus. „Aus Alters-, Gesundheits- und familiären Gründen schließen wir leider unser Traditionshaus zum 16.10.2004."

Bühne am Augustinerplatz: Café Scenario

So die Hausmitteilung zum Ende der Steinmetzzeit. Und wo bitte soll man aus Langeweile-, Gesundheits- und sozialen Gründen jetzt seinen Kaffee trinken? Nachfolgend leider nur Verlegenheitslösungen, Kuriosa oder zeitgeistige Varianten:

Café Jos Fritz – zutiefst alternativ, aber nicht uncharmant: Das *Café* im Hinterhof der Buchhandlung Jos Fritz, im Sommer auch mit einem lässigen Freisitz im Innenhof der Spechtpassage, Typ Klein-Prenzlau. Neu-Freiburger sollten beachten, daß die Spechtpassage und angrenzende Reviere (Grethergelände in der Adlerstraße) zu den letzten Hoheitsgebieten der Bewegung zählen. Wie in jeder Szene, so sind auch hier Benimmregeln zu beachten, wobei der Comment unter Autonomen ja besonders eng ausgelegt wird. Schon mit hartnäckigem Siezen kann man hier manchen in Rage bringen, Krawattenträger haben es besonders schwer. Da kommen einem Fragen über Fragen: Schmeckt die selbstverwaltete Schale wirklich besser, muß man aus Prinzip die Füße hochlegen, ist Achselhaar ein Reifezeugnis? Antworten täglich ab 10 Uhr, sonntags nicht. Abends öfter mal Veranstaltungen, montagabends kommt es zum beliebten Stelldichein einschlägiger Kreise, eine Art Sitz- und Stehparty, aber ohne Party.

Café Scenario – unter den modernen Cafés mit reformiert auftretendem Publikum war das in der Atrium-Passage (obere Altstadt/Ende Grünwälderstraße) lange Zeit die Nummer eins. Nach

Cappuccino und Blütenduft – Blumencafé in FR-Lehen

einem Pächterwechsel hat jedoch eine schleichende Verflachung stattgefunden. Man merkt das an Details, die erst in der Summe ein Bild ergeben – sicher, die üblichen Ansprüche werden abgedeckt, auf der Habenseite bleiben: angenehme, zeitgemäß aber nicht spinnert eingerichtete Räumlichkeiten, dazu eine sonnige Freiterrasse, die schönste in der oberen Altstadt. Auf den zweiten Blick: der Kaffee (im XL-Pott) ist nicht wirklich gut, die Teeauswahl geht grad so in Ordnung, Schnittchen, Gebäck und Happen (auch hier mediterran!) erfüllen mehr optische als inhaltliche Ansprüche. Service und Wartezeiten, speziell bei Terrassenbetrieb, strapazieren die Geduld. Der eigentlich wichtige Platz müßte durch Feinabstimmung neu geeicht werden. Augustinerplatz/Ecke Grünwälderstraße. So geschl.

Blumencafé: Weit draußen im Freiburger Westen liegt die Gärtnerei *Vonderstrass*. Und mitten in der Gärtnerei gibt es das Blumencafé von Heidi Vonderstrass. Drinnen ist das Blumencafé ein lichter Pavillon, optimistisch möbliert, mit Fliesenboden, hellen Wandfarben, großem Kamin. Eleganzwerte so zwischen Elle und Marie Claire, unter Last allerdings eher umtriebig als verträumt. An Sonn- und Feiertagen hat sich ein munteres Frühstückstreiben etabliert. Man redet und schaut, wer noch so kommt. So entsteht ein heiteres Sittenbild, das dem Kern der semiakademischen Breisgauer Bürgerschaft ziemlich nahe kommt. Wer sich für die soziale Struktur einer Stadt interessiert, sollte mal ein paar Sonntage an einschlägigen Orten verfrühstücken. Freiburger konsumieren Prosecco und Cappuccino, Croissant und Früchtequark mit Bio-Appeal. Es gibt gute Torten, allerdings gehören auch getürmte Salatteller in tutti-frutti-Mischtechnik (mit Oliven- und Himbeerapplikationen) zu den unvermeidlichen Angeboten solcher Häuser. Der größere Teil der radelnden Gäste trägt den Lenker eher hoch als tief, dazu Hummelflug und Rosenduft: Das Leben im Schonwaschgang, oder jene Freiburger Behaglichkeit, die für die einen höchstes Lebensziel, für andere eher ein Umzugsmotiv ist. Sonntags zur Kernfrühstückszeit kann es ziemlich nett werden, oder anstrengend – je nach Sicht der Dinge. Einfach nur was trinken oder draußen ein Buch lesen, geht im Blumencafé natürlich auch. Am schönsten sind die blauen Stunden zwischen Tag und Abend, wenn das Licht noch reicht.

→ **Blumencafé**, Gärtnerei Vonderstrass, Humbergweg 14, FR-Lehen, Di bis Fr von 14 bis 22 Uhr, Sa, So und Feiertage von 10 bis 18 Uhr, Mo RT, Tel. 0761-15 60 500, www.blumencafe.de (ab Ortsmitte Lehen beschildert).

UC Café: Mehr Bühne als Café (der Kaffee aber überraschend gut) – an der kleinen platzartigen Aufweitung der Universitätsstraße, Niemensstr. 7 – mit vielen Plätzen im Freien (auch mit Strahlern beheizt). Geradezu idealtypisch zusammengesetzte Uni-Population im zeitgemäßen Habit. Darunter einige, die sich zu den ziemlich Schlauen zählen, was an Sonnenbrille, Kleidung und Gestik zu erkennen ist. Wenn es denn noch an Anschauung für den Wandel der Universitäten zum egalitären Sammelbecken mangelt, hier ist reichlich davon. Studenten in Nietenhosen – wie isses nur möglich!

Café au lait: In Freiburg gibt es mit dem Café au lait immerhin eine Adresse, die auf die kollektive Sonntagsversorgung per Buffet verzichtet und Service bietet. Das Café au lait liegt im Zentrum des Hedonistenviertels Wiehre (Brombergstraße 33, Tel. 0761-70 11 70). Die etwas beschränkten Räumlichkeiten im Stile einer großen Wohnküche setzen den persönlichen Ansprüchen Grenzen, aber das wird von den allzeit heiter-vitalen Damen im Service locker ausgeglichen.

Café Schöpflin: Das Café Schöpflin in Haslach (Markgrafenstraße 6, Tel. 49 40 77, So von 9-17 Uhr) bietet auch sonntags frisches Kleingebäck statt Teiglingen, breite Kuchenauswahl. Kleines Tagescafé.

In Freiburg eher selten – Bollenhut und knappes Schwarzes

Eleganzverbot. Hannover sei eine Autobahnausfahrt zwischen Bremen und Hamburg, meint WIGLAF DROSTE (die ‚Nilpferdpeitsche des Humors'). Freiburg liegt auch an der Autobahn, ins Fegefeuer der Behaglichkeit führen aber autobahnmäßig gesehen gleich drei Wege. Mit der Zeit gewöhnt man sich nicht nur an Hocks, sondern auch an Menschen in Wohnhosen. Immerhin findet sich in der Stadt genug Personal für THOMAS KAPIELSKI, der hier mit seinem Werk fortfahren könnte. (Eine schöne Ausgabe von Kapielskis lesenswerten Schriften liegt bei ZWEITAUSENDEINS in zwei Bänden vor: «Aqua Botulus», sowie «Der Einzige und sein Offenbarungseid – Verlust der Mittel».

„Die Sonderschüler haben früher mal gerne Universitäts-T-shirts getragen." (Aqua Botulus, S. 46). Nun sind bei Studenten Retro-Trainingsanzüge mit Regionalaufdruck beliebt. Man sieht, die Klassenschranken öffnen sich. Dazu eine Zugereiste: „Vor lauter Mülltrennung vergißt hier Mancher den richtigen Zeitpunkt zur Entsorgung der eigenen Kleidung." Muß nicht stimmen, geht einem aber nicht aus dem Kopf.

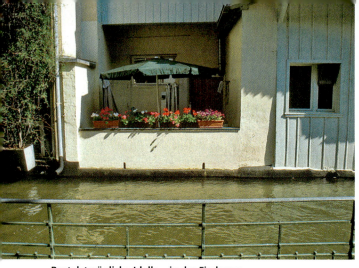

Brutalstmögliche Idylle – in der Fischerau

Freiburg-EX heißt unter gelernten Freiburgern die Demarkationslinie zwischen dem feinbürgerlichen Freiburg und den porentief Gebräunten mit Goldkettchen. Die Grenze ist die Bahnlinie. Alles westlich davon gilt als *Freiburg -Ex*. Also, aufgepassen, eine Einladung in den Westen ist erklärungsbedürftig, eine nach Herdern, Wiehre, Günterstal, Merzhausen ist es nicht. Wobei das höhere Herdern noch immer von der ehemals hohen Professorendichte zehrt, wogegen die Wiehre als Viertel etwas indifferent geworden ist. Ein Stadtteilfest im Westen eröffnet der zweite Bürgermeister, auf dem Herdermer Hock sollte sich der OB sehen lassen.

In Freiburg-Ex stehen die Türme des asozialen Wohnungsbaues, auch die Landesgartenschau kam anno '86 mit ihrer DIN-Schönheit genau hierher und nun schlummert das nachgelassene *Seeparkgelände* halt so vor sich hin. Ein Bürgerverein beklagt seit Jahr und Tag die Verslumung der Parks um den See. Teuer angelegte Gärten verkrauten, nachts lodern die Feuer Nichtseßhafter. Wie es halt so geht, wenn ein Bürgerpark von Staats wegen verordnet wird.

Andererseits: Nur im Westen Freiburgs ist noch Platz, nur

hier kann der mittelgroße Wurf gelingen. Dachte man jedenfalls lange Zeit. Früher waren es Hochhäuser im Stadtteil Weingarten, dann peinliche Blumenrabatten für die Partnerstädte, dann das Projekt *Rieselfeld:* ein neuer Stadtteil für zehn, fünfzehntausend Neu-Freiburger. Soweit die Bausparverträge tragen. Durchmischte Bauweise, mit Läden und Schule vor der Haustür, Straßenbahn ins Zentrum, eigentlich nicht schlecht gedacht. Aber wenn soziale Mengenlehre am runden Tisch gemacht wird, ist der Ausgang ungewiß. Die private Turnhalle heißt ‚Motion', ein Restaurant ‚Athen' und ‚Bienes Blumenladen' ist auch da. Fahrräder stehen in vergitterten Käfigen, die ein wenig an Löwenzwinger erinnern, ein Gesundheitszentrum nennt sich P.U.L.Z. Der Nachwuchs wird gerne in der bunten Fahrrad-Rischka kutschiert, etwa zum Einkauf bei Naturkost ‚Mesa verde'.

War jemand der Stadtplaner und Eigenheimförderer eigentlich mal im Rieselfeld, wenn an einem Sonntagmittag der Blues durch die Gassen pfeift, wenn die Stimmung ein wenig an Benidorm im Winter erinnert. Ein Eindruck, der durch manche Fassade mit pseudo-maurischen Rundbögen noch unterstrichen wird. Eine höhere Wochenendtristesse als in diesen, am Reißbrett geplanten, sozialen Versuchslabors ist schwer vorstellbar. So bleibt das Rieselfeld ein Experiment mit sehr offenem Ende und schon lange glaubt keiner mehr, daß sich die Mischung aus Familien, Handwerkern und Bewegungspädagogen ausgerechnet hier so einstellt wie geplant. Freiwerdende Ladenlokale sollten für die heraufziehenden Sozialaufgaben reserviert werden.

Im Süden der Stadt entstand und entsteht auf dem ehemaligen Militärgelände im *Vauban*-Viertel viel neuer Wohnraum in stadtnaher Lage – freilich mit soviel ökologischem und sozialen Ballast, daß Spötter (und Skeptiker) schon von der ‚grünen Hölle' sprechen. Wie gering die Toleranz gegenüber Abweichlern ist, zeigt sich ja gerade im Szene-Milieu der Moralisten immer wieder. Autofahrer, insbesonders freisinnige Parker, haben es im Freiburger Solarkiez nicht leicht. Zerstochene Reifen und unverlangte Sekundärlackierungen gehören nun auch im Vauban-Viertel zu den Umerziehungsmaßnahmen. Im Kiez trägt die Volkspolizei Halstücher und Strickmode. Bei weiter fortschreitender sozialer Erosion könnte es übrigens durchaus sein, daß gleich zwei städtebauliche Vorzeigemaßnahmen Freiburgs – *Rieselfeld* und *Vauban* – in nicht allzuferner Zukunft ein wenig ins Schlingern geraten. Wie das so ist bei einem dümpelnden Boot: Plötzlich kommen ganz neue Passagiere an Bord. Bewohner, in deren Lebensentwurf Wärmedämmwert und Ballaststoffreichtum eventuell nicht an zentraler Stelle stehen. Dann essen Angst Seele auf. Wenn erst mal der Bär tanzt, dürfte sich auch die Nachfrage nach Salsa-Kursen wieder normalisieren. Aber keine Sorge, das war jetzt nur so eine Idee.

Frühstücksbuffet (an Sonntagen): Frühstücksbuffets sind Zeichen sozialen Wandels: Sonntags leere Kirchen, aber bestens besuchte Frühstücksrituale. Zelebriert in Lokalen, die in Freiburg *Paradies* heißen, *Café-Vélo*, *E-Werk*, *Omas Küche*, *Adlerburg*. Fast jede Gaststätte, die ihrem bewegten Publikum etwas Halt am Wochenende bieten möchte, hält ein Frühstücksbuffet ab. Anders als die strukturierte Liturgie einer Messe steht das Frühstücksbuffet heute für Offenheit, Austausch, Grenzüberschreitung – eben postmodern. Dabei wurde das Frühstücksbuffet auf englischen Landsitzen eingeführt, um dem Hauspersonal den Kirchenbesuch am Sonntag zu ermöglichen. Diese Ausgangslage hat sich geändert. Nun kommt man irgendwann, ißt von allem etwas und geht wieder. Marmeladenbrötchen, Lachsschnitte und Früchtequark liegen dicht an dicht. Die Tischgespräche passen zur Indifferenz des Brotaufstrichs. Eine kleinbürgerliche Überhöhung findet das Frühstücksbuffet übrigens im selten gewordenen Jazzfrühschoppen, wie er früher von SPD-Ortsvereinen gepflegt wurde.

Jeder fängt mal klein an – Gaststätte ‚Süden' im Vauban-Viertel

Kulinarisch betrachtet, muß ich beim Frühstücksbuffet auf mildernde Umstände aufgrund schwerer Jugend plädieren. Schon auf den ersten Auslandsreisen hinterließ die englische Ausprägung des Frühstücksbuffets bleibende Schäden: Wurstfragmente schmorgelten vor sich hin, Eierspeisen wurden von einer Rotlichtlampe bestrahlt, wie man sie auch in Ferkelställen als Wärmespender verwendet. Weltweit transpiriert auch der Schnittkäse auf Frühstücksbuffets, seine Aushärtung zeigt sich durch Aufwölbung der Ecken an. Warmgehaltene Speisen neigen dagegen zu einer gewissen Versottung, eine im Kaminbau gefürchtete Erscheinung. Das Schlimmste ist aber das internistische Gefühl, das sich nach stundenlangem Buffetabusus einstellt. Die Zunge erinnert an Auslegeware. Etwas tiefer glaubt man, Magensteine zu spüren. Die Chance eines buffetfreien Sonntagsfrühstücks ist derweil zur Seltenheit geworden.

Vauban: Ein Freund war lange weg. Wir fahren stadtauswärts in Richtung Merzhausen, am neuen Vaubanviertel vorbei. „Was ist das denn? Jetzt sind hier schon wieder Kasernen!"

Erklärungsversuch meinerseits: Keine Kasernen, im Gegenteil, ein Stadtteil mit Modellcharakter, Passivenergie, Baugruppen, Nachbarschaftshilfe. Er will das sehen, wir fahren rein (hab ich „rein" geschrieben?). Also, wir biegen ab. Tante Emma heißt im Vaubanviertel ‚Pane e vino', es gibt faire Bananen. Der Schreibwarenladen nennt sich ‚Papiertiger'; die Straßen sind nach verdienten Kämpferinnen für gerechte Sachen benannt. Im Zentrum des Viertels verspricht ein Aushang ‚KFZ-arme Gemüseanlieferung'. Er sagt: „Die sehen alle gleich aus." Wenig später: „Die beobachten uns." Widerrede meinerseits: „Quatsch, alles tolerante Leute. Mitglieder bei Greenpeace, Projektarbeit, Mambo-Workshops und solche Sachen." Er (Hauptbootsmann d.R.): „Die sitzen aufeinander wie auf einem Zerstörer, da kracht's noch." Einspruch: „Da kracht nichts, die tragen Konflikte aus, Gesprächskultur." Er: „Gesprächskultur gibt's auf keinem Schiff und das hier ist ein Schiff." Wer will das entscheiden: Musterviertel, KFZ-arme Gemüsekaserne, Ökoliner? Wir fahren raus. Entschuldigung, wir biegen ab. Richtung offene See. Richtung Schönberg.

Prima Klima: Aktuelle Wetterinformationen für Freiburg und Umgebung findet man im Internet unter: www.brockhaus-wetter.de. Die Wetterstation des Meteorologen Werner Brockhaus liegt in Horben auf 600 m Höhe, seit 1974 beobachtet Brockhaus das Klima in der Region und gibt auf seiner Internetseite aktuelle, auf die Region zugeschnittene Prognosen; außerdem sind auf der Seite interessante Daten und Bewertungen zum jahreszeitlichen Wetterverlauf zu finden.

Warme Quellen: Am größten das *Eugen-Keidel-Thermalbad*, nahe der Autobahnausfahrt Süd. Ein Innen- und mehrere Außenbecken, eines davon ganzjährig mit badewannenwarmem Thermalwasser, also mehr zum entspannten Dümpeln als zum Schwimmen, das zweite größer und mit angenehmer Schwimmtemperatur und kleiner Liegefläche. Das Bad bietet

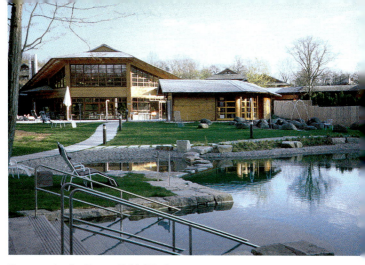

Saunagarten im Eugen-Keidel-Bad

nach diversen Erweiterungen nun auch einen sehr großzügigen Saunabereich, inkl. Römisch-Irischem Dampfbad, Duftkabine, Esoterikschwitzen etc. Alle Einrichtungen werden jedoch sehr stark von Kassenpatienten und Schnauzbärten besucht, entsprechende Stimmung. Badezeit bis 22.30 Uhr. Das Angebot im Restaurantbereich wäre ein Thema für sich: Das Restaurant *Thermarin* bietet original Kassen-Ambiente, dazu eine Stimmung wie im bulgarischen Kurhotel. Eine Verpflegungseinrichtung im Wortsinne, ganz im Geiste der öffentlichen Hand geführt.

- **Weitere Thermalquellen** in *Bad Krozingen (Vita classica),* mit neuem Innenbecken, angenehmer, sehr großer Saunabereich. Dito – aber nicht so gefällig – die Thermen in *Bad Bellingen,* ebenfalls mit großer Saunalandschaft.

Bäder in *Badenweiler* (*Cassiopeia*-Therme), dazu gehört ein ruhiges Römisch-Irisches Dampfbad; ein Innen- und Außenschwimmbecken, sowie die neue und sehr großzügige Saunalandschaft, diese zählt – auch architektonisch – mit Abstand zu den schönsten im Südwesten (ein 60er-Jahre-Ensemble wurde restauriert). Details vgl. dort. Die Thermalbäder im Umland sind – zumindest unter der Woche – nicht so stark besucht wie das Keidel-Bad in Freiburg.

Blick vom Ehrenstetter Ölberg nach Staufen im Breisgau

Feine Fluchten

Freiburgs Höhen locken: An heißen Sommertagen kühl und frisch. Bei Inversionswetter, wenn Nebel über der Stadt liegt, ist es auf der Höhe oft warm und sonnig. Oft sind dort noch im November Spätsommertemperaturen und man kann ein Buch im kurzen Hemd lesen. Es gibt wohl kaum eine Stadt im Süden, aus der man mit so genußvollen Aussichten fliehen kann. Tausend Gründe, einen Nachmittag zu vertrödeln.

Nach Süden

Richtung *Merzhausen, Au, Bollschweil* oder auf die Höhe nach *Horben*: Freiburgs Süden ist landschaftlich am wenigsten verbaut. Die Schokoladenseite der Stadt.

Die Randgemeinden in Freiburgs Speckgürtel *Merzhausen, Au, Wittnau* und *Bollschweil* zählen denn auch zu den beliebtesten Vororten. Mieten und Baulandpreise wirken hier als sozialer Filter: Doppelverdiener angenehm, mit zweimal A-13, was ja immerhin A-26 gibt, läßt sich's leben und es bleibt immer noch ein Groschen für den Greenpeace-Dauerauftrag.

Kurzurlaub und k-Wert: Obwohl, die Zufahrt nach Merzhausen hat längs des ehemaligen *Vauban*-Kasernenareals nun eine ordentliche Blockbebauung abbekommen, was man in den höhergelegenen Vierteln Merzhausens natürlich nicht so gerne sieht. Die Stadt kommt näher, solargetrieben, wärmegedämmt, moraloptimiert. Wobei die Dimensionen vergleichsweise überschaubar bleiben und eine muntere Farbgebung für Optimismus sorgt. Marketingmäßig gesehen läuft die Sache beispielhaft, zumindest solange der politische Wille anhält, Freiburg einen solaren Heiligenschein aufzusetzen. Dieser hat nun auch gegenüber dem Vauban-Areal Gestalt angenommen in Form einer vieldiskutierten *Solarsiedlung:* lauter nette, bunte Häuschen und davor eine massive Riegelbebauung, etwas verniedlichend *Solarschiff* genannt. Alles bestens gedämmt und in Reihe geschaltet. Eine Anordnung, die in der Elektrotechnik bekanntlich für höhere Spannung sorgt, aber auch sozial und ökonomisch dürfte die Projekte Vauban und Solarsiedlung noch für Stoff sorgen. Wobei die Frage erlaubt sein muß, ob sich optimaler k-Wert und Kurzurlaub nicht unterm Strich egalisieren. Und noch so eine blöde Frage: Hat jemand mal die Energiebilanz des elterlichen Fahrdienstes aufgestellt? Ballettstunde, Reitstunde, Jonglierkurs – da kommt ordentlich was zusammen – mit und ohne Absolution dank *Solargarage*. Irgendwann muß der Aufkleber kommen: ‚Ein Herz für Autofahrer'. Sind wir ja alle, zumindest auf dem Weg in die Waldorfschule.

Hinterhöfe der 35-Stunden-Gesellschaft: An Wochenenden werden die Höhen im Süden Freiburgs zum dicht bevölkerten Hinterhof. Das Spektrum der Zerstreuungshandlungen reicht vom Spaziergang mit Grundsatzdebatte über den verkullerten Sommernachmittag im Wiesengras bis zur Mountainbike-Rallye mit Aktiv-Protection-Wear. Das Laufrad von heute hat 21 Gänge und eine vollgefederte Titan-Gabel. (Doppelflasche Iso-Star nicht vergessen!) Kollektiver Freizeitpark eben. Helmuts Diagnosen waren nicht immer verkehrt.

Zwischen Horben und St. Ulrich: Geiersnest

Auf die Höhe nach Horben

Die luftigen Höhen um Horben sind mit die schönste Sommerfrische nahe Freiburg. Näher und verträumter als der Schauinsland, genießt man auch hier schon den Reiz der Höhenlage: sonnige Wiesen zum Verlieben. Ideal für die kleine Landpartie auch der heitere Wechsel zwischen kühlem Tann und offenen Weiden: Von den Höhenwegen oberhalb Horbens panoramische Sicht.

Im Sommer ist man hier schon über der Schwüle, im Herbst und Winter reicht die Höhenlage oft schon, um über die Nebelgrenze zu kommen. Hier sind die geschützten Ekken, auf denen noch im Spätherbst und dann schon wieder Februar unvergeßliche Nachmittage warten. Wenn die Stadt im Nebel friert, während in Horben, oder weiter oben in Geiersnest ein paar Träumer Lektüre oder Begleitung genießen. An Wochenenden herrscht aber heftiger Ausflugsbetrieb – allerdings nicht so enervierend wie an den südschwarzwälder Sammelstellen (Feldberg etc.). Am Rande vielleicht noch erwähnenswert, daß die überaus harmonische Landschaft um Horben sozialpsychologisch betrachtet von einer recht dissonanten Bevölkerung aus Eingesessenen und Zugezogenen besiedelt wird. Aber das ist in Starnberg nicht anders.

Ausgangspunkte: Gute Wandermöglichkeiten ab Horben. Fast immer nebelfrei dann weiter oben vom Eckhof/Eduardshöhe (ca. 900 m hoch, oberhalb Horbens gelegen, bequeme Rundwege, herrliche Aussicht. Zufahrt mit dem Auto aus Horben aber nur bis zur Gaststätte *Buckhof* (vgl. unten) möglich; die KFZ-Durchfahrt bis zur Eduardshöhe ist nur über St. Ulrich erlaubt (Polizei kontrolliert öfters). Leider ist auch der überlegene Ausgangspunkt *Eduardshöhe* an Wochenenden voller Autos und es herrscht ein Betrieb, der einem die Freude nehmen kann. Unter der Woche geht es dagegen entspannter zu. Vereinzelte Genießer, Spontis, die ihre Mischlinge ausführen, im Drittelmix mit Pensionären.

→ Ebenso schöne Wegmöglichkeiten bestehen von St. Ulrich aus (Orientierungstafel beim Gasthaus Rößle, vgl. dort); besser noch ein paar Kehren oberhalb St. Ulrich, etwa bei der Abzweigung zum bestens gelegenen Gasthaus *Paulihof* (wunderbare Westterrasse, Vespereinkehr, vgl. unten). Oder man fährt eben nach oben durch bis zur *Eduardshöhe*, wie beschrieben. Wegen der weiten freien Wiesen im Winter auch ideal zum Langlauf abseits fester Loipen oder zum Gehen in frisch gefallenem Schnee.

Die Horbener Gastronomie ist heterogen. Seit der Wiedereröffnung des Traditionshauses *Raben* gibt es nun ein Flaggschiff, das freilich noch auf Kurssuche ist. Andere Häuser stehen in einem eigenartigen Mißverhältnis zur Gunst der Landschaft. Die *Luisenhöhe* kann (oder will) nicht alle Bedürfnisse der Kundschaft erfüllen, um es wertfrei auszudrücken. Das *Dorfcafé* (gegenüber vom Raben) profitiert von allen Gästen, denen der Raben, wegen Preis oder Betriebssystem nicht zusagt, und das sind manche. Der einfache *Buckhof* liegt etwas außerhalb, geographisch wie kulinarisch.

■ **Luisenhöhe – Horben.** Stimmung und Service sind ein Abbild der Zeiten von Kniebundhose und Faltenrock. Dazu paßt ein mitunter kirchentagsähnliches Publikum. Potentiell eine Sommer-

Buckhof, Horben – Jägerzaun und englischer Rasen

frische für stille Stunden oder nach einem leidigen Termin. Um die Chancen voll auszuschöpfen, wäre aber eine Neuorientierung nötig. Zu den Vorzügen zählt im Moment die halbschattige Terrasse am Waldesrand. Der Speiseplan wirkt eher konventionell angelegt, so in der Klasse von ‚Gemüsebukett' und ‚Cognac-Pfeffer Sauce'; aber auch einzelne Gerichte vom Horbener Weiderind. *Hotel-Restaurant Luisenhöhe,* FR-Horben, Langackern 45, Tel. 0761-2969-0. Tägl. geöffnet. Tennisplatz, Hallenbad. **Preise**: mittel.

■ **Dorfcafé** in Horben: Ausflüglertreff in der Ortsmitte, geboten wird eine entsprechende Karte mit Vespern, einem niedrig gepreisten Tagesgericht und konventionellen warmen Speisen von Toast Hawaii bis Königsberger, Spezialität sind die guten Kuchen. An Wochenenden und Ausflugtagen heftiger Betrieb. Mit Freiterrasse. Tel. 0761-290220, ab 12 Uhr bis 22 Uhr, im Winter: an Sonn- und Feiertagen bis 19 Uhr, RT: Fr.

→ Noch einen Kilometer weiter nach oben, am Ende der für Autos freien Zufahrt, der **Buckho**f, eine herb, einfache Wandereinkehr; das Gärtle mit Jägerzaun und stets englisch kurz geschnittenem Rasenboden ist jedoch ein seltener Flecken. Das rustikal-gastronomische Angebot ist knapp gehalten, auf der Karte immerhin Ripple und Gulasch vom eigenen Rind, aber auch ‚Zwiebelschmelze' und ‚Fischfilet paniert', sowie der interessante Hinweis: ‚Extra Ketchup 20 ml - 10 Cent'. Großer Parkplatz, Stimmung und Speisen im Stil des äußeren Aspektes. Bei Heißhunger, ab 12 Uhr, RT: Mo.

Raben, Horben – Legende wiederbelebt, Küche durchwachsen

ZUM RABEN – Horben. „Ein Kleinod wird wieder eröffnet" versprach die Pressemitteilung zum Neustart des Raben im Mai 2005. Für ein Kleinod ist das 4.000 Quadratmeter Anwesen mit historischen Gasträumen, Biergarten, Tanzsaal und ausgebauter alter Scheuer recht groß geraten. Gastronomisch ist der neue Rabe mehr Herausforderung als Kleinod. Schon das alte Gasthaus war legendär: Freiburger Studienjahre ohne Absturz im Raben waren kaum denkbar. Allein der kapitale Kachelofen dürfte mehr bewirkt haben als manche Partnervermittlung. Die Auferstehung des Raben ist der privaten Initiative eines Freiburger Mediziners geschuldet. Wobei Initiative ein schwaches Wort für jene späte, heftige Leidenschaft ist, mit der sich der 72 Jahre alte Hans Berthold dem gefallenen Gasthaus annahm. Auch altgediente Handwerker sprechen von einer einmaligen Mischung aus anspruchsvoller Bauaufgabe und engagiertem Bauherrn. Gleich ob Materialbewußtsein oder Typographie auf der Toilettenanlage, der Rabe trägt seine Geschichte wie einen Maßanzug. Einige mögen das overdressed finden, die meisten sind beeindruckt, gleichgültig bleibt niemand.

Kingsize Format – die Ofenbank im Raben, Horben

Was das Potential des Raben angeht, wurden die Fundamente für einen Neustart der Legende somit gelegt.

Steffen und Kirsten Disch heißen die Pächter des Raben, beide Mitte 30, gelernt im Colombi, rumgekommen. Mein vorläufiges kulinarisches Fazit, gezogen aus mehreren Besuchen ist ziemlich durchwachsen. Im Tohuwabohu der Eröffnungsphase mag noch manches holpern, gerade wenn tout Freiburg auf einmal kommt. Geschenkt, zumal die Wirtsleute sichtbar engagiert sind; wobei Profis auch am Anfang einer Spielzeit Chancen verwerten müssen. Nachdenklicher stimmt Grundsätzliches. Das Konzept verspricht Wandersleut', Bürgerliche und dazu noch Gourmetgäste unter einem Dach zu befriedigen und der riskante Spagat gelingt bislang jedenfalls nur bedingt. Ein befriedigender Wurstsalat neben einem Haufen dicker, lascher Brägele (zu 7,50 Euro) wird durch Aufstreuen von ein paar Zwiebelsprossen nicht besser. Der Beilagensalat bestand über Wochen im Sommer aus ähnlichen, asaisonalen Komponenten, inklusive Raspelmöhren im Sportheimstil. Bei ambitionierteren Positionen (Hauptgerichte ab 15 Euro, kleines Mittagsmenü um die 20, abends

ab 36 Euro) arbeitet Disch gerne mit tourniertem Gemüse, putzigen Beilagenarrangements und heftig reduzierten Saucen. Das wirkt so konventionell und artig, als stehe ein Prüfungstermin an. Dazwischen auch rätselhafte Teller. Panierte, gebackene Scheiben vom Kalbstafelspitz schmecken nach wenig und sie erinnern allenfalls an eine alte Volksweisheit: „Der gepuderte Rabe bleibt nicht lange weiß." Die reizvolle Idee eines sommerlichen Gurkenkartoffelsalates wird handwerklich grob, wässrig und süß umgesetzt. Der Service wirkt präsent, am Gast aber recht formal und emotionslos. Die Weinkarte ist allerdings so hochklassig wie die Immobilie.

In der Summe bestätigt sich einmal mehr, daß Lehrjahre auch bei namhaften Adressen weder ausreichende noch hinreichende Bedingung für jene Handschrift sind, ohne die ein Haus nicht zur Institution werden kann. Kulinarisch bleibt die Hoffnung, daß eine Befreiung von überkommenen Gourmetvorstellungen zu mehr Erdung und Güte im Basisprogramm führen könnte. Der Raben hätte es verdient.

→ **Gasthaus zum Raben** (Fam. Disch), Horben, Tel. 0761-556520, Mo und Di bis 18 Uhr geschlossen, komfortable Gästezimmer, www.raben-horben.de.

Häusle am Sträßle von Wittnau nach Ebringen

Hexental – Das Hexental reicht bis dicht an das Freiburger Zentrum. Über die selbstständigen Gemeinden Merzhausen, Au und Wittnau kommt man auch am schnellsten in freie Landschaft, mit zahlreichen Wander-, Rast- und Radtourenmöglichkeiten. Die gesamte *Schönberg-Region* ist ein grünes Hinterstübchen Freiburgs (was übrigens auch die Wahlergebnisse bestätigen).

JESUITENSCHLOSS (Weingut & Gaststätte) – bei Merzhausen. In markanter Aussichtslage oberhalb Merzhausen, umgrünt und aussichtsreich am Rand des Naherholungsgebietes Schönberg. Die großzügige Schloßanlage ist ein beliebter Ausgangspunkt für stadtnahe Streifzüge über die weiten Matten der Schönberg-Region: fette und blumenreiche, magere Wiesen, Streuobstbestände, Schlehenhecken, Teile sind Naturschutzgebiet. Im Jesuitenschloß hat die *Stiftungskellerei Freiburg* ihre Heimat. Neben den Verkaufsräumen des Weingutes stehen Gesellschaftsräume zur Verfügung, die anlaßweise zu mieten sind, aber auch für Weinproben genutzt werden können. Das Weingut der Freiburger Heiliggeiststiftung produziert durchweg passable, vereinzelt auch hervorragende Weine (Ausschank auch im Heiliggeiststüble am Münsterplatz, vgl. dort). Weinprobe und Verkauf auf dem Jesuitenschloß.

Gastronomie: Zum Schloßkomplex gehört auch das *Restaurant* in einem Nebengebäude sowie die begnadete Aussichtsterrasse: Weiter Blick auf Rheintal und Freiburg inklusive der Hochhäuser im Westen. Über diverse Jahre und Pächter hinweg blieb das gastronomische Angebot hier oben – an einem der schönsten Flecken nahe Freiburg – allenfalls durchschnittlich. Die Demontage des Vorurteils ‚freundliche Lage = tristes Essen' läßt somit weiter auf sich warten. Auch nach einer umfassenden Renovierung mit reichlich (Stiftungs-)Geld bleibt's beim alten Befund. Beste Lage, großes Potential, vertane Chancen. Es würde langweilen, die Absonderlichkeiten der Jesuitenschloß-Gastronomie aufzuzählen, hier nur soviel: die Schmankerl werden unter dem Motto ‚Symbadische Küche' angeboten, der Ausblick konnte freilich noch nicht auf das Niveau der Küche gebracht werden. Ich bete weiter: „Gott sei mit Dir, Jesuitenschloß!"

→ **Jesuitenschloß**, Tel. 0761-40 20 99 (Zufahrt über Merzhausen, ausgeschildert). Tel. der **Stiftungskellerei**: 0761-40 47 14 (Verkauf: Herr Schneider). Verkaufsraum geöffnet: Mo bis Fr 10-17.30 Uhr, Sa 10-12.30 Uhr.

■ **Adler Burg** – FR-Au. Auch in Au wäre ein Abstecher hinauf in Richtung freier Schönberg möglich: Ein kleines Schild in der Ortsdurchfahrt weist nach rechts oben zur Gaststätte ‚Adler Burg'. Von außen wirkt das wuchtige Anwesen durch Anbauten etwas grob, im Inneren überrascht zunächst mit ihrer Retro-Wohnzimmerdekoration. An die alten Räume anschließend ein verglaster Anbau mit Rundumsicht auf die Schwarzwaldhöhen. Hier könnte ein aparter Platz zum Tafeln und Träumen sein, besonders abends, aber der Blick geht nicht nach Westen, sondern nach Osten. So bleibt's bei großzügiger Sicht, ohne Abendrot. Was die Küche angeht, ist das modern formulierte Angebot auf ein Publikum ausgerichtet, dessen Qualitätsbegriff formbar ist. Es kommt semiakademisches Milieu, auch Grüppchen, die man früher als Kränzchen bezeichnet hätte, dazwischen Paare auf der Suche nach einem stimmungsvollen Abend. Die Weinauswahl spendet nur wenig Trost. Den Reiz des Hauses machen Lage und Lands-End-Stimmung aus. Guter Ausgangspunkt für Wanderungen. Kleiner Freisitz beim Eingang. Sonntags, ja was wohl: Frühstücksbuffet. *Adler Burg,* Am Schönberg 39, Au, Tel. 0761-40 22 06, kein RT.

SCHÖNBERGER HOF – über Ebringen. Ein klassisches Ausflugsziel in der Holzbankklasse. Zum einfachen Gasthaus in idyllischer Hanglage gehört – als Hauptattraktion – ein großer, kerniger Biergarten unter Kastanien, dazu Sicht auf Freiburgs kleine Großstadtskyline im Westen und ringsum Natur in reizender Ausprägung: Schlender- und Wanderwege, Blumenwiesen, viel lichter Laubwald, sonniger Waldrand zum Abliegen, Rundwege um den Schönberg. Die Karte bietet Vesper mit klassischer Zwiebelringgarnitur; besonders beliebt die naturtrübe Nudelsuppe, die hier noch in der Terrine serviert wird. Im warmen Bereich recht mächtige Portionen ohne Drang nach Verfeinerung, nach einer Tour aber durchaus in Ordnung. Sehr reizvoll im Winter oder nach einer Distanzwanderung: die alte Stube mit flaschengrünem Kachelofen und niederer Holzdecke, sie harmoniert perfekt mit den gebotenen Speisen und dem einfachen, aber aufrichtigen Betriebssystem. In der Regel angenehm durchmischtes Publikum vom Schwarzwaldverein am langen Tisch bis zu Seminarflüchtlingen, die mal Uni- und Referatdruck vergessen möchten. Zupackend familiärer, nur bei Volllastbetrieb mitunter etwas holpriger Service, der auch dafür

Herbst am Schönbergerhof

sorgt, daß das Lokal nicht von Schickmicks heimgesucht wird. Der Wirtsgarten ist während der Freiluftsaison gern besucht, ansonsten eher ruhig. Bei unsicherer Witterung geschützte Tische in der regenfesten, weinberankten Pergola im Baumarktstil. Alles in allem ein robuster Landgasthof in reizender Umgebung.

→ **Schönbergerhof**. Anfahrt über Ebringen oder über Au/Wittnau. Dann weiter durch geschwungene Streuobstwiesen bis zum Aussichtspunkt *Berghauser Kapelle* (Parkplatz, auch hier zahlreiche Wege ins Licht, Naturlehrpfad, blumenreiche Trockenwiesen). Tel. 07664-7222, RT: Mo und Di bis 16 Uhr; bei Schönwetterbetrieb sowie am Wochenende mitunter Wartezeiten.

Wiesenglück – Wie hieß es in Altberlin: „Mein Mann is nich so sehr fürs Grüne, der is immer gleich blau." Um einen Nachmittag in Stille zu verbaseln (gleich ob blau oder grün), sind die weiten, sanft geneigten Blumenwiesen bei der Anfahrt aus Richtung Wittnau genau das Richtige. Die gesamte Schönbergregion bietet stadtnahe Wander- und Liegemöglichkeiten inmitten interessanter Flora, teilweise Naturschutzgebiet mit Baumbestand und Trockenrasenflächen. Rundwege erschließen wundervoll abseitige Winkel.

Zum Thema Straußenwirtschaften – Auch nach zig Versuchen: die Mehrzahl der Straußen sind eine Zumutung, Fassadenbluff. Es gibt Ausnahmen, aber die Regel ist: Großmarktware wird mit ein paar Gurkenscheiben und Zwiebelringen rustikal aufgerüscht. Amateurhafte Leistung vor pseudoheimeliger, aus Baumarktelementen zusammengetackerter Kulisse. Hauptsache viel, billig und Hüftkontakt. Etwas für Starkzehrer und exakt das Gegenteil von einer sorgfältigen Regionalküche. Die Straußennummer mag der ausgemästeten Masse noch so schmecken, es bleibt dabei: die meisten Straußen sind zum Kalorienstadel geworden.

Dabei war der Grundgedanke einfach und gut: Vermarktung über den Topf. Straußen sind landwirtschaftlichen Betrieben angegliedert, die einfachen Schenken dürfen im Kernsortiment nur Produkte aus eigener Herstellung anbieten, unter Verzicht auf aufwendige Zubereitung und Service, dafür zu günstigem Preis. Wegen des enormen Zulaufs reicht die Eigenproduktion in den meisten Fällen aber längst nicht mehr aus, oft fehlt es auch am Willen, Eigenes anzubieten. Die Truhe, der nahe Großmarkt ist ja allemal bequemer,

‚Gengenbacher Flammkuchen' gibt es längst bei der Metro im Sechserpack, dito ‚hausmacher' Blut- und Leberwurst.

Die Öffnungszeiten der Straußen sind meistens auf zwei Perioden mit jeweils 8 Wochen beschränkt (diese oft im Frühjahr und Herbst). Wenn zwei Familienmitglieder eine Strauße anmelden (was üblich ist), verdoppelt sich die Zeit; die Sitzplatzzahl sollte eigentlich auf 40 Plätze beschränkt sein, aber sitzen kann man ja fast überall. Der Hochbetrieb der letzten Jahre hat den Straußengedanken reichlich pervertiert, er zeigt aber auch, wie verschlafen eine Gastronomie ist, die über protektionistisches Gezeter nicht hinauskommt. Besser machen, wir leben in Zeiten der Marktwirtschaft!

Hinzu kommt bei den meisten Straußen eine ärgerliche Fixierung auf derbe Fleischgerichte und Vesper. Auch an die Weinqualität sollte man keine hohen Ansprüche stellen, vom Thema ‚Temperatur' und ‚Glas' wollen wir erst gar nicht reden. Aber die Kundschaft strömt, Hauptsache derb und (vermeintlich) ursprünglich. Zudem bekommen natürlich all die Batzenklemmer feuchte Augen, denen ein Abend dann besonders gelungen vorkommt, wenn's was zu sparen gab.

Fazit: Positive Ausnahmen und viele verschenkte Möglichkeiten, oft wird nur nach dem Motto ‚viel, billig und laut' gewirtet. Im Buchhandel gibt es kleine Broschüren, die für das laufende Jahr die Öffnungszeiten der mittlerweile über 80 Straußenwirtschaften in der Region nennen. Manche bringen auch kurze – leider durchweg unkritische – Hinweise zum Angebot.

- Ein guter Ansatz: Die **Sonnen-Strauße** (Heinehof der Familie Sonner) wenig oberhalb St. Ulrich (bei Bollschweil). Ein Bio-Hof, dazu gehören Limousin-Charolais-Rinder in Mutterkuhhaltung (die Milch der Kühe kommt dabei nur den Kälbern zugute), das Rindfleisch aus Freilandhaltung wird über die eigene Strauße direkt vermarktet. Hofladen bei der Strauße, diese ist vier Monate im Jahr geöffnet (im Früh- und Spätsommer; wenn offen Hinweisschild am Abzweig von der L 122), Tel. 07602-281, www.heinehof.de.

Schauinsland

So richtig Schwarzwald ist der Schauinsland noch nicht. Mit 1.284 m hat der Freiburger Hausberg zwar genug Höhe, auch die exponierte Lage gen Westen sorgt auf dem Kamm schon für Gipfelstimmung. Dazu kommen vom Westwind gebuckelte Buchen, die große Kabinenseilbahn; ein, zwei Schleppliftle, sowie eine Paßstraße. Aber der ‚Erzkasten', so ein alter Name, der an früheren Bleiglanz- und Zinkblendeabbau erinnert, ja der Erzkasten liegt einfach zu stadtnah. Bequem für Halbstundenwanderer erreichbar.

Der Schauinsland gehört somit zum Inventar der Stadt, Abteilung Lebensqualität und Freizeitpark. Wobei auch die Freizeit dem Wandel unterliegt. Auf der 13 Kilometer langen Bergstrecke zwischen Bohrer und Paßhöhe (L 124) wurde früher das Auto- und Motorradrennen um den ‚Großen Bergpreis von Deutschland' gefahren, an der Holzschlägermatte steht noch die alte Tribüne. Heute streiten sich Moralisten aller Fraktionen, ob ein Oldtimerrennen pro Jahr korrekt sei. Wobei jene Fraktion, die ihre Sommerferien gerne weit im

Süden versandelt, den Schauinsland am liebsten verkehrsfrei hätte.

Bis heute ist der Schauinsland kein Berg, sondern ein Ausflugsziel, und zwar eines, zu dessen Besuch man sich noch nach dem Sonntagsbraten entschließen kann, oder nach durchzechter Nacht, bei geistiger Verstopfung etc. Erst recht bei Inversionswetterlagen und Talnebel, Motto: ‚unten Suppe, oben Dessert'. Gründe genug also für den Schauinsland, nur muß man die Folgen der Popularität beachten: Zur Kernfreizeit an Wochenenden herrscht beachtlicher Auftrieb und folglich bekommen Volkskundler reichlich was zu sehen: Car-Potatoes, die zum Sonnenbad nur die Seitenscheibe runterlassen. Die deutsche Familie unter der Knute wechselnder Mobilitätsansprüche, aber komplett angetreten mit Kind, Gehhilfe und Kraxe. Er: „Habt ihr die Bretter dabei." Sie: „Welche". Es gibt ja eine gewisse Korrelation zwischen zunehmendem Stauraum (im SUV oder Family-Van) und steigender Ratlosigkeit (im Oberstüble), gerade wenn es um die Bewältigung der lang gewordenen Wochenenden geht.

– **Bergfahrt** ab Günterstal auch mit der Schauinsland-Seilbahn. Die Kabinenbahn wurde 1930 als erste Personenseilbahn der Welt nach dem Prinzip einer Umlaufseilbahn in Betrieb genommen. (Info-Tel. Tarife: 0761-29 293-0; täglich von 9.30-17 Uhr, 1. Mai bis 30. Sept. 9-18 Uhr, www.bergwelt-schauinsland-bahn.de oder: www.vag-freiburg.de). Anfahrt aus dem gesamten Stadtgebiet bis zur Talstation mit der Straßenbahn möglich, die Bahn gehört zu den Freiburger Verkehrsbetrieben.

– **Abgehoben**: Die exponierte, ungeschützt den atlantischen Wetterlagen ausgesetzte Schauinsland-Paßstraße muß im Winter wegen Schneeverwehungen auch mal gesperrt werden. Mitunter bläst der Wind auf der Paßhöhe wie ein Sandstrahler. Wunderschön zu fahren ist die Passage nach frisch gefallenem Schnee. Wie duftet eigentlich frisch gefallener Schnee? Früh an einem Sommertag wäre die oben überraschend flache Paßstrecke übrigens eine ideale Strecke für orchesterbegleitetes, niedertouriges Rollen, dazu vielleicht Debussy: Dialog des Meeres und des Windes.

Die Riviera am Berg

Jede Stadt hat Promenaden für gewisse Stunden. Am Dreisamufer in der Freiburger-Innenstadt sitzen eigentlich keine Freiburger, eher Studenten und Hundefreunde. Der eigentlich repräsentative Colombipark wird gerne von multiethnischen Minderheiten als Flanier- und Nachladezone benutzt, während der Freiburger als solcher wiederum gerne in die Höhe strebt, besonders im Winter oder bei Hitze. Der Höhenweg (Foto gegenüber) vom Parkplatz an der Paßstraße beim Hotel Halde rüber zum Trubelsmattkopf zählt zum Beispiel zu den Freiburger Promenaden, die nicht in Freiburg liegen. Die ersten zwei Kilometer über freies Gelände bieten Riviera-Anmutung, besonders im Winter, wenn das Rheintal mit Nebel vollgelaufen ist (der Weg wird gespurt). Eine ideale Strecke, um kleinere zwischenmenschliche Probleme zu lösen. Bei Westwind dennoch an Ohrenschützer denken.

Auch an heißen Sommertagen entwickeln solche Höhenwege besondere Qualitäten: während unten im Tal die Hitze liegt, ist die Wärme oben auf dem Berg wie eine zweite Haut: sie umschließt uns, aber sie belastet nicht. Der Sommer umgibt einen, man kann ihm nicht entkommen, aber man will es auch nicht. Deshalb liebt man den Sommer.

➲ **Wandern: Schauinsland-Halde Richtung Wiedener Eck**: Ab Parkplatz Paßstraße zunächst über exponiertes Gelände mit freiem Blick nach Südwesten (vgl. Foto gegenüber). Wie dort ausgeführt, ein Klassiker unter den Freiburger Auslüftstrecken, besonders die ersten beiden Sonnenbänkle-Kilometer zwischen Paßstraße und Haldenköpfle werden gerne begangen: Vom Parkplatz oberhalb des Hotels Halde nach Süden auf dem zunächst sonnigen Zugang zum Westweg. Der wird nach ca. 1 h bzw. nach 2 km südlich vom Haldenköpfle erreicht. Nun auf dem Westweg im Wald in Richtung *Trubelsmattkopf*, der westlich umgangen wird. Weiter nach Süden und hinaus auf die Lichtung *Auf den Böden*, später nicht wie der Weg östlich am *Hörnle* vorbei, sondern die Kuppe erklimmend (wg. der Sicht auf den Belchen!). Zuletzt die drei solitär gelegenen Höfe bei *Jetzenwald* erreichend weiter bis *Wiedener Eck*.

Zum Abheben – Winter auf dem Schauinsland

Im letzten Abschnitt vor dem Wiedener Eck (auf dem *Hundsrücken*) führt der Weg über sonnige Hochweiden, entlang herrlich windkrummer Weidbuchen. Insgesamt eine der schönsten, wegen der geringen Höhendifferenz erst noch bequemen Halbtages-Höhenwanderungen im Südwesten; kann bis ins Münstertal verlängert werden. Dort Anschluß an öffentliche Verkehrsmittel (Bähnle: Münstertal-Staufen-Bad Krozingen), die – etwas mühsam – nach Freiburg zurück führen. Wieder erhöht eine Karte den Genuß; am genauesten sind die topographischen Karten des Landesvermessungsamtes 1:25.000, hier: Blatt 8113, Todtnau bzw. die entsprechende 1.50.000-Karte des Landesvermessungsamtes, *Naturpark Südschwarzwald*. Freizeitkarte 505, Blatt 1.

Gastronomie auf dem Schauinsland

Die Schauinsland-Gastronomie ist von gewissen Gegensätzen geprägt. Während manches Haus suboptimal vor sich hindümpelt, gibt es seit der Eröffnung des restaurierten Traditionshauses *Halde* wieder eine zentrale und gediegene Anlaufstelle. Doch der Solitär Halde ist nach Lage und Komfort die Ausnahme, es wäre schon noch Platz und Kundschaft für ein, zwei kleine Perlen. Nur ein paar Kilometer vom ach so qualitätsbewußten Freiburg wird da und dort gewirtet, als wäre jenseits der gekörnten Brühe die Welt zu Ende.

Etwa ein Kilometer südlich der Paßstraße in Richtung Stohren-Münstertal der betagte *Giesshübel*: innen ein urgemütliches Schmuckstück mit einer etwas grob geratenen Außenterrasse. Nach diversen Pächterwechseln gibt es immerhin was zu essen, will heißen, man wird satt, was nach einer langen Tour ja schon ein Wert an sich ist (Details vgl. weiter unten).

Das *Berghotel Schauinsland*, etwas abseits am dunklen Steilabfall nach Nordwesten gelegen, hat aus seinem Schattendasein nicht herausgefunden. Ebenso traurig wie bemerkenswert waren über Jahre auch die Zustände auf der Holzschlägermatte. Unterhalb der beiden ebenso umstrittenen wie markanten Windmühlen (der Wind heiligt die Mittel!) hätte die *Holzschlägermatte* das Potential für einen feinen Boxenstopp. Freie Lage auf der Matte, sonnige Veranda nach Süden. Und was ging? Lange Zeit wenig, bis ins Jahr 2000 wurde man mit den gastronomischen Fertigkeiten eines Pächters aus den Anschlußprovinzen konfrontiert. Dann hat der ADAC das Objekt verkauft und man dachte, es kann eigentlich nur aufwärts gehen. Aber was denkt man nicht alles… Zunächst zur Einkehr bei der Seilbahn-*Bergstation*: hier wird für ein Ausflugsziel erwartbar gewirtet:

→ Restaurant **Schauinsland-Bergstation** (im Gebäude der Seilbahn-Bergstation). Exponiert, horstartig gelegen. Schon die Eingangshalle der Bergstation ist wegen ihrer nostalgischen Ausstattung einen Blick wert: Hölzerne Kioskeinbauten, Fußboden mit Sollnhofer Platten, Technik aus der elektromechanischen Epoche. Das *Restaurant* bietet als eigentliche Attraktion eine gigantische Sicht auf Rheintal und Vogesen. Helikopterblick aus dem verglasten Wintergarten, Freisitz auf einer angebauten Metallterrasse mit Holzbohlen. Auf der Karte findet sich Unterschiedliches, um es wertfrei zu formulieren. Darunter rustikale Gerichte in der Eintopf- und Schäufele-Klasse. Tel. 07602-771, sonntags Frühstücksbuffet, dann beliebter Familientag wegen günstiger Auffahrt mit der Seilbahn. RT: Di, sonst bis 19 Uhr.

Ein Platz an der Sonne – vor der Halde auf dem Schauinsland

☼ **HALDE – Schauinsland.** Das Traditionsgasthaus nahe der Paßhöhe wurde aufwendigst renoviert, der ehemalige Hoteltrakt komplett neu aufgebaut, aber wie: Die neue Halde schmiegt sich mit ihrem markanten Schindeldach mindestens so imposant in die Mulde neben der Paßstraße wie der Altbau von einst. Nach der Totalsanierung in den Jahren 1999 und 2000 hat der Schauinsland wieder seinen gastronomischen Fixpunkt. Noch immer nistet in den erhaltenen Originalstuben viel Nostalgie – Schwarzwälder Stubencharme in niederen, holz- und kachelofenreichen Räumen. Ein Genuß am Winterabend, für Teestunden oder einfach zum Auftauen sturmroter Nasen. Die alte Halde war ein Hoteldampfer aus der großen Zeit des Schwarzwälder Tourismus, die Räume erzählten von einer Zeit, in der das Gepolter plastifizierter Kampfskifahrer so fremd war wie das nivellierende Frühstücksbuffet moderner Sporthotels. „Heimelig und ruhevoll" wie der alte soll auch der neue Bau wirken und so wirkt er auch. Natürlich modernisiert, aber das Entscheidende, das Aufgehobenheitsgefühl, wurde nicht ausgebaut. Das gilt besonders für den komfortablen, geschmackvoll gestalteten Hoteltrakt mit seinen schönen, hellen Zimmern. Dazu kommt eine (leider etwas klein geratene) Kamin-Lobby mit Bar, unten ein Hallenschwimmbad und eine Sauna mit Panoramablick auf den Feldberg (sogar aus der Kabine, Genuß nach langen Schneetouren!). Kurz: aus dem alten Schlachtschiff ist kein Musikdampfer geworden, eher ein zurückhaltender Luxusliner. Zweifellos eines der schönsten Hotels im Schwarzwald, sofern man auf Bollenhut, Strohfinken und angeschraubte Romantik verzichten kann.

Gastronomie: Die neue Pächterfamilie Hegar kam aus einem Dorfwirtshaus, der Sternen-Post in Oberried, auf die neue Halde. Das ist der Vorstoß in neue Dimensionen, was eventuell auch das Holpern der Anfangsphase erklärt, das partiell bis heute anhält. „Frische Produkte von Erzeugern aus der Umgebung bilden die Grundlage für eine anspruchsvolle regionale Küche", so das Hauscredo, das sicher den Wunsch der Gäste trifft. Die Realisierung gelingt je nach aktueller Küchenform und personeller Besetzung, eine souveräne Zuverlässigkeit hat der gastronomische Bereich der Halde aber bis heute nicht erreicht. So bleibt die Hoffnung, daß sich die kulinarische Situation weiter festigt. Der Service gibt sich zweifellos Mühe, aber manches wirkt (gerade bei Vollast oder Leerlauf) gewollt, mitunter auch etwas konfus. In der Gesamtschau ist freilich auch der Restaurantbetrieb der Halde ein Pluspunkt, gerade wegen der wunderschönen Hardware: Lage und Stimmung sind einzig in der Region.

Fazit und Ausblick: Die üblichen Klagen über Personalnotstand etc. taugen nicht zur Generalabsolution. Andererseits bietet die Halde Substanz und die Richtung stimmt. Wenn die Dienstleistung dauerhaft auf die Höhe der architektonischen kommt, wäre die Halde ein Traum. Insgesamt eine der Ausnahmeadressen im Schwarzwald.

→ **Die Halde** (Familie Hegar), Halde 2, 79254 Oberried-Hofsgrund (ruhige und freie Lage in einer kleinen Senke, neben der Schau-

Mit tiefer Decke und Knarzedielen – der Giesshübel

insland-Paßstraße), Tel. 07602-94 47-0, Fax: 94 47 41, www.halde. com. Mit Räumen für Tagungen und Feste, Hallenbad und Sauna mit Feldbergblick. Hoteltrakt mit geschmackvollen Gästezimmern, Appartements. **Preise** im Restaurant: mittel-gehoben.

Zu den einfachen Schauinsland-Einkehren gehören noch die *Holzschlägermatte*, vor allem aber die Traditionseinkehr *Giesshübel*, an der Stohrenstraße nach Münstertal gelegen:

GIESSHÜBEL – Stohren: Imposant gelegene Traditionseinkehr. Der Platz verströmt drinnen Nostalgie und Nestgefühl, mit einem dunkelgrünen Schlachtroß von Kachelofen und dem Charme von Knarzedielen und niederer Decke. Dazu freiburgnah und doch voll am Berg, ein Ort mit Potential. Pächterwechsel während der letzten Jahre macht eine zuverlässige Aussage zur Küche schwer. Geboten werden jedenfalls Vesper, einfache Warmspeisen und einige in Ausflugslage wohl unvermeidlichen Angebote (Wildtopf ‚Diana'). Die reine Lehre sollte man eher nicht erwarten. Bei richtiger Wahl, zur rechten Zeit (nicht an Halligalli-Wochenenden) ein patinierter Platz in der Holzbankklasse. Mit großer Freiterrasse.

→ Gasthof **Giesshübel**, Stohren 17, Tel. 07602-225. RT: Mi, sonst bis

Über den Wolken: Blick von der Schauinslandstraße nach Süden

19 Uhr, Do bis So bis 24 Uhr. Gästezimmer. Das Gasthaus liegt ca. 1 km unterhalb der Paßhöhe Schauinsland. Anfahrt zum Stohren/ Giesshübel auch über die Abzweigung oberhalb der Holzschlägermatte möglich. **Preise**: günstig.

➲ **Wandern**: Hundert Meter vom Giesshübel auf der K 4957 in Richtung Holzschlägermatte der kleine Giesshübel-Parkplatz direkt an der Straße (auf 1.060 m Höhe). Von dort führt ein lohnender Weg in Richtung Köhlerhöfe (*Kohlerhof*) oberhalb Ehrenstetten, gute Wandereinkehr möglich, RT: Mo) und weiter auf die zauberhaften Höhenwege am *Sonnhaldeneck* über dem Münstertal. Gleich auf dem ersten Wegkilometer eine wunderschöne Passage am Rande eines Fichtenwaldes, mit ein paar mächtigen Stämmen, deren Zweige bis auf den Boden reichen. Das Entästen der Stämme (das gleichmäßigeres Holz geben soll) sorgt ja nicht nur für ein monotonen Waldbild, es schadet auch forstlich. Durch die unten kahlen Stämme fährt der Wind heftiger in den Wald, was der Bodenbildung schadet. Zwischen Waldrand und Weide weiche Liegeplätze, ideal an einem heißen Sommertag zum Lesen und Treiben lassen.

Vom Schauinsland abwärts: Stohrenstraße

Vom Giesshübel am Schauinsland führt die schmale, steile Stohrenstraße (K 4957) auf direktem Weg runter ins obere Münstertal, zunächst mäßig, später außerordentlich ab-

Christoph Riesterer mit Belchengemsen – Zähringer-Hof

schüssig. Andersrum gefahren – mit bis zu 18 % Steigung und engen Kehren – eine Prüfung für Mensch und Material.

Auch gastronomisch bietet die Strecke eine Ausnahme: Der *Zähringer-Hof* zählt zur Klasse ‚selten gutes Berggasthaus'. Das Haus gehört zwar zum Münstertal, dennoch von vielen Schauinsland-Gästen wird der Hof besucht, dem Schauinsland tut er gut und deshalb soll er hier gelobt sein:

ZÄHRINGER-HOF – Stohren. Frei gelegene, familiär geführte Berggaststätte in Panoramalage auf 1.100 Metern Höhe, unterhalb des Schauinslandkammes. Durch eine breite Glasfront auch von innen trotz Hüttengefühl freie Sicht nach Südwesten, schön gegen Abend oder bei Tobewetter. Hier wäre aber auch der richtige Platz für einen nebelfreien Nachmittag im Hemd, wenn unten schon Wintermäntel Pflicht sind. An solchen Traumtagen wird die Terrasse von Kniebundhosen und schwarz gewandten Projektleitern gleichermaßen besucht. Drinnen, im kleinen Acht-Tische-Raum mit niederer Decke kommt heimelige Stimmung auf, die nur an Ausflugswochenenden umkippen kann, wenn der Ort zur belagerten Bastion wird.

Die beliebte Sonnenterrasse hat durch die Platzierung des komfortablen Gästehauses etwas vom alten Reiz eingebüßt – dennoch bleibt der Zähringerhof ein angenehmer Fleck über dem Nebel. Ein Ort, der sich ideal zur stadtnahen Entspannung eignet, gerade wenn es etwas gemächlicher zugehen soll als beim großen Bruder, der *Halde*, oben auf der Paßhöhe.

Geboten wird eine solide, bürgerliche Küche mit vielen Regionalgerichten, vor allem aber bei durchweg beachtlicher Fleischqualität, wobei die regionalen Lieferanten konkret genannt werden. Was ja bis heute – trotz aller frommen Sprüche – immer noch die absolute Ausnahme bei Ausflugslokalen im Schwarzwald ist. Beispielhaft auch die Betonung von Saisongerichten: Wild aus der Belchenjagd, z.B. geschnetzelte Rehkeule in Rotwein mit Spätzle, auch mal Gemsen, Lamm aus dem Schwarzwald (statt aus Neuseeland), Hinterwälder Kalb (lange vor BSE), Rindfleisch von der Weide (statt aus Intensivmast, wie oft im schwarzen Wald), frische Forellen. Manchmal gönnt sich Christoph Riesterer (zusammen mit einem Kollegen von den ‚Vier Löwen' in Schönau) auch einen ganzen Ochsen, der in Gänze verarbeitet wird. Also gibt's nicht nur Kurzgebrätel, sondern auch Geschmortes. Die Zubereitung liegt, wie erwähnt, deutlich über Ausflugslokalniveau, ohne sich in artifiziellem Klimbim zu verlieren. Was auch für die Vesper gilt, darunter die guten Spielweger Rohmilchkäse, sowie Wurst, Schinken und Speck in hervorragender, tatsächlich Hausmacher Qualität. Die Zubereitung nach altem Rezept zählt zu den Passionen des Wirts. Fazit: Ein Gunstplatz mit schöner Aussicht auf Land und Teller.

→ **Zähringer-Hof** (Fam. Riesterer), Münstertal-Stohren. Tel. 07602-256. RT: Mo ab 14 Uhr und Di. www.zaehringerhof.de; die fünf Gästezimmer und zwei Appartements im neuen Gästehaus nebenan sind komfortabel, vergleichsweise preiswert, einzelne in Traumlage, absolut ruhig, eine solitäre Unterkunft. **Preise** im Restaurant: mittel. Anfahrt: Ab Schauinsland bzw. Giesshübel 1 km in Richtung Münstertal, dann Abzweigung und ca. 1 km lange Stichstraße.

Zuverlässige Anlaufstelle im Kaiserstuhl: Rebstock, Oberbergen

Nach Westen

Landschaftlich und städtebaulich bietet Freiburgs Westen zunächst wenig Reize. Flaches Land, recht zersiedelt. Der Eigenheimförderung sei dank wurden Vororte zu Häuseransammlungen. Mittlerweile trägt jede der Siedlungen einen Ring von Wohlstandsspeck und oft wurde so geplant, daß sich der Verdacht aufdrängt, hier ging es nicht um das Wohl der künftigen Bewohner, sondern mehr um den Wohlstand der Bauträger. Auch gastronomisch eher Banales: Salatparadiese neben SB-Bräunungsstudios, Nagelstudios, Ingo's Eck und nebenan der ortsübliche Getränke-Abholmarkt. Das Modell Deutschland in der Endphase seines Ausbaus.

Erst in der March, in Richtung Tuniberg und im Kaiserstuhl wird es dann ruhiger, ansehnlicher und kulinarisch ergiebiger; aber die Dörfer haben auch dort nicht mehr sehr viel Eigenes. Tankstellen und Fitnessstudios machen abends einen belebten Eindruck, sie strahlen in hellem Licht und zwischen den Zapfsäulen herrscht ein Betrieb wie früher auf dem Marktplatz.

Aber wohin, wenn man nicht schwitzen oder tanken möchte? Es gibt Bodendecker-Vorgärten, Restlandwirtschaft und stattliche Feuerwehr-Gerätehäuser, ab 3000 Einwohner lockt ein Schlecker-Markt, die Chancen auf ein intaktes Dorfgasthaus stehen aber eher schlecht. So bleibt der Westen eine Gegend für die geruhsame, steigungsfreie Fahrradtour oder für den kleinen Ausflug an einen der rheinnahen Baggerseen:

⊃ **Ein Radtourenvorschlag:** Von Freiburg z.B. westlich auf den Radwegen parallel zur Karl-Kistner-, dann zur Opfinger Straße ausfahren. Gleich nach der Autobahnüberfahrt rechts im Wald Baden im großen *Opfinger Baggersee* (kilometerlange Ufer, auch Schatten, ruhige Abschnitte, spez. im Norden, an Wochenenden aber viel Betrieb und teils bedenkliches Publikum). Weiter dann bis Opfingen und am östl. Tunibergrand entlang über St. Nikolaus nach Waltershofen und bis in den Dauerverkehr von Umkirch (Umgehung nun im Bau). Dort links ab in die *March*: das flache, gut ausgeholzte Gemüse- und Ackerland im Dreisambecken, mittendrin die gleichnamige Siedlung mit diversen Teilorten, aufgeräumt, wie im Bauhauskatalog, aber nicht ohne Überraschungen.

Die March, das ehemals feuchte Wiesen- und Ackerland westlich von Freiburg, hat sich längst in einen mal ländlichen mal schon vorstädtischen Speckgürtel verwandelt. Auch in Buchheim erinnert wenig an jene Buchenwälder, die einst den kalkreichen Lößboden in der wasserreichen Dreisamniederung bedeckten. Augenscheinlicher als der Mühlbach strömt nun der Pendlerverkehr von Ort zu Ort, um sich in Umkirch zu stauen, das sehnlich auf seine neue Umgehung wartet. Entspannung gibt es zur Kernfreizeit am Sonntagmittag, wenn muntere Radlergruppen durch die Auen ziehen.

☼ **ZUM KREUZ – March-Buchheim.** Buchheims Ortsdurchfahrt lockt mit einer ‚Mode Oase', wenig später erscheint die ‚Katzenpension Felis' und unmittelbar daneben, schon wegen der leuchtend roten Fassade kaum zu übersehen, der stattliche Gasthof Zum Kreuz. Links vom Eingang hängt noch einer dieser alten Kaugummi-Dreh-

Sichere Bank in der March – das Kreuz in Buchheim

spender. Vor der Währungsreform kullerte nach Einwurf eines Groschens eine bunte Farbkugel ins Ausgabeschacht, jetzt soll man zehn Cent einwerfen, aber die Kugeln sind weder doppelt so groß, noch besser geworden. Die neue Gasthaustür im Baumarkt-Design weckt dann eher praktische als nostalgische Erwartungen; ein Eindruck, der vom pflegeleichten Kunststoffboden im Gastraum sogleich erfüllt wird. Auf den zweiten Blick wirkt das Kreuz dann wie eines jener Nachbarschaftsgasthäuser, von denen alle so gerne reden, die aber so selten geworden sind wie ein Nachbar mit gut sortiertem Werkzeugkasten.

Im Kreuz steht auf einem Bord hinter dem Stammtisch das dicke ‚Gourmet-Lexikon' von Udo Pini (eine ebenso preiswerte wie ergiebige Fundgrube für Kulinariker) und dann wären da noch so ein paar Details, die eigentlich nicht in ein Vorstadt-Gasthaus passen, womit schon die Misere der deutschen Vorstadt-Gastronomie umschrieben wäre. Im Kreuz hängt also eine ziemlich untypische Galerie blank polierter Weinkelche hinter dem Tresen und auf einer Tafel werden aktuelle Weinhinweise gegeben. Gleich daneben

Stimmiger Einkehrwert, eigener Hauswein – im Kreuz Buchheim

stehen Empfehlungen der Küche, die alle ein, zwei Wochen wechseln. Im Herbst heißt es etwa: Schlachtplatte, Rostbratwurst oder auch Rinderschmorbraten mit Kartoffelklößen und Rotkraut; danach steht dann Wild an, mit Reh und heimischem Wildschwein.

Neben den Saisongerichten gibt es eine Standardkarte, nicht mit speckigem Kunststoff, sondern mit sauberem Stoff überzogen. Geboten wird ein knapp gehaltener Kanon: Salate, Toasts und Gerichte mit Beilagen, darunter etwa Leberle und Sulz (9,60 Euro) oder Schnitzel und Cordon bleu (12,20 Euro), jeweils mit Bratkartoffeln und gemischtem Salat. Ein Viertelpfünder-Rumpsteak (14,20 Euro) fehlt eben sowenig wie die im ländlichen Raum unvermeidlichen Putenstreifen. Das Weinangebot zu solchen eher erwartbaren Gerichten überrascht dann wieder: zahlreiche Flaschenweine von namhaften Erzeugern aus der Region, aber auch aus der Pfalz und dem Süden, alle mit Augenmaß kalkuliert (Kabinettweine um 15 Euro). Zur Ergänzung des außergewöhnlichen Weinangebotes hat das Wirtspaar Michaela und Helmut Göttel ein Stück Spätburgunder gepachtet, die Ernte wird vom Weingut

Heger zu Rotem Hauswein ausgebaut, offen und in Flaschen angeboten. Mein Schmorbraten im Kreuz war tadellos und mürbe, die handgerollten Kartoffelklöße gelungen wie selten. Die Schlachtplatte am Nebentisch sah ebenso appetitlich aus wie das kastanienbraune Cordon Bleu. Für Vegetarier mit Parteibuch ist die Adresse somit nur unter Vorbehalt zu empfehlen. Der Einkehrwert im Kreuz ergibt sich aber ohnehin nicht aus Einzelaspekten, sondern aus einer stimmigen Gesamtleistung. Wer, mit Tourenhunger oder Weinlust gesegnet, ein ebenso robustes, wie herzhaft und freundlich geführtes Gasthaus an der Nahtstelle zwischen Land und Vorstadt sucht, sitzt hier richtig.

→ **Gasthaus zum Kreuz** (Michaela und Helmut Göttel), March-Buchheim, Hauptstraße 33, RT: Mo, Di bis Sa ab 16 Uhr, So ab 11.30 Uhr, Tel. 07665-94 10 01.

In *March-Hugstetten,* am Ortsausgang Richtung Hochdorf, eine überraschend idyllisch gelegene Gartenwirtschaft am Bach. Später dann in *Eichstetten* schon wieder mehr Kaiserstuhl: ländlich enger Ortskern, mittendrin Landgasthaus mit Innenhof Garten. Zunächst in den Garten nach Hugstetten:

■ **In Teuffels Küche – March.** Schon die schattige Anfahrt am alten Mühlbach lang sieht nach Gutsbesitz aus. Im prächtigen, parkähnlichen Gelände dann eine verträumte Liegenschaft mit großzügiger Gartenwirtschaft. Ein Teil der Plätze unter einem weit ausladenden Scheunendach (tags angenehm, abends wegen Bachnähe rasch kühl). Ein Teil der Tische spielerisch im Garten verteilt. In den historischen Innenräumen diverse Abteile mit altem Dielenboden, Holzbalkencharme, Kaminromantik und Kerzenschein. Im Grunde also jene Weichzeichner-Mischung, in der Zwischenmenschliches gedeiht. Zu essen gibt es so Sachen wie ‚Tomatencremesüpple', ‚Putengeschnetzeltes in Curryrahm', ‚Argentinisches Entrecôte', oder auch nur eine ‚Quiche Lorraine mit Salatgarnitur'. Zu trinken immerhin Bewährtes in Form der Weine von Heger und Keller, hintern Tresen steht die Eignerin Augusta Freifrau Teuffel von Birkensee, die sich – nach wenig glücklich verlaufenden Verpachtungsepisoden – nun selbst um den Ablauf kümmert. Gleich ob drinnen oder draußen, der Set ist wegen seiner hohen Romantikwerte ideal für Charmeure aller Klassen. Bei beginnender (oder

Italienità in der Vorstadt – La Bottega in FR-Hochdorf

endender) Leidenschaft kann Teuffels Küche auch als emotionaler Verstärker eingesetzt werden. Auf dem Parkplatz vor dem Tore sieht man mitunter hiermit korrespondierende Autotypen, ein schwarzes Cabrio paßt hier immer. Der Rest ist eine Sache von Toleranz oder Absicht. **Adresse**: In Teuffels Küche, March-Hugstetten, Hochdorfer Str. 3, Tel. 07665-2971. Offen von 18 bis 24 Uhr, Küche bis 22 Uhr, RT: Mo.

■ **La Bottega – Freiburg-Hochdorf:** Auch so einer dieser Plätze, die einen Vorort mehr schmücken als ein mit Landeszuschüssen finanziertes Verlegenheitsbrünnle an Betonformstein. La Bottega ist eine Haltestelle für jene Momente, die im bundesdeutschen Tageslauf eigentlich nicht mehr vorkommen. In der Früh' schaut der Briefträger auf einen Espresso rein und sein Zahlungsversuch wird mit einem kurzen „niente" quittiert. Am Vormittag könnte man sich an der Antipastitheke eine flotte Ciabatta richten lassen, über Mittag gibt es menschenwürdig was zu Essen: frischen Salat, ein kleiner Risotto, auch was aus dem Ofen, täglich jeweils eine ‚lange' und eine ‚kurze' Pasta mit hausgekochter Sauce, dazu was Kleines vorweg und alles in der fünf-Euro-Klasse, serviert von sizilianischen Gastgebern, die in und mit ihrem Laden leben. Kultur im Alltag, oder eine Alternative zum Imbißfrust längs der Landstraße. Dabei wären schon die hausgebackenen kleinen Brötchen ein Grund, um mal reinzuschauen. Die ‚Bocconcini' sind für

Mit Banane und Gartenwirtschaft – der Ochsen zu Eichstetten

kulinarische Heimwerker das ideale Fundament zur Konstruktion von Luxushappen. Und dann wäre da noch die gute Pizza von La Bottega. Sie liegt leicht in der Hand, zeigt Haltung und Geschmack, die saftige Mitte wird außen krachzart wie Balsaholz. Ach Italien, immer wieder schön mit Dir! **Adresse**: La Bottega, FR-Hochdorf, Benzhausener Str. 21, Tel. 07665-95933, 8 bis 20 Uhr, Sa 8 bis 14 Uhr, So geschlossen.

■ **Ochsen – Eichstetten:** Traditionshaus in Platzhirschlage mitten im Ort. Der Gasthof wurde vor Jahren renoviert, die Innenräume wirken – hell und freundlich, umlaufende Holzbank, gutes Raumgefühl, kein dekorativer Krimskrams. Auf der Karte ein ziemlich gewagter Spagat zwischen eher Bodenständigem und Zitronengrassauce, dazu Mediterranes, mittlere Preise (Tellergerichte um 10, kleines Menü um 24 Euro). In der Positivliste zum Beispiel: Kaninchenkeule und hausgemachte Maultaschen (diese gut), diverse Fischgerichte. Andererseits auch: Pfifferlingrahmsuppe mit Sahnehaube und mediterranes Gemüse im Nudelbett. Im Ganzen ist die Küche passabel, sicher käme eine Beschränkung im Angebot der Qualität zugute. So bleibt's beim Landgasthof, der dort überzeugt, wo er beim Eingemachten bleibt und mit einem Innenhof lockt. In der näheren Umgebung freilich ohne größere Konkurrenz. **Adresse**: Ochsen, Eichstetten, Altweg 2 (zentral Ortsmitte), mit etwas rauher Innenhof-Terrasse, Tel. 07663-1516, RT: Mo und Di-mittag.

⊃ **Wandern mit bester Aussicht:** Ein wunderbarer kurzer Ausflug führt von den Waldparkplätzen oberhalb Eichstetten über die Wälder an der Ostflanke des Kaiserstuhls bis hinauf zur *Schelinger Höhe* (großer Wanderparkplatz). Schon beim Aufstieg herrliche Ausblicke auf den Breisgau, auf Freiburg und den südlichen Schwarzwald. Von der Schelinger Höhe gibt es verschiedene Möglichkeiten, die alle Panoramen bieten, am überlegensten vielleicht der Dreiländerweg, der ab Schelinger Höhe – dem Kamm folgend – knapp unterhalb der Eichelspitze (520 m) nach Süden zieht. Herrlich im zeitigen Frühjahr, zur Blüte der seltenen Küchenschelle, später stehen dann Orchideen (Knabenkrautarten) auf den blütenreichen Trockenrasenflächen, die im Sommer und Herbst allerdings gelb-bräunlich werden und ausdörren. Der Weg streift das Naturschutzgebiet am Badberg, und wenn Naturfreunde ‚Trockenrasen' hören, ist ohnehin schon alles g'schwätzt. Am Vogelsangpaß (beliebter Wanderparkplatz) muß man sich dann entscheiden, entweder weiter nach Süden Richtung Wasenweiler oder Ihringen, was dann leicht zu einer Tagestour führen würde, oder Umkehr und auf einem der vielen Wirtschaftswege in den Reblagen oberhalb Bötzingens und zurück nach Eichstetten (zusammen ca. 4 Stunden).

■ **Rebstock – Bahlingen:** Der Rebstock liegt im alten Bahlingen, wo stattliche Fassaden noch an das Dorfgefüge erinnern. So trägt eine schmucke Hauswand wenig oberhalb vom Rebstock noch ihre alte Aufschrift. Sie lautet: *Kaufstätte Rubin* (heute befindet sich eine Werbeagentur im Haus). Von der ‚Kaufstätte' zur Werbeagentur – das wäre fast schon ein Dreiteiler. Aber zurück zum Rebstock: Von der Fachwerkfassade bis zu den Polstersitzbänken und Raumteilern präsentiert sich das Gasthaus wie aus der Zeit, als man den Dingen noch im Dorf nachging. Wie eh und je gibt es hier jeden Dienstag während der Winterzeit ‚Dunkili'. Ein fast vergessenes, nordkaiserstühler Traditionsgericht (ähnlich dem ‚Suuresse' in der Ortenau): Schweinefleischmoggen am Knochen, Fragmente vom Sauschwänzle, etwas Herz, alles angebraten, mit Wein und Brühe abgelöscht und im Ofen geschmurgelt, die sämige Sauce mit Blut gebunden, als Beilagen Teigwaren und G'schwellti. Eine derbe Veranstaltung, die im Rebstock regelmäßig für volles Haus sorgt. Aber auch außerhalb der Saison (die Ende März aufhört und im Oktober beginnt) gibt es hier noch ein besonderes Angebot: Vor lauter Matjes- und Lachstatarhäppchen ist das Rohe in Form eines guten Rindertatars ins Abseits geraten. In Bahlingen wird der Klassiker serviert wie zu jener Zeit, als Fleisch und Lebenskraft

Edmund Guldenfels – zum Kaiserstuhl in Nimburg

noch eins waren. Eine Pranke voll schieres Rindfleisch, gekrönt von einem Eidotter, umlegt mit Kapern, grünem Pfeffer und gehackten Zwiebeln, dazu Essig, Öl, Pfeffer, Salz zum selber Anmachen. Als ‚Beefsteak Tatar mit Ei und Brot' eine Speise für alle, die zum antizyklischen Genuß neigen. Wer Gebratenes vorzieht, bekommt im Rebstock auch ein ordentliches Schnitzel und Brägele in bemerkenswerter Qualität. Präsente Bedienung und unvermurkste Atmosphäre passen zum allgemeinen Angebot. Alles ist normal im Preis, sozial und kalorisch eine Dorfgaststätte im Wortsinn. **Adresse**: Rebstock, 79353 Bahlingen (Breisacher-Günther), Kapellenstr. 20, RT: Mittwoch, Do ab 16 Uhr, preiswerte Gästezimmer, auch Einzelzimmer, Ferienwohnung, Tel. 07663-2357. **Preise:** günstig.

KAISERSTUHL – Nimburg. Stillstand ist eben doch nicht immer Rückschritt. Die kleine, etwas versteckt gelegene Adresse wird gerne unter vorgehaltener Hand weitergereicht – als garantiert fitnesstellerfreie Zone. Von außen unscheinbar, wartet auch drinnen ein Gastraum, der ohne schmückendes Ornament auskommt. Das Schlichte wirkt hier aber aufrichtig und behütet, als kümmerten sich Ordensschwestern um die Hausordnung (der Keramik-Seifenspender auf der Toilette!). Angebot und Gäste scheinen von keinerlei Modernisierungstrieb befallen. Besonders beliebt sind Montag- und Dienstagabend, wenn Freunde des Hauses auch mal von etwas weiter her kommen. Dann (und nur dann) gibt es blitzsauber gemachte Brägele vom Plättle und frische Innereien wie Leberle (sauer oder geröstet) und Sulz (in Weißwein oder geröstet, sowie in der nordbreisgauer Lokalvariante ‚Greschbach'). Dazu kommt ein grüner Salat, wie er früher auf dem Land üblich war: gut verlesene Blätter, frisch und sauer angemacht, die unteren Blattripple fein rausgemacht. Passend hierzu Originalstimmung und Einrichtung einer schlichten, aber aufrichtigen Landeinkehr – ein stilles Kleinod. Außerhalb der beiden Leberletage am Wochenanfang gibt es nur sehr einfache warme Gerichte und Vesper, etwa Jägerschnitzel oder ein Rumpsteak. Immer gibt es eine sorgfältige und persönliche Bewirtung durch Edmund Guldenfels. Er serviert ohne Hast, ist bei der Sache, nur ab und zu kommt ein verschmitztes Lächeln über ihn. Der Reiz des Ortes wird einer websigen Kundschaft verschlossen bleiben, wofür neben dem Betriebssystem auch die Karte sorgt, die sich außerhalb der Leberletage am Wochenbeginn auf Grundversorgung beschränkt. Eigene Weine, teils von beachtlicher Qualität. Meister Guldenfels brennt auch, mit einem feinem Händchen!

→ **Gasthaus Kaiserstuhl** (Edmund Guldenfels), Nimburg/Teningen, Breisacherstr. 17. Tel. 07663-2261**.** RT: Mi, Do, So. Nur abends ab 18 Uhr geöffnet, Leberle und Sulz *nur* Mo und Di. Ferien im Herbst (Oktober) zur Weinlese und während der Obsternte. Breite Auswahl an eigenen Obstbränden, die im Gasthaus und zum Mitnehmen angeboten werden. **Preise**: preiswert.

Behaglich am Kachelofen: im Gasthaus Kreuz, Kappel

Nach Osten

Ins Dreisamtal: Dank der neuen B 31 fließt der Kraftverkehr nun weitgehend störungsfrei gen Schwarzwald. Für staugeprüfte Freiburger ein neues Gefühl. Straße und Tunnel brachte den einschlägigen Adressen im Tal auch beachtlichen Zulauf an Gästen aus der Stadt, wobei die glückliche Fügung nicht überall mit Preisdisziplin beantwortet wurde. Es gibt mehr als ein Haus, das die neue Verkehrssituation mit einer neuer Preispolitik beantwortet hat.

Geruhsamer als auf der schnellen Hauptroute durch das Dreisamtal (B 31) kommt der Landschaftsfreund auf der etwas überzwerchen Nebenstraße über Littenweiler und Neuhäuser (Kappel) in Richtung Kirchzarten voran (L 121). Auf halber Strecke geht es rechts ab in den reizvoll gelegenen Freiburger Stadtteil *Kappel*, wobei das Wort ‚Stadtteil' schon nicht mehr paßt. Dem Landschaftsgefühl nach ist hier bereits grünes Freiburger Umland, ideal also zum Auslüften und Einkehren.

KREUZ – Kappel. Eine Traditionseinkehr mitten im Ort gelegen. Die alte Stube rechts des Eingangs gehört ohne Zweifel zu den schönsten Traditionslokalen im Nahbereich von Freiburg. Holzboden, grüner Kachelofen, tiefe Decke und wenig Dekofirlefanz sorgen für ein hohes Geborgenheitsgefühl. Dazu ordentliche Leut' vor und hinter dem Tresen. Da paßt alles zusammen. Die Karte bietet Bewährtes vom Brettle-Vesper bis zur frischen Forelle, von Schnitzel bis Zander; die meisten Positionen zu moderaten Preisen. Offensichtlich möchte die Küche das bewährt-bürgerliche Spektrum nicht verlassen, nicht beim Produkt, aber auch nicht bei der Zubereitung. Also gibt es hier weiße Salatsoße und eine betont mehrheitsfähige Küche. Man orientiere sich deshalb an risikofreien Positionen. Warum nicht, nicht nur das Auge, sondern auch unser Wille zum Aufgehobensein ißt mit – und der wird hier allemal bedient. In der Summe bietet das Kreuz wohligen Stubencharme und kulinarisch Vertrautes, das freundlich serviert wird. Eine Kombination, die so selten geworden ist wie das schwere, alte Hotelsilber, das hier aufgelegt wird. Auf der Weinkarte neben Üblichem auch der eine oder andere interessante Posten von Weingütern, so daß auch fortgeschrittene Trinker etwas finden. Erfreulich für einen Landgasthof der Weinkühlschrank (ansonsten wird ja eher in Tiefkühltruhen investiert). Auffallend auch die Zigarrenauswahl aus dem Humidor. Ein Garten im Anschluß des Hauses komplettiert den positiven Gesamteindruck.

→ **Gasthaus Kreuz** (Fam. Hug), Kappel, Großtalstr. 28, Tel. 0761-62055-0, RT: Mo, Di. Gästezimmer.

Um Kirchzarten: Reisender, kommst Du einmal nach Burg bei Kirchzarten, nimm Dir ein wenig Zeit und durchmesse dort eine der Spielstraßen mit ihren niedlichen, liebevoll gepflegten Reihenhäusern. Dort siehst Du tiefer in die Seele manches Dozenten als beim Studium seiner Werke. Auch vom Studienrat, ja vom öffentlich Bediensteten und

Heitere Aussichten im Dreisamtal: Schlegelhof, Kirchzarten

seiner Lebensweise überhaupt könntest Du plötzlich mehr verstehen als seine Worte je verraten: Ehemals SDS, jetzt ADAC. Oder eben: links unten einsteigen und irgendwo in der indifferenten Mitte ankommen. Mit SUV, ESP und Isofix-Kindersitzen. Aber zurück zum Thema: In den letzten Jahren konnten sich zwei bemerkenswerte kulinarische Adressen in *Kirchzarten-Dietenbach* und *Kirchzarten-Burg-Höfen* etablieren. Auch im dicht besetzten Südwesten stehen diese Adressen gut da: In der Küchenleistung bemerkenswert aber sternefrei und somit ohne das einschlägige Branchenlametta. Für den Kenner ja ein Grund mehr zum Besuch. Qualität statt zickiger Renommierküche.

SCHLEGELHOF – Kirchzarten: Der Schlegelhof liegt etwas abseits der ausgefahrenen Hauptrouten im Dreisamtal, im Kirchzartener ‚Schöner Wohnen'-Ortsteil Burg-Höfen. Am Rande eines ruhigen Eigenheimviertels, wo der Rasen noch im Wochentakt geschnitten wird. Auch drinnen ein solider Familienbetrieb: Nach einer Renovierung mit Holz, das luftig und freundlich, aber ohne Romantik-Applikationen verschafft wurde, haben die Räume einen eigenen, aufgeräumten Reiz. Schön zu sehen, wie hier mit traditionellem Baumaterial moderne und dennoch behagliche Räume gestaltet wurden. Draußen bietet der Schlegelhof einen geschützten Freisitz unter einer überdachten Terrasse, daran anschließend ein Gartenviertel mit Tischen, verteilt im Rasen. Blick auf Dreisamwiesen und sanft gewelltes Schwarzwaldgrün.

Ich kam einst wegen des hervorragenden Wiener Schnitzels, das hier serviert wurde und noch immer serviert wird, aber der Schlegelhof bietet längst mehr. Das Haus hat eine kulinarische Zuverlässigkeit, wie sie nur in einem gut eingefahrenen, aber nicht festgefahrenen Familienbetrieb entstehen kann. Was aus Martin Schlegels Küche kommt, hat Hand und Fuß: gekochte, statt angerührte Suppen, (sehr) intensiv reduzierte Saucen, hohe Fleischqualität von Wild bis Lammrücken, dazu zwei, drei Tagesgerichte bzw. ein Fisch nach Marktlage und Ansage (Besonderes steht auch auf einer Tafel am Eingang). Die kompakte Karte mit einem Menü, einer Handvoll Vorspeisen und ebensovielen Hauptgängen paßt auf eine Seite und bietet dennoch eine beachtliche Spannweite von bodenständig bis delikat.

Zudem hat die Küche keine Angst vor Handfesterem: der Rindfleischsalat wird mit Brägele angeboten; ein Salatteller mit Steak zeigt, daß die Welt auch im Dreisamtal nicht nur aus Gourmets besteht. Bei der Zubereitung steht Bodenhaftung im Zweifel vor Finesse, was durchaus in Ordnung geht, weil nichts ins Derbe abgleitet. Dazu kommt ein auffallend umsichtiger Service, der vom warmen Teller über die Stoffserviette bis zur besorgten Nachfrage am Gast bleibt, ohne aufdringlich zu sein. Außergewöhnlich auch die breit angelegte Weinkarte mit Spitzenerzeugern aus der Region und Ausflügen nach Frankreich, Italien und Übersee. Weinkühler und angemessene Gläser sind im Schlegelhof selbstverständlich und, welche Ausnahme in einem deutschen

Alte Stube, frischer Fisch: im Rössle, Kirchzarten-Dietenbach

Landgasthof, die Rotweine sind endlich mal temperiert! Die Adresse im Dreisamtal, wenn es um entspannten, risikofreien Komfort geht.

→ **Gasthaus & Hotel Schlegelhof** (Fam. Schlegel), Kirchzarten/Burg-Höfen, Höfener Str. 92, Tel. 07661-5051, Montag bis Samstag ab 16 Uhr, Sonn- und Feiertage ab 11 Uhr. RT: Mi. Ruhige, komfortable und wohnliche Gästezimmer. www.schlegelhof.de. **Preise**: gehoben.

■ Ebenfalls nahe bei Kirchzarten liegt ein Mekka für Freunde des kompletten Sonnenuntergangs, der *Giersberg* (464 m), oberhalb und wenig südöstlich Kirchzarten, mit Ausflugslokal und Gartenwirtschaft. Der Besuch lohnt dort eher aus panoramischen als aus kulinarischen Gründen. Aber hocke, gucke, satt werde hat ja auch was.

RÖSSLE – Dietenbach. Das Rössle in Kirchzarten-Dietenbach bietet – zumindest in seiner alten Stube – hohe Romantikwerte: tiefe Decke, Kachelofen und kleine Fenster sorgen für Behaglichkeit, nur der schlichte Nebenraum mit Industrieparkett fällt ab. Dazu kommt ein großer, lässig bestuhlter Garten in ruhiger Lage nah am Bach, der ideale Fleck für eine sommerfrische Einkehr. Die Karte bietet das hierzu passendes Repertoire in der Klasse gehobene

Frischeküche. Dabei ist der Stil von Mathieu Seltz in den letzten Jahren sicherer und animierender geworden, ohne in zeitgenössische Torheiten abzugleiten. Auch was die Preise angeht, ist eine Konsolidierung eingetreten, jedenfalls wurde mancher Irrtum aus der Phase nach der Euro-Einführung korrigiert. Die Karte bleibt kompakt und übersichtlich, bietet aber – besonders auch für Fisch- und Meeresfrüchtefreunde – stets etwas Interessantes. Hinzu kommen reizvolle Vorspeisen und kleinere Positionen für den gepflegten Imbiß. Koch Seltz ist Elsässer, die (oft schwere) elsässer Traditionsküche liegt aber hinter ihm, stattdessen kommen handwerklich sauber durchgekochte Teller ohne Luxusmätzchen: etwa ein Artischockensalat mit gebratener Dorade, Hauptgängen wie: Kabeljau mit Sellerie, Kaninchen in Senfsauce. Alles Gerichte, die ja auch ganz ordentlich schmecken, trotz aller Pasteten, Kräuterkrusten und Pürierstäbe der Welt. Zudem hat das Haus auch deshalb Sympathie verdient, weil hier Gastronomen die Initiative ergriffen haben und wirken, anstatt von der Ich-AG zu reden. Weinkarte und Präsentation entsprechen dem erfreulichen Niveau der Küche. Im Service wirkt Chefin Elke Seltz präsent und effizient. Über alles gesehen bürgt das Pächterpaar für kulinarische Attraktivität an einem schönen Fleck im Dreisamtal.

→ **Landgasthof zum Rössle** (Mathieu und Elke Seltz), Kirchzarten-Dietenbach, Tel. 07661-2240. RT: Mi, offen: Mo und Di ab 18 Uhr, Do bis So: 12-14.30 und 18-22 Uhr. Gästezimmer. Mit großer Gartenterrasse (nahe am Bach, deshalb abends kühl). **Preise**: gehoben.

- **Sternen-Post, Oberried.** Das Gasthaus Sternen-Post steht nach Lage und Anmutung für das seltene Modell ‚Landgasthof mit behaglicher Raumwirkung'. Nach fünf Jahren verließen die bisherigen Pächter Mitte 2005 das Lokal, an der Tür hinterließen Maria Lickert und Konstantin Kovac den Hinweis: „Die Ära Sternen-Post endet aus privaten Gründen, es wird auch kein gemeinsames Projekt von uns geben." Lebbe geht weiter.

Mit Romantikstube und Kastanienterrasse: Sonne, Vörstetten

Nördlich Freiburg

Der Freiburger Norden, der Breisgau zwischen Gundelfingen, Denzlingen und weiter rauf bis nach Emmendingen und Waldkirch, ist stärker zerbaut als die südlichen Randgebiete der Stadt. Die Siedlungen entstanden hier bereits zu einer Zeit, als statt des Biotops noch Parkplätze vor dem Haus angelegt wurden. Vielerorts entsprechend öde Schachtelarchitektur der 60er und 70er Jahre, später emsig verbessert. Ein Land, das die Materialvielfalt unserer Baumärkte spiegelt, vom Gartenzaun bis zur Balkonmöblierung. Erwarten Sie also nicht das Maß an unverbrauchter, halbwegs ‚heiler' Landschaft wie im Süden Freiburgs. Eine Ausnahme ist die Region um die weitverzweigte und höher gelegene Gemeinde *Freiamt:* Weites Obst- und Wiesenland, dazwischen ländliche Gemeinden ohne breite Speckgürtel. Die richtige Region für tiefes Durchatmen.

Ein Hoch im Norden – Öfter schon wurde ich von Lesern darauf hingewiesen, daß der Freiburger Norden in diesem

Buch etwas zu knapp wegkommt. Nun, zum einen liegt der Schwerpunkt des untersuchten Gegenstands tatsächlich mehr in der Region zwischen Freiburg, Kaiserstuhl und Lörrach. Irgendwo muß eben eine Grenze gezogen werden, sonst wird das Buch noch dicker. Und wie das mit den Grenzen so ist, ungerecht sind sie immer. Zum anderen ist es noch immer so, daß die durchschnittliche Gastronomie, die im Süden wie im Norden Freiburgs vorherrscht, bei durchschnittlicher Umgebung, die im Norden häufiger vorherrscht, eben an Attraktivität verliert. Klar sind solche Verallgemeinerungen problematisch. Es geht ja auch nur um eine Orientierungshilfe, die Neulingen Anhaltspunkte liefern soll. Natürlich locken auch im Norden Freiburgs verträumte Plätze und weil Sie so drängen, werden wir gleich ein paar besichtigen. Aber dies ist kein Lexikon, sondern eine persönliche Auswahl.

SONNE – Vörstetten. Außen und innen ein Schmuckstück in der Klasse ‚Fachwerk und Kachelofen'. Dazu kommt ein mehrheitsfähig abgeschmecktes Angebot für Gäste, die in einer bemerkenswert erhaltenen Romantikstube einkehren möchten. Die Karte bietet eine breite Auswahl in mittlerer Preislage, darunter auch Fischgerichte und Verbeugungen vor der Caprese- und Rucolabewegung. Die Realisierung gelingt sehr unterschiedlich. Versuche meinerseits würde ich mit einem ‚noch bef.' bewerten, wobei es einen Zuschlag fürs Ambiente gibt: holzreiche Gemütlichkeit mit einem herrlichen Kingsize-Kachelofen, im Winter urgemütlich. Dazu anständig angezogene Tischnachbarn und Stimmung von der Sorte ‚Deutschland ist schön'. Mit einer Terrasse im Hof, teils romantisch beschattet von einer langarmigen Kastanie.

→ **Sonne**, Vörstetten, Freiburger Str. 4, Tel. 07666-2326. RT: Sa bis 17 Uhr und Mo. Mit Gästezimmern. **Preise**: mittel, unter der Woche auch preiswerte Mittagsangebote.

■ Der **Löwen** liegt in einem großzügigen Neubau (gleich schräg gegenüber), im Dorf ein beliebter Treff im Stile proper renovierter Landgasthof: drehmomentstark, sauber und von allem gibt es

Perfekte Landstraßenküche – Ochsen in Emmendingen-Wasser

warm und reichlich. Kurz und satt: mit gutem Preis-Kalorien-Verhältnis. Ein Favorit für BHW-Sparer, so gesehen staatstragend. Ebenfalls mit Gästezimmern und einer laubenartigen Freiterrasse auf dem Hof. Tel. 07666-3090, täglich ab 16 Uhr, kein RT. **Preise**: günstig.

OCHSEN – Emmendingen/Wasser. Bis vor kurzem noch wurde der Emmendinger Vorort Wasser vom Dauerverkehr der Bundesstraße 3 zerschnitten. Durch die neue Ortsumfahrung hat Wasser nun seine lang verdiente Ruhe bekommen. Der Ochsen an der alten B 3 sieht aber noch immer so aus, wie Bundesstraßen-Gasthäuser eben so aussehen: Parkplatz, Metzgerei daneben, mittags stehen ein paar Außendienst-Audis und Handwerkerkombis davor, gastronomisch sind das zunächst wenig sachdienliche Hinweise. Dennoch ist der Ochsen eine rare Adresse. Seit Jahren ein zuverlässiges Haus, wenn es um Einfaches in guter, mitunter auch bester Form geht. Ich habe den Tip einst von jemandem bekommen, der mir auch die Vorzüge des dortigen Mittagskartoffelsalates schilderte („Er hat den seidigen

Glanz frisch gekochter Kartoffeln"). Wenn dieser Kenner den Ochsen nicht gelobt hätte: man kann da schon vorbeifahren. Auch drinnen auf den ersten Blick kaum Anhaltspunkte, sondern eine Einrichtung, wie sie einem gereiften deutschen Vorstadtgasthaus eigen ist. Allerdings deutet schon hier ein stimmiger Gesamteindruck ohne die üblichen Renovierungssünden auf gesunde Substanz. Aber kommen wir zu Potte: Zu den Standards des Hauses zählt eine Nudelsuppe aus echter, sauber geklärter Fleischbrühe; wovon auch der erstklassige, zimmerwarme Kartoffelsalat profitiert (Feinschnitt mit Seidenglanz, ohne grobe Zwiebelkeile). Auch der Beilagensalat zeigt Niveau (im Elsass muß man nach Crudité dieser Qualität lange suchen). Selten wird die Sulz so perfekt geröstet wie hier. Feinschnitt, mit einem Hauch maronenbrauner Kruste! Aber auch andere Kutteln, wie die Leberle, selbst Nierle gibt es hier in den badischen Varianten sauer und geröstet in guter Qualität. Besonders frisch werden die Innereien jeweils am Anfang der Woche, von Dienstag bis ca. Donnerstag serviert, am Wochenende dann je nach Marktlage. Zudem auf der Karte solide zubereitete Standards der Landstraßenküche, darunter schön panierte Schnitzel; aber auch ganze Kotelettstücke (!) und Steaks diversen Zuschnitts (diese leider vom argentinischen Rind). In der Summe lebt der Ochsen von Fundamenten, die anderswo nur noch verlottert auf den Teller kommen. Ist es ein Zufall, daß hier meist Frauen am Herd stehen?

Zum Ochsen paßt die unverkrampfte Atmosphäre mit Gästen aus der näheren Raumschaft, ebenso wie die effektive und stets freundliche Bedienung. Gepflegtes, taufrisches Faßbier. Die bescheidene Auswahl an guten und wirklich trockenen Weinen müßte dem Niveau der Küche angepaßt werden. In der Gesamtschau stimmt der Laden von innen raus. So bleibt nur ein Wunsch: weitermachen, Qualität halten!

→ **Gasthaus Ochsen** (Fam. Limberger), Emmendingen-Wasser, Basler Str. 32, Tel. 07641-8902, RT: Mo. **Preise**: günstig.

Die Post in Emmendingen – ein Gasthaus für alle Fälle

POST – Emmendingen. Die Post wurde von den Brüdern Hofmaier wiederbelebt. Alfons Hofmaier ist gelernter Koch, aber angestellt konnte er nicht so kochen, wie er kochen wollte. Konrad Hofmaier, in seinem ersten Leben viel im Außendienst, hatte reichlich Gelegenheit, Höhen und Tiefen des deutschen Gaststättengewerbes zu erfahren. „Ich kenne so ziemlich alles" – Hofmaiers Fazit klingt, als hätte sein Magen eine Teflonbeschichtung angesetzt.

„Badisch, einfach, gut" – heißt das Motto der Post. Wer möchte, kann aus der Karte auch ein „es geht eben doch" herauslesen. Schon das Mittagsangebot ist eine Absage an Jammerlappen, die es sich mit Selbstmitleid und Büchsenöffner bequem gemacht haben. Die Post bietet jeden Wochentag einen anderen Gassenhauer, frisch gekocht: montags etwa Fleischküchle mit Kartoffelsalat, dienstags frische Nierle mit Brägele, mittwochs hausgemachte Maultaschen, donnerstags Sauerbraten mit breiten Nudeln, freitags eingemachtes Kalbfleisch – jeweils als kleine und große Portion, im Gedeck mit Suppe und Salat, zu sozialverträglichen Preisen (um 10 Euro). Neben diesen fixen Wochengerichten gibt es noch Standards wie die hauseigene Bratwurst (mit Fenchel), dazu saisonale Abwechslung auf einer aktuellen Tages- und Abendkarte. Serviert wird freundlich, unprätentiös, auf Holztisch mit papiernen, leider arg werbigen Tischsets.

Schön, daß nicht nur Kurzgebratenes, sondern auch mal ein Braten mit breiten Nudeln serviert wird. Positionen wie die Flädlesuppe mit geklärter Brühe oder der handwarm servierte, leuchtend gelbe Kartoffelsalat zeigen, daß die Gebrüder Hofmaier ernst machen mit der einfach, badischen Küche. Insofern sei manche Rustikalität im Detail abgenickt. Nebenbei zeigt die gastfreundliche Kalkulation bis hin zu den Weinpreisen (Flaschen um 15 Euro, u.a. von *Ernst Heinemann, Scherzingen*, und *Clemens Lang, Munzingen)* wie es auch geht. Die Publikumsgunst quer durch alle Schichten zeigt schließlich, daß eine deutsche Eckgaststätte mit den Primärtugenden freundlicher Service, aufrichtige Küche und anständigen Preisen kein Auslaufmodell ist.

Branchenübliche Schlüsselerlebnisse durften die Hofmaiers auch schon sammeln. Es gibt badische Metzger, die den Wunsch nach Sonderanfertigung einer Vorzugs-Kalbslyoner mit der Bemerkung abblocken, so was schmecke hier eh' niemand. Es gibt auch altbadische Bäcker, die so weiterbacken wie sie immer backen. Deshalb backen die Hofmaiers ihr Brot im Hause. Die Feinjustierung des Systems ist in einem Haus dieser Größe noch weiter im Gange. Drinnen könnte das eine oder andere Halogenlämpchen einer Inspektion zum Opfer fallen, in der Sommersaison wartet draußen eine Riesenterrasse, öfter mal Weinproben, Sonderveranstaltungen und Extras.

→ **Zur Post**, Emmendingen, Bahnhofstraße 1, Tel. 07641-3429. Von 11-1 Uhr, Ruhetag: So. www.post-emmendingen.de; große Freiterrasse. **Preise**: günstig-mittel.

Innen und außen behaglich – Sonne, im oberen Glottertal

IM GLOTTERTAL – Bilderbuchlandschaft und dazu eine Gastronomie für den klassischen Aral-Schlemmer-Atlas-Leser. Die vielgelobte Gastronomie im Tale präsentiert sich traditionsfest, Liebhaber der Kastelruther Spatzen werden in jedem Fall etwas finden. Wie man sich den Schwarzwald in NRW eben so vorstellt. Auf mich wirkt routinierte Folklore-Gastronomie eher appetitzügelnd. Die dominanten Häuser vor Ort, wie etwa *Adler* oder *Hirschen*, bieten ohne Zweifel professionell, routinierten Ablauf.

Das muß alles nicht schlecht schmecken, aber man sollte wissen, was einen erwartet, auch optisch – eine Art hard core Landhausstil. Besuchenswert ist das Glottertal allemal. Auch als Beispiel für das vorherrschende Stilempfinden bei Gasthausrenovierungen. ‚Aufschneckeln' nennt Renate Just diesen Stil so treffend wie entlarvend; mit Genuß nachzulesen in ihren beiden Büchern «Krumme Touren» Band I und II. Wie der Name schon sagt, eigensinnige Reise- und Ausflugsvorschläge, welthaltig und wundervoll geschrieben, allerdings nur für den Großraum um München (Antje Kunstmann Verlag, München).

Zurück ins Glottertal: Internationalen Jodlerstil und elektronische WC-Spülung verlangt der Kunde. Eben die Romantik der S-Klasse. Aber keine Regel ohne Ausnahme: Auch im Glottertal gibt's noch erträgliche, da und dort sogar traumhafte Winkel für Querulanten. Sogar dort, wo es keiner erwarten würde, gleich an der Durchgangsstraße:

ZUR SONNE – Oberglottertal. Sie kommt erst mal lange nicht, aber dann kommt sie doch. Die Sonne, schon ziemlich weit oben und gleich links an der Hauptstraße im Oberglottertal. Ansprechend heimelig von außen und erst recht von innen, mit einer Schwarzwaldstube, deren behagliche Raumwirkung ihresgleichen sucht – allein der Dielenboden, und endlich mal wieder Glühlampen! Wer sich hier nicht wohlfühlt, dürfte noch ein paar andere Probleme haben. Der unversehrten Holz- und Kachelofengemütlichkeit entspricht eine bürgerliche Küche, die freilich ein breites Spektrum abdeckt, bei den Standards in der Regel aber zuverlässig daherkommt. Bei der Lage wohl unvermeidlich sind die Zugeständnisse an Romantikreisende vom Niederrhein. Die Karte reicht also von der Bratwurstklasse über Schinken mit Melone bis rauf zu Ambitioniertem; teilweise auch gute Flaschenweine. Während der Sommersaison belebt wie überall an Touristenorten, in der ruhigeren Jahreszeit eine angenehme Einkehr und ein Platz, der einigen Versuchungen des Glottertals widerstanden hat. Aufmerksamer Service.

→ **Zur Sonne** (im oberen Glottertal), Talstraße 103, Tel. 07684-242. Gartenterrasse. RT: Mi und Do bis 17 Uhr. **Preise**: mittel.

Tennenbacher Tal – Zwischen Sexau und den weiten Obstwiesen im höhergelegenen Freiamt findet man noch einige Ecken zum Wohlfühlen, zum Wandern, zur Rast. Die Wald- und Wiesenlandschaft ist zudem perfekt als schöne, nicht allzu fordernde Fahrradgegend. Von Freiburg nach Norden zunächst in Richtung Sexau und Freiamt ausfahren, weiter in Richtung *Staudenhöfe* (einfache Einkehr) und Freiamt. Statt

Engel im Tennenbacher Tal – luftige Wald- und Wieseneinkehr

der direkten Route über Reichenbach lohnt sich auch mal ein Abstecher ins ruhige *Tennenbacher Tal*. Eine kleine Oase im Norden Freiburgs: zarter Wiesengrund, harmonische Landschaft. Am schönsten aber, wenn die Matten blühen. Von der ehemals ausgedehnten, Mitte des 12. Jahrhunderts gegründeten Klosteranlage im Tennenbacher Tal stehen noch eine mächtige frühgotische Kapelle und das Wirtschaftsgebäude, das heute weltlichen Zwecken dient:

■ **Zum Engel – Tennenbach.** Vom luftigen Freibalkon selten gefällige Sicht ins Grüne. Der vordere Gastraum innen wirkt schlicht und unspektakulär. Mittlerweile hat das Ende der 80er Jahre eingesetzte Holz – auch dank einiger Fehlfarben – schon wieder Patina angesetzt. Über das rückwärtige, pretiosenreiche Jägerstüble geht es nach Draußen zum Freibalkon: Der kann an einem Sommertag manchen Tourenplan durcheinanderbringen, ein Herrgottsplatz für's erste Helle. Das Speiseangebot paßt zur ländlich-frugalen Grundstimmung im Engel: Schnitzel werden gefüllt, sowie in den Varianten Hütten, Reiter und Paprika gefertigt, ein ‚Wälderteller' darf in solcher Lage auch nicht fehlen. Es gibt aber auch Wildgerichte sowie risikoarme Klassiker wie grobe Bratwurst mit Bratkartoffeln oder Vesper in der Speckeier-Klasse. Auch Most, wie in der Obstregion um Freiamt allgemein üblich. Tel. 07641-8664. Kein Ruhetag. Gästezimmer, teils im neuen Gästehaus.

Freundliche Thaiküche im Heckenland von Malterdingen

CHADA THAI (Krone) – Malterdingen. Idyllisch im Breisgauer Heckenland gelegen, erwartet man in Malterdingen manches, aber kein florierendes Thai-Restaurant. Mißtrauische Zungen, deren letzte Glutamat Orgie beim 4,90-Euro-Asiaten noch nicht lange zurückliegt, sollten neuen Mut fassen. Auch die berechtigten Vorbehalte gegen das übliche Aufsexen von Banalküche mit Kokosmilch und ein paar Ingwerscheibchen sind im Chada Thai fehl am Platz. Seit 2004 gibt es nun Thai-Küche in der ehemaligen Krone; an einem Freitagabend ist das Lokal randvoll und der staunende Fremde sieht zunächst wenig mehr als zufrieden speisende Gäste und die freundlich lächelnden Damen im Service.

Der alte Fahrensmann HELGE TIMMERBERG hat über das Thai-Lächeln einmal geschrieben, entweder sei es angeboren, oder es werde gleich nach der Geburt an den Ohren aufgehängt. Eine gastfreundliche Grundstimmung ist dem malterdinger Chada Thai auch angeboren, oder sie hängt in einer magischen Ecke versteckt. Gleich wie, vom altdeutschen Kneipenmief ist das Lokal weit entfernt. Die Karte bietet vier Menüs (ab 26,50 Euro) und – nicht erschrecken – 146 Einzelpositionen, gegliedert in Kategorien wie Suppen, Geflügel, Fisch, Vegetarisch (zwischen 4 und 13 Euro, sowie mehrere günstige Mittagsangebot um 6 Euro). In der Rubrik ‚Thailändische Tapas' (21 bis 28) finden sich besonders originalgetreue Angebote, etwa *Somm Tam*-Salat. Die Positionen 160 bis 165 mit Verlegenheitsgerichten in der Putenbrustklasse sind zutreffend mit ‚Angsthasen' überschrieben. Anders das Hauptprogramm: schon die Frühlingsrolle kommt in Form von vier knackeheiß fritierten Röllchen, fein gefüllt mit fadendünnen Gemüsestreifen und Glasnudeln. Standards wie *Tom Yang Gung* (Zitronengrassuppe mit Garnelen und frischem Koriander) liegen deutlich über dem, was hierzulande üblicherweise an Thaiküche geboten wird. Zudem dürften es gerade vegetarisch Disponierte genießen, mal auf eine große Schüssel Duftreis zusammenzukommen, begleitet von einem knackigen Gemüseplättle, das statt Langeweile den roten Curryflash auslöst. *Yam Nua* (Rinderfilet mit scharfen Gewürzen) geht aber auch. Der Service scheint von immerwährender Heiterkeit beseelt, Sonderwünsche und originalgetreue Zubereitungsvarianten werden gerne realisiert, einfach mit den Leuten reden.

→ **Chada Thai**, Malterdingen, Hauptstraße 22, Tel. 07644-7305, www.chadathai.de; Di und Sa mittags geschlossen.

ZUM KRANZ – Kenzingen.

In Kenzingen an der Bundesstraße 3 fällt eine einladende Wirtshausfassade auf: *Gasthaus – Zum Kranz – Franz Scheidel* steht in schnörkelloser Schrift an der historischen Front. Kein Brauereilampen-Barock, kein Pfifferlingsfähnchen. Die Gaststube mit prächtigem Holzbuffet und eingelaufenem Dielenboden paßt dazu. Sie erinnert an Zeiten, als die Bundesstraße noch ampelfrei war. Die weiß gedeckten Tische stehen auf Abstand, drumrum altes Holz, das Licht stimmt, der Ton auch. Die Damen im Service agieren mit Umsicht, was in Zeiten

Gediegen an der Bundesstraße – der Kranz in Kenzingen

von Aushilfsschusseln zur Seltenheit geworden ist. Das Gediegene am Kranz überträgt sich auf die Gäste, der Ort wirkt tief entspannend. Dazu trägt auch die Speisekarte bei, die verspricht, was ein aufgeweckter Landgasthof bieten kann: eine frische, saisonbetonte Küche jenseits der Filettöpfleklasse. Im Kranz gehören gekochte Suppen dazu, anregende Vorspeisen und Hauptgerichte, Schwerpunkt in der Rehrücken-, Lamm- und Entenbrustklasse, sowie zwei, drei Fischgerichte. Außerdem ein Menü mit vier Gängen, hausgemachte Desserts. Die Weinkarte liegt bei Flaschenweinen auf der Höhe der Küche, dazu eine kleine Auswahl an offenen Weinen. Franz Scheidel kocht bodenständig, aber nicht schwer, und schon gar nicht fleischlastig. Fisch und Gemüse, Olivenöl und Kräuter sind nicht Dekoration, sondern Aufgabe. Hinterm Haus wäre noch ein Garten unter Kastanien. So kommt als Gesamturteil nur eine Empfehlung in Frage. Eine Insel, zumal das Bundesstraßenland zwischen Emmendingen und Kenzingen nicht als kulinarisches Eldorado auffällt.

→ **Scheidels Restaurant Zum Kranz** (Fam. Scheidel), Kenzingen, Offenburger Straße 18 (B 3), Tel. 07644-6855. RT: Montagabend und Di. Gästezimmer, schöne Gartenterrasse. **Preise**: gehoben.

Die heile Welt im Brettental: Wandgemälde an Traudels Café

Die Region um Freiamt

Schon außerhalb des freiburger Tourenzugriffs liegt die weite, sanft gewellte Wiesenlandschaft um Freiamt. („Große Landgemeinde – Staatlich anerkannter Erholungsort", lobt der Ortsprospekt.) Ein ideales Gebiet für einen tatenlosen Nachmittag zwischen Obstwiesen und Kaffeetafel – ideal auch zum lange auslaufen. Die Weite um Freiamt-Ottoschwanden erreicht man von Sexau über die Ortsteile *Keppenbach* und *Reichenbach*, wo es dann schon ziemlich ruhig und ausgesprochen ländlich wird. Kleines Tal, Land der dreistelligen Telephonnummern, unter einer Linde vermoost ein alter Kadett, an einer Hauswand bleicht die Aufschrift ‚Tanzbar Mühle'.

Freiamt-Brettental: Aber Freiamt ist nicht nur ruhig und retro, es gibt auch überraschend vitale Ecken. Seit Menschengedenken gehört der Vesper- und Kuchenmagnet *Traudels Café* (im Ortsteil Brettental) zu den Wallfahrtszielen von Gästen, die es mit dem Body-Mass-Index nicht so genau

22,04,09 Abendessen, Käseplatte sehr üppig schön verziert; Räume etwas wuchtig

nehmen. Das Haus verspricht sehr zurecht: „Täglich großes Angebot an gebackenen Kuchen und Sahnetorten. Alle hausgemacht." Der Wurstsalat ebendort wird oft gelobt und nach einer Tour wäre hier zweifellos ein Platz zum Kalorien nachtanken.

→ **Traudel's Café,** Freiamt-Brettental, Tel. 07645-1680, Ruhetag Do, sonst ab 14 Uhr, Sa und So ab 13 Uhr. Mit Freiterrasse.

Und gleich daneben wartet die durchgestylte Hochleistungsromantik der *Ludinmühle,* geboten wird intensiver Landhausstil, inklusive Wellness & Beautyfarm, komfortable Gästezimmer.

Kaffee und Kuchen in Freiamt-Ottoschwanden: Ein paar Kilometer den Brettenbach aufwärts ist dann Freiamt-Ottoschwanden erreicht: eine offen heitere Landschaft, die außerhalb des Freiburger Freizeitzugriffs liegt. Freie Wiesen, alte Hochstämme, Obstleiternland. Nur ein paar Minuten von den Gewerbegebieten des Rheintals entfernt glaubt man in einer anderen Welt zu sein. Eigentlich könnte hier noch einer auf der Kreidler-Florett um die Ecke sauen; die Damen trinken am Sonntagmittag im Café auch mal ein Piccolo.

An Wochenenden ist die Region ein beliebtes Auslüftgebiet. Zudem finden auch hier regelrechte Kuchenwallfahrten statt, auf denen einer sehr deutschen Eigenart gefrönt wird: Das Sattessen mit großen Kuchenstücken wird ja nirgendwo auf der Welt mit solcher Hingabe betrieben wie hierzulande. Also nicht unbedingt für Freunde der subtilen Confisérie, wie sie in Frankreich oder in der Schweiz praktiziert wird, sondern mehr als volkskundliche Exkursion. Was die süßen Stücke von Freiamt angeht, gäbe es zwei weitere Kultstätten:

■ **Cafés in Freiamt-Ottoschwanden:** Dezidiert traditionell nach Ambiente und Gästeschaft das *Café Hipp,* wo die enorme Bauhöhe der Sahnetorten auffällt. An der Hauptstraße in Ottoschwanden-Zentrum gelegen, Tel. 07645-242.

Reinrassiger Landgasthof: Krone in Freiamt-Mußbach

Nur ein paar hundert Meter weiter, etwas rechts unterhalb der Straße, nah beim Kurhaus, das *Caféduft*: Ein Neubau in schöner Aussichtslage mit Panoramaverglasung und großer Sommerterrasse. Große, hausgemachte Kuchenauswahl, keine Truhen- und Fertigprodukte, kleine Vesperkarte, freundlicher Service, luftige Atmosphäre, im Sommer Terrassenbetrieb. *Caféduft* (Brigitte Mach), Ottoschwanden, Am Herrwald 2, Tel. 07645-8772. Geöffnet: Di bis Fr von 14-19 Uhr, Sa und So von 13-21 Uhr, im Sommer auch länger, RT: Mo. *Kaffee 22.08.09 elegant und doch gemütlich, schöne Terrasse*

☼ **KRONE – Freiamt-Mußbach.** Auf den ersten Blick liegt die Krone wie ein proper renoviertes Dorfgasthaus in der geruhsamen Landschaft von Freiamt. Neugierig tritt man ein und freut sich über den schlicht, gepflegten Gastraum, der hoffentlich so bleibt wie er ist: ohne Piepskasse, frei von Salatbuffet, Flambierwagen und exhibitionistisch präsentierten Künstlerpullen. Die Karte kommt und die Freude hält an: ein übersichtliches Angebot regionaler Gerichte synchron zur Saison, darunter Lamm, Wild und Geflügel zur rechten Zeit (also nicht immer); ff. herbstliche Schlachtplatte, die Normen in Süddeutschland setzt. Oft auch ein, zwei Fischgerichte, dazu noch ein paar einfachere Angebote und Vesper, bis runter zum Butterbrot. Was dann aus der Küche kommt, ist, was wir alle suchen und nirgendwo mehr bekommen: grundsolide, mit Liebe zum Detail zubereitete Gerichte ohne Heckmeck. Fleisch (Rind und Kalb aus eigener Landwirtschaft) auf den Punkt gebracht; wirklich gekochte, statt angerührte Saucen, Gemüse mit Biß und Aroma, Beilagen ohne Fehler. Eine feinmechanische Küche ohne Prahlerei.

Die kleine kulinarische Sensation vollbringt Manfred Kern, seine Frau serviert und organisiert, die Senioren helfen im Hintergrund, wo nötig. Ein Familienbetrieb wie aus dem Bilderbuch, der bei Andrang (am Wochenende, bei Gesellschaften) auch mal an seine Grenzen stößt, eben weil hier keine Kompromisse gemacht werden. Etwas Toleranz sollten Sie deshalb ebenso mitbringen wie die Einsicht, daß Wunder manchmal etwas länger dauern. Aber diese Punkte sind bei dem hier Gebotenen Nebensache. Die Küche der Krone sei zudem allen Zigeunerschnitzeln und Ratsherrentöpfen zum Betriebsausflug empfohlen, die behaupten, eine fortgeschrittene, bürgerliche Küche rentiere sich nicht.

Zur Küchenleistung paßt die umfangreiche, in vielen Positionen erstklassige Weinkarte. Wie die Speisen, sind auch die Weine mit Augenmaß kalkuliert. Daß dieser Text seit Jahren schier unverändert in diesem Buch steht, ist das vielleicht schönste Kompliment an einen Betrieb, der nicht nur im Norden Freiburgs seinesgleichen sucht. Im Sommer auch einen größeren Umweg wert: Die warme Südwestterrasse für einen langen Abend auf dem Land.

→ Gasthof **Krone** (Familie Kern), Freiamt-Mußbach. Tel. 07645-227, www.krone-freiamt.de. Zur Saison Sondergerichte (Gans, Fasan, Lamm, Schlachtplatte). Werktags ab 17 Uhr, Sa und So 12-14 Uhr und ab 17.30 Uhr. RT: Mi. Mit drei schönen und preiswerten Gästezimmern – ein opulentes Landfrühstück gehört dazu. Großer Nebenraum für Feierlichkeiten und Anlässe. **Preise**: mittel.

■ **Stilzerfritz**, eine rustikale Adresse der Klasse ‚Geheimtipps, die jeder kennt': Schon die Auffahrt über EM-Mundingen, hinauf in die Vorberge nach Landeck und weiter Richtung Freiamt stimmt erwartungsvoll. Noch vor Freiamt, mitten im tiefen Forst (bei einer Bushaltestelle) das für Auswärtige etwas rätselhafte Hinweisschild *Gasthaus Stilzerfritz*. Keine Angst ob des wunderlichen Namens, am Ziel wartet kein Unhold, vielmehr kommt nach einer lieblichen Passage über eine Lichtung eine auf freier Flur gelegene Landschänke in Sicht. Draußen ein schlichter Freisitz mit kleiner Wirtsbude. An der Hauswand, in Stein gemeißelt, die zweifellos zutreffende Erkenntnis „Der Wille siegt". Eintritt über eine Holzveranda (ein Tisch), drinnen wenige Tische, mehr oder weniger dicke Landluft und einfache Vesper (Klassiker: Speckeier aus eigener Hühnerhaltung), natürlich Most/Mostschorle. Der Platz lebt aber nicht nur vom Aromatischen, sondern von seiner kernigen Randlagen-Stimmung, bei fehlender Bodenhaftung empfohlen. Gute hausgemachte Kuchen der Wirtin. Die Öffnungszeiten laut Karte bei Freibetrieb bis 23, bei Saalbetrieb bis 20 Uhr, sind als Orientierungsrahmen zu sehen. Tel. 07645-391, RT: Di und Mi.

■ Jeden Freitag *Freiämter Bauernmarkt* mit Produkten von acht Höfen der Region, 15 bis 18 Uhr (beim Heimatmuseum im Freihof).

■ **Bäckerei und Mühle Mellert**: Eine Bäckerei, die selbst mahlt, und so handwerklich bäckt wie eh und je, ohne Zauberpulver, mit Vorteig und langen Gärzeiten. Resultat: gutes Brot aus erster Hand. Freiamt-Reichenbach, Mühlenweg 4, Tel. 07645-280.

Von Freiamt ins Elztal – Simonswäldertal

Von Freiamt rüber nach Winden oder Gutach im Elztal führen wahrlich nicht alle Wege; ein, zwei wunderbare Schleichwege über die waldreichen Buckel rüber ins Elztal gibt es doch. Für die sollte man sich ruhig einen Nachmittag mitsamt dem dazugehörenden Abend reservieren.

Man fährt also von Freiamt auf schmaler Straße über Brettental (*Traudel's Café*; Gasthaus-Hotel *Ludinmühle,* vgl. dort), von Brettental also erst mal nach Osten das Tal hoch: Richtung Waldshut und Dürrhöfe. Den Hünersedel (744 m) im Norden nur grüßend, weiter mit grober Peilung in Richtung

Mit luftigem Sommergarten, Gscheid bei Freiamt

Biederbach oder *Kreuzmoos (NSG)*. Später heißen die Höfe ‚Lochhof', die Wälder ‚Rotzel' oder auch ‚Katzenmoos', ein Gasthaus ‚Lochmühle', es gibt einen Ortsteil namens ‚Mukkenloch' (das eine oder andere Funkloch dazu). Nehmen Sie zur Sicherheit also genug Zeit (und eine Wanderkarte) mit, es lohnt sich, etwas vom Kurs abzukommen. Etwa auf wunderschöner Strecke nach *Oberspitzenbach*, dort hätte man früher in die *Lila Tankstelle* (alias: Hirschen) reingeschaut, aber das ist Legende.

Eine mögliche, bei schönem Wetter wegen der Freiterrasse sogar dringend empfohlene Einkehr am Weg liegt auf der Paßhöhe Gscheid (454 m):

- **Zum Gscheid** (an der K 5109, bei Freiamt) – ordentliche Steak-, Schnitzel- und Vespereinkehr im ländlichen Stil. Als Ausflugsziel im Sommer auch wegen seiner reizvollen schattigen Freiterrasse beliebt. Direkt an der luftigen Paßhöhe der Kreisstraße 5109 zwischen Freiamt-Keppenbach und Gutach (Elztal) gelegen. Beliebter Tourenstop auf Oldtimer-, MTB- und Wandersafaris, Tel. 07645-335, RT: Mo, sonst ab 14 Uhr, So schon ab 10 Uhr. Im Herbst diverse Schlachtplattentermine. **Preise**: günstig.

Ins Simonswäldertal

Trotz allerhand Einkehrmöglichkeiten doch noch im Elztal angekommen, gäbe es noch weitere Möglichkeiten zum Weitergondeln zwischen Tal und Hochwald. Auf der B 294 also zunächst ein Pflichtstück bis Gutach. Von dort dann weiter ins lang gestreckte Simonswäldertal mit seinen vielen Ortsteilen und verstreuten Einzelhöfen. Der wilden Gutach folgend immer weiter aufwärts bis Obersimonswald. Dort wartet mit der *Erle* eine Einkehr mit besonderem Charakter wartet:

■ **Erle – Obersimonswald:** Wie ein Charakterbaum steht die Erle am oberen Ortsausgang von Simonswald neben der Landstraße. Seit 1886 mehrfach dem Zeitgeschmack angeglichen, der dann irgendwann stehenblieb. Bei einer dunkel gebeizten Holzbalkendecke, gepolsterten Sitzecken, Stoffvorhängen auf schmiedeeisernen Stangen und altem Werkzeug an den Wänden. Was anderswo leicht zum Sammelsurium wird, wirkt hier aber sorgfältig bewahrt. So auch die makellose Tischwäsche, die Speise- und (recht große) Weinkarte, überhaupt der eingefahrene Ablauf im Haus.

Die Erle ist zweifellos keines dieser Zigeunerschnitzel-Rumstata-Häuser, die den ahnungslosen Reisenden gleich am Ortseingang abfangen, auch kein aufgebrezelter Schuppen im schwarzwälder Voralpenbarock, wo Substanz und Dekoration verwechselt werden. In der Erle wird seriös gearbeitet: was aus der Küche kommt, hat Hand und Fuß. Nur bis es kommt – zum Appetit gehört hier auch ein gutes Sitzfleisch. Dabei bleibt die Karte vernünftigerweise überschaubar. Das Angebot mit Schwerpunkt in der ultratraditionellen Lachsschnitzel- und Cordon Bleu-Klasse, spiegelt die Möglichkeiten eines kleinen Familienbetriebs, der ganz eng bei sich bleibt. Und so sehen die Teller auch aus, sorgfältig, wobei das Betriebssystem kaum Abweichungen nach oben oder unten erlaubt. So wirkt die Erle verläßlich, aber eben etwas aus der Zeit, was je nach Disposition des Gastes beruhigen oder irritieren kann. Sicher ist man hier vor den kulinarischen Verirrungen, die einem heute als ‚kreative Küche' angedient werden. Eine Einkehr für Gäste, die sich nichts beweisen müssen. **Adresse:** Zur Erle (Fam. Hornuss), Obersimonswald, Tel. 07683-494, Fax 1718. RT im Winter: Mo und Di, Sommer nur Mo. Gästezimmer. **Preise**: mittel.

Der ‚Blümchenweg' – zwischen Achkarren und Bickensohl

Kaiserstuhl

Noch nie im Kaiserstuhl? Fahren Sie an einem Frühjahrstag oder im Herbst hinaus. Rasch durch die etwas unbehaust wirkenden Freiburger Randgemeinden, dann durch Bötzingens enge Ortsdurchfahrt, gleich danach steil rauf zum *Vogelsangpaß* und Sie sind angekommen: Die Obstblüte beginnt hier zwei Wochen früher als in der Vorbergzone am Schwarzwald, vielleicht blühen Anemonen oder Küchenschellen, wenn im Schwarzwald noch Schnee liegt. Im Mai dann – keine 500 Schritte vom Parkplatz – Knabenkraut-Orchideen auf den weiten Trockenrasenflächen in Richtung Eichelspitze. Im Juni betört die Rebblüte mit ihrem süßen Duft (morgens bei Tau!). Irgend etwas hat die Natur immer zu bieten, und wer an einem sonnigen Herbsttag hier ist, wenn der Kaiserstuhl wieder einmal über dem Rheintalnebel liegt, der läuft sich betrunken.

■ **Mehr Kaiserstuhl** – Touren, Kultur, Gastronomie, Wein – ab Mitte 2006 im neuen Buch von Wolfgang Abel: «Kaiserstuhl und Tuniberg» (vgl. den Hinweis am Buchende).

BIERHÄUSLE – Bötzingen: An der Hauswand steht in schöner Schrift ‚Weinstube', das Gasthaus nennt sich aber Bierhäusle, was die Verhältnisse eher trifft. Besonders innen – und dort im kleinen Nebenraum mit seiner rustikalen Bonanza-Vertäfelung. Abgesehen davon hat sich hier eine stimmig einfache Landeinkehr etabliert, ideal auch zum Auftanken vor oder nach einer Wanderung, oder im Sommer nach dem Baggersee. Die Stimmung ist grad raus, das Bier kommt frisch, Wurst- und Ochsenmaulsalat sind gelungen, schöne Steaks, mehr als ordentliche Schnitzel, dito der Kartoffelsalat und die Bratkartoffeln (am Freitag auch geräucherte Forellen). Die freundliche Wirtin umsorgt ihre vielen Stammgäste, der intakte Stammtisch spricht für sich (man schaut „nach d'Rebe" vorbei). Spürbar guter Geist im Haus. Bislang gibt es nur eine eng begrenzte Auswahl an nicht tatsächlich trockenen WG-Weinen. Nach draußen lockt eine lauschige, fast schon tropisch eingewachsene Terrasse, vor das Bötzinger Leben vorüberzieht und dann und wann aufbraust – in Gestalt eines flotten Sechszylinders. Schöner Platz, wenn man mal von der Stadt genug hat.

→ **Bierhäusle**, Bötzingen, Wasenweilerstr. 9, Tel. 07663-5152, ab 16 Uhr, RT: Sa. Schattige Freiterrasse mit reichem Pflanzenschmuck. **Preise**: günstig.

↻ **Touren**: Ein guter Ausgangspunkt für Erkundungen wäre die Paßhöhe *Vogelsang* (396 m, westl. oberhalb Bötzingen, Wanderparkplatz, Wegtafel, kurze naturkundliche Informationen), zur Wanderzeit allerdings beachtlicher Zulauf, dann evtl. ausweichen auf die ruhigeren und ebenso geeigneten Wanderparkplätze oberhalb von *Eichstetten*. Auch von dort ist der unten beschriebene Panoramaweg über die *Eichelspitze* (520 m) schnell erreicht. Ab Vogelsangpaß beginnen zwei Panoramawege (blaue Raute), die Einblick in die geologischen und botanischen Besonderheiten des Kaiserstuhls geben und herrliche Aussicht bieten: Zum einen der *Nord-Süd-Weg* (über den Totenkopf), lange Strecken aber im Wald.

- Freier und sonniger der Weg ab Vogelsangpaß nach Norden: *Dreiländerweg* (markiert: blaue Raute), oberhalb der Halbtrockenrasen verlaufend (diverse Naturschutzgebiete), nach Nordwesten über die Eichelspitze zur *Schelinger Höhe* (ebenfalls Wanderparkplatz) und weiter zur *Katharinenkapelle*, einer der reizvollsten Höhenwege im inneren Kaiserstuhl:

Zum Wegverlauf *Vogelsang–Eichelspitze–Schelinger-Eck:* zunächst leicht ansteigend über offene Magerwiesen durch das Naturschutzgebiet (beste Blütezeit von März bis Ende Mai: viele Orchideen wie Pyramiden-Orchis und diverse Knabenkrautarten, Kartäusernelke, Wiesen-Salbei, Glockenblumen!). Später dann längs von Waldsäumen und durch lichte Laubwälder unterhalb der 520 m hohen Eichelspitze weiter nach Norden. Von der Schelinger Höhe (Parkplatz) kann man den Waldlehrpfad in Richtung Eichstetten (Einkehr vgl. dort) anlaufen. Oder, auch reizvoll, weiter nach Nordwesten in Richtung *Katharinenkapelle*, zurück dann über Schelingen und Badberg.

Das Zentrum der typischen, rundkuppigen und steil abfallenden Kaiserstühler Vulkanlandschaft erreicht man ab Vogelsangpaß auch auf einem kurzen Rundweg um den *Badberg*. Der Weg führt ebenfalls über die einzigartigen Trockenrasen des Badbergs, eine wegen der extremen Südlage kahle Kuppe in sonst üppiger Landschaft.

– Ab Vogelsangpaß in südlicher Richtung führt der Dreiländerweg (markiert: blaue Raute) über die Höhen *Neunlinden* (Aussichtsturm) und *Totenkopf* (557 m, höchster Punkt im Kaiserstuhl) zum Versuchsgut und Waldpark (Arboretum) im *Liliental*, Wegverlauf aber weitgehend im Wald.

VERSUCHSGUT LILIENTAL: Ein Drittel Waldpark, ein Drittel Sommerfrische und ein letztes Drittel botanisches Raritätenkabinett. Die Anlage der staatlichen Forstverwaltung liegt drei Kilometer weit hinten im Tal: Abzweigung von der Landstraße (L 114) auf halbem Weg zwischen Wasenweiler und Ihringen. Auf der insgesamt fast 250 Hektar großen Fläche, die bis hinauf zum Totenkopf reicht, wachsen neben den bodenständigen Laubhölzern auch zahlreiche exotische Arten. Dazwischen Wiesenflächen und Haine mit seltenen Orchideen- und Pflanzenarten. Diverse kommentierte Wege und Lehrpfade (zwischen 30 Minuten und mehreren Stunden) erschließen das wirklich lohnende Terrain. Die Anlage

Orchideenwiesen und ‚Gebackener Camembert' – Lilie, Liliental

ist in einem schönen Zustand zwischen natürlichem Wuchs und notwendiger Pflege. Abseits der Hauptwege verträumte Stimmung, also keine frisierten Prachtgärten, sondern Pflanzengesellschaften in ihrer natürlichen Umgebung – ein Eldorado für Augenmenschen. Schönste Blüte der Orchideen und seltenen Pflanzengesellschaften: April bis Ende Juni.

Bereits auf der Anfahrt durch das *Mühletal:* einige reizvolle, noch nicht flurbereinigte Rebflächen und Kleinparzellen mit warmen Lößhängen, ideal für ein paar stille Stunden mit Teppich und Buch.

■ Zu Beginn der Anlage Liliental eine Ausflugswirtschaft, die **Lilie**. Das Haus nennt sich ‚Historische Wandergaststätte', ist drinnen allerdings möbliert wie ein Altenpflegeheim und draußen sitzt man auf dunkelroten Plastikstühlen. Dennoch und namentlich an Wochenenden ausgedehnter Terrassenbetrieb mit kühlem Schatten. Im Angebot altdeutsche Ausflugsklassiker wie ‚Gebackener Camembert mit Preiselbeeren'; der gemischte Salat wird mit Maiskörnern veredelt. RT: Di, sonst von 11-19 Uhr, Tel. 07668-7808. Zur Lilie und zum Parkgelände führt eine geteerte ca. 3 km lange Stichstraße, Abzweig von der Landstraße Ihringen-Wasenweiler bei der Kapelle St. Vitus. Vor der Gaststätte ein Wanderparkplatz mit Informationstafel zum Park und Weghinweise.

Endingen, am Marktplatz

Zwischen Endingen und Burkheim

Vor der Erschließung mit Rastplätzen und Grillstellen, Bausparkassen-Häusle und Wochenendkultur blieb auch der Kaiserstuhl nicht verschont. Es fehlt nicht mehr viel, dann wird man Hohlwege noch im Freizeitpark gegen Eintritt bewundern können: dazu Westernsteak, serviert von Eingeborenen in Winzertracht. Generell bietet der westliche, der Freiburg abgewandte Kaiserstuhlrand noch mehr freies Land – der Freiburger Siedlungsdruck nimmt eben stetig zu. Im Westen und im Nordwesten gibt es noch einige alte Obstwiesen. Zwischen Endingen und Königschaffhausen aber stehen nur noch enge Spalierobstanlagen, zwischen denen man sich irgendwie deplatziert vorkommt. Einige Haltestellen von Ost nach West:

Endingen liegt am Nordrand des Kaiserstuhls, es ist neben Burkheim der Ort mit dem besterhaltenen historischen Kern. Endingen wurde schon 1295 Stadt, Mittelpunkt ist bis heute der historische Marktplatz, ein baugeschichtlich interessantes Ensemble. Im neuen Rathaus, einem Rokokobau aus der

Mitte des 18. Jahrhunderts ist heute das Verkehrsbüro, daneben das alte Rathaus von 1527, in dem ein Heimatmuseum eingerichtet wurde. Direkt an der Ortsdurchfahrt auch die wunderschöne Stadt-Apotheke (gegr. 1772), von außen und innen(!) eine Augenweide.

Anders als die historisch reiche Bausubstanz vermuten läßt, haben sich einige Gasthäuser auf die Erfordernisse des Bustourismus eingestellt: es gibt warm, reichlich und zügig.

■ Eine Ausnahme der **Rebstock** in der Hauptstraße, gleich am Ortseingang. Von außen ein stattlicher Traditionsgasthof mit unterschiedlich heimatnah ausgestatteten Innenräumen und einer Gartenterrasse im rückwärtigen Hinterhof. Hier wäre der Platz für einen lauen Sommerabend, wenn man von einer Tour oder vom Badesee kommt. Die Küche hat erkennbar Ehrgeiz, ein ‚Menü mit Weinreise' wertet zwischen 36 und 52 Euro, je nach Gangzahl. Es gibt aber auch ein ‚Badisches Kärtle' sowie forcierte Weltküche. Somit bietet die Karte ein mehr als erstaunliches Spektrum, das bei den konventionellen Ansprüchen der Landbevölkerung beginnt und irgendwo bei mediterran-asiatischen Versuchen endet. Frühlingsrolle steht also neben ‚Filet vom Wolfsbarsch in Aprikosensalsa' und ‚Artischockenrisotto mit Kaffee-Ingwerjus'; ob in Endingen das Kabeljaufilet mit Chorizo vermählt werden muß, sei dahingestellt. Der als ‚Parmesan-Risotto' servierte Weichreis konnte meine kulinarische Neugier sowenig wecken wie eine indifferent gefüllte Artischocke. Klassiker gelingen besser, etwa ‚Zweierlei vom Rind in Spätburgundersauce'. Dazu gibt es eine fortgeschrittene Weinauswahl. Der formal-bemühte Service paßt zur gespreizten Karte. Insgesamt wäre man mit weniger Attitüde vermutlich besser bedient. Mittlere, teils auch gehobene Preise. Hauptstraße 2, Tel. 07642-7900. RT: Mo.

■ Etwas versteckt im Endinger Ortsteil *Amoltern* die **Sonne**. Drinnen ein traditionell gehaltenes Nichtraucherlokal, nach draußen lockt eine gepflasterte Freiterrasse, auf der sich an einem warmen Kaiserstühler Abend gut sitzen läßt (rauchend oder nichtrauchend). Geboten wird eine kunterbunt komponierte Karte, die mit Proklamationen garniert ist: „Bei uns werden die Speisen frisch gekocht, deshalb sind sie sehr bekömmlich." Nun denn, es gibt ländliche Vesper (Wurstsalat mit selbstgebackenem Brot),

Schweinsteak ‚Tiroler Art', aber auch ‚Pizzoccheri'. In der Summe eine angestrengte Mischung. „Wir kochen Ihnen das, was wir selbst gerne essen mit frischen Produkten der Region", verlautbart die Karte. Der Ort bezieht seinen Reiz dennoch eher aus der versteckten Lage, der familiären Atmosphäre und dem Weinangebot. Im Ausschank Weine aus eigenem Keller, breites Sortenspektrum (nicht alle trocken), auffallend günstige Weinpreise. Tel. 07642-7242. RT: Di und Mi bis 17 Uhr. **Preise:** günstig

➲ **Wanderung:** Die schmale Straße ist noch ein Stück über den unlängst komplett renovierten *Heidehof* hinaus befahrbar. Man schraubt sich förmlich in die Lößterrassen des westlichen Kaiserstuhls hinein, stellt irgendwo das Gefährt ab und genießt dann – besonders am Abend, auch und gerade an Winterabenden – eine einmalig erhabene Stimmung: Wenn der Blick bis zu den Vogesen hinüber reicht, die Wolken verrückt spielen und klar konturierte Sonnenstrahlen für sachte Wärme sorgen. Dazu wild überwucherte Böschungen und Bäume wie im Garten vom Großvater.

Königschaffhausen. Am Ortseingang könnte noch eine Tafel angebracht werden: ‚Heimatort der ersten Baden-Württembergischen Landwirtschaftsministerin a.D.'. Immerhin hat Frau Staiblins Heimatgemeinde auch eine schöne Halle bekommen. So eine ‚Halle', das ist auf dem Land schon was. Ohne rechte Halle ist ein Dorf nur eine halbe Sache. Der Mann von Wiederwinzerin Staiblin leitet im übrigen den Keller der örtlichen, hochdekorierten Winzergenossenschaft. Wie sich manches so harmonisch fügt in der Provinz.

Die enge Ortsdurchfahrt der Endinger Teilgemeinde, das sauber verputzte Fachwerk mit all den Vordächle und Praktiker-Fassaden animiert kaum zu einem romantischen Ortsbummel wie er in Endingen oder dann wieder in Burkheim möglich wäre. Aber aus einem ganz anderen Grund kann in Königschaffhausen Ihr Tagesplan durcheinandergeraten:

☼ **WEINGUT WALTER ROSER** – **Königschaffhausen.** Eigentlich zu schön, um wahr zu sein: Ein Winzer macht, was er für richtig hält und zwar konsequent und von

Walter und Erna Roser, Endingen-Königschaffhausen

Anfang an: umweltgerechter Anbau, Ertragsverzicht zugunsten von Qualität, sorgfältige Lese per Hand, Aussondern von minderem Lesegut. Später im Keller ist der Ausbau ganz einfach, mit dem Wein geschieht so wenig wie möglich: auch bei niederen Mostgewichten keinerlei Verbesserung (Zukkerung) – auch nicht in schlechten Jahren! – keine Chemie, keine Manipulation (Entsäuerung, Erhitzung bei Rotweinen). So entstehen durchgegorene, säurebetonte Weine. Ehrliche Weine, die so schmecken wie sie gewachsen sind: jede Sorte, jeder Jahrgang ein Erlebnis. Kein Jahr wie das andere.

Wer so arbeitet, muß und kann auf das Lametta der Funktionäre pfeifen: Walter Roser verzichtet bei *allen* seinen Weinen auf die Anstellung zur Qualitäts- und Prädikatsvergabe. Obwohl viele Weine in den Kabinett- und Spätlesebereich hineinreichen würden, werden alle als ‚Badischer Landwein' verkauft. Statt Kleber und Girlanden stehen auf dem Etikett die Werte für Restzucker und Alkohol. ‚Bio' oder ‚Öko' steht nirgends, weil das, so Roser, „ja selbstverständlich ist".

Angeboten werden die klassischen kaiserstühler Sorten, darunter Silvaner, feiner Riesling, die sehr bukettreiche Spezialität Muskat-Ottonell, ein dezenter Müller-Thurgau, gehaltvolle Burgunder; außerdem ein Spätburgunder Rotwein, dessen Substanz natürlich sehr vom Jahr abhängt.

Bei aller Konsequenz sind Walter Roser und seine Frau Erna keine verbiesterten Sektierer, sondern liebenswürdige, gesellige Menschen, die schöne – und leider auch einige traurige – Weingeschichten aus dem Kaiserstuhl erzählen können. Sie sind, wie ihre Weine, eine Wohltat im weiten Durchschnittssumpf. Wer bisher nur weichgespülte Konsumweine kannte, wird bei Rosers säurebetonten, frischen Naturweinen ein Aha-Erlebnis haben, vielleicht wird auch eine Liebe daraus. Wie bei allen Schätzen muß man sich freilich etwas mühen. Die Weine des sehr kleinen, nur zwei Hektar großen Weingutes, das die beiden Rosers noch immer weitgehend allein umtreiben, haben einen eingeschworenen Liebhaberkreis gefunden. Manche Sorten sind schnell ausverkauft; neu abgefüllt wird wie jedes Jahr im Mai.

→ **Weingut Walter Roser,** Königschaffhausen, Endinger Straße 67. Verkauf und Probe nach Anmeldung: Tel. 07642-3240.

METZGEREI DIRR – Endingen: Für einen Landmetzger ist Markus Dirr ziemlich rumgekommen – in Italien lernte er was über den kleinen Unterschied zwischen Cervelatwurst und Fenchelsalami, zwischen Speck und Pancetta, zwischen Grillsteak und einer Bistecca Fiorentina. Sein Wissen (als gelernter Metzger und Koch) bringt Dirr nun daheim in Endingen unter die Leute. Im neuen Betrieb am Ortsrand in Richtung Königschaffhausen, wo auch produziert wird, und im alten Stammhaus der Dirrs, am schönen Marktplatz von Endingen (das Angebot ist in beiden Geschäften gleich). „Schlachtwarm verarbeiten und kein Scheißdreck neimache" – knapp und einleuchtend kommt Dirrs Rezept für handwerklich gemachte Wurst daher. Und so geht es weiter: „Es fängt beim Messer an", und hört beim Darm auf: „Gut 80 % unserer Wurst ist im Naturdarm". Ein Metzger, der weiß, was

Ein Meister des Luftgetrockneten: Dirr in Endingen

reinkommt, weiß auch, was rausgeht. Bei Markus Dirr klingt das so: „Unsere Schwarz- und Leberwurst ist sensationell". In die Kalbslyoner kommen Kinnbäckle, „wegen dem Geschmack", die hausgemachten Maultaschen, sind „eigentlich mehr Ravioli" und seine groben Bratwürste (nicht nur die toskanischen) haben Klasse.

Aus seiner Zeit in Italien hat Markus Dirr auch die Leidenschaft zum *Luftgetrockneten* mitgebracht, seine acht Sorten Salami sind selbstgemacht und hausgereift, dazu *coppa* und *pancetta*. Oft reifen ein paar ganze Schinken am Knochen heran. Dirrs schön abgehangene Kotelettstücke vom Milchkalb müßten eigentlich auf den besseren Speisekarten der Region auftauchen. Müßten, doch dazu sagt er nur: „Wer kauft sein Fleisch denn noch beim Metzger?" Mehr als ein paar Qualitätsfreunde scheint es doch zu geben, Dirr hat sein Sortiment (besonders beim Luftgetrockneten) in den letzten Jahren weiter ausgebaut und sich zusätzliche Verkaufskanäle erschlossen (auch in Freiburg, vgl. unten). So bleibt die Hoffnung, daß der verständliche Wunsch nach Expansion mit den bisherigen Qualitätsansprüchen vereinbar bleibt.

→ **Metzgerei Dirr**, Endingen, Königschaffhauser Straße und am Marktplatz, Tel. 07642-1627. Ein Teil des Dirr-Sortiments (u.a.: Maultaschen, Luftgetrocknetes und diverse Wurstsorten) ist in Freiburg im Käseladen *Rücker* zu bekommen, Schoferstraße, in der oberen Altstadt, zwischen Münsterplatz und Schloßberggarage. Dirr ist mit einem Verkaufsstand nun auch auf dem Wiehre-Markt vertreten, am Mittwochnachmittag und Samstagvormittag.

Kiechlinsbergen.

Etwas abseits der Durchgangsrouten bietet Kiechlinsbergen die Beschaulichkeit eines Kaiserstuhldorfes. Hier den warmen Herbst genießen, sich treiben lassen und irgendwo weiter oben die famose Aussicht genießen, etwa von der Paßhöhe *Auf dem Eck:* Wanderparkplatz, aussichtsreiche Wege nach Westen, warme Böschungen mit Smaragdeidechsen. Oder oberhalb des Ortes beim Schloß ein paar frische Walnüsse auflesen und sich braune Finger vom Knacken holen. Danach die blaßgelbe Nußhaut wegfieseln oder die Arbeit jemand mit längeren Fingernägeln überlassen. Gegen den Baum lehnen und den Jodgeruch einsaugen, den die frische Nuß abgibt.

ZUR STUBE (Dutters Stube) – Kiechlinsbergen:

Mit seiner imposanten Fachwerkfassade ist der Gasthof ‚Zur Stube' nicht zu übersehen. Innen sorgt helles Holz für einen gemässigt alpenländischen Stil, wie ihn auch Johann Lafer in unsere Wohnstuben trägt. Das Ergebnis ist im Kaiserstuhl vermutlich bedingt mehrheitsfähig, ebenso wie das zur allgemeinen Erbauung präsentierte Kunsthandwerk. Zur Stube gehört ein Rustikalableger, genannt *Dutters Weinstube im Gewölbekeller* mit Angeboten in der Wusala und Panschnitzelklasse.

Die Speisekarte im Restaurant verrät auf den ersten Blick die angepeilte Zielgruppe: sie liegt knapp unterhalb der Einsternzone. Klar, daß die Vorsuppe im Menü hier zum ‚Süpple von…' wird. Neben einem Mittags- und Abendmenü (23 bzw. um 45 Euro) werden selbstbewußt kalkulierte Gänge geboten, einige davon auch als kleine Portion. Wenig überraschend, daß ein Barschfilet in einem Haus dieser Ausrich-

Nüdeli und Blattpetersilienschaum – Stube in Kiechlinsbergen

tung in ‚Blattpetersilienschaum' zu liegen kommt, andere Positionen bleiben in der Realisierung eher klassisch-konventionell (heimisches Zickleinragout, Kalbsnierle in Dijoner Senfsoße), oder dem Kanon einer gehobenen Sahne- und Butterküche verpflichtet: Also auch Nüdeli, Gänseleberterrine und Hummerschaum. Jedenfalls hält die Karte brav am traditionellen Gourmetbegriff fest, wozu auch der korrekte, aber emotionsarme Service paßt. Immerhin bleibt der Gast von den im Kaiserstuhl verbreiteten ‚bunt garnierten Platten' ebenso verschont wie vor Massenweinen. Wobei die Kalkulation der Weinpreise einmal mehr den oberen Bereich der Möglichkeiten auslotet. (Zur Erinnerung: 5 Euro für ein offenes Viertele sind knapp 10 Mark!) Das geht, solang' es geht. Angenehme Gästezimmer.

→ **Zur Stube** (Fam. Dutter), Winterstraße 28, in der Ortsmitte. Tel. 07642-1786. RT: Mo und Di, sonst über mittag und ab 18.30 Uhr. **Wiikeller**: Tel. 07642-1732, schöne Gästezimmer. **Preise**: Restaurant gehoben-hoch, Weinkeller: preiswert; www.dutters-stube.de.

Bäume, Nüsse und Nussöl

Am warmen Kaiserstuhl werden die Nüsse am ehesten reif, so etwa ab Anfang Oktober. Alte Walnußbäume bekommen mit der Zeit eine Rinde wie furchige Elefantenhaut, ein warmer Frühherbstnachmittag unter so einem Baum wäre auch keine schlechte Idee. (Nußbäume halten übrigens Mücken und anderes Geziefer fern, sind also ideale Hofbäume.)

Es gibt versteckte Bäume und solche, an denen der grassierende Nußklau gleich auffällt. Gegen die eine oder andere aufgesammelte Nuß würde kaum jemand etwas sagen, aber leider ziehen in den letzten Jahren mehr und mehr Städter zur Nußsafari aufs Land (bei Obst ist es nicht anders). Zweige werden geknickt, Äste abgebrochen. Auch wenn es Kleinigkeiten sind, so etwas wird in der Summe zur Plage.

Frische Nüsse schmecken einzig, wer das Bittere nicht schätzt, kann die feine Nußhaut abziehen – allzu große Mengen können aber leicht Bauchgrimmen bereiten. Herrlich die Kombination mit frischem Holzofenbrot und neuem Wein. Früher wurde aus den Walnüssen Öl gewonnen, heute nur noch vereinzelt. Unter Feinschmeckern gilt es als eines der besten, freilich intensiven Salatöle (gut in Mischung mit einem neutraleren Speiseöl oder mit Olivenöl). Das Nußölaroma harmoniert mit allen dunklen Blattsalaten ausgezeichnet. Wenn ein später Frost die empfindliche Blüte zerstört, gibt's keine Nüsse. Dann fehlt dem Herbst was.

■ Eine hervorragende, kleine **Ölmühle**, die ein ausgesprochen mildes und feines, unraffiniertes Walnußöl auch direkt abgibt (zudem noch sehr preiswert, ca. 13 Euro je Liter) ist in *Endingen-Königschaffhausen, Werner Reinacher*, Tel. 07642-7675 (öfter oder in der Früh versuchen, Herr Reinacher ist viel unterwegs).

■ Die zweite Ölmühle mit nicht minder gutem Nußöl steht in *Badenweiler-Oberweiler: Fritz Eberhard*, Weilertalstr. 8, Tel. 07632-7604. Flaschen mit 0,5 und 1 Liter, Kanister zu 3 Liter. Sehenswerte historische Anlage, bachgetrieben. Mitunter auch Haselnußöl im Angebot.

Kirschenernte bei Burkheim

Burkheim

Neben Endingen hat Burkheim den wohl schönsten historischen Ortskern im Kaiserstuhl, mit Sicherheit aber den schönsten Badesee im nahen Rheinauenwald. Nach dem Stadttor wird die Straße platzweit und das Auge freut sich an der Altstadt mit den einigen Romantikzutaten: Gasthäuser (sowohl in der Putenbrustklasse, wie im bemüht, ambitionierten Bereich, wie etwa der 2005 eröffnete *Siebte Himmel*, in der historischen Ortsmitte gelegen), dazu Antiquitätenläden, Kunstgewerbe, Galerie und ein Korkenziehermuseum.

Baden: Im Rheinwald südlich Burkheim liegt der große Baggersee, einer der gefälligsten der Region. Am See wird zwar gebaggert, aber es gibt genug ruhige Plätze (Ausnahme Wochenende!). Weite Uferteile sind vom Auwald beschattet, an manchen Stellen Gras bis ans Wasser, einzelne Partien (beim Parkplatz) auch freizeitgerecht möbliert. Surfen ist verboten. **Zufahrt** von Burkheim auf einer durchgehend geteerten Straße. Wander- und Radwege, ideales Terrain für Exkursionen im badischen Urwald (vgl. unten).

Badischer Dschungel: Die Rheinauen – nördlich von Burkheim über das Taubergießen bis rauf nach Kappel – sind für jeden, der dichte üppige Vegetation mag, ein Eldorado: Altrheinarme, teils

Oberbergen – kulinarisches Zentrum im Kaiserstuhl

stehende, teils fließende Wasser, alles dschungelhaft überwuchert (solange der drohende Polder nicht kommt!). Wunderschön im Mai, im lichten Grün, wenn die Schwertlinien am Ufer blühen.

⊃ **Touren**: Ein *Rheinauen-Weg* erschließt diese Region, teils durch Wiesen und Wälder, oft parallel zum Rhein.

→ Weitere **Tourenempfehlungen,** auch zum Taubergießen, finden Sie im Ausgeh- und Rumtreibbuch «Oasen am Oberrhein», sowie im neuen Band «Kaiserstuhl und Tuniberg» (ab 6/2006). Beide von Wolfgang Abel, vgl. hierzu die Hinweise am Buchende.

Orte im inneren Kaiserstuhl

Der Kaiserstuhl hat von Allem etwas: Warme Ecken, stille Winkel, verträumt Ländliches, dann wieder sanierte Ortsdurchfahrten und Vordächle im Baumarktlook. Im bunten Wechsel fachgerecht Renoviertes und klotzige Geschmacklosigkeit, als gelte es, die ländliche Herkunft durch eine abkärcherbare Hofeinfahrt zu leugnen. Leider hat die Schönheit der Landschaft die Sensibilität der Bauausschüsse nur wenig inspiriert: Muß ein Gasthaus in der Herrgottslage Steinbuck so gebaut werden wie eine Mehrzweckhalle?

Mensch Bischoffingen! Nicht nur, aber auch im Kaiserstuhl gilt der Jodlerstil:

Was möglich ist, wird produziert. Und was produziert wird, verkauft, verwendet, genehmigt. Je unnatürlicher und häßlicher, desto besser; am liebsten abwaschbar. Plastik-Staketen, Ornamentbausteine, Betonformsteine, holzimitierende Plastikplanken, Bohlenwerk, Kunststoffmatten, Geflochtenes und so weiter. Festungen für Gartenzwerge. Westwall für Dackel und Maulwürfe.
Aus: Grün kaputt. Landschaft und Gärten der Deutschen.

Oberbergen – Von Keller zu Keller:

Weingut und Person von Franz Keller stehen im Kaiserstuhl für durchgegorene, also tatsächlich trockene Weine und für hochstehende Gastronomie in einer im guten Sinne traditionsnahen, eher französischen Ausrichtung. Über Jahrzehnte hat der mittlerweile betagte Franz Keller senior mit seinen Beiträgen und Brandreden wider die Unsitten im Badischen Weinbau und gegen die verzopfte Funktionärswirtschaft gewirkt. Dies war eine Pionierleistung, weil die ZKs der Weinbauverbände bis heute für eine kurzsichtige Lobbypolitik und ermüdende, bloß-keinem-weh-tun-Traktate stehen. Mit der Übergabe an die nächste Generation tat sich Keller senior dann mehr als schwer.

Spät, aber immerhin liegt nun die Verantwortung für den Geschäftsgang endlich bei Kellers Sohn Fritz, der mit Wein, Gastronomie und Medien mindestens so gewandt umzugehen weiß wie einst sein Vater. (Fritz Kellers Bruder Franz wirkt schon seit Jahren im Exil in der *Adler*-Wirtschaft in Hattenheim/Eltville). Somit ist die Fortsetzung der trockenen Kellerschen Weintradition ebenso garantiert, wie der Fortbestand des gastronomischen Markenzeichens «Keller».

☀ **SCHWARZER ADLER – Oberbergen.** Der Schwarze Adler gehört seit Jahrzehnten zur Handvoll Spitzenrestaurants in der Region. Ob das Haus aktuell in einem Führer einen Punkt mehr oder weniger hat, ist eine Erbsenzählerei, die eigentlich nur für Leute mit goldener Krawattennadel von Interesse ist. Das Haus war unter den ersten, die lange vor dem allgemeinen Trendgeköchel feine Küche mit frischen Produkten angeboten haben. Wie alle Institutionen ist auch der Schwarze Adler ein Lieblingsobjekt von Gastro-Journalisten. Es ist müßig, hier mitzutratschen – die Bewertung in Standesblättern und Führern erinnert ja ohnehin immer mehr an die selbstzufriedenen Grabenkämpfe zwischen Theater- und Kritikermeute oder an die verfilzten Sitten im Literaturkartell. Daß im Adler mehr als ordentlich gekocht wird, ist klar. Ich habe den Tisch hier zufrieden, hochzufrieden, vereinzelt auch glücklich verlassen. Letzteres hängt, wie wir wissen, nicht nur mit der Küche zusammen.

Das Traditionshaus in der Ortsmitte hat gediegene Gasträume, die weitgehend ohne den heute üblichen Marmor- und Edelstahlschnickschnack bleiben. Links vom Eingang – im alten Teil – Reste von kaiserstühler Winzergemütlichkeit, der Anbau rechts wirkt für heutige Verhältnisse etwas üppig aufgepolstert (mitunter problematische Klimatisierung). Im Sommer lockt im Anschluß eine halbverglaste Freiterrasse. Der Küchenstil ist seit Jahren unverändert. Geboten wird eine in den Grundfesten französisch-badische Komfortküche, die im Zweifel stets zum Konventionellen tendiert. Was sich auch bei Saucen, Gemüse, Zutaten und Garnituren zeigt. Das muß kein Nachteil sein, aber man sollte es wissen. Zwei Menüs, ein sinnvolles à la carte-Angebot; dazu eine separate Karte mit Aktualitäten. Wie in eingefahrenen Betrieben üblich, wird der Luxus mit einer Selbstverständlichkeit an den Gast gebracht, die ein schnell hochgelobtes Trendlokal nie bieten wird. Und dies zu Preisen, die manchen Emporkömmling als Schaumschläger enttarnen. Erfreulich oft gibt es auch

Flaggschiff der Kaiserstuhlgastronomie – der Schwarze Adler

regionale Gerichte und selbst in der Spitzengastronomie sind Bemühungen um beste Grundprodukte wie im Schwarzen Adler seit eh und je praktiziert, die Ausnahme. Klassisches Dessertangebot.

Umfangreich und nach Auswahl und Preisfairness höchst außergewöhnlich schließlich die Weinkarte. Mit einer seltenen Fülle großer Lagen, Namen und Jahrgänge (aus Eigenimport, Keller schöpft hier im Wortsinne aus dem Vollen, vgl. nächste Seite). Dies zu Preisen, die mitunter unwesentlich über den Handelspreisen anderswo liegen; hier genießt der Gast eben die Vorteile der Kellerschen Weinhandels-Infrastruktur. Aus den eigenen Kaiserstühler Lagen finden sich zudem vergleichsweise preiswerte Flaschen, auch diese in ungewohnt tiefer Jahrgangsstaffelung. Aufmerksamer, bisweilen recht konventionell wirkender Service in Schwarz-weiß. In der Summe eine vitale Legende.

→ **Schwarzer Adler** (Fam. Fritz Keller; Küchenchef: Anibal Strubinger), Oberbergen, Badbergstr. 23. Mit einer anregenden Bar und einer Sommerterrasse. 14 Gästezimmer im Stammhaus, weitere vis a vis im Gästehaus ‚Im Weinberg'. Tel. 07662-9330-10. RT: Mi und Do, www.franz-keller.de, **Preise**: hoch, aber gerecht.

☼ **FRANZ-KELLER-WEINE.** Zum Sultanat ‚Keller' gehört das WEINGUT SCHWARZER ADLER FRANZ KELLER (so die volle Nomenklatur). Ausgebaut werden nicht nur eigene Lagen, sondern auch die Ernte von Vertragszulieferern. Mit grob geschätzt 50 Hektar zählt der Betrieb zu den größten privaten Erzeugern am Kaiserstuhl. Die Qualität – der ausschließlich und tatsächlich trockenen Weine – ist bei einem so breiten Spektrum der Ausgangslagen und Erzeuger naturgemäß unterschiedlich, aber in der Summe überdurchschnittlich. Neben Herausragendem – das bei Keller freilich stets seinen Preis hat – stehen auch kleinere Weine, besonders bei den Literflaschenqualitäten. Gerade diese werden für meinen Geschmack vereinzelt auch stark angereichert, was zu Alkoholwerten führt, die nicht durch Extrakt und Körper gestützt werden. Das ist mittlerweile zwar übliche Praxis, aber solche Konsumware erweist dem wohlklingenden Namen Keller dennoch keine Ehre; sie trägt andererseits dazu bei, daß die Marke auf zahlreichen Gastronomiekarten auch außerhalb der Region einen festen Platz hat (ähnlich: HEGER mit seinem Weinhaus in Ihringen).

Zum Keller'schen Reich gehört zudem eine Weinhandlung mit einem großen, internationalen Sortiment: In drei tiefen Lößstollen, deren Eingang direkt gegenüber dem Gasthof liegt, lagern – bei optimalen Bedingungen – die Vorräte zur umfangreichen Weinliste von Keller. Eigene Weine und Importe und hier vor allem französische Nobelweine (darunter mehrere hundert Positionen Bordeaux), italienische, spanische, ja selbst kalifornische und neue Welt-Weine, Sherry, Champagner, Jahrgangsarmagnac, Brände etc. Einer der edelst bestückten Keller in Süddeutschland. Wer hier Ausländer kauft, bekommt kundig ausgewählte, gut gelagerte Weine – auch die haben ihren Preis.

→ **Weingut** Schwarzer Adler, Leitung: Fritz Keller, Tel. 07662-93 30 93. Mo bis Fr 8-17 Uhr, Sa 8-13 Uhr.

Der gute Geist im Rebstock, Oberbergen

☼ **REBSTOCK – Oberbergen** Direkt gegenüber vom Schwarzen Adler liegt der Rebstock, der ebenfalls zum Keller'schen Reich gehört. Als das kleine Dorfgasthaus vor ein paar Jahren zugekauft wurde, dachte man an eine kulinarische Arrondierung des Angebotes nach dem Motto: Es müssen nicht immer Gänseleber, Trüffel & Steinbutt sein. Eine solide Winzerstube neben dem Gourmetlokal, so die hehre Absicht. Nach wechselvollen Pächterepisoden wird der Rebstock seit 2005 wieder unter Fritz Kellers Obhut mit Bordmitteln bewirtschaftet, und seither brummt der Rustikalableger vom Schwarzen Adler zuverlässig und störungsfrei. Auf der Karte alte Bekannte wie Kalbsmaulsalat, eingemachtes Kalbfleisch und Mistkratzerle, auf der Tafel auch mal eine multikulturelle Zugabe, etwa ‚Couscous komplett', der in Originalqualität serviert wird. Zur Saison auch Spargel, Wild. Einfach nur vespern ginge zwar auch, wäre angesichts der soliden Küche und der wie zu erwartenden schönen Weinauswahl aber fast schade. Im Service wirkt die gute Seele Corina Horning souverän und entspannt zugleich, ein charmanter Fels. Und siehe da, bürgerliche Gastronomie läuft auch zu Zeiten, die heute für andere Tätigkeiten reserviert sind. Selbst am Sonntagmittag, wenn Mustermanns mit Biking, Walking oder Footing befaßt sind, füllt sich der Rebstock beachtlich. An Tagen mit Hochbetrieb scheint die Personaldecke im Haus freilich recht knapp berechnet, die Wartezeiten werden dann auch mal arg lang. Gleich wie, in der gepflegten Holzbankklasse ist der Rebstock zur Instanz im Zentralkaiserstuhl geworden.

→ **Weinhaus Rebstock**, Oberbergen, Tel. 07662-93 30 11. Im Sommer mit Innenhof-Terrasse, Ruhetage Mo und Di, geöffnet März bis Oktober: ab 12 Uhr mit durchgehend warmer Küche. Im Winter (November bis März): geöffnet ab 16 Uhr, So ab 12 Uhr. Zimmer im Gästehaus ‚Im Weinberg'.

ZUM KAISERSTUHL – Niederrotweil. Die Adresse mit dem Charme von Dorfwirtshaus und Kräutergärtle gehört seit Jahren zu den Geheimtipps, die fast jeder kennt. Der forcierte Einsatz heimischer Kräuter und eine vollmundig formulierte Speisekarte, das ergibt offensichtlich eine Mischung, die manchen verzaubert. An Kräutern in Flädle, Sößle und Kächele herrscht hier gewiß kein Mangel: Also ‚Tannenschößlingsauce' zum Reh, fast legendär auch die ‚Sauerampfersuppe mit einer Kräuterrahmwolke'. Bei meinem letzten Besuch waren selbst die Brägele mit einem halben Dutzend verschiedener Blüten und Kräutern überstreuselt, kurioserweise mußte aber der schlicht angemachte Salat ohne jedes Kräutlein auskommen. Der Philosoph GERHARD POLT schrieb einmal: „Beim Wurstsalat hört der Spaß auf, bitte keine Kiwi-Applikationen." Also gilt: Brägele und Schnitzel werden durch herbale Aufrüstung nicht zwingend besser. Wobei die putzigen Zugaben unerheblich wären, wenn die Substanz überzeugte. Davon sind viele Gäste seit Jahren überzeugt und offensichtlich hat sich der ambitionierte Lothar Koch mit seinen eigenwilligen Rezepturen in eine auskömmliche Nische gekocht, was ihm gegönnt sei. Zudem konserviert seine Küche ein Wissen aus alten Notzeiten, demzufolge mancher Schößling, wenn nicht delikat, so doch genießbar ist. Dennoch sei der Hinweis erlaubt, daß nicht jede Kräuterrahmwolke ein Geniestreich ist. Ein ‚Kaiserstühler Wildwiesentörtchen' bewegt sich zudem hart am Rande kulinarischen Kitsches. Aber entsprechend disponierte Gäste können sich ja ein eigenes Bild machen. Das Angebot an regionalen, hoch gepreisten Flaschenweinen ist für einen kleinen Gasthof groß; offene Weine werden dagegen nur in beschränkter (WG-)Auswahl geboten, was in einem Kaiserstühler Gasthof mit diesem Anspruch doch erstaunt. Jenseits von ‚Schlüsselblumensamtsüppchen' wäre da noch eine ansprechende Gartenterrasse und für Brennesselskeptiker wie mich sei erwähnt, daß auch Klassiker aus der Leberle- und Vesperklasse auf der Karte zu finden sind.

→ **Gasthaus zum Kaiserstuhl** (Familie Koch), Niederrotweil, an der Hauptstraße, Wohnzimmer–Gastraum mit wenigen Tischen, Freiterrasse beim Kräutergarten längs einer Natursteinmauer. Ferienwohnungen. Tel. 07662-237, RT: So ab 15 Uhr und Mo. **Preise**: mittel-gehoben; www.gasthaus-zum-kaiserstuhl.de.

ENGEL – Bickensohl. Der Engel ist einer für alle. Mitten im Kaiserstuhl gelegen, doch versteckt in einer Gasse, so daß die Busse mit Touristen aus den Anschlußgebieten anderswo anlegen. Dafür trifft sich im Engel tout Bickensohl und das Wandererpaar aus Freiburg paßt auch noch rein. Nach den Reben macht mal ein Landwirt seinen Schlepper fest und steuert den Stammtisch an, an dem mit wenigen Sätzen der Weltengang verhandelt wird. Von außen wirkt der Engel wie runderneuert, daneben ein geschütztes Terrassengärtle. Die gute Stube drinnen blieb zum Glück erhalten – sie gehört zu den behaglichsten Kojen im Kaiserstuhl: Viel Holz, Liebe im Detail, ein Geborgenheitsgefühl, das besonders an einem frischen Wintertag gut tut. Zudem merkt man dem Gasthaus an, daß seine Wirtsleute gerne da sind. Und die

Rahmschnitzel in guter Stube: Engel in Bickensohl

Karte paßt zur Substanz, geboten wird eine bodenständige Landgasthausküche, von der Markklößchensuppe bis zum Rahmschnitzel: Bewährtes, ordentlich gekocht und flott serviert (Leberle- und Sulztage: Di, Mi, Fr, Sa). Die Weinkarte überrascht mit einzelnen Flaschenweinen renommierter Namen *(Keller, Heger)* mitsamt Analysewerten. Tugenden, die in Dorfgasthäusern der Weinregion Kaiserstuhl nicht selbstverständlich sind. Mit der Gartenterrasse wird der Engel vollends zur Adresse für alle Fälle: Vom Wandervesper über die Schnitzelnummer bis zum Fläschle Riesling unter Sternen eine Einkehr, deren Reiz darin besteht, daß die Dinge zusammenpassen.

→ **Winzerstube Engel** (Fam. Köster), Bickensohl, Tel. 07662-234, RT: Mo. **Preis**e: günstig-mittel.

Südlich von Freiburg

Man braucht kein Lokalpatriot zu sein, um sich hier wohlzufühlen. Fahren oder gehen Sie an irgendeinem Sonnentag durch das Land, klettern Sie durch Weinlagen, die ‚Rosenberg' oder ‚Paradies' heißen. Von den Bergen kann man sich in Kirschtäler fallen lassen oder in warme Quellen. Wenn jetzt noch das Meer am Rhein begänne und die Winter nur halb so lange wären – dann wär' alles vorbei: schon längst hätten Schrotthändler und Senffabrikanten hier statt in Spanien ihre Träume vom Süden verwirklicht.

Richtung Hexental – Südlich von Freiburg beginnt überraschend schnell offene Landschaft. Das Naturschutzgebiet um den *Schönberg* (644 m) bildet eine grüne Barriere gegen Landfraß. Auch die Hexentalgemeinden entzogen sich erfolgreich dem Freiburger Eingemeindungsdruck, jeder wollte selbst am Bauerwartungsland verdienen, was trefflich gelungen ist: Die Grundstückspreise zwischen Merzhausen

Spätes Licht – im Biergarten am Schönberger Hof

und Sölden zählen zu den höchsten im Landkreis. Da bleibt für den Traum vom Glück in der schwarzgrünen Hinterstube Freiburgs oft nur noch das handtuchgroße Grundstück. Neben dem Carport soll darauf auch noch das neudeutsche Gespann ‚Grillplatz und Biotop' Platz finden – was verdammt eng werden kann. So wachsen nette Eigenheimsiedlungen auch hier weiter und weiter ins Land, haben aber längst nicht jene Dimensionen angenommen wie am östlichen Tuniberg, im direkten Pendlerkorridor Freiburgs.

■ Spätestens ab Wittnau lohnt ein Abbiegen in Richtung *Schönberg* und auf die weiten Wiesen drumherum (schön auch mit dem Rad). Wer einen Mittag unter Obstbäumen im Grünen liegen will, ist hier richtig.

- Weiter dann zum Ausflugsgasthof **Schönberger Hof** (wie bereits unter ‚Freiburg' beschrieben). Herrlich luftig, herber Gartenausschank, im Winter lockt die Kachelofenstube, Tel. 07664-7222. RT: Mo, Di bis 15 Uhr. **Preise**: niedrig.

Um Wittnau, Sölden und St. Ulrich

Die herrliche Lage der beiden Hexentäler Gemeinden kontrastiert auf erstaunliche Weise mit der gastronomischen Dürre im Bereich um Wittnau, Bollschweil und Sölden. Der hier dominierende gehobene Mittelstand scheint sich selbst zu bekochen. In dieser Region verzweifelt gesucht: das solide Gasthaus, der anregende abendliche Treff. Bevor Sie sich also weiter die Zähne ausbeißen, Suche einstellen, Herd anwerfen. Ich weiß auch nichts außer Kompromissen, wobei sich der *Löwen* in Sölden als ländlich, rustikale Anlaufstelle bei Wurstsalatgier anbietet.

■ **Löwen – Sölden:** Eigentlich ein Bild von einem Landstraßengasthof, klassische Wirtshausfassade in zentraler Lage nur wenig abseits der Straße, Parkplatz und Garten davor, drinnen blankes Holz, ein Spielautomat neben dem Tresen und unverbrauchte Dorfschenkenstimmung. Ein Platz der Wahl, um nach einer Landpartie den Flüssigkeitsverlust auszugleichen, oder eben auf einen rustikalen Vesperstop; auch etwas warme Küche: von Schnitzel bis Sauerbraten, einzelne Weine von Clemens Lang aus Munzingen. Gut so, im Auge behalten. Tel. 0761-40 41 62, RT: Di.

Von Wittnau nach Ebringen: Die kleine Nebenstrecke von Wittnau über die *Berghauser Kapelle* rüber nach Ebringen bietet optimale Landschaftsausbeute auf kurzer Strecke. Erst Reben, dann Wiesen allerliebst, Obstbäume, krumme Pfade von Wildrosenhecken gesäumt (diverse Möglichkeiten zur Schönbergumrundung), oder einfach im Rasen lagern. Schon die Straße ist zum Abheben: oberhalb der Kreuzung in Richtung *Schönberger Hof* wieder einmal Traumsicht auf das gelobte Land am Oberrhein, oft liegen hier schon ein paar im Gras, aber Platz ist genug. Nach Ebringen fährt man weiter in steilen Serpentinen hinab, ein Schild weist nach dem Ortsteil *Tirol*, tatsächlich fühlt man sich nicht mehr wie im Breisgau.

Gut erhalten und gut bewirtet – das Rössle in St. Ulrich

St. Ulrich – Geiersnest – Eduardshöhe – noch vor der Talfahrt nach Bollschweil ein Abzweig von der L 122 in eines der schöneren kleinen Täler südlich von Freiburg, wobei der eigentliche Reiz erst nach dem Talgrund beginnt. Entlang der jungen Möhlin verengt sich das Tal fast zur Klamm, freundlich wird die Landschaft erst auf den Weiden oberhalb von St. Ulrich. Bereits in St. Ulrich dann die lohnende Einkehr:

ZUM RÖSSLE – St. Ulrich. Hinten im Tal, wo die Kirche noch überm Dorf steht, bleibt (fast) alles wie es ist. Und manchmal ist das ganz gut so: Auch im wunderschön erhaltenen Rössle in St. Ulrich. Toiletten, Gästezimmer und Betriebsräume wurden von Grund auf renoviert und strahlen nun im Glanz von Halogen und Rauhputz (im neuen Toilettenaufgang bemerkenswert realistische Schautafeln zu den Gezeiten des Lebens). Das Herz des Hauses schlägt aber im Originalzustand, es wartet eine selten vollwertige Gaststube mit Kachelofen, Eichendielen und einer wunderbar gütig stimmenden Raumwirkung. All dies blieb zum Glück voll und ganz erhalten.

Schon vor Jahren kehrte Sohn Dominik an den Herd des Hauses zurück, was dem gastronomischen Angebot zugute kommt: Aufrichtige Landgasthausküche: zwischen Rindfleischsalat mit Brägele und Wildentenbrust mit Apfelrotkraut kocht Junior Sumser in sich stimmig, ohne verkrampfte Klimmzüge. Natürlich gibt es auch ordentliche Vesper und Longseller wie Rumpsteak, Schnitzel und Kalbsragout; im November kommen Schlachtplattentermine hinzu. Ebenso bemerkenswert wie das friedlich-familiäre Betriebssystem ist das Angebot an Flaschenweinen von guten Weingütern (u.a. *Brugger, Laufen; Lang, Munzingen;* vorbildliche Weinkarte mit Analysewerten der Weine für: Alc/Restzucker/Säure).

Zum Gesamterlebnis Rößle gehört die gute Seele des Hauses: bei einer Wirtin wie Helga Sumser fühlt man sich rundum aufgehoben. Ein Abend am runden Tisch vor dem Kachelofen oder etwas abseits im holzreichen Winkel wirkt wie Seelenbalsam. Und die Eichendielen nehmen das Tempo aus dem Alltag, was auch kein Fehler ist.

Das Publikum – eine Mischung aus luxusmüden Städtern und aufgeschlossenen Eingeborenen – fügt sich harmonisch zur Stimmung im Hause.

→ **Gasthaus Rössle** (Familie Sumser), St. Ulrich, Tel. 07602-252, RT: Mo, Di. Mit modernen, preiswerten Gästezimmern. Kleine Gartenterrasse und Tische im Freien beim Eingang. **Preise**: günstig bis mittel. www.gasthausroessle.de

■ **Zum Kloster**: In St. Ulrich wäre noch ein Gang durch die Kirche und um das Pfarrhaus zu empfehlen. Das ehemalige Cluniazenserkloster wurde im 11. Jahrhundert gegründet, von den alten Bauten blieb aber nichts erhalten. Der Kirchenneubau Mitte des 18. Jahrhunderts stammt von *Peter Thumb*. Reiche Rokokoausstattung der Innenräume. Eine Rarität ist der romanische Taufstein im Pfarrhof: der acht Tonnen schwere Sandsteinblock ist mit einer Reliefdarstellung von Christus und den 12 Aposteln ornamentiert. Die Mühen des Transportes durch das damals urwaldähnliche Möhlintal müssen enorm gewesen sein. Ein Beleg für die Wirkung strikten Glaubens, der Steine versetzen kann. Im harmloseren Fall.

Vesperplatz am Schweighof, Geiersnest

➲ **Touren**: Orientierungstafel für Wanderer an der Straße gleich neben dem Rössle. Eine lohnende Region, besonders außerhalb der Wochenenden, wenn der Freiburger Ausflugsdruck nachläßt. Bereits wenige Meter oberhalb St. Ulrich führt die Straße aus dem engen Möhlintal auf sonnige Bergweiden – schön auch als fordernde(!) Radtour, mit Fortsetzung über die Eduardshöhe (859 m) runter nach Horben/Freiburg – eine Traumstrecke (vgl. dort).

Bei St. Ulrich

Oberhalb St. Ulrich Sonnenhänge mit großzügig verteilten Höfen. Hier werden hell und frei gelegene *Ferienwohnungen* vermietet. Etwa 500 m oberhalb St. Ulrich links die Abzweigung zur *Sonnenstrauße*, dort u.a. Rindfleisch aus eigener Bio-Haltung, mit einem Hofladen. Vgl. hierzu auch das Kapitel «Straußenwirtschaften», S.164 ff.

■ **Schweighof** (ehemals: Krone) in **Geiersnest**: Noch kurz *vor* Erreichen der scharfen Rechtskurve beim *Paulihof,* (vgl. nächste Seite) führt eine 2 km lange Stichstraße nach Westen (Großes Holzschild: ‚Gasthaus Schweighof') an den Horstrand von Geiersnest, am Ende der Straße liegt die Wanderwirtschaft Schweighof in be-

Terrasse mit Solariumqualität: Paulihof in St. Ulrich-Geiersnest

gnadeter Alleinlage. Ein Außenposten mit robuster Stimmung und ebensolchem Angebot, nach erwandertem Hunger nicht ohne Reiz. Vesper und Warmes zwischen Schnitzel und Rumpsteak, kernige Stimmung. Geöffnet nur: Mo, Di und Mi ab 16 Uhr, So schon ab 11 Uhr, Tel. 07602-249, **Preise**: günstig.

■ Der **Paulihof** oben in **Geiersnest** hat nur bis zum frühen Abend geöffnet, was angesichts der entrückten Südterrasse schade ist. Drinnen eine typische Ausflugsgaststube mit niederer Decke, Heimatdeko und einem erstaunlich bunten Publikum. Die Mischung aus Schwarzwaldverein und Sozialwissenschaft zeigt, daß einfache, preiswerte Gastronomie auch ideologische Gräben überbrückt. Unter der Woche in der Hauptsache nur kalte Vesper (feiner streichholzdünner Wurstsalat), an Sonn- und Feiertagen auch etwas warme Küche, im Herbst auch mal eine Schlachtplatte. Jedenfalls genügt es zum ordentlich vollen Teller, wobei Kalorie vor Kulinarik steht. Bei Betrieb an Wochenenden auch mal Wartezeiten und reichlich Gedränge in der engen Gaststube. Schöner und mit befreitem Blick sitzt man ohnehin draußen auf der Terrasse mit Heile-Welt-Panorama und warmer Sonnenbank vor schützender Hauswand. Dort genügt Tagträumern schon ein Wurstbrot und eine Flasche Bier. Tel. 07602-260. Öffnungszeiten: Mi bis Fr von 10-19 Uhr, So und So bis 21 Uhr, RT: Mo und Di. **Preise**: niedrig.

Blick von Geiersnest nach Süden

➲ **Touren**: Oberhalb Geiersnest geradeaus auf der Hauptstrecke weiter: Die Straße verengt sich nun, nach wenigen Metern erreicht man endlich die Paßhöhe (Parkplatz *Auf dem Eck*, Ende der erlaubten Kfz-Fahrstrecke, 847 m Höhe; Wegweiser). Von hier aus wieder viele Wandermöglichkeiten über sonnig, freie Weiden (besonders Richtung *Eduardshöhe*). Im Sommer herrliche, blumenreiche Bergwiesen und gute Tourenmöglichkeiten; lohnend aber auch im Winter, um dem Talnebel zu entkommen: freie, meist gut eingespurte Höhenwege, die bis hoch zum Schauinsland führen.

■ Schon kurz vor der Paßhöhe das **Gerstenhalmstüble**, unmittelbar rechts unterhalb der Straße in Traumlage, mit einem solariumähnlichen Freibalkon (geöffnet von Fr bis Mo; Fr ab 14 Uhr, Sa und Mo ab 12 Uhr, So und Feiertage ab 10 Uhr, Tel. 07602-286). Zu Betriebsablauf und Bewirtungsleistung möchte ich mich nicht weiter äußern. Die Beschilderung am Eingang spricht für sich.

■ **Eckhof** (Zufahrt über Geiersnest/Eckhof, bzw. Horben), von Frühjahr bis Herbst gut 20 Sorten selbst produziertes Bauernhofeis. Das Sahne-Eis (auf der Basis von Crème Anglais) aus frisch gemolkener Milch und echter Vanille statt künstlicher Aromen. Hervorragendes auch das Sorbet-Eis aus frischem Obst. Abgabe vor Ort im Becher, größere Mengen auch auf Bestellung, von 0,5 bis 5 Liter. Im Hof (825 m hoch gelegen) drei Ferienwohnungen. Wegweiser am Parkplatz *Auf dem Eck*, von dort fünf Minuten zu Fuß. Tel. 0761-2907892, www.eckhof.biz

Rebschnitt am Ehrenstetter Ölberg

Der Garten im Weinberg – Es gibt sie noch, die schönen Plätze. Der wilde Pfirsichbaum oberhalb von Leutersberg gehört auch dazu. Er steht am *Markgräfler Wiiwegli*, oben zwischen Reben und Wald. Weinbergpfirsiche sind Aromawunder, mit zart behaartem Teint. Ab und zu fällt eine reife Frucht ins Gras und fault vor sich hin. Schade, Weinbergpfirsiche wären ein Luxusdessert: ein Halbgefrorenes vom Weinbergpfirsich. Und was gilt im Tal als Luxus? Mangosorbet dekoriert mit Physalislaternchen, Flugobst an Kondensstreifen von Puderzucker. Aber egal.

Selbst die Weinberge im Winter bieten Genüsse: In einigen Lagen wachsen sie noch wild: *Sunnewirbele, Feldsalat, Nüßlesalat* oder wie er sonst noch genannt wird. Jedenfalls ist das feine Aroma der wilden, schmalblättrigen Sorte jenem der gekauften voraus. Angemacht mit feinem Öl (z.B. mit einer Vinaigrette aus Walnußöl und Zitronensaft) ein Genuß; dazu ein Butterbrot mit Spiegelei! Wer Glück hat und zur rechten Zeit sucht (ab Dezember oder im zeitigen Frühjahr), findet zwischen den Reben, an Mauern und Seitenstreifen oft meterbreite Feldsalatnester. In ein paar Minuten ist schnell eine

Tüte voll. Aber nicht nur Feldsalat, auch junger Löwenzahn sprießt sehr früh in den warmen Weinberglagen; an Böschungen findet man mitunter auch die wilde Wegrauke, deren Zuchtform unter dem Namen ‚Rucola' Karriere gemacht hat. Ebenso gedeiht wilder Knoblauch an Böschungen.

Ein ganz anderer Genuß ist der herrliche Duft während der *Rebblüte*. Je nach Witterung, Sorte und Lage blühen die jungen Triebe, ‚Gescheine' genannt, ab Mitte bis Ende Juni. Rebwanderungen zu dieser Zeit sind ein Bad in der Wonne. Ein unbezahlbarer Genuß, der nichts kostet und dem Kampfjogger verschlossen bleibt.

Mit der Flurbereinigung in den Rebbergen sind leider auch viele der weißfleischigen Weinbergpfirsiche verschwunden. Da und dort stehen aber noch ein paar Bäume; vor dem Blattaustrieb leuchten sie schon im zeitigen Frühjahr mit ihrer rosa Krone, die als erste Steinobstblüte überhaupt erscheint. Jeder, der einmal einen reifen, saftigen Weinbergpfirsich gegessen hat, wird kaum mehr die Betonkugeln aus dem Supermarkt anrühren. In den letzten Jahren werden wieder vermehrt Bäume gesetzt, so daß da und dort Weinbergpfirsiche auch wieder auf Märkten oder Straßenständen angeboten werden, häufig z.B. auf dem Freiburger Wochenmarkt oder an Hofständen im Kaiserstuhl.

➲ **Tour: Ölberg Rundweg** (oberhalb Ehrenstetten, Beginn bei der Kirche im Ort, dort kleine Hinweistafel, Weg durchgehend markiert). Ein sechs Kilometer Rundweg durch die Reben oberhalb Ehrenstettens, aber wie. Auf wunderschönen Wegen und Pfaden, vorbei an alten Bruchsteinmauern, Trockenwiesen, Steillagen, Rebhütten, Sonnenbänken; mal mit Vogesensicht, mal mit grandiosem Schwarzwaldpanorama (etwa oben von der Kapelle), mal im Naturschutzgebiet Ölberg, das 1966 eingerichtet wurde. Der Rundweg ist zu jeder Jahreszeit ein Genuß, breites Biotopspektrum vom heiß-trockenen Südhang bis zum dunklen Laubwaldmoder. Augenfutter vom Schwalbenschwanz bis zur Eidechse, von Knabenkraut bis Schwertlilie. Eine BUND-Gruppe kümmert sich um den Erhalt der einzigartigen Terrassenlandschaft. Eine der ergiebigsten kleinen Runden zwischen Freiburg und Staufen.

Irgendwann im April beginnt die Spargelsaison am Tuniberg

Am Tuniberg

Zum Thema Spargel: Je nach Witterung, Mitte April, manchmal erst Anfang Mai, beginnt die Spargelzeit im Südwesten. Früherer Spargel *(Märzenspargel)* kommt meist aus Spanien oder Frankreich, wobei die Erntezeit auch hierzulande durch Folienanbau immer mehr verfrüht wird. Bis zum Johannistag (Ende Juni) wird dann in den Hügelbeeten am Tuniberg und im gesamten Markgräflerland das Gemüse gestochen, das durch immense Ausweitung der Anbaufläche längst zum Massenprodukt geworden ist.

Zur Spargelzeit beginnt auch die Invasion der einfachen Wirtschaften am Tuniberg, was dem ruhigen Schmausen natürlich nicht gut bekommt. Viele hauen sich zudem den Bauch mit opulenten Beilagen voll, was ebenfalls nichts mit dem eher subtilen Spargelessen zu tun hat. Ein anderes Thema ist die Nachlässigkeit, mit der Spargel serviert wird, oft auch mitten im Anbaugebiet und selbst in gehobenen Häusern: auf kaltem Porzellan, weich verkocht, wässrig, in zuviel Brühe ertränkt.

Leichte Böden und Wärme liebt der Spargel, von Beidem gibt es am Tuniberg reichlich. Auch weiter südlich – mittlerweile fast in der gesamten Rheinebene – sieht man die mit schwarzer Folie bedeckten Hügelbeete. Gestochen wird, bevor die Kuppen die Erdschicht der Wälle durchbrochen haben. Aromatischer sind violette Sorten, die auch bei uns wieder angebaut werden, ansonsten aber meist aus Frankreich kommen. Aber auch der weiße Spargel färbt sich am Licht, er wird aromatischer, bitterer und vitaminreicher.

Beim Spargelanbau wird – wie bei allen Intensivkulturen – fast immer umweltschädlich angebaut. Zum einen mit Kunstdünger, zudem werden die Hügelbeete und die Beetzwischenräume mit Herbiziden unkrautfrei gespritzt. Die Suche nach umweltgerecht angebautem Spargel – es gibt ihn auch hier – wäre also ein Gebot für jeden Gastronomen. Resultat einmal mehr: Fehlanzeige, gerade auch in Spitzenhäusern. Dieses ignorante Verhalten, im Verein mit einer immer beliebter werdenden Abzockerei (die Einkaufspreise fallen, die Portionspreise steigen) läßt sich nur noch mit Verachtung quittieren. Tatsächlich hört man von vielen Spargelfreunden auch immer wieder den Satz: „Spargel essen wir am besten zuhause." Ebenso blödsinnig ist die Mode, Spargel immer früher auf die Karte zu setzen, oft schon ab März. Der stammt dann aus den Chemiefeldern Südspaniens und hat schon zwei Tage LKW auf der Stange

Als traditionelle Beilage zum Spargel gilt in Südbaden die *Kratzete*, das sind in der Pfanne zerrissene, zerkratzte dünne Pfannekuchen. Gute Kratzete ist luftig wie Seidenpapier; sie sollte nicht in der Friteuse mit Fett imprägniert werden

■ **Biologisch angebauter Spargel** schmeckt aromatischer als mit Kunstdünger hochgejagter, entscheidend auch hier die Frische der Ware. Spargel aus biologischem Anbau gibt es direkt ab Hof: Familie *Klaus Vorgrimmler,* 79112 FR-Munzingen, St. Erentrudisstraße 63, Tel. 07664-2489; www.vorgrimmler.de. Biospargel auch bei *Bernd Kiechle,* FR-Mengen, Schäferstr. 1, Tel. 07664-5339; *Willy Frey,* FR-Tiengen, Am Rüstlinberg 5, Tel. 07664-2223.

Einladend – Innenhof der Tanne, FR-Opfingen

Wer am Tuniberg tafeln will: Zu den klassischen Spargelgaststätten zählen etwa die *Tanne* und die *Blume*, beide direkt in Opfingens Ortsmitte gelegen. Die Tanne gehoben, bürgerlich; die Blume mehr für warm und reichlich.

→ Die **Tanne** ist eine Augenweide. Traditionsfassade, behagliche, stimmungsvolle Innenräume mit Kachelofen, was sich rumgesprochen hat. Besonders zur Spargelsaison ist das Haus bisweilen voll mit Spesentischen und Repräsentiergesellschaft. Angebote in touristengängiger Zusammenstellung, aber in durchaus respektabler Qualität. Während der Spargelzeit wird praktisch ausschließlich gespargelt, außerhalb dekorativ-bürgerlich aufgetischt; eher im französischen Stil, darunter auch einzelne gute Fischgerichte, sowie ein kleineres Menü um 30 Euro. Nur ein Sommersalat mit Fisch oder einfach ein Paniertes geht aber auch. Sehr schöner Innenhof, gepflegter Service, gute Weinauswahl. Gasthaus Tanne (Fam. G. Elmlinger), FR-Opfingen, Altgasse 2, Tel. 07664-1810. Beliebte Gästezimmer. RT: Di, Mai-Juni kein RT. www.tanne-opfingen.de, **Preise**: mittel-gehoben.

→ Die **Blume** (an der Kreuzung gegenüber) ist ein einfacher Landgasthof mit konventioneller Karte und dezidiert schmuckloser Zubereitung. Zur Spargelzeit Remmidemmi, das schwer zu erklären ist. Gasthaus Blume, Opfingen, Unterdorf 2, Tel. 07664-1510, RT: Mo.

Carola und Clemens Lang, FR-Munzingen

☼ **WEINGUT LANG – Munzingen:** Große Weine aus kleinem Weingut. Clemens und Carola Lang – sympathische Winzer, die von Beginn ihrer Selbständigkeit an auf Qualität gesetzt haben und nun seit Jahren schon einzelne Ergebnisse liefern, die für mich zur Spitze von Südbaden zählen.

Am Rande des Tunibergs gelegen, auch sonst nicht im Medaillen- und Prämierungszirkus integriert, gehört das Weingut aber nach wie vor zu den stillen Stars (was sich auch in unprätentiöser Ausstattung und vernünftigen Preisen niederschlägt). Lang produziert eben nicht für Wettbewerbe und Punkte, sondern für eine Kundschaft mit Geschmack: Alle Trauben stammen aus eigener Handlese, nichts wird vom fremden Acker zugekauft. Alle Weine stammen aus der Einzellage ‚Munzinger Kapellenberg', die zur Weinregion Tuniberg gehört. Im Weinberg werden die alten, bis heute unübertroffenen Qualitätsregeln befolgt: umweltschonende Bewirtschaftung der Böden mit Dauerbegrünung; richtige Sorte auf passender Lage; geringer Ertrag; sorgfältige Selektion während der Lese. Bei den Burgundersorten wird oft mehrmals von Hand ausgelesen, so kommt gesundes Lesegut mit optimaler Reife zur Verarbeitung. Im Keller baut Lang seine Weine so aus, wie sie wachsen, auf kurzem Weg und reduktiv, natürlich ausnahmslos trocken im klassischen Sinn, also voll durchgegoren. Bei sämtlichen Weißweinen kein Anreichern (!), kein Entsäuern, kein Manipulieren und Eckenschleifen. Lagerung und Reife im Edelstahlfaß, um einen reinen, sortentypischen Charakter zu erhalten. Das Ergebnis: Stoffige, fruchtige Weine, die nachhaltigen Eindruck hinterlassen, aber bei aller Substanz nicht barock, sondern elegant und frisch daherkommen. Neben Müller-Thurgau und Riesling ist das Weingut besonders gut mit Burgundersorten bestockt und bestückt, gerade auch bei Weißen und Grauen, die Lang wunderbar gelingen. Durchweg gehaltvolle, elegante Burschen.

Langs Rotweine werden nach der klassischen Burgundermethode ausgebaut, also mit Maischegärung und nachfolgender Holzfaßlagerung, ein Teil davon kommt auch mal ins Barrique. Auch die Roten erreichen in guten Jahrgängen hohe Qualität. Farbtiefe, Aromadichte und Ausdruck der Kabinett- und Spätleseweine wären ein Thema für sich. Wenn es der Jahrgang hergibt (wie 2003 und 2004), kommen auch mächtige Auslesen hinzu, die im Grunde nicht in den Freiverkauf gehören. Aber probieren Sie doch einfach selbst. Im Programm außerdem eigener Sekt und Brände. Eine große Adresse, die nicht in aller Munde ist, was die Quelle noch interessanter macht.

→ **Weingut Lang**, Freiburg-Munzingen, Reinachstr. 19. Beim Weingut ist eine freundliche, großzügige Ferienwohnung zu vermieten. Tel. 07664-5863, Fax 07664-59416, www.weingutlang.de

Schnitzel, Brägele und Bahnlinie: Rebstock in Scherzingen

Rheintal zwischen Krozingen und Müllheim

Südlich vom Tuniberg beginnt topfebenes, nicht allzu aufregendes Gelände. Die Landschaft ändert sich erst wieder hinter Schliengen, wo die Vorbergzone bis dicht an den Rhein reicht und wunderbare Aussicht bietet. Bis dahin kann man im Rheintal auf ebenen Straßen endlos gondeln, aber auch im Windschatten kampfradeln. Vorbei an den immer größer werdenden Spargelfeldern, im Frühsommer umweht einen der Duft von hektarweiten Erdbeerfeldern.

Oder einfach mal am Rhein entlang: zwischen Rheinauenwald und Altrhein wäre meditatives Radeln möglich. Später im Jahr dann einen langen Nachmittag am *Baggersee* verdaddeln: am schönsten und auf ausgewiesener Fläche erlaubt bei Hartheim (Abzw. nach links von der Landstraße 134 Hartheim-Grezhausen, wenige hundert Meter nördl. der Autobahnüberquerung); wassern verboten, aber toleriert in den Baggerseen bei Grißheim sowie in Zienken bei Neuenburg. Alle drei Seen auch im Hochsommer mit klarem Wasser; Platz am Kiesstrand, die beiden letzteren bieten allerdings wenig Schatten, landschaftlich und atmosphärisch am reizvollsten der See bei Hartheim (aber nur der oben beschriebene, nicht die garstige Kiesgrube bei der neuen Autobahnzufahrt).

Mitten im weiten, flachen Rheintal, verbunden durch gerade Straßen und verkehrsarme Landwirtschaftswege, liegen die ruhigen Dörfer. Unauffällige Siedlungen, denen Neubauringe wuchsen. Da und dort die Schwundform einer Pizzeria oder was vom Dorfwirtshaus noch übrig blieb – die Suche nach gastronomischen Perlen kann man sich hier schenken. Ansonsten Pendlerheimat und etwas Restlandwirtschaft, im Sommer Hitze, im Winter öfter mal Nebel.

Abseits der größeren Orte hat das Oberrheintal etwas Melancholisches, auch kulinarisch. Hier findet der Eismann sein Revier und einmal die Woche geht es zu Feinkost Albrecht. Im günstigen Fall ein Brotparadies pro Ort, vielleicht noch ein übriggebliebener Laden mit Lottoannahme, ab 3000 Einwohnern der obligatorische Schlecker-Markt, vor dessen Tür Blumenzwiebeln Marke ‚Grüne Fee' in drei Preisgruppen stehen: also werden die Vorgärten im nächsten Frühjahr wieder in drei Preisgruppen erblühen. Am Nachmittag sind alte Frauen Richtung Friedhof unterwegs, eine Gießkanne im Fahrradkorb. Die Ortsränder fransen aus, Niedrigenergiebauweise mit Carport, hellroten Dachziegeln und einem halben Ster Holz an der Wand, für den Schwedenofen. Großformatige Feuerwehrhäuser zeigen, daß die Gemeinderäte die Kunst der Bezuschussung beherrschen.

Hock, Gerümpelturnier, Bauernladen. An heißen Sommertagen stehen Männer in achselfreien Unterhemden auf den verschatteten Balkonterrassen. Das eine oder andere Dorfgasthaus schleppt sich über die Jahre. Am Freitag steht vor der Metzgerei ein Schild: ‚Heute frischer Fisch'.

- **Kartoffelland**: Auf den durchlässigen Böden um Bad Krozingen gedeihen auch gute Kartoffeln, diverse Anbieter mit Hofverkauf z.B. in Feldkirch, am besten man probiert sich durch. Auch in **Bad Krozingen-Schlatt** gibt es einen gut sortierten Bauernladen: *Schmids Bauernladen,* auch dort ein bemerkenswert gutes Kartoffelsortiment – endlich mal mit einer Auswahl in mehlig, vorwiegend festkochend und festkochend. Lazariterstr. 25 (Ortsmitte), Tel. 07633-3819, Di und Fr 9-13/15-18 Uhr, Sa 9-13 Uhr. In der Spargelsaison täglich von 9-19 Uhr.

■ In **Bad Krozingen-Tunsel** dann der große Bauernladen der *Cammerers* mit einem breiten Angebot, das einen Umweg lohnt. Interessant das Frischgeflügel aus eigener Getreidemast (darunter Hähnchen, Puten, Suppenhühner, auch Teile davon, mitunter Gans und Ente), zahlreiche weitere Hofprodukte von Nudeln über Brot bis zum Stallhasen (auf Bestellung). Einer der leistungsfähigsten Hofläden in der Region, vernünftige Öffnungszeiten. Cammerers Bauernladen, Eisenbahnstraße 1, Tel. 07633-3797. Werktags 9-12; Di, Do und Fr auch 14-18 Uhr; Sa 8-13 Uhr.

REBSTOCK – Scherzingen. Ein einfaches Landgasthaus seltenen Typs: erfreulich, ländlich, quicklebendig. Im Rebstock herrscht keine Landkneipenmelancholie, sondern Geselligkeit. Besonders im Einzugsbereich des vitalen Stammtisches – eigentlich ist jeder Tisch hier ein Stammtisch – schaukelt die Stimmung bisweilen erstaunlich hoch. Aber den so charmanten wie entschlossenen Damen im Service bereitet dies keine größeren Probleme: „Helmut kriegsch noch a Bier?" – „Ungern, ja!" Service mit der Kraft der zwei Herzen. In der dünn besetzten Klasse unkomplizierter Landschenken spielt der Rebstock seit Jahr und Tag vorne mit: Gemütlicher Gastraum mit Zusammenrückcharme im ersten Stock, nach hinten raus noch ein XS-Nebenzimmer, das seinem Namen Ehre macht. Dazu ein kleines – gerne unterschätztes – Gärtle im gekiesten Innenhof. Als sozialer Kitt die herzliche Bedienung unter Supervision vom guten Geist Sabine. Die Rebstockkarte bietet ausschließlich handfeste Klassiker: Ochsenmaulsalat, Schwartenmagen, Wurstsalat, Käsesalat, Speckeier, Bibiliskäs, wahlweise mit gutem Bauernbrot oder mit einer Röstihalde, deren Ruf über Scherzingen hinaus reicht. Auch warm keine Experimente, sondern Basisqualität, darunter Fleischküchle (korrekter eigentlich:

Fleischkugeln), Leberle und Sulz, wechselnde Sonderanfertigungen wie Krustenbraten, natürlich auch ein Paniertes. Gastfreundliche Kalkulation bei den Weinen, die vom benachbarten, sehr respektablen *Weingut Heinemann* stammen. So fügen sich im Grunde unspektakuläre Einzelheiten zu einer Landeinkehr, die südlich Freiburg ihresgleichen sucht und eine Gastlichkeit vermittelt, die hoffentlich noch lange hält. Wo andernorts mit Schnittlauchknötchen, Kokosraspeln oder Schaumklößchen rührende Flugversuche unternommen werden, bleibt hier alles auf dem Teppich: Einfach, nicht primitiv, bodenständig, nicht dumpf. Ein Nachbar, der vom Vorgarten aus den Zügen hinterherschaut sagte mal: „S' Esse isch gut und d' Bahn isch laut." Ergänze: Die XL-Schnitzel kommen als Doppelpack und die Stimmung ist intakt.

→ **Rebstock**, Scherzingen (Abzweig von der B 3, wenig nördlich Norsingen), direkt an der Bahnlinie (jetzt mit Unterführung). Tel. 07664-60598, RT: Mi, Do, geöffnet ab Nachmittag. **Preise**: günstig.

KLOSTERMÜHLE – Offnadingen. Die Mühle ist ein Objekt, das mit Leidenschaft und Kapital geschaffen wurde. Das prächtige historische Anwesen liegt still am Ortsrand, an der Möhlin, mit gekiestem Innenhof und einem Umschwung, der auch für einen Kostümfilm geeignet wäre. Das Hauptgebäude der alten Klostermühle wurde von Grund auf restauriert und erst Ende 2002 als Restaurant eröffnet. Wobei ‚restauriert' eine Untertreibung ist: in der alten Klostermühle blieben kaum Steine aufeinander, selbst die alte Mühlenmechanik wurde ohne Scheu vor Kosten wieder ins Werk gesetzt. Es kann also nicht nur gekocht, sondern auch gemahlen werden. So wirken die über zwei Stockwerke verteilten Tische zunächst eher wie eine Zugabe. Man sitzt zwar im Restaurant, aber die Stimmung ist wie in einem nettest hergerichteten Landhaus (oder Mühlenmuseum?), und zu speisen gibt es auch.

Offnadingen, Klostermühle: Innenhof und Gänselebertörtchen

Die Karte zeigt andererseits, daß nicht nebenher gekocht wird. Seit 2005 wirkt Sven Messerschmidt (früher: Traube, Freiburg) in der Küche und somit wird nach MICHELINS Gusto getellert und wahrscheinlich erwartet man im Hause deren Segen mit Inbrunst. Gänselebertörtchen, Wachtelbrüstchen und Galantine vom Stübenküken sind somit gesetzt (Mühlenmenü 48,50 Euro, kleines Menü 32 Euro; Mittagsmenü 19 Euro, Hauptgänge um 25 Euro); Klassiker wie Rehrücken und Seezungen finden sich aber auch auf der Karte, die insgesamt eng am traditionellen Luxuskanon haften bleibt. Man kann das mögen oder antiquiert finden – letztlich eine Geschmacks- und Budgetsache. Die Küche wird erwartbar exakt realisiert, vor allem aber dekorativ präsentiert; Saisonales und Regionales spielt eine eher geringe Rolle. Die Weinkarte ist breit aufgestellt, neben regionalen Gütern gibt es bei den Roten auch einige Namen aus Frankreich und Italien, die im mühleneigenen Naturkeller temperiert lagern. Zu den großen, freilich mehr atmosphärischen als kulinarischen Vorzügen des Anwesens zählt der lauschige, wundervoll eingewachsene Innenhof. Ein Sommernachtstraum.

→ **Klostermühle** (Leitung: Karin Kaiser), Ehrenkirchen-Offnadingen, Am Mühlbach, Tel. 07633-40 63 15. RT: So, Mo; geöffnet: Di ab 18.30 Uhr, Mi bis Sa über mittag und ab 18.30 Uhr. Im Restaurant nur für Nichtraucher, für Raucher gibt es einen Salon (mit Getränkeservice). Reizvoller Innenhof-Garten. **Preise**: hoch, mittags auch mittel. www.klostermuehle-offnadingen.de

■ **Adler – Offnadingen.** Offnadingen liegt in der Tiefe des ländlichen Raumes und der Adler paßt dazu. Luxus und Moden sucht man hier vergeblich. Manchmal weht der Bratkartoffelduft bis zur Kirche, die hier wirklich mitten im Dorf steht. Der Adler lockt nicht mit modischem Aufputz an der Fassade, eher mit breisgauer Jahresringen. Auch drinnen lebt die Vergangenheit: Stammtisch am Kachelofen, das Buffet in strategischer Position, den Gastraum kontrollierend. Die kleine Karte im Schulheftle-Format liest sich wie ein Zeitdokument. Kalte Speisen in der Wurstbrot-Wurstsalat-Klasse, einfache, aber frische Salate, warme Standards wie Ripple und Leberle, Schnitzel und Rumpsteak. Die Gerichte kommen schmucklos, aber ausreichend zu Tisch. Auch bei den Preisen scheint die Zeit zu stehen. Beilagen werden in einer separaten Rubrik geführt, der Kartoffelsalat gehört zu den besseren südlich der Dreisam. Dazu frisches Bier vom Faß und eigener Wein, der freilich größtenteils harmonisiert wurde. Die leutselige Stimmung im Adler verträgt keinen Andrang von Hektikern. Andererseits kann Otto Normaltrinker mit dem Reiz solcher Orte sowieso nichts anfangen. Bleibt die Hoffnung, daß solche Adressen noch ein paar Jährchen erhalten bleiben. **Adresse:** Adler, Ehrenkirchen-Offnadingen, Tel. 07633-3332, RT: Fr. **Preise**: niedrig.

■ **Krone – Biengen**: Ein Gasthaus auf dem Lande mit einem verwunschenen Innenhof, eigentlich ein idealer Fleck, nicht nur für einen lauen Sommerabend. Der altbadische Gastraum ist ebenfalls beachtlich. Die Küche, zumindest ihre Ansprüche, könnte man als ambitioniert bezeichnen, so zwischen ‚Schaumsuppe vom Paprika', gebratenen Riesengarnelen und Rucolaspätzle. Über ein soziokulinarisch wenig erfreuliches Erlebnis in der Krone habe ich bereits in der ‚Badischen Zeitung' und in zurückliegenden Auflagen berichtet. Obwohl mir der Appetit auf die Leistungen des Hauses damals nachhaltig vergangen ist, irgendwann sollte Schluß sein mit den ollen Kamellen. Also mein Rat: Es bilde sich ein jeder sein eigenes Urteil, sofern Bedarf an Schaumsuppe, Gänseleber et al. besteht. **Adresse**: Krone, Bad Krozingen-Biengen, Tel. 07633-3966, RT: Mo. **Preise**: gehoben.

Zuverlässig, feinbürgerlich – Storchen, Schmidhofen

☼ **STORCHEN – Schmidhofen.** Mitten im flachen Rheintal und etwas abseits der ausgelatschten Routen ist der Storchen eine bemerkenswerte Adresse in der Klasse anspruchsvoller, dabei familiär geführter Landgasthof. Außen historisch, innen hell, klar und aufgeräumt – womit die gute Stube schon einen Vorgeschmack auf den Küchenstil liefert. Der verzichtet auf modische Überdrehtheit und dekorativen Firlefanz, was in der Sterneklasse ja nicht unbedingt üblich ist. Der Storchen hat mit seinem klaren Stil eine treue Kundschaft erworben, die nicht zuletzt der hier gepflegten Fischküche wegen raus aufs Land nach Schmidhofen fährt.

Die Freunde des Hauses verteidigen das Haus hartnäckig gegen Anfechtungen betreffend strammem Preisniveau, das in dieser Klasse üblich, damit aber noch nicht gerechtfertigt ist. Maritimes gelingt der Küche durchweg gut, vereinzelt auch hervorragend. Präzises Handwerk kommt auf Teller, die nicht mit Beilagenpäckchen, Türmchen und Gitterchen überhäuft sind. Auch heikle Garzeiten werden perfekt beherrscht – somit steht der Storchen, wenn es um die reine Natur der Dinge geht, an der Spitze im Südwesten. Einwände nur bei Details, etwa, weil manches wenig mehr als routiniert zu Tisch kommt. Wie in anderen Häusern dieser Klasse gilt auch hier: der Stern taugt nicht als Ruhekissen.

Das viergängige *Storchen-Menü* kostet 44 Euro, Fischmenü (serviert ab 2 Personen 55 Euro), Hauptgerichte liegen um 25 Euro, einzelne werden (gering reduziert) als kleine Portion angeboten. Attraktive Zusatzkarte, die unter dem Motto *Zurück zu den Ufern* preiswerte, feinbürgerliche Tellergerichte in der Fleischküchle&Sauerbratenklasse bietet (um 15 Euro). Schon beim Fischangebot wird deutlich, daß nach aktueller Marktlage und nicht nur nach Sonderangeboten eingekauft wird. Auch bei der Fleischauswahl von persönlich bekannten Lieferanten zeigt die Küche eine Einstellung, von der in dieser Klasse zwar viel erzählt wird, die dennoch zur Ausnahme gehört; saisonales Wild ergänzt die Karte. Hinzu kommt, daß die üblichen Ränkespiele von Sternedeutern und Kulissenessern am Stil des Hauses vorbeigehen: Man kocht auf hohem Niveau einfach so und schert sich wenig um das Branchengezischel – gut so. Nach all dem gilt besonders für Fischfreunde und jene, die eine qualitätsorientierte Küche ohne großes Gerödel schätzen, der dringende Rat: selbst mal ausprobieren.

Die Weinkarte ist der Küche entsprechend sortiert; erfreulich, daß auch ein paar offene Weine zu vernünftigen Preisen angeboten werden. Ansonsten überwiegend erstklassige Güter aus der Region, mit Betonung der üblichen Großnamen vom Kaiserstuhl. Unprätentiös und entspannt wie Einrichtung und Service auch die Stimmung im Haus: es kommen überwiegend Ausgelernte, die sich und anderen nichts mehr beweisen müssen. In der Summe garantiert der Storchen kulinarische Klasse ohne Verspannungen.

→ **Storchen** (Fam. Helfesrieder), Bad Krozingen/Ortsteil Schmidhofen, in der Ortsmitte, Tel. 07633-53 29. RT: Mo und Di. **Preise**: mittel-hoch; (es gibt eine kleine Karte mit preiswerteren, bürgerlichen Gerichten), Gästezimmer, www.storchen-schmidhofen.de

Beachtliche Idylle – Staufener Altstadt

Staufen

Das ‚Kleinod des Breisgaues' zählt neben den drei Thermalbädern zu den beliebtesten und meistbesuchten Orten in der Südwestecke. Die Gründe: Im Kern weitgehend erhaltenes mittelalterliches Stadtbild, ausgerichtet auf einen idyllischen Marktplatz. Das gesamte Innenstädtle wurde fußgängerfreundlich hergerichtet. Wohin man sieht: Pflaster, Bächle, Gäßle, Erkerle und, als Zuschlag über allem die Zähringer Burg auf dem weinbewachsenen Schloßberg, dessen Bruchsteinmäuerle auch noch hergerichtet wurden.

So eine heile Welt sucht der Campinggast genauso wie der Studienrat. Dazu kommt noch die geschickt gewobene und gerne präsentierte Fauststory, derzufolge der Magier 1539 bei alchimistischen Versuchen im *Löwen* vom Teufel geholt wurde. Und der Löwen steht noch in alter Pracht am Marktplatz. Also: Fauststube, Fauststadt, Faustspiele, jede Menge herbeigefaustete Touristen. Kurzum: Staufen ist der Idealtypus eines romantischen Städtles im Westentaschenformat mit ausreichend Parkraum außenrum. Bestens geeignet für

Besuche von 30 Minuten bis drei Tage. Hoffentlich kostet es demnächst keinen Eintritt.

Ein anderes Bild bieten die Wohnsilos am südlichen Ortsrand, sie sind architekturgeschichtlich gesehen aber bereits ein Zeitdokument. Die *Falkenstein-Siedlung* wurde ursprünglich für Bundeswehr-Soldaten des nahen Fliegerhorstes Bremgarten gebaut. Der wurde längst ein Opfer der Entspannung, die Fläche wurde zum Gewerbezentrum. Die grobe Architektur blieb der Nachwelt aber erhalten und wenige Meter weiter im Neubaugebiet *Wolfacker* entstehen nun weitere Sammelanlagen unter der Prämisse optimaler Raumnutzung.

So erinnert auch Staufen daran, daß im ach so schönen Markgräflerland ästhetische Fragen von nachgeordneter Bedeutung sind, vorausgesetzt, die Investitionssumme stimmt. Im übrigen läßt sich auch verdichtetes Bauen etwas gelungener realisieren als im Wolfacker: Wir sehen hinter der üblichen Lärmschutzwand ein kompaktes Ensemble aus eng verzahnter Toskana-, Provence- und Pergola-Idylle. Dazwischen Abschnitte im nordischen Landhausstil. Ein Krabbelsack der Stile. Ein Bekannter kommentierte das Bauvorhaben, nebst zu erwartender Grillabend- und Scheidungsintensität, so: „Da finden mindestens zwei Anwälte ihr Auskommen."

Zurück zum Teller: Wie in Touristenorten üblich, macht sich in der Romantikzone eine Sahnetunken-Gastronomie breit, gerne auch Salathaufen mit Putenbrustapplikationen. Der Andrang zur Touristenzeit ist immens, selbst der Großparkplatz gegenüber der Brennerei Schladerer läuft manchmal über. „S' Schtädtle isch wieder randvoll", pflegen die Einheimischen dann zu sagen – händereibend, sofern sie über ein Ladenlokal verfügen.

Andererseits hat Staufen was vom Bengel mit den blonden Locken. Egal was passiert, niemand kann richtig böse sein. So, genug geschimpft, die heile Welt ist klein und Staufen hat einen Zipfel davon. Hier wäre ein Ort, in dem gut zu leben ist, zwischen Reben und Schwarzwald, nur 15 Autominuten von Frankreich. Das hat sich rumgesprochen. Denkern, Dichtern und Edelgrünen konveniert's hier. Mein Freund, Betonbauer in Neuss, sagt dazu: „Nette Grasdachsiedlung".

Einkehren in Staufen

Nach wie vor ein mittleres Problem, das nicht nur von mir sondern auch von Eingeborenen durchaus gesehen wird. Wie beklagt wird überwiegend zur Freude der Video- und Sandalenträger serviert. Sicher, man kann da und dort angenehm draußen sitzen vor mittelalterlichen Häuserfronten, aber es dominiert das Brokkoliröschen.

Bezeichnend die Situation um den Marktplatz. Der so zentral wie genial gelegene *Löwen,* substanziell ein Kracher von Gasthaus, befindet sich nach jahrelangem Halbschlaf, seit Herbst 2005 in neuen Händen. Früher gab es: unser aller Pariser Pfeffersteak oder Lachsschnitte au Safran mit Creolenreis. Nun führt das Gasthaus Löwen den Untertitel ‚Hotel-Restaurant-Bistro'. Was zur Folge hat, daß der Rotbarsch nun in der Eihülle gebraten wird; Ziegenkäse mit Feigensenf oder Nasi Goreng mit Sambalgewürz geht ebenso wie Tournedos mit Gänsestopfleber. Zur Marktzeit am Samstagvormittag ab 10 Uhr kämen u.v.a. noch frische Weißwürste und Austern dazu. Das ist ziemlich viel auf's mal, wie man im Badischen sagt. So bleibt derzeit nur der Hinweis, abwarten (und vielleicht mal Austern schlürfen), es muß ja nicht gleich Nasi Goreng in der Faustube sein.

Der *Krone* – im Grunde auch ein wunderbares Gasthaus – war selbst noch das Wetter ein Dorn im Umsatz, so wurde die Veranda schon vor Jahren zum Gastrowintergarten versiegelt. Als Ruhetage wählte man Freitag und Samstag. Ein Schild ‚Wegen Reichtum geschlossen' wurde in Staufens Innenstadt aber noch nicht gesichtet.

Schade, daß an so einem Ort einwandfrei zubereitete Regionalgerichte die Ausnahme sind. Dafür wurden Gaststätten für Millionen renoviert, mit dem Resultat, daß die Toilettenspülung elektronisch gurgelt. Ein paar Ausnahmen:

→ **Kreuz-Post – Staufen**: Es dürfte im Südwesten kein zweites Gasthaus geben, in dem die Landhausidylle ähnlich heftig herbeigeplant wurde. Die Millionen teure Renovierung des Traditionshauses Kreuz-Post – das Gasthaus gehört der benachbarten Brennerei SCHLADERER – hat Staufen zweifellos ein nett ausgeschlagenes Schmuckkästchen beschert. Holz im Trachtenlook, Pastellfarben und Schmuckwerk allenthalben, ja selbst emblematisch geschmückte Sanitärkeramik: Dem Reiz des Materials, dem Zahn der Zeit, mochte hier niemand trauen. So entstand durchgestylte Behaglichkeit, ein Paradies für Landrover fahrende Muttis. Ach, hätte Laura Ashley das noch erleben dürfen!

Bei der Pächterwahl zeigte das Haus Schladerer ein ähnliches Feingefühl wie beim Styling. Nach wie vor werden die kulinarischen Möglichkeiten des Platzes eher zurückhaltend ausgeschöpft. Die Karte setzt auf gezirkelte Mittelklasse und manches wirkt so gewollt wie das Interieur. Die Weinkarte reicht rauf bis zum Renommierfläschle. Selbstverständlich, daß Liköre und Brände so nahe an der Quelle in üppiger Auswahl bereit stehen. „Bis heute konnte sich das Haus nicht als feste kulinarische Größe etablieren", stand in der letzten Auflage. So bleibt die Hoffnung, daß Lage und Potential irgendwann genützt und nicht ausgenützt werden. Hotel und Gasthof **Kreuz-Post**, Staufen, Hauptstraße 65, Tel. 07633-95320. Freiterrasse, schöne Gästezimmer. Restaurant-Ruhetag: Mittwoch. **Preise**: gehoben.

HIRSCHEN – Staufen. Den touristischen Zulauf der vergangenen Jahrzehnte hat der Hirschen vergleichsweise gut überstanden. Natürlich hat der Betrieb Spuren hinterlassen – der Traditionskern wurde ausgebaut, renoviert und dekoriert – mit folkloristischem Elan. Dazu kommt während der Saison auch die eine oder andere beschwingte Tischgemeinschaft vom Campingplatz. Aber der Hirschen blieb sich im Grunde treu. Auch beim Angebot hat sich nicht allzuviel geändert: An der Basis noch immer Vesperklassiker wie Rindfleischsalat garniert, hausgemachte Bratwürste (gut), dann über Leberle

Staufen pur – Burgruine, Café Decker und Radlerpopulation

aufsteigend, ein ziemlich breites Spektrum der kulinarischen Vorlieben des durchschnittlichen Schwarzwaldbesuchers: vom Steak bis zum Wildragout alles da, alles respektabel, frisch gekocht und mit Schwung serviert. Nicht mehr, nicht weniger – das ist an so einem Platz schon mal was. Dazu auch eigene Weine vom Schloßberg. Die Stimmung im Haus ist wie die Karte, angenehm, ohne Allüren. Ein Gasthaus im Sinn des Wortes. Daß dies seit Jahrzehnten auf einem Terrain praktiziert wird, wo es auch anders ginge, ist allein schon bemerkenswert. Einfach Kurs halten!

→ Gasthaus und Hotel **Hirschen** (Fam. Kerber), Staufen, mit Gästezimmern, kleine Freiterrasse auf dem Gehsteig. Tel. 07633-5297. RT: Mo und Di. **Preise**: niedrig-mittel.

■ **Café Decker** (direkt an der Brücke). Eine der ersten Adressen für feine Back- und Konditoreiwaren im Breisgau und ein leistungsfähiges Tagescafé mit immerhin 120 Plätzen. Man geht die Treppe hoch und es wartet ein üppiges Angebot, üppig präsentiert: Breite Feingebäck- und Tortenauswahl, Extratheke mit eigenen Pralinen. Bemerkenswert auch das weit überdurchschnittliche Angebot an Klein- und Frühstücksgebäck. Das großzügige Tagescafé längs des Neumagens ist in konservativem Polsterambiente gehalten, dazu

Gotthardhof bei Staufen – bunte Salatgarnitur mit Rheintalblick

kommt eine sonnige Dachterrasse, sowie im Sommer Tische auf der Straße bis vor zur Neumagen-Brücke. Gute Teequalitäten im Kännchen. Im Ganzen atmet der Betrieb ein persönliches Bemühen und eine Leistungsfähigkeit, die in der Tschibo-Welt zur Rarität geworden sind. Geöffnet zu den üblichen Ladenzeiten (bis 18 Uhr), So 14-18 Uhr, Tel. 07633-5316.

■ Wer Sinn für herben Charme hat, kann an einem lauen Abend unter den Kastanien der **Bahnhofswirtschaft** seine Halbe kippen. Die Seele des Ganzen, Seniorchefin ‚**Lotte**', ist schon zu Lebzeiten Legende, aber auch unter der nun wirtenden Tochter leidet der bizarre Stil des Hauses keinesfalls. Für alle, denen es in der Fußgängerzone zu nett wird. Im Inneren der Anlage eine Mischung aus mehr oder minder gesundem Volksempfinden und staunenden Ortsunkundigen. Draußen Wurstsalatstimmung. Kein RT.

■ **Gotthardhof**, 2 km nordöstl. außerhalb, am Waldrand zwischen Staufen und Ehrenstetten in selten günstiger Panoramalage. Lohnend am ehesten wegen der herrlich gelegenen Gartenwirtschaft. Tische im Gras unter Obstbäumen: die Sonne lacht bis zum Untergang und kippt dann postkartenschön hinter den Vogesen weg. Einfache Vesper (Spezialität: Bibiliskäs); bemerkenswert dumpfwarme Küche. Durch die umfassende Renovierung hat der Gasthof innen seinen alten Charme verloren. Es ist das vertraute Bild: der Hof wurde scheuerfest versiegelt, die Galtäume sind renoviert und um einen rundum verglasten Panorama-Wintergarten erweitert, der ein wenig an ein Gewächshaus erinnert. In der Freisaison an Wochenenden hoffnungslos überlaufen, zur Tradition gehört dann auch ein gern überforderter Service, der bringt, was er (be-)halten kann. An ruhigeren Tagen unter der Woche, besonders aber vor dem abendlichen Ansturm, ein Traum mit bodennaher Bewirtung. Tel. 07633-7420, RT: Mo und Di.

■ Eine interessante Wein-Adresse in Staufen ist das Weingut **Ulmann** in der Hauptstraße. Besonders zu beachten sind die Weine von den exponierten Steillagen am Schloßberg. Ich kenne nur einen Teil des gesamten Sortiments. Der Riesling-Kabinett ist jedenfalls sehr fein, ebenso einzelne Gutedel. Zentral in der Hauptstr. 39, Tel. 07633-5227.

■ **Hotel Garni Goethe**: Zentral, zweckmäßiges Garni im – recht nüchternen – Gebäude des ehemaligen Goethe-Instituts. Übernachtung im Einzelzimmer ab ca. 50 Euro, auch preiswerte Doppel- und Dreierzimmer, sowie Appartements für 2 bis 4 Personen. Mit Garage, Haustiere erlaubt. 79219 Staufen, Hauptstraße 3, Tel. 07633-50 06 28, Fax: 92 96 10.

Espressowerkstatt und Schokoladen – zwei Adressen in Alt-Staufen, am kleinen Platz bei der Katholischen Kirche:

COFFEE & MORE – Staufen. Früher wurde Kaffee gekocht und fertig. Heute beginnen die Probleme spätestens beim Siebträger, der uns vor folgenschwere Entscheidungen stellt. Entweder automatischer Druckaufbau mit ‚Crema-Garantie' oder die traditionelle Ausführung für Puristen und Könner. Dann das Kräftespiel von Kaffeesorte und Maschine, Anpreßdruck und Brühdauer, die Grundsatzentscheidung zwischen Vollautomat und Siebträgermaschine. Die Italiener haben es da einfacher. Sie stellen ihre aluglänzende Macchinetta auf den Herd und warten, bis gefährliches Gurgeln die Erzeugung schlechten Espressos ankündigt. Dann gehen sie in die nächste Bar und bestellen einen guten Café, unter Touristen als Espresso bekannt.

In Deutschland gehört die digitale Benutzeroberfläche

Kaffeefachverkäufer – Thomas Schüle, Staufen

ebenso zum Stand der Technik wie ein ‚integrierter Cappuccinatore'. Andererseits geht es einem mit der neuen Kaffeemaschine nicht selten wie mit einem Anzug: der Erste paßt selten und je mehr man probiert, desto schwieriger wird's. Wohlmeinende Bekannte verschärfen das Problem ebenso wie die Tests. Wer hat jemals bei einem STIFTUNG WARENTEST-Abonnenten einen guten Espresso getrunken?

Thomas Schüle betreibt nun seit gut sechs Jahren seine Kaffeewerkstatt mit eigener Rösterei. Die liegt in der Hinterstube seines Ladens in der Staufener Altstadt und dort wird so langsam und schonend geröstet, wie dies nur auf kleinen Anlagen möglich ist. Es gibt zahlreiche Varianten von sortenrein bis zur Staufener Hausmischung, von Bio bis Hochland. Und tatsächlich, der Unterschied zwischen frisch und schonend gerösteten Bohnen im Vergleich zur Handelsware ist direkt schmeckbar, Crema und Aroma legen nochmal zu. Auch hier lohnt sich also ein kleiner Umweg.

Zudem kann Schüle seinen Kaffee erklären, er kommt vom Anpreßdruck (bloß nicht zu stark!) über die Brühdauer zum Extraktionsverhalten, sodann von den unübertroffenen Siebträgermaschinen zu den narrensicheren Vollautomaten, die jede Aushilfsbedienung bedienen kann, deren kompliziert, verschlungene Leitungsführung einem perfekten Espresso aber leider entgegensteht. Von hier ist es dann nicht mehr weit zu jenen Gastronomen, die bei einem Kaffee, der zwei Euro Umsatz bringt, auf die fünf Cent achten, die bei Verwendung billiger Bohnen einzusparen sind. Macht bei 100 Kilo Kaffeeverbrauch im Jahr gut 700 Euro Ersparnis. Die bringen immerhin einen Satz neuer Alufelgen an den Tiefergelegten und vielleicht ein paar hundert enttäuschte Gäste, denn „das letzte, das der Gast zu sich nimmt, ist der Espresso".

Ein guter Espresso muß trainiert werden wie ein Spielzug, bei mangelnder Trefferquote vereinbare man einen Termin beim Trainer. Das wäre die Kurzfassung meines mehrstündigen Seminars in Sachen Crema, Strömungsverhalten und Mindestdruck. Oder man begibt sich gleich nach Italien, denn dort „stehen kaum billige Vollautomaten hinter der Bar. Komisch, oder?" Aber bloß nicht nach Frankreich, weil „die rösten den Kaffee nicht, die verbrennen ihn".

Und Vorsicht beim Einkauf: Den Anzug für alle Tage gibt es sowenig wie die Kaffeemaschine für alle Fälle. Somit kann sich das vermeintlich attraktive Sonderangebot zuhause schnell als Fehlkauf erweisen. Die haushaltsüblichen Kompromisse bewegen sich zwischen zwei Polen, die Schüle so umschreibt: Ein solider Vollautomat, für alle, die morgens „im Halbschlaf einen ordentlichen Kaffee oder Cappuccino möchten." Am anderen Ende der Möglichkeiten sollten sich fortgeschrittene Espressofreunde orientieren. Auf der Suche nach einer „feinporigen, haselnußbraunen Crema" wird man an einer wertstabilen Siebträgermaschine kaum vorbeikommen. Oder doch gleich Italien?

→ **Coffee & More**, Thomas Schüle, 79219 Staufen, St. Johannesgasse 14, Tel. 07633-98 18 24 (mit kleinem Café-Ausschank).

■ **Pralinerie Sixt**, das kleine, feine Geschäft liegt direkt gegenüber von Coffe&More, es führt den Untertitel ‚Schokolade und mehr', damit ist für einschlägig vorbelastete Suchtbolzen alles gesagt. Kirchstraße 11. Übliche Ladenzeiten, im Hochsommer von ca. Mitte Juli bis Ende August geschlossen.

■ **Scharfe Sachen:** Die Brände der renommierten Brennerei SCHLADERER (seit 1844) zählen zu den Feinsten unter den namhaften Großbrennern. Manchmal hat man freilich Glück und findet auch auf dem Land einen akzeptablen Kleinbrenner; am sichersten übrigens bei den guten Weingütern, diverse Adressen hierzu im Buch. Dort gibt es auch jene Regionalspezialitäten, die Brennereien oft nicht anbieten, weil die Grundprodukte hierzu nur bei Winzern anfallen. So die ‚Weinhefe' (Medizin nach schwerem Essen, besonders mit hohem Alkoholanteil um 50 Prozent: ein guter ‚Hefe' brennt fast alles weg). Neben dieser Spezialität bieten fast alle Weingüter auch Kirsch- und Obstbrände. Im rückwärtigen Teil der *Kreuz-Post* – dem ehemaligen Stammhaus der Brennerei – befindet sich ein Verkaufsladen. Neben dem eigentlichen Sortiment gibt es dort noch eine reiche Auswahl an Souvenirs und Pretiosen, ultranett präsentiert in überbordendem Landhausambiente.

■ Im Ortsteil **Grunern** gibt es gleich neben dem obligatorischen Fitnessstudio eine Einkehr namens *Ambiente*. Der Name erstaunt etwas, ist das Gebäude doch im verwandten Stil gehalten wie das Körperstudio nebenan – und nach Süden, im direkten Anschluß an die kleine Terrasse, liegt eine Gebrauchtwagenhandlung. Die übersichtliche Karte mit jeweils drei, vier Fleisch- und Fischgängen in gehobener Preislage klingt ambitioniert. Mittags finden sich im schütter besetzten Ambiente einzelne Geschäftsleute ein, zum Abendpublikum zählt neue markgräfler Mitte. Es bleibt die Frage, wie lange diese Klientel über die notwendigen Mittel zur Einnahme einer ‚Bärlauchsuppe mit Scampi' (zu 7 Euro) verfügt; auch über Mittag überrascht das Preisniveau doch etwas: ein Mittagsmenü wird um 30 Euro angeboten, ein preiswertes Tagesangebot fehlt. Gute Weinauswahl. An der Innovationskraft des Konzeptes seien nach wie vor Zweifel erlaubt. Tel. 07633-80 20 80. RT: Mi, Do.

Markgräflerland

„**Nichts, außer dem Meer,** wird hier vermißt, und das Vorhandene ist in Fülle da." Christoph Meckels Hymne in seinem «Suchbild» gilt Deutschlands äußerster und schönster Südwestecke. Hier muß seit jeher besonders begünstigtes Land gewesen sein. Die Römer entspannten sich in den Thermen von Badenweiler, wo die größten Thermalbäder nördlich der Alpen entstanden. Ihren Namen bekam die Region von den Markgrafen von Sausenburg, die Ruine steht noch heute nördlich von Kandern, oberhalb Sitzenkirch. Quer durch die Jahrhunderte wird das Land in literarischen Quellen und Reiseberichten gepriesen. Man kann sie fast nicht mehr hören, die Leier vom ‚Stück Italien auf deutschem Grund', schlimmer noch: der ‚Toskana Deutschlands', oder gewählter: der ‚Himmlischen Landschaft'. Nur: es stimmt, nichts übertrieben! (Den Quatsch mit der Toskana sollte man mal lassen – Oleanderkübel und Mietpalmen machen noch keinen Süden.)

„Der Juni ist rot von Kirschen, Rosen und Mohn." Lassen Sie das Auto stehn, sonst können Sie auch diesen Satz von Christoph Meckel nie erleben, wandern oder fahren Sie wenigstens auf dem Fahrrad durchs Land. Dann gibt es Rosenduft und Sie fühlen den Wind, der den Mohn am Straßenrand bewegt. Und sehen Wege, die ‚Im Paradies' oder ‚Amelenbühl' heißen.

Sulzburg – Mit 1.600 Einwohnern ist Sulzburg eine der kleinsten Städte, aber der Siedlungsplatz hat Tradition. Bergbau sorgte für frühe Bedeutung, die Kirche St. Cyriak wurde um 990 gebaut, sie ist das einzige Baudokument aus vorromanischer Zeit, das im Südschwarzwald erhalten ist. Noch heute bietet die Stadt im Zentrum ein erfreulich geschlossenes, historisches Bild.

HIRSCHEN – Sulzburg. Unter den Hochküchen traditionellen Zuschnitts gilt der Hirschen als die feinste im Südwesten. So war es, so ist es, und so wird es – bei allem Gerascheln – wohl noch eine Zeit lang bleiben. Früher prägte allein der orthodoxe, französisch orientierte Stil von *Hans Paul Steiner* die Küche. Unter Mitarbeit von Tochter und Schwiegersohn geht es in zaghaften Schrittchen weiter in Richtung Neuzeit. Freunde einer klaren, produktnahen und heiteren Küche sollten aber bedenken, daß sich ein konventionelles Gourmetrestaurant wie der Hirschen, mitsamt dem entsprechenden Publikum, nach Stil und Zuschnitt an enge Vorgaben hält. Zwei Sterne fordern ihr Tribut, Gänselebervariationen und Trüffel, Steinbutt und Steinpilzschuppen bleiben also gesetzt.

Am Hirschen wird oft der hohe Perfektionsgrad vor und hinter dem Pass gelobt. Nach jahrzehntelangem Luxusdienst und trotz des Einstiegs der nächsten Generation sind Ermüdungserscheinungen allerdings unverkennbar. Im ver-

Zweiender in der kulinarischen Oberliga – Hirschen, Sulzburg

gleichsweise preiswerten Mittagsmenü (vier Gänge, werktags zu 36 Euro) konnte ich nicht allzuviel Leidenschaft schmekken. Eher eine routiniert präsentierte Leistung, die mitunter an kulinarische Pflichterfüllung erinnert, jedenfalls nicht mehr an jene Leidenschaft, mit der das Haus groß wurde (mit einem ‚Grünen Spargelrisotto' glänzt nun wirklich jede Szenekneipe). Die Routine ist eine unverzichtbare, aber gefährliche Schwester der Perfektion – Sterne können auch eine Innovationsbremse sein. Daß dies keine Einmalerlebnisse sind, zeigt Kritik, auch von Lesern dieses Buches, wobei es nach wie vor auch Lobeshymnen auf das Haus gibt.

Nach und trotz allem gehört der Hirschen zu den herausragenden Gourmet-Treffs im Südwesten – mit allen Vor- und Nachteilen dieser Klasse. Der Service kommt aufmerksam, formal freundlich, aber ohne Herzenswärme zum Tisch. Alles in allem schnurrt der Laden unaufgeregt wie ein laufruhiger Sechszylinder mit Hutablage. Extrem breite Weinkarte mit wenigen, allerdings guten regionalen Erzeugern, viele hochpreisige Renommierflaschen, besonders bei den Roten zupackend kalkuliert. Leider nur wenig offene Weine. Hohe

Kulinarisches Kammerspiel – Eric Grandgirard, Erics Weingalerie

Aufmerksamkeit verdient, trotz der Detailschwächen, das kleine Mittagsmenü, es zählt für mich – auch wegen der am Mittag unverkrampften Stimmung im Hause – zu den eigentlichen Reizen des Hirschen. Wer nach abendlicher Schlemmerei zum Ablegen nur eine Treppe höher möchte, kann eines der relativ preiswerten Zimmer reservieren (fünf Zimmer, zwei Suiten, jeweils mit üppigem Frühstück).

→ **Hirschen** (Fam. Steiner), Sulzburg, Tel. 07634-8208, Fax: 6717. RT: Mo, Di., www.hirschen-sulzburg.de, neun Gästezimmer, Einzel ab 82, Doppel ab 102 Euro, Garage 7,50 Euro, Logis für einen Hund (ohne Kost) 7,50 Euro. **Menü-Preise**: Menu du Chef 78 Euro, Menu du Pecheur 102, Gastronomique 105 Euro; werktags über Mittag auch ein kleineres Vier-Gang-Menü für 36 Euro.

ERICS WEINGALERIE & RESTAURANT – Sulzburg.

Der ehemalige Hirschen-Servicechef Eric Grandgirard hat sich nur ein paar Häuser von seiner ehemaligen Arbeitsstätte zusammen mit Frau Dagmar niedergelassen. In zwei wohnzimmergroßen, intim-ansprechenden Räumen betreibt das Paar ein persönlich geführtes Kleinrestaurant mit kleiner Saisonkarte. Vom Vorspeisenteller über das kleine

Menü bis zum späten Käseplättle zur Rotweinauswahl ein kulinarisches Kammerspiel mit individueller Handschrift. Dazu kommen vier kleine, aber modern und sympathisch eingerichtete Doppelzimmer im Dachstock des renovierten historischen Stadthauses. Besondere Menüwünsche können nach Absprache realisiert werden. Eine individuelle Sache, in angenehmer Tonlage. Sonnenschein Eric und die nicht minder sympathische Frau und Köchin Dagmar sorgen dafür, daß die Gäste das Markgräflerland bei jedem Wetter von der besten Seite kennenlernen.

→ **Erics Weingalerie** (Eric Grandgirard, Dagmar Hauck), Sulzburg, an der Hauptstraße, Ernst-Bark-Gasse 2, Tel. 07634-6110, Fax 69228 (für Abendmenüs möglichst Reservierung). Vier schöne Gästezimmer. RT: Mo bis Mi, sonst ab 18 Uhr, So auch ab 12 Uhr. **Preise**: mittel-gehoben.

Nicht nur schlemmen, auch naturnah baden geht in Sulzburg. Wie vor Jahrzehnten in einem *Naturfreibad,* still und waldgesäumt im hinteren Sulzbachtal gelegen. Nahe beim netten, kleinen Campingplatz. Das vom kühlen Bach gespeiste Becken liegt oberhalb der Straße in Richtung *Waldhotel Bad Sulzburg.* Wohin man sieht, Nostalgie wie zur Zeit der Brausetütchen. Für einen kleinen, aber verschworenen Freundeskreis naturtrüben Badevergnügens wurde die Anlage mit minze- und schwertliliengesäumten Uferpartien zur geschätzten Sommerfrische. Bade-, Haus- und Kioskmeister Heinz Peter Weschenfelder kümmert sich um das Kleinod so individuell wie um sein Fruchtgummiangebot, das mit über 30 Sorten im Südwesten so einzig sein dürfte, wie der gute Filterkaffee vom reinen Sulzburger Quellwasser (um dessen Erhalt in der Gemeinde lange gerungen wurde). Die Wienerle stammen aus der kleinen, feinen Sulzburger Metzgerei *Sum* und solche Details zeigen, daß auch an einem Badekiosk die kulinarische Menschenwürde respektiert werden kann, des weiteren warten ein paar Bänkle zum Tannenzäpfle kippen.

Das frische, kühle Wasser garantiert auch im Sommer

Naturtrübes Badevergnügen – Schwimmteich in Sulzburg

nostalgische Badefreude, ohne Rutsche und Sprudler. Wer möchte, kann ab August Brombeeren pflücken oder zusehen, wie Jungfrösche durchs feuchte Gras hüpfen. Nur an Sonntagen mal voll, nie überfüllt, Liegewiese mit Schatten, bislang nur eine Warmdusche, im Hochsommer bis 19 oder auch 20 Uhr geöffnet. Das Kleinod wurde in den letzten Jahren in sehr bescheidenem Rahmen etwas saniert. Saniert, nicht betoniert.

– Gegenüber dem Freibad (Zugang über Campingplatz) liegt in verwunschen schöner Umgebung der alte *Jüdische Friedhof.*

■ Die Straße führt weiter bis zum **Waldhotel Bad Sulzburg**, knapp drei Kilometer am Bach lang, selbst an einem brütend heißen Hochsommertag ist es hier noch kühl, was stets auch ein paar Pensionäre schätzen, die hier ihre Klappstühle am Bach aufschlagen und den Mittag verdösen, Sommerfrische im alten Wortsinne. Am Schluß der Straße dann ein Rest von Allee, Ahornbäume säumen die letzten Meter vor dem Wald- und Tagungshotel. Für Passanten vor allem interessant: die schattige Sommerterrasse in Talschlußlage. Ansonsten gibt es erwartbare Hotelküche und ein partiell gutes Weinangebot. Heiter, sonnig ist die Stimmung nur im Sommer, ansonsten eine ruhige Abschaltstation. Tel. 07634-8270. **Preise**: gehoben.

Wiedervereinigt in Sulzburg-Laufen: La Vigna und Vincaffè

☼ **LA VIGNA – Laufen**. In der seltenen Kategorie gehoben, gradlinige Italoküche ist Antonino Espositos Weinberg seit Jahren eine gute Adresse. Seit Mitte 2005 wird das zuvor im Trattoriastil bekochte *Vincaffè* aus der La Vigna-Restaurantküche versorgt, auch die zuvor getrennten gehaltenen Karten wurden wiedervereinigt. Dies kommt der Konstanz und Qualität zugute. So bleibt nun die freie Wahl zwischen Menü oder auch nur ein paar Antipasti zum Wein. Die vergleichsweise kleinen Innenräume im La Vigna unterstreichen den familiären Charakter des Hauses. In der warmen Jahreszeit kommt als eigentliche Attraktion noch eine Innenhof-Terrasse hinzu, die wegen ihrer selten geschützten Südlage früh und lang im Jahr mit Genuß genutzt werden kann. Mitunter reifen noch Ende Oktober die Feigen an der Hauswand über der Tafel. Der rückwärtige Teil der Räume (früher: Vincaffè) mit dem alten Kellergewölbe ist nur noch im Sommer (oder für Gesellschaften) geöffnet.

Die übersichtliche Karte bietet zwei bis drei Menüs (um 40 Euro; Menü della Vigna 65 Euro, nur tischweise), Teile der Menüs auch à la carte; dazu kommt ein kleineres Tagesmenü (um 25 Euro). À la carte auch einzelne Vorspeisen, eine sehr gute hand- und hausgemachte Pasta (10-15 Euro), oder eben auch nur ein paar Antipasti zum Wein. Die Weinpreise beginnen nun ebenfalls auf Trattorianiveau (offen um 3,50, Flaschen um 15 Euro). So deckt die La Vigna-Karte nun das breite Spektrum zwischen unkompliziertem Imbiß und opulentem Menü vollwertig ab.

Der gebürtige Sorrentiner Esposito kocht präzis, ohne das Brimborium der Hochküche. Hauptgänge etwa: ‚Gamberoni mit Lorbeer gebraten auf Kichererbsencreme', oder ‚Filet vom Weiderind, weißer Risotto, sautierte Steinpilze'. Die strenge Klarheit und die Leidenschaft einer original süditalienischen Küche scheint – nach Jahrzehnten in Baden – aber nur noch ansatzweise auf; einen besseren Brasato al barolo dürfte man nördlich des Klemmbaches dennoch kaum bekommen. Die Stärken der Küche sind besonders bei den Pasta- und Fischgängen zu schmecken, gerade die hausgemachte Pasta ist einen Umweg wert. In der Spalte ‚Bemerkungen' wäre einzutragen: Schade, daß ein inhabergeführter Kleinbetrieb nicht mehr Mut zu tatsächlicher Saison- bzw. zur strikten Regionalküche aufbringt. Etwas Abwechslung zu Lachs und Zander, Perlhuhnbrust und Rinderfilet würde die Handschrift eines versierten Koches noch mehr zur Geltung bringen. Aufmerksame Bedienung; reizvolles Ambiente im Innenhof.

→ **La Vigna** mit Vincaffè (Fam. Esposito), Sulzburg-Laufen, Weinstraße 7. Tel. 07634-8014, RT: So und Mo, reizvolle Freiterrasse im geschützten Innenhof. Drinnen zu beachten: Bei der intimen Stimmung im Lokal kann schon ein Tisch mit Lautsprechern für Irritationen sorgen. **Preise**: Angebote von mittel bis hoch.

JONNY B. – Eine Schreinerei weit jenseits der IKEA-Schwelle mit einem Schauraum direkt an der Ortsdurchfahrt, in der Weinstraße (gleich neben Gasthof Drei Lilien). Spezialität: klar und sauber gearbeitete Möbelstücke aus heimischem Massivholz. Gute, auch stilistisch überzeugende Arbeit, moti-

Jenseits der Ikeaschwelle: Schreinerei Jonny B. in Laufen

vierter Mann, der seinen Kunden genug Zeit läßt, um mit den Werkstücken in Bekanntschaft zu kommen. Unbedingt reinschauen. Das Leben ist zu kurz für Furnier und Faßwein.

→ **Jonny B**rändlin, Weinstraße 44, Laufen, Tel. 07634-69 059 od. 69 46 00, www.jonnyb.de

WEINGUT BRUGGER – Laufen. Wendelin Brugger führte seinen Betrieb seit der Gründung im Jahr 1981 (und nicht erst seit es Mode ist) nach den Richtlinien des kontrolliert ökologischen Weinbaus, nun garantieren sein Sohn Carl und seine Frau die Kontinuität dieser selten klaren Linie. Bruggers Weine haben in den letzten Jahren viele Freunde gefunden und jene Kritiker widerlegt, die noch immer meinen, ökologischer Weinbau könne keine Spitzenprodukte liefern. Es geht also auch anders, wenn man Verstand und Erfahrung bemüht, auf Massenerträge verzichtet und klimabedingte Risiken akzeptiert. Die freundliche, bodenständige Familie Brugger erklärt gerne ihre Anbau- und Ausbauprinzipien; erfreulich auch, daß die amtlichen Analysen zu jedem Wein ausliegen. Beachtlich sind die Bemühungen um sehr geringe Schwefelwerte. Selbstverständlich werden alle Weine trocken

Guter Mann, guter Wein: Carl Brugger, Weingut Brugger Laufen

ausgebaut und – weniger selbstverständlich – auch die Qualitätsweine werden nur sachte oder gar nicht angereichert, um höhere Alkoholgrade zu erreichen.

Weine, die so ausgebaut werden, sind von Jahr zu Jahr Schwankungen unterworfen, ihre Entwicklung ist variantenreich und spannend. Eben das Gegenteil von geschönter Konfektionsware. Manche Weine von Brugger sind recht säurearm und mild, wie zum Beispiel der Gutedel, der ja schon von der Traube her wenig Säure bringt – dies wäre ein Wein für jemanden, der einen trockenen, leichten und zarten Alltagswein sucht. Schön für Kenner auch, daß hier noch leichte Kabinettweine (um 11 % Alkohol) ausgebaut werden und nicht nur schwere Brummer. Mir schmecken die frisch-eleganten Weißburgunder und seine herrlich fruchtigen Noblingweine am besten, der bukettreiche Gewürztraminer ist etwas für Spezialisten. In guten Jahrgängen kommt ein schöner Spätburgunder Rotwein hinzu, gehaltvoll, aber nicht mit Alkohol gedopt. Nach traditioneller Burgundermethode auf der Maische vergoren, sauber ausgebaut, lagerfähig. Sympathisch auch, daß die Bruggers Anbiederei-

Das Wunder von Iris und Pfingstrose

en, vom Flaschenstyling bis zum Imitieren internationaler Weintrends, einfach ignorieren. In der Gesamtschau über Jahre und Sorten eine der Spitzenadressen im ökologischen Weinbau des Markgräflerlandes.

→ Weingut **Wendelin Brugger**, Bachtelgasse 6 (von Staufen kommend vor der WG scharf rechts), Tel. 07634-8957, www.weingut-brugger.de, im Sortiment auch feine Brände: Kirschwasser, Hefe.

■ Bereits an der Ortseinfahrt (von Staufen/Sulzburg kommend scharf rechts) lohnt der erste Halt: Die **Staudengärtnerei Gräfin von Zeppelin** ist wegen ihrer Sortimentsbreite und Güte unter Kennern weit-, ja weltbekannt. Die mannigfaltige Auswahl an edlen Irisarten, Steingartenpflanzen und mehrjährigen Gartenstauden (nicht an Einjährigen und Geranienschrott) ist wohl einzig im Süden des Landes. Ein Blick auf die Nummernschilder am Parkplatz zeigt, daß es auch im Zeitalter der Supermarktgärtnereien noch Leute gibt, die wegen des Wunders einer Pfingstrose einen weiten Umweg fahren. Das beruhigt dann doch etwas.

→ **Staudengärtnerei Gräfin von Zeppelin,** Sulzburg-Laufen, Tel. 07634-69 716. Von Mo bis Fr 8-12/13-17 Uhr; März bis Oktober auch Sa 8-13 Uhr.

Bammerthäusle bei Muggardt

Rebwandern – Markgräfler Wiiwegle. Wanderungen durch die Weinberge sind ein Genuß. Die Sicht von den exponierten Hängen ist großartig, und praktisch rund ums Jahr wird in den Reben gewerkelt: geschnitten, gedüngt, gebunden. Fast alle Gemeinden haben mittlerweile die antiquiert wirkende Rebsperrung im Herbst durch den freundlichen Hinweis ersetzt, man möge die Aussicht mitnehmen und die Trauben am Stock lassen. Es gibt tausend schöne Stellen in den Reben, eine davon ist das von weithin sichtbare ‚Bammerthäusle' (so heißen die alten Schutzhütten) oberhalb der winzigen Ortschaft *Muggardt*, zwischen Britzingen und Laufen. Das *Markgräfler Wiiwegli* führt auf ausgesucht schöner Strecke durch die Weinlagen des Markgräflerlandes. Der vom Schwarzwaldverein markierte Weg beginnt in Freiburg St.-Georgen und verläuft über 77 Kilometer herrliche Landschaft bis Weil. Praktisch in jedem Ort findet sich eine Unterkunft.

→ **Infoblatt Wiiwegli** beim Schwarzwaldverein, Freiburg, Schloßbergring 15, Tel. 0761-38 05 30. Die beiden topogr. Karten Nr. 505 und 508 des Landesvermessungsamtes decken die Strecke ab (1:50 000, mit Wegsignaturen).

Müllheim

Auf halbem Weg zwischen Freiburg und Basel liegt Müllheim, nach wie vor das ehrgeizige Zentrum des Markgräflerlandes. Müllheim hat alles, was unsere Kleinstädte liebenswert macht. Schon die Vielfalt der Drogeriemärkte beweist die Leistungsfähigkeit der Provinz: Es gibt immerhin vier laufende Meter Haartönungen und drei Regalmeter gegen Achselnässe, dazu Heimatmuseum, Feuerwehrhaus und Amtsgebäude in gepflegtem Zustand. Parkplatznot kündet vom Gewerbefleiß der Einwohner, wobei sich das Bild verkehrsreicher Straßen gegen Abend schnell ins Gegenteil verkehrt. Nach Einbruch des Ladenschlusses zieht sich die Bevölkerung ins Private zurück. Dann erinnern nur noch Plätze, welche die Namen der Partnerstädte tragen, an südländische Gewohnheiten. Auch das Gaststättenangebot kann sich sehen lassen: Pizza wird stationär und mobil angeboten, Freunde der türkischen und chinesischen, ja selbst letzte Anhänger der Markgräfler Küche finden etwas. In der Peripherie lockt ein ‚Billardparadies' zum Spiel, Unerschrockene finden in Lokalen namens ‚Bierhobel' Unterschlupf. Nicht nur, aber eben auch in Müllheim wird klar, was *Mittelzentrum* auch bedeutet. Haben Sie Ihren Bürgermeister eigentlich schon mal auf einem dieser Stadtkernverschönerungsbänkle sitzen sehen? Einfach so, weil er sich wohlfühlt, oder mit den Leuten reden möchte? Komisch, gell?

Ein Platz wie ein Loch

Bevor unsere Heimatschützer zum Hörer greifen, sei zur Ehrenrettung der Markgräfler Herzen gesagt, daß Müllheim inmitten prächtiger Landschaft liegt, trotz emsiger Hoch- und Tiefbautätigkeit noch immer über idyllische Winkel verfügt und nun auch eine saubere Fußgängerzone mit vietnamesischem Granitpflaster bekommen hat. Diese wurde an ihrem oberen Ende allerdings mit einem Platz abgeschlossen, der

Kunst im öffentlichen Raum: Müllheim, Markgräfler Platz

vermutlich repräsentativ sein soll, zu dem mir aber nur eins einfällt: ein Platz wie ein Loch. Man hat Angst, daß man reinfällt. Auch die ebendort aufgebaute Großplastik aus gestapelten Steinzylindern läßt den kleinen Erdenbürger mit seiner Furcht allein. Für Anlässe, Aufmärsche und Verlautbarungen aller Art ist der MARKGRÄFLER PLATZ jedoch zweifellos geeignet. Ähnliche Zumutungen in anderen Kleinstädten zeigen, daß unsere Bürgermeister – sparen hin oder her – ihre Bescheidenheit längst abgelegt haben: wenn sich Neuenburg einen Rathausplatz mit künstlich krummen Bächle leistet und Heitersheim an der Bundesstraße 3 einen Luxuskreisel mit Edelstahlgarnitur errichtet, ja wenn das so ist, dann braucht Müllheim eben ein großes Tor – oder so ähnlich.

Müllheimer Weinmarkt – Der Müllheimer Weinmarkt, seit 1892, ist die älteste Veranstaltung dieser Art, jedes Jahr meist am letzten Freitagnachmittag im April, im Bürgerhaus der Stadt. Alle wichtigen Hersteller aus dem Markgräflerland stellen ihre Produkte zum Kosten und Kaufen aus. Der erste Teil des Marktes, am Vormittag und am frühen Nachmittag, ist ernsthaften Interessenten und Einkäufern vorbehalten

Weingut Dörflinger, Müllheim

– von 15 bis 20 Uhr dann allgemeines Schmecken, Sürpfeln und Lafern. Die Veranstaltung ist gut geeignet, um sich einen Überblick über Trend und Erzeugnisse der gesamten Region zu verschaffen.

→ **Weinmarkt**: Zum Markt erscheint ein interessanter Katalog (gibt's zusammen mit dem Probierglas zum Eintritt), der über Preise, Anbieter, Mengen- und Sortenspiegel des Markgräflerlandes informiert. Zudem sind die wesentlichen Werte aller angestellten Weine (über 350!), also Alkohol, Säure, Restzucker genannt. Für Weinfreunde ein solider Überblick. Wer nicht soviel Zeit zum Probieren hat, sondern einfach nur besten Markgräfler Wein sucht, geht gleich zum:

WEINGUT HERMANN DÖRFLINGER – Müllheim.

Hier bekommen Sie hervorragende Weine, ausschließlich und seit Bestehen des Weingutes nie anders als trocken ausgebaut. Und zwar tatsächlich und nicht nur auf dem Etikett trocken, was angesichts des seit Jahren laufenden Trends zum weichgespülten trockenen Wein nicht unwichtig zu erwähnen ist. Durchgegorene Weine erster Qualität also, zu durchweg vernünftigen Preisen. Da wären einmal herrliche, sortentypische Weißweine aus den Einzellagen

Hermann Dörflinger und sein Gutedel

Reggenhag und Pfaffenstück in Müllheim sowie vom Badenweiler Römerberg. Zum breiten Angebot des Hauses gehören praktisch alle heimischen Sorten, also Silvaner, Nobling, Riesling, Gewürztraminer, alle drei Burgundersorten und natürlich die regionale Spezialität Markgräfler Gutedel, letzterer (wie Müller-Thurgau) auch in der Literflasche. Sodann lockt ein Spätburgunder Rotwein klassischen Typs, in guten Jahren voll, aber nicht plump-üppig, nach dem traditionellen Burgunderverfahren auf der Maische vergoren. Auch die Rotweine werden individuell und lagentypisch ausgebaut, was zu feinen Differenzierungen führt. Nur wenige Spätburgunder Rotweine im Südwesten haben einen vergleichbar speziellen, auch jahrgangstypisch recht unterschiedlichen Charakter, mitunter kommt deren Potential erst nach Jahren zur Geltung. Wobei es im Grunde nicht fair ist, Weine dieser Klasse kleinlich zu vergleichen. Die Punktezählerei im üblichen Prämierungszirkus zeugt ja stets auch von geringer Souveränität. Wo zeitgeistiges Erbsenzählen das eigene Urteil ersetzt, wird es ja rasch kleinlich (und peinlich). Wer dagegen gesundes, voll entwickeltes Lesegut ausbaut und das Lagen-

und Sortentypische so pflegt, wie es bei Dörflingers üblich, aber anderswo nicht mehr die Regel ist, bekommt Weine mit entsprechend reifem Charakter; jeder Jahrgang einzig.

Was mir bei diesem Weingut besonders gefällt ist die gradlinige Art, mit der hier Weinkultur betrieben wird: keine Selektionen, keine Künstlerpullen, nichts von all den Marketing-Hampeleien, die anderswo immer öfter an Stelle eines gewachsenen Qualitätsbewußtseins treten. Auch kein standardisiertes Massenprodukt mit Weltgeschmack. Die Arbeit von Hermann und Doris Dörflinger dient dem Wein, nicht dem Effekt. Außerdem im Angebot: Kirsch- und Mirabellenwasser; ein sehr feiner Hefe- und Tresterschnaps (Marc) und ein vorzüglicher, feinmoussierender Sekt, elegant und ganz in der Tradition des Hauses ultrabrut auf die Flasche gezogen, also ohne jede süßende Dosage. Das alles wird Ihnen sachkundig und mit persönlichem Engagement in der anregenden Umgebung eines würdigen, üppig mit Blumen geschmückten Weingutes präsentiert. Bringen Sie etwas Zeit mit. Die Kunststücke der Dörflingers haben es verdient.

→ **Weingut Dörflinger**, Müllheim, Mühlenstraße 7, Tel. 07631-2207, Fax: 4195.

TABERNA – Müllheim. Die Taberna bietet unkomplizierte Küche in entstaubter Umgebung, dabei sind die Gerichte von der altdeutschen Ratsherrenküche etwa gleich weit entfernt wie vom aufwändigen Gourmetstil (einzelne Preise erreichen allerdings dessen Niveau). Die Einrichtung paßt zum unprätentiösen Angebot: ein solid renoviertes Kellergewölbe mit viel Massivholz, dazu eine stattliche Wintergarten-Veranda längs des Klemmbaches.

Freunde von Polstergemütlichkeit werden sich in dem karg möblierten Gewölbe schwertun; die bei Betrieb laute Akustik, teils kleine Tische und ein mitunter nachlässiger Aushilfsservice sorgen ohnehin für reduzierte Behaglichkeitswerte. Die Gerichte wechseln öfter, wiederholen sich

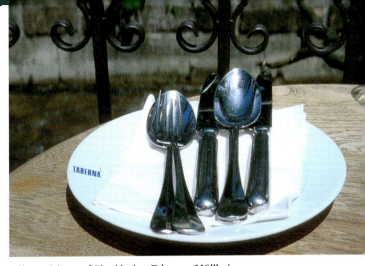

Tellergerichte auf Blankholz – Taberna, Müllheim

allerdings regelmäßig. Das Angebot – im Wechsel zwischen mediterran und regional – bewegt sich in festen Bahnen, die vom saisonalen Produktangebot nicht bedeutend beeinflußt werden (Ganzjahresgemüse; Conveniencekrabben und andere Fragwürdigkeiten mehr). Schon nach fünf Jahren hat sich in Stil und Betriebssystem mancher Trott etabliert; andererseits sorgen Sonderveranstaltungen und Weinproben immer wieder für Abwechslung.

Beachtlich bleibt, was hier aus Standards bei erkennbar spitz bemessenem Wareneinsatz wird: ordentliche Bistro- und Trattoriagerichte, schmucklos als Eintellergericht serviert, wobei Fisch und Krustengetier auffallend übersichtlich portioniert wird. Mitunter gibts auch mal Geflügel, öfter Kaninchen, aber auch mal ein ganzes Kalbskotelett, im Winter Gansessen und Schlachtplatte light. Leidenschaft beim Arrangement und Originalität der Beilagen zählen nicht zu den Stärken; à la Minute, reichlich Olivenöl und wenig Salz gehört dagegen zu wiederkehrenden Tatbeständen in der Küche. Sei's drum, an guten Tagen wird erfreulich gekocht und depperte Kombinationen sind selten. Neben Vorspeisen und immerwährendem ‚Blattsalat' gibt es abends eine gute Handvoll Positionen, Schwerpunkt zwischen 12 und 25 Euro, per Tafel angeboten, sowie ein Menü um 35 Euro. Im Vergleich dazu wirkt mancher à la carte-Preis forsch kalkuliert – aber der Markt wird es richten. Über Mittag gilt meist ein kleineres Angebot (Mo bis Fr, ein Hauptgericht nach Wahl, mit Suppe oder Salat, Espresso, 9 bis 14 Euro).

Die Weinkarte erfreut mit alten Bekannten, darunter zwei Drittel Markgräfler, ein Drittel Italien. Man kann in der Taberna auch nur am Tresen stehen und ein Bier mit ein paar Oliven wegzischen. Im rückwärtigen, halligen Teil wird auf blankem Vollholz aufgetischt. Draußen sitzen geht auch, auf der angebauten Veranda, die über die gesamte Hausfront hinweg dem Klemmbach folgt. Halb lauschiges Eck, halb Promenadendeck (im Winter verglast). Fazit: ein Ort mit Eigenheiten.

→ **Taberna**, Müllheim, Marktplatz 7, Tel. 07631-17 48 84. Geöffnet mittags 12-14 Uhr und abends; So und Feiertage geschlossen. **Preise**: mittel bis hoch.

Ausverkauf: Wer auf der Bundesstraße 3 durch das Land eilt, erfährt im Viertel um den Traditionsgasthof *Alte Post* (gehobene Küche, außergewöhnlich breite Weinkarte; reizvoller Innenhof) das hemmungslose Wesen unserer neuen Statthalter: der Handelsketten und Bauträger. Dem Heimatdichter JOHANN PETER HEBEL, der die frühere Posthalterei besungen hat, „z' Müllen, an der Post, Tausigsappermost! Trinkt me nit en guete Wi!" würden die Reime im Hals steckenbleiben: Das Traditionshaus wirkt wie eine Insel, umgeben von Supermärkten und anderen Melkplätzen. Auch in Müllheim wurde die Chance vertan, ein ansehnliches Gewerbezentrum zu schaffen. Bäume ab, Halle drauf, fertig! Das Bedürfnis an Romantik wird dann in toskanischen Gassen befriedigt:

Woher nimmt die Industrie das Recht auf Häßlichkeit? Noch nie in der jahrtausendelangen Geschichte des Handels haben es Kaufherren gewagt, sich so brutal, so herausfordernd rücksichtslos vor ihrer Kundschaft aufzubauen. Und eins ist all diesen Jammerwänden gemeinsam: daß sie ihre Plumpheit, ihre Einfallslosigkeit und ihre billigen Gags mit voller Lautstärke an unsere Straße stellen."

Aus: GRÜN KAPUTT. Landschaft und Gärten der Deutschen.

Stille Flucht – Nun das Positive: Das renovierte *Markgräfler Museum* (Wein- und Heimatmuseum) ist einen Besuch wert. Gehen Sie in den stilsicher hergerichteten Räumen des ehemaligen Gasthauses ‚Zur Krone' auf eine Zeitreise durchs Markgräflerland: vom archäologischen Fund über Möbelstücke bis hin zu ganzen Ensembles, wie einem Markgräfler Salon aus dem 19. Jahrhundert, dazu Schautafeln, Pläne, Bücher; Handwerkszeug – ein Querschnitt bürgerlich, handwerklicher Kultur am Oberrhein. Sehr lohnend auch die der Malerei gewidmeten Räume im Obergeschoß.

– Das **Kulturamt** (Info Tel. 07631-801-132) organisiert auch Führungen und informiert über aktuelle Veranstaltungen. Öffnungszeiten des Museums: So 14-17, Di und Do 15-18 Uhr. Wilhelmstraße, gegenüber vom Marktplatz.

■ **Haus Friede – Vögisheim.** Eine Übernachts-Etappe in ländlicher Umgebung bietet sich im Müllheimer Ortsteil *Vögisheim*. Versteckt am Ortsrand, in erhöhter, ruhiger und sonniger Lage, wo man eher eine Obstwiese erwarten würde, lockt das Haus Friede mit seinem parkähnlichen Garten, einer großzügigen Terrasse und überraschend biederen Innenräumen im Stil der 60er. Die solitäre Lage versöhnt zumindest mit der nüchternen Außenarchitektur – eine mögliche Station für eine Auszeit inmitten himmlischer Landschaft. Je nach Personalstand und sozialer Lage ist das kleine Restaurant nicht nur für Hausgäste, sondern auch für Externe zugänglich. Die kulinarische Entwicklung ist allerdings, wie manches im Leben, schwer einzuschätzen. Wegen der bukolischen Lage der Terrasse ist der Platz vor allem an Sommerabenden interessant. **Adresse:** Haus Friede (Fam. Müller), Müllheim-Vögisheim, Tel. 07631-17730, Fax: 17 73 44. Für Passanten tel. Anmeldung unbedingt ratsam. Im Winter längere Zeit geschlossen.

Feiner Wurstsalat, starker Espresso: Krone in Zunzingen

Monotonie der Bundesstraße: Was für ein Unterschied zwischen der Bundesstraße und der Landstraße 125, die als Teil der ‚Badischen Weinstraße' weiter östlich durch die Weindörfer der Vorbergzone führt! Wer von Britzingen Richtung Müllheim fährt, muß in Zunzingen aufpassen, daß er keine Hausecken ankratzt, dann wird's heimeliger. Immerhin gleich zwei Möglichkeiten zur rustikalen Einkehr:

KRONE – Zunzingen. Eine grundgemütliche Wirtschaft: Wirt Adolf Rüdlin und Familie sorgen dafür, daß statt Toast Lukull und ähnlichem Firlefanz ordentliche Vesper mit gutem Brot auf den Tisch kommen. An einem heißen Sommertag sitzt man gut behaust im Innenhof unter dem weit ausladendem Dach, an Wintertagen spendet der flaschengrüne Kachelofen wohlige Wärme im kleinen Gastraum. Das größere Nebenzimmer erhält seine Anziehung mehr von den Gästen als von der Einrichtung. Am Mittwochabend (aber nur dann, und mitunter nicht bis Küchenschluß) kommt – neben der Standard-Vesperkarte – auch herzhaft Warmes auf den Teller: Schäufele, gute Bratwürste mit einem

Adolf Rüdlin beim Weinservice

Sößle der feineren Art, dazu ein grundsolider Kartoffelsalat. Am Donnerstag gibt es dann (abermals nur dann und wiederum nur eine limitierte Auflage) panierte Schnitzel wie bei Muttern, wieder mit Kartoffelsalat. An diesen Tagen mit bedingt ‚warmer Küche' herrscht in der Krone bisweilen ein Andrang , als seien andernorts die Feuerstellen rationiert. Ansonsten bietet die Krone handfeste Vesper von Strammer Max bis Münsterkäs' – mit einem Brot, das seinen Namen verdient. Und endlich gibt es auch mal einen kultivierten Wurstsalat im streichholzdünnen Feinschnitt. Als Extra wird neuerdings sogar Salat gereicht, was einen Bruch mit der Jahrzehnte währenden Haustradition bedeutet, welche die Zubereitung aufwendiger Speisen (wozu hier Suppe und Salat gezählt werden) generös der Konkurrenz überläßt.

Unvermeidlich schließlich, daß bei soviel oberbadischer Gemütlichkeit bisweilen nordische Zungen, muntere Gesellschaften und etwas längere Wartezeiten dazu gehören. Bei Hochbetrieb, besonders an warmen (Schnitzel-)Tagen mit Terrassenwetter, stößt ein Familienbetrieb bisweilen an seine Grenzen. Wobei die Abläufe mit den Jahren optimiert wurden und der Nachwuchs zum Glück in den Startlöchern scharrt. Abgesehen von den stürmischen Tagen bleibt die Krone eine zuverlässige Anlegstelle in der Holzbankklasse. Zudem gibt es ein Weinangebot, das zumindest einzelne Alternativen zu Faß- und WG-Weinen bietet *(Dörflinger, Müllheim; Schloßgut Istein,* serviert im Kühler und mit passendem Glas). Das Getränkeangebot wird zudem um einen Espresso in Originalqualität bereichert. Die kapitale FAEMA auf dem Tresen zeigt, daß der kleine Schwarze zu den Leidenschaften des Wirtes Adolf zählt. Gesamthaft gesehen ist die Krone seit Jahr und Tag eine Bezugsgröße in der Klasse ‚grundsolide Landschänke'.

→ Gasthaus **Krone** (Fam. Rüdlin), Müllheim-Zunzingen, Tel. 07631-2984, geöffnet ab 15 Uhr; am So auch mittags. RT: Di. Komfortable Ferienwohnungen. **Preise:** günstig.

GUTSSCHÄNKE DR. SCHNEIDER – Zunzingen.

Die 2004 eröffnete Gutsschänke des Weingutes Dr. Schneider in Müllheim-Zunzingen schließt eine Lücke: Drinnen klare Linien und aufwändige Massivholzmöbel statt billiger Straußenfolklore und angeschraubter Wagenradromantik. Unter dem ausladenden Vordach oder auch im Innenhof reichlich Platz für einen Gutedel unter Sternen, exakter: unter der rosenberankten Pergola. Zur weiteren Ausgestaltung steht ein Angebot ausschließlich gutseigener Weine bereit, die markant preiswert ausgeschenkt werden (Viertele Gutedel ab 2,70 Flaschenweine ab 9 Euro, Flasche Winzersekt 13 Euro). Die Vesper- und Speisekarte bietet keine kulinarischen Finessen, aber eine für die meisten Standardsituationen zumindest ausreichende Begleitung; die reicht vom gratinierten Horbener Ziegenfrischkäse über Flammkuchen und Forellen bis zur hausgemachten Wildbratwurst mit Salat oder Bratkartoffeln (4,80/6.30 Euro); <u>auch die durchweg opulent portionierten warmen Speisen bleiben unter der 10-Euro-Grenze.</u>

Obwohl die Gutsschänke eine ideale Ergänzung eines

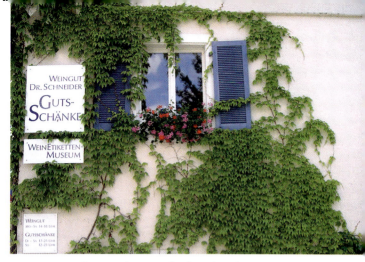

Vespern unter der Pergola: Gutsschänke Schneider, Zunzingen

Weingutes abgibt, haben solche Institute im badischen Oberland bislang wenig Tradition, was doch etwas überrascht. Eine bessere Kundenansprache als in einem gastronomisch verlängerten Weingut ist jedenfalls kaum denkbar. Allein die verblüffend günstigen Preise für Speisen und Weine in Schneiders Schänke dürften bei einigen altgedienten Verbandsgastronomen für jene Aufregung sorgen, die dem mitunter etwas übersatt wirkenden Standort Markgräflerland nur gut tun kann.

→ **Gutsschänke Dr. Schneider**, Müllheim-Zunzingen, Tel. 07631-17 12 30. Di bis Sa 17-23 Uhr, So ab 12 Uhr.

Britzingen – Wer auf dem reizvollen Abschnitt der Badischen Weinstraße zwischen Staufen und Müllheim unterwegs ist, erhält an der Ortseinfahrt von Britzingen einen Eindruck vom amtlichen baden-württembergischen Stilempfinden: Landessieger beim Wettbewerb „Unser Dorf soll schöner werden", ist da auf einer Tafel zu lesen. Tatsächlich, das Dorf ist schmuck, weshalb die Einwohner eines so ansprechenden Dorfes aber eine solche Tafel neben ihrem Ortschild dulden, bleibt ein Rätsel.

HIRSCHEN – Britzingen. Der Platzhirsch mitten im Ort, gegenüber der Winzergenossenschaft. Ein traditioneller Familienbetrieb mit konventionell gemütlichen Wirtsräumen. Nachdem Küche- und Nebenräume im ersten Stock von Grund auf renoviert wurden und der Sohn des Hauses am eigenen Herd kocht, konnte der Hirschen sein Angebot beachtlich erweitern. Ein stimmiger Landgasthof, dessen Karte sich zwar nach wie vor am Erwartbaren orientiert, aber immer wieder auch was Besonders bringt (halbe Ente, auch mal eine Wildente, Wild und vorzügliches Lamm von nebenan, auch mal Steinpilze). Gekocht wird solid und zuverlässig, allein den Wunsch nach Leichtem, muß man anderswo stillen. Wenn es aber ums Grundsätzliche geht: Im Vesper-, Forellen-, Schnitzel- und Kotelettsektor ist der Hirschen eine mehr als vernünftige Adresse (wo sogar noch die Suppenschüssel auf den Tisch kommt). Unter den Vespern fällt der hauseigene Schinkenspeck auf: dünn aufgeschnitten, mild gesalzen & geräuchert von der hauseigenen Sau sowie von der Wildsau um die Ecke – eine kleine Delikatesse für Kenner, die vor einem Fettrand nicht in Deckung gehen.

Im gute Laune Stall – Martin Schuhmacher mit Hausschweinen

Auch anderes stammt aus Hausschlachtung, darunter eine gute grobe Bratwurst, im Herbst natürlich auch Schlachtplatte.

Zu den Stärken des Hirschen zählt auch der glänzende, üppig angemachte Kartoffelsalat, sowie dünn gehobelte, rösche Brägele, die zur Oberklasse im Markgräflerland zählen. Alles andere kommt deftig, aber handwerklich solide zubereitet: darunter daumenstarke Koteletts, sehr ordentliche Schnitzel, auch frische Forellen. Somit eines der selten gewordenen Exemplare ‚robuster Landgasthof ohne Schischi'. Dazu läuft ein taufrisches Riegeler Export aus dem Hahnen. Das Flaschenweinangebot wurde beachtlich erweitert, auf der Karte einiges von der benachbarten WG, sowie einzelne gute Flaschen von namhaften Privatweingütern aus der Region. Die hohe Publikumsgunst in jüngster Zeit blieb nicht ohne Folgen – bei Betrieb erreicht der Familienbetrieb mitunter mal die Belastungsgrenze. Ansonsten: eine rundum stimmige Angelegenheit.

→ **Hirschen** (Fam. Schuhmacher), Britzingen, Tel. 07631-5457. RT: Di und Mi bis 17 Uhr. **Preise**: günstig-mittel.

Bertram Blauel mit weißem Heilbutt

☀ **BLAUELS RESTAURANT – Neuenburg.** In der Tempo-30-Zone, zwischen Carport und Kurzrasen, ein Restaurant, das dem Gast schon von außen signalisiert: hier gibt's kein Rahmtöpfle! Ein paar Jahre kochte Bertram Blauel mehr oder minder artig gemäß der Sternedoktrin, aber das ist gestern. Seit seinem freiwilligen Abschied (Ende 2004) aus dem Club der Einsterner zeigt sich die Küche nicht minder sorgfältig, aber lockerer und vielseitiger in Angebot, Ambiente und Preis. Im Herbst 2005 wurden die Räumlichkeiten der neuen kulinarischen Liberalität angeglichen, mehr Holz als Halogen. Man sitzt nun weniger formal, aber immer noch gepflegt wie in der ‚Schöner Wohnen'-Welt, im Eck bei der Theke noch ein kapitaler Stammtisch aus blankem Holz und draußen eine heitere Terrasse. Von Markgräfler Butzenscheibengemütlichkeit ist das Lokal weit entfernt, aber die Überarbeitung von Konzept und Karte hat der Kundennähe sicher nicht geschadet. Wer eine gehobene, klare Küche schätzt, die endlich auch einmal das nahe französische Frischfischangebot nutzt, ist hier ohnehin richtig. Blauel hat weder Angst vor großen Fischen noch vor marmorier-

Frisch aufgeräumte Gaststube, Blauels Restaurant, Neuenburg

tem Fleisch und er kann auf eine anregende Art exakt kochen. Es schmeckt bei ihm auch ohne Aufputz (wobei die eine oder andere Kräuterkruste immer noch vorkommt). Dennoch, Tüncherei mit Buttersaucen und aufgeschlagenen Schäumchen hat er nicht nötig. Stattdessen ein Stil, der von Wanderjahren am Mittelmeer geprägt ist. Also Olivenöl, Limone und Freude am Umgang mit Kräutern, ohne in eine Apothekenküche abzugleiten. Vor allem aber ein Händchen für Fisch! Erfreulich auch, daß über Mittag ein preiswertes (Menü-)Angebot gilt (um 20 Euro; Hauptgerichte ab 15 Euro) und daß man am Abend auch ohne einen Blick in die Karte sagen kann: Mach einfach was zu essen! Entsprechend eingestellte Gäste sollten gezielt danach fragen (oder vorbestellen), was sich so anbietet. Im Service bleibt die Sorge um den Gast spürbar, ohne nervende Werte zu erreichen. Wenn die Füße nicht mehr tragen, warten unterm Dach vier schöne Gästezimmer. In seiner Klasse ein Glücksfall im Markgräflerland.

→ **Blauels** Restaurant (Familie Blauel), Neuenburg, Zähringer Str. 13. Tel. 07631-79 666, Fax: 79 667. Vier Gästezimmer; Sommerterrasse. RT: So und Mo. **Preise**: abends gehoben-hoch, günstiges Mittagsmenü, dito kleinere Mittagsangebote; www.blauels.de

Badenweiler

Die Versprechen der Kurprospekte im Bäderdreieck Badenweiler – Bad Bellingen – Bad Krozingen sind bekannt: Wundervolle Heilung (heute ‚Wellness' genannt), entzückende Landschaft und natürlich eine berühmte Gastronomie, in der sich die Badische und die Elsässer Küche stets ‚harmonisch vermählen'. Wir ahnen es: Deutschland ist schön!

- **Unterkunft** bieten die Thermalbäder natürlich in allen Preis- und Qualitätsklassen, Verzeichnis und Infos bei den Kurverwaltungen: Badenweiler 07632-79 93 00, -310, -320; Bellingen 07635-10 25; Bad Krozingen 07633-40 08-60.

Zur Abwechslung ein paar Fakten: Badenweiler ist tatsächlich eines der landschaftlich reizvollsten Heilbäder im Lande, dazu der Thermalkurort mit der längsten Badetradition. Schon die Römer fühlten sich in der ‚Himmlischen Landschaft' am Fuß des *Blauen* wohl. Die guterhaltenen Reste der größten Römerbäder nördlich der Alpen liegen in den ausgedehnten Kurparkanlagen, die für sich schon einen Besuch lohnen würden. Die Anlage durch eine aufwändige Glaskuppelkonstruktion überdacht – die Ruinen sind somit bei jeder Witterung ein Ziel. Im milden Klima der Vorbergzone ist in den weitläufigen Parks ein prächtiger Baumbestand gewachsen. Das ‚Stück Italien auf deutschem Grund' lohnt den Besuch also auch für ein paar nostalgisch-vergeigte Stunden und einen anschließenden Tee im *Römerbad* mit seinem patinierten Grand-Hotel-Charme (vgl. dort).

Seniorenwellness

Daß der Gast nicht in Italien weilt, wird ihm allerdings schon am mittelspäten Abend klar: ab Zehn herrscht Ruhe. Kurgäste werden früh müde, Sanatorien haben Zapfenstreich, was angesichts der angebotenen Abendunterhaltung aber kein Problem ist (Kurorchester, Lampionfeste, Farblichtbildvorträge). Immerhin, einige Häuser sorgen zumindest zeitweise für ein Publikum, das auch mal mit dem langem Mantel durch den Ort geht, etwa das *Römerbad* mit seinen renommierten Hauskonzerten und Veranstaltungen, oder das *Schwarzmatt* mit gelobter Küche und Hochleistungs-Landhausidylle. Ansonsten dominiert der Tagesgast mit der Sporttasche. Die gutdotierten Gremien zur Heilung des Patienten Kurort wollen bis heute nicht begreifen, daß zu einem attraktiven Ort ein attraktives öffentliches Leben gehört, inklusive entsprechender Gastronomie, Abend- und Nachtleben. Allein das Treiben im Kurhaus, die über Jahre hinweg geduldete Retroatmosphäre ebendort, der ganze Filz öffentlich gepamperter Pantoffelhelden, es reicht allemal für ein abendfüllendes Satire-Programm.

Ganz zu schweigen vom Kommen, Gehen und Wiederkommen diverser Experten, deren Salär sich umgekehrt proportional zum Gästeaufkommen entwickelt. Vermutlich würde ein gutgehendes, solides Restaurant dem Ort mehr neue Kunden bringen als allerlei Sonderprogramme und hektischer Aktionismus. Aber die einfachen Wahrheiten sind die

Feinde der Expertengremien und die tanzen gerne um sich selbst. Dank Ihrer Kurtaxe, verehrter Gast!

Im übrigen hat sich auch der Kurort Badenweiler schon klammheimlich von der Kultur eines gediegenen Fremdenverkehrs verabschiedet. Die kommunal gewollte Siedlungspolitik mit eng gepackten Seniorenresidenzen und Kleinfamilienhäuschen am Ortsrand zeigt, daß die Entwicklung vom Besonderen zum Profanen so gut wie abgeschlossen ist. Was bleibt? Die Hoffnung, daß der Leidensdruck auch im Bereich der südbadischen Heilbäder irgendwann selbstheilende Größe annehmen wird. Was aber erst passiert, wenn die Infusionen aus Stuttgart abgeklemmt werden. Und davon sind wir noch ein Stück entfernt. Vielleicht würde es manchem auch schon helfen, öfter mal den Klemmbach zu überschreiten. Wer jedenfalls so verwegen ist und im Zentrum des Abends noch einen guten Wein schlotzen möchte, hat wenig Auswahl. Eine Ausnahme bleibt die gemütliche:

WINZERSTUBE – Badenweiler. Weinstubenromantik satt: Die Winzerstube wäre eine Adresse zum gemütlichen Hokken, Reden und Vespern. In einem sorgsam gehüteten historischen Rahmen werden solide Vesper mit hausgebackenem Brot serviert, auch guter Käse vom Brett sowie vernünftig zubereitete warme Speisen. Diese in der Bratkartoffel- und Schäufeleklasse, geboten wird jeweils ein Standardgericht, das täglich wechselt. Dazu kommt eine breite, regionale Weinauswahl wie sonst nirgendwo im Ort. Darunter zwangsläufig auch lieblich, süße Kurgasttröster, aber auch verlokkende Flaschen von Spitzenerzeugern aus der Umgebung. Service, Publikum und Ambiente gehören in einem Kurort natürlich zum traditionellen Bereich der Skala: nischenreiche Stubenseligkeit, verteilt auf mehrere Etagen. Im verwinkelten Hinterhof romantische Tische auf Terrassen und Balkonen.

→ **Markgräfler Winzerstube** (Familie Calvis), Luisenstraße 6 (neben der Volksbank), Tel. 07632-254. Täglich ab 17 Uhr (im Winter bis ca. März geschlossen).

Grand Hotel auf neuem Kurs – Römerbad, Badenweiler

RÖMERBAD – Badenweiler. Zwischen Freiburg und Basel der einzige Platz mit Resten von Grand-Hotel-Charme und somit ein Ort, wenn es mal etwas mehr Distinktion sein darf. Damen können hier ihre Astor noch mit Spitze rauchen, ohne zickig zu wirken. Zur *Teestunde* besonders reizvoll: die mit Polstergarnituren möblierte Lobby und der einzigartige Kuppelsaal. Darjeeling kommt im Kännchen aus Hotelsilber, der heiße Henkel mit einem Papiermützchen geschützt. Die *Bar* des Hotels Römerbad könnte mit ihren schweren Fauteuils und den edlen Hölzern auch in einem Ozeandampfer stecken. Wenn draußen die Blätter fallen, wenn Schnee rieselt, auch für besinnliche Stunden an persönlichen Festtagen oder zwischen den Jahren, ist die Hausbar ein gediegener Fleck mit subtilem Reiz. Dem Ort angemessen die gute Weinauswahl. Wie bei allen Bars hängt die Gunst der Stunde aber vom anwesenden Publikum ab und die Besucherzahl ist hier schwer kalkulierbar, mitunter auch so spärlich wie spätes Haupthaar. Diskreter Service.

    Das Römerbad-*Restaurant* bietet eine traditionell orientierte Hotelküche – was ein Kompliment sein kann, könnte. In der Regel wird angemessen gekocht, wobei im Alltagsbetrieb Routine vor Engagement steht (‚Kalbssteak in Morchelrahm'). Bei Extras und Anlässen wie den Musiktagen oder Weinproben zeigt die Küche eher ihre Sonnenseite. In jüngster Zeit wendet sich das Restaurant auch an Laufpublikum: das öffentlich avisierte Angebot verspricht auch Kleineres, etwa ‚Fisch vom Grill nach Tagesempfehlung', dazu den in der Region einzigartigen Charme eines patinierten Großhotels. Auch so eine Bühne fürs neue Sommerkleid, im Besondern die abendsonnige Restaurantterrasse mit Vogesenblick.

Nach einem Eigentümerwechsel im Jahr 2005 hat sich das Haus nochmals mehr in Richtung Mittelklasse geöffnet, es gibt nun diverse Themenangebote und Events. Unter Normallast, wenn sich im herrschaftlichen Speisesaal gerade mal ein paar Tischgesellschaften verteilen, fühlt man sich mitunter aber noch immer wie in einem alten Schwarzweiß-Film. An einem heißen Sommertag ist die Freiterrasse aber zweifellos ein Gunstort. Der Brunnen dort plätschert seit 1862, die dunkelroten Rückenpolster sind weich, der Kellner trägt schwarzweiß, die Bodenkeramik dürfte schon ein paar Absätze erlebt haben. Das Pils kostet hier etwas mehr, aber dafür ist der Film gratis. Wo sonst in Südbaden sieht man zugleich ältere Damen am Sherry nippen und junge Erben vor Bellini sitzen? Es gibt allerdings auch Gäste, die, ohne zu erröten, fünf Eiswürfel im Weißwein versenken. Gegen Abend weht manchmal etwas Musik aus dem Kurpark herüber, der Blick schweift zum ehemals großherzoglichen Palais, fehlt nur noch TSCHECHOW im Stehkragen. Der schrieb aus Badenweiler an seine Schwester Mascha: „Wenn Du wüßtest, was hier für eine Sonne ist, sie brennt nicht, sie liebkost."

Unlängst wurde die klassische Römerbad-Terrasse um eine deutlich volkstümlicher, um nicht zu sagen trivialer angelegte *Terrazza Romana* erweitert. Dort gibt es Ciabatta und Terrazza-Burger, statt Bellini wird kalte Ente serviert – vielleicht sollte man solche Markenverwässerung nochmal überdenken. Im Original sitzt man fraglos aparter.

Mediterrane Romantik – Hotel Sonne, Badenweiler

→ **Hotel Römerbad**, Am Schloßplatz, Tel. 07632-700. Teestunde in der Lobby, Kuchenterrasse, reizvolle Bar ab 18 Uhr. Nobler Speisesaal (mit reizvoller Westterrasse) auch für Passanten. Ganzjährig geöffnet. **Restaurantpreise**: relativ günstige Mittagsangebote; sonst: gehoben-hoch. www.hotel-roemerbad.de

– **Konzerte:** Musikfreunde sollten sich die *Römerbad-Musiktage* notieren, jeweils im Frühjahr und Herbst: Klassische, bisweilen auch exzentrische Musik auf höchstem Niveau, dargeboten in den feudalen Räumen des ersten Hotels am Platz. Termine und Programm: Hotel Römerbad, Tel. 07632-700.

SONNE – Badenweiler. Das stattliche Romantik-Hotel liegt etwas versteckt, ruhig und dennoch zentral in der Ortsmitte, gerade mal zwei Minuten oberhalb der Thermalbäder. Die Gasträume drinnen bieten gehobene Fachwerk-Gemütlichkeit, wie sie Romantik-Hotels nun mal versprechen. Hinzu kommt eine aparte Stube gleich linkerhand des Eingangs. Heiter und reizvoll in der Sommerzeit der bewirtete, üppig mit Mittelmeergewächs dekorierte Innenhof – ein Sonnenstück. Dazu paßt der ebenso aufmerksame wie engagierte Patron Vittorio Esposito, der aus Süditalien stammt und dem etwas schweren deutschen Romantikbegriff eine freundliche Note gibt. Die Speisekarte der Sonne klingt allerdings italienischer als ihre Realisierung. Man merkt das Bemühen, allzu vielen Ansprüchen gerecht zu werden. Auch solchen Gästen, die ihre Vorstellungen von Mittelmeerküche Aufenthalten im Ferienclub verdanken, oder einer Reise an den Comer See.

Ganz die reine Lehre wird auch im Weinkeller *La Cantinella* nicht geboten, allerdings mehr Trattoria statt Romantik (vgl. unten). In der Sonne deckt die Küche dagegen vom aufgeschäumten Süpple über unser aller Carpaccio bis zu Fisch und Wild ein Spektrum ab, wie es dem Gast in der Strickjacke sicher gefällt. Wobei man es trotz Rucola und Parmesanspänen mit der Italienità nicht übertreibt, also öfter mal Sahne als Olivenöl und zarte Teigwaren statt Pasta. Mittags auch preiswerte Menüangebote, abends geht es mit dem Angebot aufwärts, sowohl bei den Menüs, als auch à la carte kommt man in den Bereich der gehobenen Komfortgastronomie, auch im Preis. Die Weinkarte ist gut sortiert, sowohl mit deutschen als auch italienischen Flaschen, sorgfältiger Service. Fazit: Eine angenehme Bleibe, die Terrasse ein heiterer Treffpunkt, für Badenweiler ein Sonnenstrahl.

→ Romantik Hotel **Zur Sonne** (Fam. Vittorio Esposito), Moltkestrasse 1-4, Tel. 07632-7508-0. Kein RT. **Preise**: gehoben (mittags kleine Menüs).

- **Weinkeller ‚La Cantinella'** beim Hotel Sonne: Am Hang unmittelbar gegenüber ihrer ‚Sonne' haben die Espositos eine combinazione aus Weinhandlung, Abendtrattoria und unkompliziertem Treffpunkt arrangiert, die gerne angenommen wird. Als eigentlicher Gastraum dient ein ausgebauter Keller mit Fliesenboden, kleinen Fenstern und hellen Wänden. Unter Vollast sind Akustik und Lüftung zwar nicht für zarte Seelen ausgelegt, aber das Betriebssystem stimmt. Dazu zählt die eingängige, volksnahe Karte mit ein paar Antipasti, passabler Pasta, Dorade aus dem Ofen oder eine Bistecca vom Grill, alles normal im Preis und sauber runtergebraten. Die Weinauswahl setzt auf Eigenimporte der Familie. Ruhigere Naturen können sich in den (rauchfreien) oberen Gastraum zurückziehen, im Sommer Terrassenplätze draußen. Gleich, ob als Einkehr nach

Im Kurpark von Badenweiler (Aussichtspunkt Kaffeemühle)

dem Bade oder einfach so, auf ein Fläschle mit Oliven und Salume: La Cantinella schließt eine Lücke im Ort, dem es lange an kommunikativen Abendtreffpunkten gefehlt hat. Moltkestr. 5 (beim Hotel Sonne), Tel. 07632-75080, ab 17 Uhr, Ruhetage: Di und Mi.

Stützpunkt Badenweiler: Das gemischte Seniorendoppel ‚Tango und Fango' reicht schon lange nicht mehr. So werden Hotels zu Seniorenresidenzen (oder wie Altenstifte heute so heißen). Auch in Badenweiler läuft's wie anderswo: Aufgeregte Programme, viele Häuptlinge verwalten wenig Arbeiter und wer nicht mehr weiter weiß, gründet einen Arbeitskreis. Dazu die übliche Sprachkosmetik in Denglisch: der Kurdirektor heißt jetzt *Marketingchef*, dazu gesellt sich gerne eine taffe *Sales Managerin*. Aus dem betagten Badhotel wird ein *Spa*, Radeln heißt nun *Badenweiler – bike it*. Wobei es ja immer so eine Sache ist, wenn Entscheidungsträger mit Pensionsanspruch das Verkaufen neu erfinden. Hauptsache nach wie vor: Staatsknete fließt. Hinzu kommen Entscheidungen bei öffentlichen Investitionen, die zumindest Unterhaltungswert haben: darunter so surreale Installationen wie der Brunnen vor dem Römerbade, der – so eine Journalistin der ZEIT

Cassiopeia-Therme, Badenweiler

– aussieht, „als habe Dali einen schlechten Traum gehabt". Passende Bänke im Gummibärle-Design hat die Gemeinde im Sechserpack erworben, eine gab der Künstler gratis, als Mengenrabatt. Wer sich an den Usancen des Rest-Kurbetriebs nicht stört – oder gar amüsiert, wird die Infrastruktur Badenweilers als Stützpunkt für Touren im Südwesten aber gerne nutzen. Ähnliches gilt für Bad Krozingen bzw. Bad Bellingen, wobei die landschaftliche Lage für Badenweiler spricht.

Das früher landeseigene *Markgrafenbad*, jetzt neorömisch *Cassiopeia-Therme* genannt, wird bereits seit Jahrzehnten privatisiert und modernisiert, mal mehr, mal weniger, wie das bei Nachfolgeorganisationen der öffentlichen Hand so ist. Der Prozeß ist jedenfalls noch im Gange. Im Grunde will keiner mehr die Risiken tragen, wobei das Land Baden-Württemberg lieber heute als morgen aus der Sache raus wäre – von 2003 bis 2004 aber noch mal gut zehn Millionen Euro zur Sanierung des alten Linde-Bades in eine mondäne Saunalandschaft investiert hat. Auflaufende Verluste werden ebenfalls zu relevanten Teilen vom Land abdeckt. Wie man in Deutschland halt so privatisiert.

Cassiopeia-Therme: Bereits in den 90er Jahren, zuletzt 2003 wurde die Anlage mit Landesmitteln renoviert und erweitert: Das ehemalige Kur- und Thermalbad bietet nun eine breite Palette von Kurmittel über Badespaß im Sprudelbecken bis zur gepflegten Saunalandschaft im ehemaligen Lindebad (zu erkennen am markant gewellten Betondach). Dieser Ostern 2004 wiedereröffnete Teil zählt ohne Zweifel zu den ästhetisch gelungenen Badeanlagen in der weiteren Region, was auch Elsässer und Schweizer Gäste schätzen, die mittlerweile einen Gutteil der Tagesbesucher in der Therme ausmachen. Mit einem großen Innenbecken, der geschmackvollen Ausstattung und einem großzügigen Raumangebot führt Badenweiler die südwestdeutsche Saunakonkurrenz derzeit an (noch vor Bad Krozingen und Bad Bellingen). Stillere Zeitgenossen finden – neben der oft belebten neuen Saunalandschaft – im stillen *Römisch-Irischen Dampfbad* eine aparte Wohlfühlzone (dort als Extra: Seifen-Bürstenmassage).

Zur Cassiopeia-Therme gehört auch eines der schönsten Thermal-Freibäder im Südwesten. Zu den Tagesbesuchern der Bäder zählen viele Gäste aus dem Elsaß (dort werden Industrieansiedlungen subventioniert, hier eben Saunalandschaften). Auf der geschützten Terrasse des Thermal-Freibeckens sind noch im Oktober und oft schon wieder im März Sonnenbäder möglich. Wassertemperatur je nach Innen- bzw. Außenbecken zwischen 30 und 33 Grad. Öffnungszeiten bis 22 Uhr, **Auskunft zu den Thermen:** Tel. 07632-79 9 2 20.

– Im *Ortszentrum* von Badenweiler gibt es wenig Parkplätze. Die zentrale **Tiefgarage** ist aber (fünf Stunden) kostenfrei bei Badbesuch. Weitere Info: www.badenweiler.de

– Auch das landschaftlich schön gelegene **Sportbad** im Ortsteil *Oberweiler* wird mit Thermalwasser gefüllt. Leider fiel das 50 m-Becken einer Renovierung zum Opfer, nun spritzt und sprudelt es aus tausend Düsen, wer aber nur zügig schwimmen möchte, fühlt sich wie im Hamsterrad. Bislang eher Mitleid erregende Bewirtung, viele Gäste aus dem Elsass. Geöffnet von Mitte Mai bis Mitte September. Tel. 07632-1581.

Romantik am Bach – Noch in Spaziergangweite vom Badenweiler Kurpark und Burgruine gibt es im Müllheimer Ortsteil Niederweiler eine reizvoll gelegene Adresse:

Klemmbachmühle – Müllheim-Niederweiler: Die historische Klemmbachmühle ist ein behagliches Romantiknest, ruhig und abseitig gelegen, drinnen mit allerlei Antiquitäten kuschelig ausstaffiert, draußen mit einer netten Terrasse am Bach und ein paar schattigen Plätzen unter dem Mühlendach. Die Mühle wird von den Kurgästen und Spaziergängern aus dem nahen Badenweiler gerne als Ausflugsziel gewählt. Das Haus wird im Stile einer persönlich-gepflegten Ausflugsschänke geführt, mit einem kleinen, aber ordentlich zubereiteten Vesperangebot, das sich vom konfektionierten Touristenmampf abhebt (Münsterkäse, Forellenfilet, Weinsülze mit Bratkartoffeln), dazu gibt es auch einzelne gute Weine (u.a. auch vom Weingut *Schneider-Krafft*, das Weingut liegt gleich nebenan; *Marget* und *Dörflinger*). Insgesamt passen der idyllische Ort, das überschaubare Angebot und der niedertourig gehaltene Betriebsablauf ganz gut zusammen. Eine Ausflugsgaststätte ohne die Schrecken der Ausflugsgastronomie. **Klemmbachmühle**, Müllheim-Niederweiler, Römerstraße, Tel. 07631-2800. Tägl. von 14 bis 23 Uhr, warme Gerichte von 18 bis 21.30 Uhr.

Zwischen Badenweiler und Kandern – Von Badenweiler aus südwärts geht 's am schönsten auf der Landesstraße 132 Badenweiler-Kandern (herrliche Radstrecke). Die Straße verläuft am westlichen Blauenhang und bietet immer wieder überraschende Aussichten auf die Vorbergzone und hinüber auf die Vogesen.

☼ **GRÜNER BAUM – Sehringen.** Ein Landgasthof in Panoramalage über dem Lipburger Tal, das ohnehin schon einem Schmuckkästchen gleicht. Von der sonnigen Westterrasse am Haus weite Sicht auf das Tal (lang Abendsonne, herrlicher Platz im Spätsommer); auf der Terrasse darunter sitzt man im kühlen Halbschatten langarmiger Linden: ein seltener Gunstplatz im Hochsommer. Die seit Jahren konstant gutbürgerliche Küche verzichtet weitgehend auf Toast- und Schwarzwaldtöpfleschwachsinn, ebenso auf

Bürgerlich bis ins Mark – Grüner Baum, Badenweiler-Sehringen

die Irrtümer aufgeblasener Imagegastronomie. Am interessantesten sind die Gerichte auf der wechselnden Tageskarte, darunter stets auch ein bürgerliches Menü zu moderatem Preis. Bei der Auswahl hält man sich am besten an diese Klassiker. Bemerkenswert und schon einen Umweg wert sind vor allem die fein zubereiteten Fischgerichte, die auch in höher dekorierten Häusern nicht besser auf den Tisch kommen. Saucen auf der Basis echter Fonds; dazu kommt meist etwas Geflügel, zur Saison auch mal Wild aus heimischer Jagd, Lamm etc. Hervorragende klare Suppen; immer samstags ein vollwertiger Tafelspitz mit Bouillonkartoffeln und frischen Wurzelsalaten, klassisch serviert. Verlockend auch die hausgemachten Desserts und das Halbgefrorene (je nach Saison, fragen); selbstgebackener Kuchen wie bei Muttern.

Die Räumlichkeiten und der Ablauf sind ganz, das Publikum überwiegend traditionell. Bei Hochbetrieb (speziell an Sonn- und Feiertagen, zur Wandersaison) gibt es öfter mal längere Wartezeiten und reichlich Umtrieb. Das Angebot an guten trockenen Weinen ist begrenzt, man findet aber einzelne Flaschen, z.B. von Dörflinger in Müllheim – die richtige

Frühjahr bei Obereggenen

Begleitung für die solide, gerichteweise auch feine Küche des Hauses. Die Vesperkarte bleibt konventionell im Philadelphia- und Wurstsalat-Stil. Im Ganzen ein bis ins Mark ordentlicher Familienbetrieb.

→ **Grüner Baum** (Fam. Däblitz und Merkel), Fremdenzimmer (wenige im Haupthaus, großenteils im nüchternen Annex), einzelne mit Balkon. Abends nur bis 22 Uhr geöffnet, warme Küche bis 19.45 Uhr! Tel. 07632-7411, RT: Mo. **Preise**: mittel.

EGGENER TAL – Ein Obst- und Wanderparadies. Die Landstraße 132 erreicht bei der Abzweigung nach *Schloß Bürgeln* (vgl. dort) das Eggener Tal an seinem oberen Ende. Besonders reizvoll ist der Blick auf die weiten Obstwiesen zur Kirschblüte, wenn tausende weißer Baumkronen das Tal füllen. Leider ist das Eggener Tal gerade dann von jubilierenden Wandergruppen infiziert. Stille Genießer weichen deshalb zur Blütezeit auf Nebentäler aus, wo die Kirschbäume das Blühen ja auch nicht verlernt haben.

Nicht weniger reizvoll sind Wanderungen zur Ernte ab Ende Juni, dann reißt der Obstsegen bis zum Spätsommer nicht mehr ab: Mirabellen, frühe und Spätzwetschgen, Äpfel, Bir-

Herbst im Feldberger ‚Paradies'

nen, vereinzelt Pfirsiche, im Herbst Wein&Nüsse. Wobei der streunende Spaziergänger beachten sollte, daß die eigentlich läßliche Sünde des Mundraubes durch Summationseffekte zur Sauerei werden kann. Manche Äste entlang der Hauptwanderwege sehen zur Ernte aus, als seien die Maikäfer ganzjährig auf Tour. Schade, daß man daran erinnern muß!

Ins Paradies: Wer schon mal in Müllheim-*Feldberg* ist, sollte in die Weinberge der Lage *Paradies* hinaufgehen, diese sind auch im Auto zu erreichen über die kleine Verbindungsstraße von Feldberg nach Badenweiler-Lipburg (Abzweigung beim Dorfbrunnen in Feldberg). Oben am Bolzplatz der Waldparkplatz *Am Stalten*, dort hat sich mittlerweile leider ein regelrechter kleiner Sommer-Vergnügungspark mit Grillbetrieb und Wohnmobilparking etabliert. Schon ein paar Meter abseits des Parkplatzes beginnt aber wieder herrliche Landschaft. Besonders reizvoll (und sonnig) der Talblick von weiter oben, wo die neu ausgebaute Straße dann endgültig im Wald verschwindet: Das letzte und beste Ende Deutschlands liegt offen vor einem, gerahmt vom Blauengipfel und den Vogesen (kleine Parkfläche). Ein Fußweg führt von hier weiter am Waldrand nach oben, zunächst steil ansteigend, später mäßig weiter am warmen, schmetterlingsreichen Waldrand entlang: Da und dort ein paradiesisches Bänkle oder eine warme Mulde. Der Weg führt weiter bis nach Badenweiler-Sehringen (ca. 45 min zu Fuß).

Kirschenzeit im Eggener Tal

Streuobst – Noch gibt es im Eggener Tal die alten, mächtigen und hochstämmigen Kirsch- und Obstbäume und somit auch das unvergessene Bild einer Holzleiter, die gegen einen Baumstamm lehnt. Die alten Riesen werden aber mehr und mehr durch niedrigwachsende, leichter zu erntende Halbstämme oder gleich durch monotone Spalieranlagen ersetzt. Immer mehr verschwinden die wertvollen *Streuobstbestände* zugunsten maschinenbearbeitbarer Plantagen. Diese Spalieranlagen sind anfälliger für Schädlingsbefall als die in Jahrzehnten gewachsenen, ökologisch wertvollen Pflanzengemeinschaften der *Streuobstwiese*. Streuobstwiesen liefern auch zahlreichen Kleintieren Lebensraum, anders Spalieranlagen, die oft gespritzt werden müssen. Es soll keiner behaupten, er habe von nichts gewußt. Wer Obst im Supermarkt kauft, trägt dazu bei, daß umweltbelastende Anbaumethoden noch weiter ausufern, Geschmack hat er ohnehin keinen.

Leider macht sich nun auch an Bauerständen Supersize Obst breit: *Cacaks Schöne* heißt eine dieser fast hühnereigroßen Superzwetschgen, eine serbische Züchtung, die vor allem Optik garantiert, "große, dunkelblaue Frucht, präsentiert sehr gut", verspricht der Katalog. Vom Aroma kein Wort. Auf regionalen Obstständen hat ‚Cacaks Schöne' einen Stammplatz und die Klöpse sehen aus, wie am Reißbrett entworfen. Auch in traditionellen Obstregionen, etwa im Kaiserstuhl oder Kirschenparadies Eggener Tal geht der Trend zur XL-Frucht. Statt bewährter Lokalsorten stehen immer mehr Kirschen auf den Verkaufsständen, die exakt so aussehen, wie im Katalog beschrieben: „Sehr große Frucht, glänzend festes Fleisch, neigt nicht zum Platzen." „Neigt nicht zum Aroma" steht leider nicht dabei.

„Hausbäume sind Laubbäume. Nadelbäume werfen auch im Winter Schatten. Wenn man sich nach der Sonne sehnt. Nadelbäume sind keine gute Gesellschaft. Die Kinder können nicht darin klettern. Man kann sich nicht an ihren Stamm lehnen, um ein Buch zu lesen. Man kann keine Hängematte an ihnen festmachen. Nicht mal ein Fahrrad daran lehnen. Sie taugen nicht als Fußballtor. Und niemand wird sich in der Badehose zu einer Fichte legen."

Aus: GRÜN KAPUTT. Landschaft und Gärten der Deutschen.

☼ HIRSCHEN – Obereggenen.

Frisch gestrichen, aber mit traditionellem Betriebssystem zeigt sich der Hirschen in der Ortsmitte. Es erwartet Sie ein schlichter Gastraum, der auch ohne Plunder behaglich wirkt. Das Speisenangebot ist seit Jahr und Tag unverändert und den Möglichkeiten eines kleinen, statischen Familienbetriebes angepaßt: Auf der Karte wurstig Vesper und warme Hausmannskost, diese im klassischen Drittelmix, vom Schwein, vom Rind, vom Kalb. Darunter die Dauerläufer Schnitzel, Rump- und Filetsteak, erstere wahlweise in den Varianten Rahm/Natur mit Zwiebeln/paniert. Dazu kommen die großzügig geschnittenen kalten Vesper (darunter eine feine Schinkenplatte). Als Beilagen Salat, Feldsalat, sehr pas-

Sonntagsbraten unterm Fachwerk: Hirschen in Obereggenen

sabler Kartoffelsalat, dito Brägele auf der großen Platte, zur Saison auch Spargel, im Herbst Schlachtplattentermine, an bestimmten Wochentagen (Di) Innereien wie Leberle oder Sulz (nur Mi).

In der kalten Jahreszeit wärmt der flaschengrüne Kachelofen, in dem auch das vorzügliche Brot gebacken wird. In der Summe ein Kleinod mit persönlicher Atmosphäre. Diese leidet allenfalls dann, wenn wegen Andrang oder Überforderung eine Atmosphäre aufkommt, die dem Platz nicht angemessen ist. Beim hauseigenen Wein und beim Faßwein, der offen gezapft wird, wären Entwicklungen möglich; bei der Temperatur des Weißen Senkungen wünschenswert. Eine besondere Sache – auch wegen des sozialen Aspektes – ist der Sonntagmittag, dann und nur dann ist Braten- und Pommeszeit mit einer etwas erweiterten Karte (mürber Braten vom Stück mit klarem Saft, weiches Mischgemüse). Ein deftiges Sonntagserlebnis auch die ganze, geschobene Kalbshaxe aus dem Ofen (werktags nur auf Bestellung).

→ **Hirschen** (Fam. Brugger), Obereggenen, in der Ortsmitte, Tel. 07635-1372. Sechs preiswerte Gästezimmer. Tägl. ab 17 Uhr, Mi und So auch mittags geöffnet. RT: Mo. **Preise**: günstig.

Die gute Stube im Rebstock, Obereggenen *am 28.6.12 leider geschlossen*

☀ **REBSTOCK – Obereggenen.** In einem stillen Winkel der Vorbergzone läßt sich hier eine seltene Herbergsart erleben. Der Rebstock wurde samt Weingut schon vor Jahren von der Tochter des Hauses und ihrem Mann übernommen, seither führen Andrea und Walter Scharf das Haus im Stil eines charmanten Landhotels mit kleinem Abendrestaurant – eine Einkehr mit Handschrift. 18 Betten, sonnige Ecken im Garten hinterm Haus, an warmen Sommerabenden Service auch im Innenhof.

Vor allem aber eine Gaststube, die man hinter der nüchternen Rauhputz-Außenfassade nicht vermuten würde: eine ausgewachsene Schönheit vom Land. Dezentes Licht, angenehme Akustik, Eichendielen, umlaufende Holzbank, ein Bild von einem Kachelofen. Herzig gedeckte Tische. Platz nehmen und Behagen fallen zusammen und die Karte paßt zur Stube: ein reizvolles Angebot mit Fleisch und Gemüse aus der Nachbarschaft (teilweise, nicht alles). So gibt es im Rebstock jeweils zwei Viergangmenüs, eines davon ohne Fleisch, aber mit Fisch. Die Karte wird stets neu zusammengestellt, „weil unsere Hausgäste jeden Abend etwas Besonderes bekommen sollen". Wer kein ganzes Menü möchte, kann die einzelnen Gänge kombinieren. Ein individuelles Angebot, begleitet von den sauber gemachten Weinen aus eigenem Anbau und eigenen Bränden.

Serviert werden zum Beispiel Wachtel und Löwenzahnsalat, Kaninchenrücken und Morcheln, Erdbeersorbet mit Rhabarberkompott, Käse aus dem Tal; im persönlichen Stil des Hauses, mitunter mit Freude am Ornament arrangiert. Der gebürtige Kärntner Walter Scharf ist jemand, der die Küchenleistung gut rüberbringt. Aufmerksam, gelassen und mit einer Freundlichkeit, die von innen kommt. Die Beiden haben sich vor Jahren bei der Arbeit an Bord eines Kreuzfahrtschiffes kennengelernt. Die frische Luft habe ihnen ebenso gut getan wie die Kenntnis von Küchen jenseits des Leberlehorizontes, meinen sie. Nun ist der Rebstock ihre Heimat geworden. Damit gibt es eine gute Stube mehr im Eggener Tal.

→ **Landhotel Rebstock** (Andrea und Walter Scharf), Obereggenen, Tel. 07635-1289, RT: Di, Küche von 18-20.30 Uhr, Gaststube bis 22 Uhr geöffnet. **Preise**: mittel-gehoben.

– Ebenfalls im Ort: Hotel-Restaurant **Grafs Weinstube**, ein großes Gasthaus, rückwärtig mit einer geschützten Sonnenterrasse nach Westen. Der Betrieb konzentriert sich nach Angebot und Preis weitgehend auf die Ansprüche der Kurgäste aus den nahen Bädern sowie auf jene von Schweizer Ausflüglern. Es gibt vergleichsweise preiswerte Menüs, frische Forellen und Wild aus heimischer Jagd. Auch Regionales wie Rindfleischsalat mit Brägele. Tel. 07635-1264, RT: Mi und Do bis 17 Uhr.

◯ **Touren**: Durchstreifen Sie das Eggener Tal auf ausgedehnten Wanderungen und nehmen Sie sich Zeit für die herrliche Landschaft. Was ist schöner als einen Nachmittag unter einem Laubbaum zu vertrödeln? Gute Ausgangspunkte: der Parkplatz an der Landstraße 132 Badenweiler-Kandern, an der Abzweigung nach Schloß Bürgeln; die Höhe *Johannisbreite*, nördl. Sitzenkirch; die kleine Paßhöhe (mit Parkplatz und Feuerstelle) unterhalb des *Stokken*, also zwischen Niedereggenen und Kandern-Feuerbach.

Traditionshaus mit Blumengarten: Ochsen in Müllheim-Feldberg

OCHSEN – Feldberg. Der Ochsen in Müllheim-Feldberg ist zweifellos einer der schöneren Traditionsgasthöfe im südlichen Markgräflerland. Und es gibt Manche, die dem Markgräfler Stubencharme des Ochsen einfach verfallen und draußen lockt erst noch ein Traum von Wirtsgarten, mit Blütenmeer und Weinlaubpergola. Wer kann soviel rustikalem Reizen schon widerstehen? Die große, teils regional, teil eher international orientierte Karte, schlägt einen weiten Bogen vom Kalbsleberle sauer bis ‚Scampis im Nußmantel', hinzu kommen Ausflüge ins Ambitionierte, einzelne Fischgerichte wecken zusätzlich Interesse. Freilich reicht die Skala von Tellergerichten ab 12,50 Euro zu den kleinen Menüs (ab 18 Euro) bis zum Menü mit Weinbegleitung (51 Euro). Einfach nur Vespern mit Bauernbrot geht aber auch und zur Saison gilt noch eine überraschend große Wildkarte. Nach meiner Erfahrung kommen Breite des Angebots und das Vermögen der Küche nicht überall zusammen. Die Umsetzung gelingt vereinzelt durchaus respektabel, etwa bei den frischen Innereien, die seit jeher zu den Hausspezialitäten gehören (Geschnetzelte Kalbsleber mit Rösti und Salat 14,50 Euro, dito

Kalbsnierle in Senfsauce oder Kutteln in Weißwein; auch die Brägele gehen sehr in Ordnung). Manches Gericht mag als Referenz an die Schweizer Kundschaft gelten, etwa ‚Felchenfilet in Mandeln gebraten', auch Saucen und Bindung tendieren sehr zum Traditionellen und manche Position der Karte wirkt heute nur noch bieder (Schweinemedaillons in Pfefferrahmsauce mit Kroketten). Zudem sei die Frage erlaubt, ob weiße Salatsauce oder ein Gemüseteller mit Karottenscheibchen im Wellenschnitt, Salzkartoffeln und Brokkoli unumstößlich sind? Die Weinauswahl (offen) ist begrenzt, es gibt aber genug Flaschenweine ausgewiesener Güter. Wie auch immer, den Gästen aus K, D, HH und Schweizer Romantikpendlern scheint es zu gefallen, der Laden läuft und Umsatz ist heutzutage auch ein Argument. So sieht's auf dem Parkplatz bisweilen auch mal aus wie vor einer Schweizer Bank. Bei Andrang und Gartenwetter mitunter verzögerte Bedienung. Es bleiben: Gute Vespermöglichkeit, behagliche (Leberle-)Stube und eine idyllische Gartenwirtschaft.

→ **Zum Ochsen** (Fam. Adam-Eglin), Müllheim-Feldberg in der Ortsmitte, ruhige Gästezimmer, auch mit Balkon. Tel. 07631-3503, RT: Do. **Preise**: mittel.

SCHLOSS BÜRGELN – Der prächtige Rokokobau (1762) liegt in freier Weltlage an den südlichen Blauenausläufern auf 665 m Höhe. Nach Position und Architektur ein einzigartiges Ensemble im Südwesten: Von den Terrassen um das Schloß geht der Blick über den gesamten Südwesten, an klaren Tagen im Herbst bis zum Schweizer Jura und den Alpen. Im Westen die Vogesen und gleich im Vordergrund bunte Mischwälder.

Im 19. Jahrhundert verkam die Anlage, seit Jahrzehnten kümmert sich nun ein Verein, der BÜRGELNBUND E.V. um die Erhaltung der Bauwerke. Die Einnahmen aus den Führungen (mehrmals täglich, aber nicht jeden Tag) durch die reich möblierten Innenräume kommen dem Unterhalt zugute, rei-

Kleinod mit Eigenarten – Schloß Bürgeln

chen aber nicht aus, das Kleinod zu bewahren. Allein schon die Gartenanlagen ums Schloß sind eine Freude, wenn man sie denn allein betreten könnte. Im Schloß werden regelmässig Konzerte gegeben, der repräsentative *Gleichensteinsaal* kann für Familienfeiern und Seminare gemietet werden.

- Info zu Öffnungszeiten, Führungen, Mietmöglichkeiten (für Feiern, Veranstaltungen) im Kasten am Schloßaufgang, Schloßverwaltung: Tel. 07626-237, www.schlossbuergeln.de. **Schloß-Führungen** (in der Regel): 11, 14, 15, 16 und 17 Uhr und nach Absprache, von Anf. März bis Nov. ist Dienstag geschlossen, im Winter Mo und Di.

Trotz mancher Initiative bei der Nutzung Bürgelns ist es bis heute nicht gelungen, das Schloß seinem Potential entsprechend der Öffentlichkeit zu erschließen. Präsentation und verwirrende Öffnungszeiten der Anlage (auch jene der Gastronomie), ja der gesamte Betriebsablauf erinnerten mitunter an osteuropäische Gepflogenheiten. Allein die Verschilderung am Schloßeingang mit Hinweisen, Mahnungen und Verboten spricht für sich. So bekommt JOHANN PETER HEBELS Verszeile, „z' Bürgeln uf der Höh/nei was cha me seh" eine ganz neue Bedeutung. „Dann sollen sie das Schloß

„Z' Bürgeln uf der Höh'/nei, was cha me seh" (J. P. Hebel)

doch gleich in Pergament einwickeln," meinte jüngst jemand aus dem Tal zum recht hermetischen System-Bürgeln. Die kuriose Außenwirkung des Schmuckstücks mag auch damit zu tun haben, daß im honorigen Bürgelnbund kommunale Amts- und Würdenträger verweilen, Termine zuteilen und nach persönlichem Gusto agieren. Feuerträger unternehmerischen Denkens sind in solchen Gremien rar. Den Verlautbarungen ist jedoch seit Jahren zu entnehmen, daß in Kürze alles noch viel besser wird. Die Neuverpachtung der Gastronomie im Jahr 2002 hätte ein solcher Schritt sein können, der Konjunktiv hat freilich seine Gründe. Jedenfalls war die Situation mitunter von den Friktionen diverser Kompetenzteams geprägt (würde ein Politiker sagen). Man wird sehen, wie sich die Dinge entwickeln (dito). Was ein offenes, gastfreundliches Bürgeln angeht, gilt somit die Allzweckplatitüde: ‚Die Hoffnung stirbt zuletzt.'

SCHLOSSWIRTSCHAFT BÜRGELN. Zu Schloß Bürgeln gehört eine Ausflugsgaststätte mit einzigartiger Panoramaterrasse und einem geschmackvollen, kleinen Innenraum

Überirdische Terrasse, irdische Öffnungszeiten: Schloßwirtschaft

(der gelbe Kachelofen!). Die Anlage ist ein beliebtes Ziel für Ausflugsfahrten, auch Kaffee- und Wanderetappe. An Wochenenden kann es da schon mal lebhaft werden, außerhalb der Hochsaison, an stillen Wochentagen aber im Grunde ein herrlicher Fleck zum Träumen, Lesen und Entschlüsse fassen. Lange Jahre wurde hier eine nur bescheidene Küche geboten, die unter den Möglichkeiten des Herrgottsplatzes blieb. Manches erinnerte an die Verpflegung auf einer evangelischen Akademietagung, wo Spinat und Spiegelei als Feinkost gelten. Auch nach einem Pächterwechsel vor Jahren bleibt die gastronomische Situation suboptimal. Meine Hoffnung wurden schon durch die eigenartigen Öffnungszeiten relativiert: abends, wenn es auf der geschützten Westterrasse am schönsten würde, ist jedenfalls regulär geschlossen. Wer aber auf Bürgeln heiraten, familienfeiern oder anderweitig jubilieren möchte, bzw. seine Konsumwünsche rechtzeitig voraus anmelden kann, der wird auch während der großzügig bemessenen Schließzeiten bewirtet.

Laut Eigenbeschreibung firmiert die ehemalige Schloßwirtschaft als ‚Kaffee-, Tee- und Kuchenhaus mit saisonaler

Küche'. Hierzu wäre anzumerken, daß mir das Speisenangebot ziemlich asaisonal vorkommt, Maispoularde, Zanderklößchen, Räucherlachs haben eben immer Saison; zudem erscheint manche Position forsch kalkuliert: kleines Mittagsmenü 27 Euro, Hauptgänge um 15-17 Euro. Anderes fällt dann wieder positiv auf: der freundliche Service, eine gepflegte Möblierung der Terrasse über sonstigem Ausflugsniveau, gute Weine, gutes Brot, Vesper mit Ziegen-und Bergkäse vom Demeter-Hof Vollmer, große Teeauswahl. Und vor allem ein Blick, der Irdisches relativiert. So bleibt ein welthaltiger Platz, den die Unzulänglichkeiten des Alltags mal mehr, mal weniger verschatten.

→ **Schloßwirtschaft Bürgeln** (Familie Rösch), Tel. 07626-293. **Öffnungszeiten** Schloß-Stüble: März bis Oktober 11-18 Uhr, warme Küche 12-14 Uhr, RT: Di (von Oktober bis März: Mo und Di). Abendküche auf Anfrage, bes. Öffnungszeiten nach Absprache bei: Hochzeiten, Veranstaltungen, Feiern etc). www.schloss-buergeln.de.

⊃ Vom Parkplatz unterhalb Schloß Bürgeln führen markierte Wanderwege nicht nur ins Eggener Tal, sondern auch bis hinauf zum Blauen. Außerdem hinüber auf die stillen Hochflächen um Vogelbach (*Gasthaus Maien*, derzeit, Okt. 2005, geschl., der ehemalige Pächter wirtet jetzt auf dem *Engel* in Lörrach).

■ Schon südlich vom Eggener Tal und ca. 3 km nördlich von Kandern, im Ortsteil *Sitzenkirch* liegt direkt an der Durchgangsstraße der **Engel**. Eine einfache Landgaststätte, abseits und herb genug, um nicht von Mick und Muck belagert zu werden. Der Platz könnte einigen Charme haben, aber es bleibt bei einer ländlichen Einkehr mit ebensolchem sozialem Umgang und einem verhörgeeigneten Nebenzimmer. Im Schankraum versammelt sich ein gemischter Satz aus Lokal- und Regionalpublikum. Es gibt einfache warme Gerichte und Vesper (roher Schinken, Brotsuppe, Rindfleischsalat), zur Saison regelmäßig auch Wild (und Schlachtplatte), frugale Zubereitung, hochwirksamer Faßwein, freitags ab 16 Uhr Waien. Die Provinz ohne Filter, mit passender Freiterrasse, im Baumarkt-Look, Tel. 07626-380, RT: Do.

Im Rheintal zwischen Müllheim und Schliengen

Zweihundert Hektar Weinberge, verteilt auf die Lagen *Schäf* und *Letten*, haben Auggen als Weindorf bekannt gemacht. Die Bedeutung des Weinbaus wird selbst dem Eiligen deutlich, der auf der Bundesstraße 3 vorbeifährt: nördlich vom Ort liegt auf freiem Feld der Neubau der Winzergenossenschaft. Im Ortskern stehen noch einige stattliche Höfe, auch traditionelle Gasthausfassaden künden von den guten Zeiten im Gutedel-Kernland. Weiter oben im Ort dann eine interessante Adresse für Freunde von Flaschengärung und Sektlaune, zunächst aber eine urige Einkehr:

ZÄHRINGER-HOF – Auggen/Hach. Ein Klassiker für Freunde der derben Markgräfler Kneipenkultur. („Einmal am Tach nach Hach", sprach der Westfale.) In Hach ist in Jahrzehnten gewachsen, was auf neudeutsch ‚Kommunikationskneipe' heißt, wobei die Markgräfler Art der Kommunikation auch mal ziemlich einsilbig sein kann. Das Grundrezept bleibt sympathisch: langer Tisch, kurze Rede, manchmal langes Palaver. Speziell am Zwiebelkuchentermin freitags kann zur

Bolzengrade Vesperwirtschaft: Zähringer-Hof in Auggen-Hach

Verständigung ein Megaphon von Nutzen sein. Dann gibt es auch wieder intime Stimmungen, an denen nur am Stammtisch die Welt geordnet wird – was freilich auch zu erheblichem Gezeter führen kann. Einfache, im Kern durchweg solide Vesper (alle zwischen 4 und 5,50 Euro!), alle mit gutem selbstgebackenem Brot; mitunter auch mal Schmankerln wie Wildschweinschinken und Räucherfisch: Forellenfilets, Lachs. Wie erwähnt, der Freitag ist volkstümlicher Zwiebelkuchentermin (reichlich Zulauf), was hier einmal mehr heißt: Materialgewicht geht vor Klasse. Ebenfalls freitags: hausgemachte Kartoffelsuppe.

→ **Zähringer-Hof**, Auggen-Hach, Tel. 07631-3167. RT: Di, Mi. **Preise**: niedrig.

SEKTKELLEREI REINECKER – Auggen. Wenn's um feinen Sekt geht, lohnt ein kleiner Abstecher in den höhergelegenen Ortsteil von Auggen: Die Sektkellerei von Herbert Reinecker ist eine gute Adresse für sorten- und jahrgangstypischen Sekt, der hier nach dem traditionellen Champagnerverfahren hergestellt wird, also: Flaschengärung, handgerüttelt. Auf dem Etikett darf dies aber nicht mehr wie früher als ‚Champagner'-Methode bezeichnet werden, weil die Kollegen in der Champagne den Begriff exklusiv beanspruchen. Abseits solcher Namensquerelen gilt: Hier hat ein Winzer die üblichen Pfade verlassen. Trauben an die WG liefern und auf den Scheck warten, darin sah der Ingenieur für Kellerwirtschaft keine Herausforderung, sondern Entmündigung.

Also wird ein Teil der elterlichen Reben umweltschonend bewirtschaftet, ein Teil wird zugekauft. Für die Sektbereitung ist eine Lese unversehrter, gesunder Trauben entscheidend. Nur so kann die natürliche Säure erhalten werden, die für das Produkt wichtig ist. Bei der Verarbeitung werden kurze Wege gewählt, damit Sauerstoffkontakt vermieden wird: ins Faß, so schnell wie möglich. Dort wird der Most dann mit reinen Champagnerhefen versetzt, um schon bei der ersten Gärung Fehler oder Geschmacksabweichungen vom angestrebten Vorbild auszuschließen. Danach beginnt die 2. Gärung auf der vorläufig verkorkten Flasche, im Anschluß daran ein mindestens 15-monatiges Flaschenlager, auch um eine feste, feinperlige Bindung der Gärkohlensäure zu erreichen (gesetzlich gefordert: 9 Monate). Dann kommen die Flaschen auf die Rüttelpulte, bis sich die Hefe unten im Flaschenhals zu einem Pfropfen verdichtet, der vor dem endgültigen Verkorken entfernt wird. Zuvor wird die Flasche mit einer mehr oder weniger süßen Dosage aufgefüllt (oder seltener: ganz ohne). *Extra brut:* bis 6 Gramm; *brut:* bis 9 Gramm Restzucker.

Reinecker strebt ein Geschmacksbild an, das dem klassischen Champagnertyp nahe kommt und sich von den säurebetonten Rieslingsekten unterscheidet, wie sie etwa an Saar oder Mosel üblich sind: feinperliges Mousseux und – durch lange Lagerung auf der Hefe – Wandlung der Säure in Aromen sind das Ziel. Zudem werden die meisten seiner Sekte mit etwas Dosage angereichert, also leicht gesüßt, so entsteht ein runderes Geschmacksbild als bei undosierten Sekten (die es ja auch gibt, vgl. dazu die Weingüter im Buch). Aber sein Publikum mag es so. Ich meine, undosierte Sekte haben einen besonderen Reiz – Geschmacksache. Es gibt u.a.: Diverse Cuvées, darunter eine aus den drei klassischen Champagnersorten, sowie Rosé, Weißburgunder und Spätburgundersekte, auch Sondergrößen wie Magnum, Demi und Piccolo.

→ **Sektkellerei Herbert Reinecker,** Auggen, Oberdorfstraße 17, Tel. 07631-3441.

HOLZSCHOPF – Schliengen. Ein Name als Programm. Die mächtige Holzbalkenkonstruktion garantiert neogemütliches Stadelgefühl: In der Schopfmitte die offene Feuerstelle und dekorative Zutaten, vor der Theke eine kleine Bar. Gezirkelte Kreationen wird da keiner erwarten, aber man wird hier sehr aufmerksam bedient und aus der Küche allemal so versorgt, wie es in der Mittelklasse anderswo nicht mehr üblich ist. Die ziemlich breit aufgestellte Speisekarte von regional bis mediterran zeigt sich mehrheitsfähig, gleich ob bei den Standards oder mit mehr Anspruch. Über alles gesehen ist der Holzschopf eine solide Adresse, die auf dem flachen, längs der B 3 nicht verwöhnten Landstrich zwischen Müllheim und Weil zu den erfreulichen Ausnahmen gehört. Zubereitung und Portion entsprechen in etwa der Rustikalität der Umgebung, die zufriedene Stammkundschaft spricht für sich. Über Mittag gibt es auch günstige Menüangebote für Handlungsreisende oder Pensionäre und abends deckt der Holzschopf – bei angezogenen Preisen – ein beachtliches Spektrum ab: Vom verliebten Paar von nebenan bis zur Jungseniorenmannschaft. Fazit: Prototyp des gehobenen südbadischen Landstraßengasthofes mit engagierter Bedienung und zuverlässig-bürgerlicher Küche. Im flachen Land um Schliengen eine der wenigen möglichen Adressen.

→ Gasthaus-Hotel **Holzschopf**, Schliengen (an der B 3), Tel. 07635-8733, RT: Mi (Hotel geöffnet). Kl. Terrasse. **Preise**: mittel-gehoben.

Landpartie, Weingut nebenan: Krone, Schliengen-Mauchen

KRONE – Schliengen/Mauchen. Seit Jahren ein sicherer Tip in der Klasse ‚einfache Landschänke mit Charme'. Versteckt, aber dennoch populär gelegen, weil im Schnittpunkt der Ausflugskreise von Bad Bellingen, Badenweiler und Basel. Zum Glück wurde die urgemütliche Holzbank- und Kachelofenbehaglichkeit über die Jahre erhalten. Auch beim großen Umbau im Jahr 2002 wurde nichts wegsaniert, Mobiliar und Ausstrahlung der alten Gaststube sind wie gehabt (dekorative Nettigkeiten wie Erntedankkörble auf den schönen, alten Eichentischen unterlaufen jedoch die Würde der Stube). Der Umbau brachte auch eine leistungsfähige Küche und Nebenräume für Feiern, das Betriebssystem zeigt sich ländlich unaufgeregt; und seit kurzem spürt man auch im Service jene Freundlichkeit und Kundennähe, die bislang noch fehlte. Die einfache, warme Küche konzentriert sich in weiser Selbstbeschränkung auf Standards, die üppig portioniert und konstant, aber ohne Drang zur Verfeinerung zu Tisch kommen (mancher Teller wirkt recht norddeutsch realisiert). Hinzu kommen jeweils noch zwei, drei warme Gerichte als aktuelle Tagesempfehlung. Auch bei

Schlicht schön: Krone, Mauchen

den Vespern strikt Bewährtes, das in ordentlicher, teils guter Qualität serviert wird (darunter: Kalbsbratwürste, Fr bis So: Flammkuchen; Tellersülze, Ziegenkäse).

Wie erwähnt: Die Krone ist eine Landschänke mit Gärtle, Kachelofen- und Holztischgemütlichkeit. Die Idylle hat sich über Schliengen hinaus rumgesprochen, manchmal ist der Zulauf dem Reiz einer Landschänke fast abträglich. Gleich wie, Ambiente, Service und Publikum passen zusammen und der Gast aus der Stadt erlebt hier, wie einfach und unproblematisch das Leben auf dem Lande sein kann.

Das Anwesen gehört zum benachbarten Weingut *Lämmlin-Schindler*. Sowohl offen als auch in Flaschen gibt es in der Krone eine Auswahl an Gutsweinen zu sehr vernünftigem Preis. Löblich und für eine Einkehr in dieser Klasse ist ein Flaschenweinservice, endlich einmal mit Gläsern, die dem Getränk Ehre erweisen. Weshalb allerdings offene Weine gerade hier in Römerpötten serviert werden, bleibt ein Geheimnis des Hauses. Insgesamt gesehen eines der robustesten Landgasthäuser im Markgräflerland.

→ **Krone** (Cassier), Schliengen-Mauchen, Tel. 07635-9899. Idyllische Gartenterrasse. 11-23 Uhr, RT: Mo, Di. **Preise**: günstig.

■ Direkt nebenan das dazugehörige renommierte Weingut **Lämmlin-Schindler**. Das Weingut ist eines der großen, auch öffentlich stark beachteten und prämierten Privatgüter im Markgräflerland. Auf weiten Teilen der Anbaufläche wird mit ökologischen Methoden gearbeitet. Bislang werden allerdings nicht *alle* Weine trocken ausgebaut, auch die ‚Trockenen' bergen teils noch schmeckbare Restzuckerwerte. Eine Unentschlossenheit, die sich mit einer eindeutigen Linie im Keller schlecht verträgt. Dennoch, teilweise sehr feine und fruchtige Weißweine, viele davon im Prädikatsweinbereich, also für Freunde voller Aromen. Einzelne Rotweine sind durch Säureabbau recht milde. Andere wieder voll, tiefrot durchgefärbt und beerig, wie ein Spitzenspätburgunder sein soll. Weingut *Lämmlin-Schindler,* Schliengen-Mauchen, Tel. 07635-440.

BERGHOFSTÜBLE – Bad Bellingen. Die erhaben gelegene Gaststätte ist nicht immer die charakterstärkste. Panoramalage wird mancherorts eher als Freibrief denn als Verpflichtung verstanden. Im Berghofstüble sind solche Bedenken aber weitgehend deplaziert. Oberhalb von Bad Bellingen frei gelegen, bieten Garten und Terrasse ein großartiges Panorama auf Rheintal und Vogesen, ein guter Platz also für einen warmen Hochsommerabend. Die Karte spiegelt die Vorlieben der saturierten Mitte, genauer: von Schweizer Gästen, Pensionären und Cordon-Bleu-Freunden, die hier besonders gerne herkommen. So bleibt es beim Erwartbaren. Im Grunde wird gekocht, was risikoscheue Basler schätzen, im eigenen Land aber nicht mehr bekommen oder nicht bezahlen wollen: reichlich Fleisch, gut Kurzgebratenes, Rösti, dazu ein paar klassische Vorspeisen (Vitello tonnato und Carpaccio). In der Abteilung ‚Exotik und Luxus' finden sich die in Grenzlage wohl unvermeidlichen Riesengarnelen, auch eine hausgemachte Gänseleberterrine. Die Weinkarte ist auf der Höhe der Küche, gerade noch gastfreundlich kalkuliert. Der speditive Service agiert mitunter etwas ruppig, in der Summe gilt: Auf dem Berghof brennt so schnell nichts an.

→ **Berghofstüble** (Fam. Basler), oberhalb Bad Bellingen, Tel. 07635-1293. RT: Mo, Di. **Preise**: mittel-gehoben.

Zwischen Kandern und Weil

Südlich einer Linie Schliengen-Kandern reichen die Vorberge bis fast an den Rhein, hier beginnt das *Rebland*. Mit alten Streuobstanlagen, mit Weingärten und ruhigen Provinzstraßen einer der schönsten Flecken im Südwesten. Die Übergänge zum Südschwarzwald sind fließend, die nach Südwesten geöffneten Täler und Hochflächen haben nichts mehr vom kargen Hochschwarzwald. Eine Gegend, ideal zum Umherstreifen.

Die Wege heißen hier *Gaishaldenweg*, oder nach den Bienen: *Amelenbuckweg* (auf der Anhöhe *Geißhaldeneck* zwischen Kandern und Feuerbach). Der Bach darf offen durch's Dorf fließen (in Feuerbach). Und wer zur Zeit der Kirschblüte von Feuerbach rüber nach Niedereggenen geht, fährt oder läuft, gerät in Blütentaumel.

Obacht: CH-Zuschlag. Ein Wermutstropfen im äußersten Südwesten: Die gehobene Gastronomie hat sich in Angebot und Preis auf die zahlungskräftigen Gäste aus dem Großraum Basel eingestellt. Nichts gegen Kalbsleberli, Rösti und Cordon Bleu (gleichsam das Schweizer Jägerschnitzel), ob es zwischen Weil und Kandern schier

Speckbrettle, Schemel, Besteck – Schreinerei Benz, Kandern

flächendeckend auf der Speisekarte erscheinen muß? Auch angesichts einiger Weinpreise wünscht man sich sein Gehalt in Franken ausbezahlt.

- **Schreinerei Benz:** Eine feine Schreinerei, die vom Satz Speckbrettle aus Hainbuche über den Schemel bis zum kompletten Massivholz-Küchenausbau Handwerk im Wortsinne abliefert. Erstaunlicherweise findet sich die Vielfalt der heimischen Nutzhölzer nur noch selten in unseren hochgerüsteten Küchen. Dabei kann alles Edelstahl der Welt keinen Hocker aus markgräfler Kirsche ersetzen. Jeder, der nachts um zwei in der Küche die Weltordnung diskutiert, weiß das. Aus selbst gelagertem und getrocknetem Holz fertigt Schreinermeister Ingo Benz gediegene Einzelstücke für ein Leben jenseits von Spanplatte, Tropenholz und Montageschaum. Dabei reicht die Spannweite der Produktion von der maßgefertigten Einbauküche mit natürlich behandelter Oberfläche über den Esstisch als solchen bis zum Speckbrettle. Diese können je nach Vorliebe in generationenüberdauernd harter Hainbuche, badischer Eiche oder auch in einer fast schon elitären Birnbaumausstattung gefertigt werden. Als Handwerker hat Ingo Benz zudem ein natürliches Verhältnis zu den Maßen, insofern wäre auch eine Sonderanfertigung kein Problem, auf der eine ganze Breitseite Schwarzwälder Speck Platz hätte. **Adresse**: Schreinerei Ingo Benz, Kandern, Hammersteinerstraße 65, Tel. 07626-7518, www.schreinerei-benz.de

Blankes Holz und schattiges Gärtle: Hirschen, Holzen

Rebland – Lebland, so geht's Sprüchle über die letzten Kilometer im deutschen Südwesten. Eine heitere Landschaft, ideal zum Treiben lassen. Am 5. September 1779 hat GOETHE irgendwo am Oberrhein an Frau von Stein geschrieben. Warum sollen diese Zeilen nicht im Rebland entstanden sein?

Trauben mit jedem Schritt und Tage besser. Jedes Bauernhaus mit Reben bis unters Dach, jeder Hof mit einer großen vollhängenden Laube. Himmelsluft, weich, warm, feuchtlich, man wird auch wie die Trauben reif und süß in der Seele.

HIRSCHEN – Holzen. Ein stattliches Haus mit großzügigen, alten Galträumen, die schlicht, geschmackvoll renoviert wurden. Die Atmosphäre ist einfach, vom blanken Holze geprägt, durchaus charmant, auch im reizvollen Sommergarten unter den Bäumen. Zum positiven Gesamteindruck gehört das bunt gemischte, undogmatische Publikum. Viel Provinz und wenig Stadt in munterer Mischung. Die Beliebtheit des Hirschen läßt sich nur partiell mit seiner Küchenleistung erklären, die im Wesentlichen nicht über ‚warm und reichlich' hinauskommt. Aber es ist einfach ein Platz, der stimmt. Am Küchenprogramm des Hirschen hat sich seit Jahren wenig gеändert: Auf den Tischen liegen nostalgisch gestaltete Tellerunterlagen aus Papier, die zugleich Standardkarte sind. Es markgräflert gewaltig, von ‚Schüffeli mit Brägel' bis ‚Subbefleisch mit Meerrettichbabbe' (Bedienung übersetzt bei Bedarf). Dazu kommen ‚Subbe', ordentliche ‚Chaldi Sache' und stets noch drei, vier aktuelle Angebote auf der Schiefertafel, darunter auch mal Wild oder was Saisonales.

Anfangs der Woche sind beliebte Zwiebelkuchentage (dieser gelungen), gegen Ende der Woche (Do und Fr) immer ‚suure Leberli' (diese reichlich). Eine „einfache, sorgfältig zubereitete Regionalküche", schrieb der FEINSCHMECKER einmal über den Hirschen, das trifft die Verhältnisse nur bedingt, vielmehr fallen auf: üppige Portionen, die unvermurkste Stimmung eines Dorfgasthauses. Auf Verfeinerung muß verzichtet werden. Zum System Hirschen gehören – neben einem nostalgischen Orgelautomaten – auch die bisweilen haustypisch langen Wartezeiten, die vom Publikum duldsam abgesessen werden. Dabei hilft ein frisches Lasser-Pils ab Hahn, auch frisch gezapfter Faßwein, die weitere Weinauswahl ist bescheiden, auffallend das gute ‚Buurebrot'.

→ **Hirschen** in Holzen, Tel. 07626-7059. Werktags ab 16 Uhr, Sa und So ab 11.30 Uhr. Immer Mo und Di: Zwiebelkuchen, RT: Mi. Mit einer ansprechenden, gut eingewachsenen Gartenwirtschaft. **Preise**: günstig.

Waien, Neuer Süßer, Flammkuchen

Der ursprüngliche Zwiebelkuchen ist eine deftige Mahlzeit auf Brotteig. Qualität und Dicke des verwendeten Teigs sind entscheidend für sein Gelingen. Am besten schmeckt er aus dem Holzofen. Auf den ausgewählten, dünnen Boden kommt fingerdick ein Gemisch aus gedämpften Zwiebeln, die nicht mehr glasig sein sollten, vermengt mit Öl, Sauerrahm und

Eiern, gewürzt mit Pfeffer, Salz und etwas Muskat. Es gibt zahlreiche Variationen dieses Grundrezeptes, die, wie bei ländlichen Gerichten üblich, meist aus der Not heraus entstanden sind.

Die beliebte, im Herbst in vielen Gasthäusern des Südwestens verabreichte Allianz von Zwiebelkuchen und Neuem Süßen (also beginnend gärendem Traubenmost) ist fragwürdig. Eher harmoniert der schon weiter vergorene Traubenmost, der *Federweiße*, mit dem deftigen Zwiebelkuchen. Der perlende Traubenmost kann, muß aber nicht gut schmecken. Je nachdem, wie exakt der optimale Zeitpunkt erwischt wird (der tatsächlich nur ganz kurz anhält – was kein Wirt zugibt) und wie geübt der Konsument ist, kann Federweißer ungeahnte Stimmung, aber auch Tücken entfalten: Erst treibt er auf 's Lavabo, dann zieht er einem die Beine weg – also Obacht!

Zwiebelkuchen (alemannisch: *Waien*) gibt's im südlichen Markgräflerland und im Rebland in einigen Wirtschaften das ganze Jahr über, meist aber nur an einem bestimmten Wochentag (siehe dazu besonders: Zähringer-Hof in Hach bei Auggen; Krone in Schliengen-Mauchen; Engel in Kandern-Sitzenkirch; Hirschen in Holzen; Reingerhof ob Istein).

Weiter im Norden wird oft nur zur Weinlesezeit bzw. in Straußenwirtschaften serviert, dort dann in seiner Elsässer Variante als *Flammkuchen* (qualitativ einzigartige Flammkuchen in der Ortenau: Krone in Altenheim bei Offenburg). Der Flammkuchen hat sich in den letzten Jahren schier epidemisch ausgebreitet, gerade auch in der einfachen Vespergastronomie. Der banale Grund: Immer mehr Gastronomielieferanten bieten das Modell tiefgefroren an. Eismann läßt grüßen.

Im Wald zwischen Egisholz und Egerten

Im Kandertal

Im Kandertal wäre mal wieder die Idiotie des öffentlichen Straßenbaus zu besichtigen. Erst wird mit Riesenaufwand eine breite, aber eben nur vermeintlich sichere Trasse durchs Tal gezogen. Dann kracht 's am laufenden Band. Weiß Gott, warum gerade im Kandertal die Spoiler so tief liegen, durch den Ausbau ist die Landstraße 134 jedenfalls kein Stück sicherer geworden, im Gegenteil. Man sollte die Verantwortlichen mal eine Nacht lang an einem Baum neben der Straße festbinden. Lohnende Abstecher von der irren Meile gibt 's aber genug, etwa ab *Hammerstein* oder *Wollbach*. Von Hammerstein über Egisholz führt sogar ein stilles Waldsträßle rüber nach Kandern-Egerten, da sorgen Natur und Belag ohnehin für Geschwindigkeitsbeschränkung (vgl. nächste Seite).

Richtung Kandern-Egerten. Auch ab Wollbach talaufwärts beginnt ein kleines Märchen. Der Bach darf fließen, wie er will. Knorrige Obstbäume zeigen Charakter, unter den Dächern der Bauernhäuser hängen noch lange Holzleitern, auch so ein Zeichen. In Bauerngärten blüht die Phantasie. Schon die Anfahrt nach *Egerten-Nebenau* ist ein Genuß.

Andere Kenner wählen den mindestens ebenso reizvollen Waldfahrweg ab Hammerstein: zunächst noch geteert hinauf bis nach *Egisholz*, hier oben vom Waldrand und den paar Häusern sieht die Welt ganz anders aus. Weiter dann auf rotem Sand – eine Romantikpartie durch den Buchwald rüber nach Kandern-*Egerten*. Gleich, wie Sie dort hinschweben: Im Ort sind noch ein paar jener Bauerngärten zu bewundern, die heute so selten geworden sind:

Alte Bauerngärten zeigen nicht nur, was in unserem Klima am besten wächst und was zusammenpaßt. Sie zeigen vor allem, was ein kleiner Garten braucht: einen einfachen Grundriß. Ein Prinzip ist das Wegkreuz, das den Garten in vier Viertel teilt. Mit einem Rondell in der Mitte. Die Beete sind eingerahmt mit einer niederen Bordüre aus geschnittenem Buchs. Der strenge, feste Rahmen hat den Vorteil, daß man dahinter kunterbunt Gemüse, Beeren, Blumen setzen kann. Solche Bauerngärten sind heute eine Rarität geworden.

Aus: GRÜN KAPUTT. Landschaft und Gärten der Deutschen.

HIRSCHEN – Egerten. Im versteckten Kanderner Ortsteil Egerten, oben im ruhigen Dorfkern, steht ein schönes, altes Gasthaus mit blaß verwitterter Front. Schon die Öffnungszeiten machen neugierig: Dienstag, Mittwoch und Donnerstag kann man ab 18 Uhr, samstags den ganzen Tag an den alten, schlichten Holztischen sitzen, gut vespern und tadellos gekochte einfache, warme Speisen genießen: Es gibt nur wenige Klassiker wie Schäufele, kleine, aber gut gemachte Schnitzel mit etwas Bratensaft, auch ein Filet. Erstaunlich, was hier – bei gewöhnlicher Ausgangsware beim Fleisch – allein durch sorgfältige Zubereitung für eine Qualität erreicht wird. Dazu kommen ausgezeichnete, frische Salate im Glasschüssele. Auch bei den Beilagen nur Bewährtes, aber

Schönes, altes Gasthaus: Hirschen in Kandern-Egerten

wie: ein fein geraffelter Kartoffelsalat, also mehr helvetisch als schwäbisch, gelungene Rösti; dazu gibt es hauseigenen Faßwein und eine – bescheidene – Auswahl an WG-Weinen. Hier wird gekocht, was ein kleiner, freilich ausgesprochen konservativ organisierter Familienbetrieb leisten kann – und so wird das Einfache zum Erlebnis. Lassen Sie noch ein wenig Platz für die Desserts mit dem cremigen Rahm.

Daß so ein Ort nicht geheim bleiben kann, ist klar, daß es manchmal fast turbulent zugeht, gehört zu den Dingen im Leben, die nicht zu ändern sind. Selbst Basler Galeristen genießen hier oben ihr Rösti-Exil. Dennoch: wochentags herrscht meist angenehm runtergeregelte Clubstimmung, nur an Samstagen ist manchmal etwas hochtouriges Publikum anwesend (immer reservieren). Sorgfältige Bedienung, patronal geprägtes Ambiente. Bliebe noch die Hoffnung, daß der Familienverbund den Herausforderungen der Zukunft gewachsen ist.

→ **Hirschen** (Familie Max Geitlinger), Egerten-Nebenau. Tel. 07626-388. Geöffnet nur: DiMiDoSa, am Sa auch über Mittag, sonst ab Nachmittag. **Preise**: mittel.

Fischingen – jetzt mit runderneuertem Brunnenplatz

Rebland von Schliengen bis Weil

Entlang der alten Römerstraße wieder eine herrliche Strecke abseits der beliebten Busrouten. Zwischen Bad Bellingen, Bamlach und dem Isteiner Klotz führt die Nebenstrecke (markiert auch als: *Wiiwegli*) über eine langgezogene Hochfläche, begleitet von herrlichem Ausblick: Im Westen Sundgau und Vogesen, im Osten Rebland und Schwarzwald, links und rechts Kirschen und Nüsse: Unterwegs zwischen Himmel und Erde in altem Kulturland – an einer Stelle oberhalb von Blansingen kreuzen sich ‚Römerstraße' und ‚Gänseheide'. Das Rheintal liegt da wie RENÉ SCHICKELES aufgeschlagenes Buch: eine Seite Elsass, andere Seite Baden, im Bund fließt der Rhein.

Seit ein paar Jahren kann man auf dem Höhenrücken zwischen Bad Bellingen und Bamlach auch Golf spielen. Erst kam der Herr Investor und hernach kamen die Beladenen und die Eifrigen. Nun ziehen erwachsene Männer Wägelchen hinter sich her und sagen Sätze wie diesen: „Wir müssen das jetzt halt mal rechnen und dann ziehen wir die Stückzahl raus." Am Rand des Grüns stecken kleine Schildchen im Boden: ‚Lebensgefahr – fliegende Bälle'. Ein anderer, bemerkenswerter Aspekt bietet sich ein paar Kilometer weiter im Süden in *Fischingen*. Der Dorfverschönerung sei Dank hat sich die kleine Gemeinde (östlich Efringen-Kirchen) nun einen neuen Platz um den Brunnen zugelegt. Oben Naturpflaster, zwei Stufen tiefer fleischwurstfarbenes Betonpflaster, die einen Stufen aus Granit, die Sitzbänke aus Gießbeton, ein Materialmix wie aus der Baumarkt-Lotterie. Hinter der eigenartigen Installation hat jemand ein handgemaltes Schild aufgestellt: ‚Bürgermeister Peter Schmieder Gedenk Platz'. Soll man lachen oder weinen?

Oben in *Blansingen* gibt es auch einen schönen Dorfbrunnen; er befindet sich zum Glück noch im Zustand vor der kommunalen Runderneuerung. Mitunter künden aber die Algen im Brunnenbecken von einer bewährten Regel unserer heimischen Landwirtschaft: Viel hilft viel. Was auf den Höhen auf den Acker gestreut wird, erblickt im Brunnentrog als wuchernde Grünalgenwolke ein zweites Mal das Licht der Welt. Somit mahnt der Blansinger Brunnen an eine alte Wahrheit: Alles kommt wieder – auch Nitrat. An dieser Stelle beenden wir unsere kleine Landpartie und kehren in der Traube ein, ein stattliches Gasthaus gleich neben dem Dorfbrunnen.

TRAUBE – Blansingen. Gepflegte Idylle auf den ersten Blick: Das zweihundert Jahre alte Haus wurde von Heidi und Georg Albrecht in ein gastronomisches Kleinod verwandelt und in etwa so eingerichtet, wie wir es aus einem der Magazine für 's schönere Wohnen kennen. Markgräfler Landhausstil des 20. Jahrhunderts. Im ersten Stock warten sieben freundliche Gästezimmer mit allem notwendigen Komfort, damit wird die Traube zur Insel für genußbereite Flüchtlinge.

Für seine Küche hat Albrecht schon vor Jahren einen Stern bekommen; sicher kann hier auch leicht und sorgfältig gekocht werden. Allerdings fehlen die üblichen Michelin-Attri-

Gekiestes Gärtle, stolze Preise – Traube, Blansingen

bute (Gemüsemantel, Mascarponekruste!) sowenig wie Preise, die vermutlich mit Blick auf eine bestens situierte Schweizer Kundschaft kalkuliert wurden, was sich auf die deutsche Kundschaft doch etwas prohibitiv auswirkt (allenfalls das günstige Mittagsangebot relativiert dies). Zu den Pluspunkten zählt das gekieste Gärtle unter der Weinlaub-Pergola, sowie die gediegen-ländliche Übernachtungsmöglichkeit in schönen Zimmern.

→ **Gasthaus Traube** (Heidi und Georg Albrecht), Blansingen, in der Ortsmitte beim Brunnen, Alemannenstr. 19. Tel. 07628-8290, Fax: 8736. Komfortable Gästezimmer. RT: Di, Mi. **Preise**: sehr hoch.

■ Abgehoben und wie zwischen den Welten thront die **Chlotzenstube Reingerhof**, vom ersten Aspekt noch immer ein Aussiedlerhof oberhalb der steilen Isteiner Weinberge. Der Ort begann seine gastronomische Karriere als Straußenwirtschaft, heute ist die ursprüngliche Nebenerwerbsgastronomie weit über sich hinausgewachsen. Es war und ist die Herrgottslage, die der einfachen Einkehr auf die Sprünge half. Draußen von groben Holztischen herrliche Sicht auf Rheintal, Sundgau und Vogesen. Besonders beliebt ist der *Waienabend* am Mittwoch: Attraktion sind dann die sitzkissengroßen Zwiebel- und Rahmkuchenfladen, knusperheiß aus dem Ofen. Andere Vesper und Warmes in der Grillbraten&Pommes-Klasse liegen eher in der unteren Kompaktklasse. Besonders an Sommertagen mit Freibetrieb ringt die Beliebtheit des Fleckens mit der Reibungslosigkeit der Bewirtung. Aber in solcher Lage vergibt man Manches. **Anfahrt**: von Istein aus zum Bahnhof und weiter den Berg hoch in Richtung Huttingen fahren, am Hinweisschild dann links ab. Tel. und Fax: 07628-440. RT: Mo (nur Winter) sonst ab 15 Uhr, So und feiertags ab 12 Uhr. Jeden Mittwoch: Zwiebel-, Rahm- und Käsewaien.

Binzen liegt – wie Weil-Haltingen und Ötlingen – schon im Dunstkreis von Schweizer Ausflugs- und Spesengästen, auch zur Autobahn und damit zum Hunger der Durchreisenden ist es nicht mehr weit. Da darf es kulinarisch von allem etwas und vom Preis auch mal etwas mehr sein. Eine Kombination, die mich nicht so reizt. Die meisten Restaurants an der Durchgangsstraße, ja in der ganzen Region, haben Karten, die den mittelprall gefüllten Geldbeutel und den Geschmack der angepaßten Mitte im Auge haben.

■ **Weingu Frick, Binzen.** Ein kleines, freilich hoch empfehlenswertes Weingut in Binzen wird von Bernhard und Heike Frick geführt. Der kleine Familienbetrieb erzeugt seit Jahren Überdurchschnittliches. Höchst erfreulich ist schon einmal das ausschließlich und restlos trockene Sortiment. Darunter finden sich fruchtige und elegante Weißweine. Weine, die Säure und Charakter behalten dürfen und deshalb sortentypisch schmecken. So gelingt Frick ein sauberer, sortentypischer und wunderbar leichter Gutedel, der klar in die erste Liga gehört. Feiner Weißburgunder sowie Rotweine, die nach der klassischen Burgunder-Methode, also durch Maischegärung sowie ohne Erhitzen entstehen. Im Gebot auch offener Faßwein und ein breites Angebot an Obstbränden. Für das qualitativ außergewöhnliche Angebot ist die Adresse überregional wenig bekannt, aber das bleibt unter uns. Netter Mensch, freundliche Preise, vorbildliche Weinliste. Als Randprodukt hervorragender Weinessig. Kleines Weingut, unbedingt vorher anrufen: Tel. 07621-65610, Fax: 669909, www.weingut-frick.de. Binzen, Im Freihof 9, gleich oberhalb der Kirche.

Istein – Der Ort am Klotz dürfte früher eines der reizvolleren Dörfer am Oberrhein gewesen sein. Alte Stiche zeigen das Dorf unter dem mächtigen *Isteiner Klotzen* direkt am Rhein gelegen, davor bewaldete Flußinseln. Nach der Rheinregulierung (1817 -1876), dem Bau des Rheinseitenkanals (ab 1926) und dem Bau der Autobahn (1959) und durch Kalksteinabbau (aktuell im Gang), hat sich die Landschaft in manchen Bereichen völlig verändert.

Abseits der Hauptstraßen – besonders im alten Dorf Istein und in den Weinbergen darüber – blieb jedoch ein fast schon italienischer, jedenfalls sehr heiterer Charakter erhalten, der den Bereich um Istein so einzigartig werden läßt. Die steilen, kleinräumig gegliederten Weinberge reichen da und dort bis ins Dorf hinein. Die exponierte Südwestlage, alte Winkel, sonnige Ecken und gepflegte Gärten wecken südländische Gefühle und irgendwie erwartet man beim Gang durch Istein, daß eine knatternde, dreirädrige Vespa-Ape um die Ecke kratzt.

In Istein sind im alten verwinkelten Ortskern noch ein paar schöne Fachwerkbauten erhalten, einer der prächtigsten ist die Arche von 1533, mit einer ungewöhnlich hohen, vielverstrebten Front. Wer im Juni in Istein ist, sollte sich nach dem *Chlimsefest* erkundigen. Es ist eines der stimmungsvollsten Dorffeste der Region und vielleicht auch deshalb so schön, weil es nur alle 4 Jahre stattfindet.

SCHLOSSGUT ISTEIN – Istein. Das Schloßgut zählt nun schon seit gut zwanzig Jahren zu den besten Weingütern im Südwesten. Auf den steil geneigten Kalkverwitterungsböden des Isteiner Klotz – im Markgräflerland sind solche Kalkböden sonst die Ausnahme – und in einer Lage bei Fischingen reifen die Trauben für Albert Soders herrlich frische, sortentypische Weißweine. Charakteristisch für das Schloßgut sind Spitzenlagen und langjähriges Qualitätsden-

Spitze in der Südwestecke: Schloßgut Istein der Familie Soder

ken, durch keine Mode verwässert – und genau so, *nur so* entstehen Ausnahmeweine: Die Lagen am Isteiner Kirchberg liefern einen hohen Anteil an Weinen im Kabinett- und Spätlesebereich, ohne daß daraus pappig-mastige Alkoholgranaten werden. Die Ernte wird im Keller gradlinig, das heißt ohne Manipulation und Schönung ausgebaut – mit dem Potential zu großen Weinen. Angeboten wird – außer Müller und Silvaner – das gesamte Markgräfler Sortenspektrum. Darunter ein überraschend frischer und reintöniger Gutedel, der für mich zu den besten seiner Art zählt. Erfreulich auch, daß ein Gutedel-Qualitätswein stets auch in einer nicht angereicherten, wunderbar leichten Variante für die Sommerterrasse ausgebaut wird (um und unter 10 Prozent Alkohol, es geht also doch!). Dann wären da herrlich duftende Rieslingweine, ähnlich Nobling, Weiß- und Grauburgunder, die stets im obersten Qualitätsbereich liegen, dabei aber elegant (also nicht überparfümiert) daherkommen. Zu den Trümpfen des Schloßgutes Istein zählen zudem in Farbe und Extrakt volle und kräftige Spätburgunder Rotweine. In ordentlichen Jahren meist im Kabinett- und Spätlesebereich, zählen diese zu den großen Burgundern der Region. Weine, die es mit den gebetsmühlenhaft gelobten und teuren Ausländern aufnehmen können. Wobei die Betonung einzelner Positionen zwangsläufig ungerecht sein muß: Das zu 100 Prozent durchgegorene, also tatsächlich trocken ausgebaute Programm überzeugt durchgängig und seit Jahren. Erfreulich auch, daß die Soders den Trend zu aufgemöbelten, alkoholschweren Granaten nicht mitmachen, sondern dem Wein seine gewachsene Substanz lassen. Dafür gibt es kein Lametta auf irgendwelchen Prämierungen, aber Vertrauen der Kundschaft.

Die Rasse der Schloßgut-Weine wird ebenbürtig begleitet vom Temperament des Albert Soder, der das Weingut vom Landkreis Lörrach gepachtet hat und es zur Spitze brachte. Die unverstellte Art und Sprache Soders passen perfekt zu den Schloßgut-Weinen, deren Eigenarten niemand sachkundiger und herzlicher erläutern kann als seine Frau Anita. Ein Gespann, das nicht über guten Wein schwadroniert, sondern welchen macht. Erfreulich, daß die Kontinuität des Betriebs nun auch durch die Töchter des Hauses garantiert wird. Weinfreunde, die auf ihrer Tour vom Norden her kommend schon fleißig eingebunkert haben, sollten noch Platz im Kofferraum lassen. Das Schloßgut Istein verspricht – ganz im Süden – ein großes Finale.

→ **Schloßgut Istein** (Familie Soder). Innerdorf 23, Ortsmitte. Tel. 07628-1284, Fax: 8632. www.soder-schlossgut.de, mit einem Probenstüble im Lagerraum (Mo bis Sa: 9-17 Uhr, nach tel. Anmeldung). Soders Weine sind begehrt, frühzeitiges Interesse sichert breite Auswahl. Großes Sortiment ausgezeichneter Obstbrände, Hefe und Marc de Gewürz.

■ **Rebstock**, **Efringen-Kirchen**, etwas versteckt am Ortsrand gelegen; im äußersten Südwesten ist der Rebstock eine beliebte Adresse in der Holzbankklasse. Ein Treff für Freunde der üppig portionierten Küche, viel von seiner Beliebtheit hat wohl mit den Preisen und der unvermurksten Stimmung zu tun, die hier herrscht beziehungsweise in der Luft liegt. Serviert werden Vesper in der Kategorie Schwartenmagen, Schäufele &Co; im warmen Bereich gibt es reichlich Fleisch, dazu Kartoffelsalat und Brägelehalden.

In Akropolislage – Weil-Ötlingen

Eigener Weinbau erzeugt wuchtigen Faßwein, auch rot – eine Melange, die für Stimmung und damit bisweilen für einen Lärmpegel sorgt, der nichts für die feine Abendkonversation ist. Nach Gewicht gerechnet ist die Küche preiswert. Feinere Gemüter buchen den Besuch eher unter der Sparte ‚Brauchtum'. Wer's mag, kommt wieder. Gepflasterte Gartenterrasse (in lyonerrot), aber lauschig unter Weinlaub, ordentliche Bestuhlung. **Adresse**: Rebstock (Fam. Del Angelo-Huck), Basler Str. 59, Tel. 07628-1246. Offen: Mi und Do ab 18 Uhr, Sa ab 12, So ab 11 Uhr.

Ötlingen. Brunnen plätschern im Dorf, vor den Hauswänden erreichen Feigenbäume eine stattliche Höhe, die Hausgärten wirken sorgsam unterhalten, rotwangige Kinder grüßen artig. Das Dorf Ötlingen käme in der Heile-Welt-Liste oder beim grassierenden Wohlfühl-Ranking auf einen vorderen Platz. Ringsum Reben und Obst, dazu Herrgottsblick. Von unten grüßt Basels Chemie aus angenehmer Distanz. Nur die kleinen Schildchen ‚Kein Trinkwasser', welche die Brunnen zieren, erinnern an das nachtragende Gedächtnis von Mutter Erde. Auch wegen des panoramischen Baselblicks gilt Ötlinger als Pilgerziel von Baslern, die ihre Stadt besonders gerne von oben bewundern und hernach günstig einkehren.

Frischluft mit Baselblick – vor dem Ochsen in Ötlingen

Im Ort Gastronomie sehr unterschiedlicher Art: in der Traditionsklasse der ebenso wunderbar gelegene wie staunenswert erhaltene *Ochsen*, ein paar Meter weiter unten an der Straße das neudeutsche Gegenstück *Dreiländerblick* (Di und Mi geschl.). Beide Häuser in Akropolislage, an der Südwestkante des Dorfes, wobei der traumhafte Freisitz im Ochsen mit reduzierten Ansprüchen in Service und Angebot bezahlt werden muß. Nichts im Leben ist gratis:

OCHSEN – Ötlingen. Wer ein Wirtshaus in solcher Lage betreibt, hat das Glück auf seiner Seite. Von der Terrasse Traumsicht auf Basel. In den schlichten Innenräumen des Traditionshauses ist die deutsch-schweizer Geselligkeit gleichsam idealtypisch vorhanden. Keine Rüschen, nichts wurde zeitgenössisch verhunzt. Stattdessen blanke Tische – hocke, rede, trinke, absättige – sonst nichts. Abends und an Wochenenden wird es hier auch mal lauter, zumal der Ochsen dann fast komplett von Besuchern aus Lörrach und Basel okkupiert wird. An ruhigeren Wochentagen aber eine ländliche Oase. An Werktagen mittags gibt es auch ein Tagesessen, meist was Schweinerns halt, sonst Vesper und Warmes in der

Fleischlos, nicht freudlos – Café Inka in Ötlingen

Schnitzel- und Steakklasse. Freilich kämen nur Dollweggen (hochdeutsch: Toren) auf die Idee, daß hier – wo dem Auge soviel Gutes widerfährt – die Zunge ähnlich umsorgt wird: Die warme Küche ist im besten Falle ländlich-schlicht, der Faßwein wirksam, die Vesperangebote (sofern man Geduld zum Ersitzen derselben mitbringt) frugal, aber mit gutem Brot. Dazu paßt ein Service mit gepflegtem Ostblock-Charme. Bei gelassener Grundstimmung.

→ **Ochsen** (Fam. Marx), Weil-Ötlingen, Dorfstraße, Tel. 07621-62228. RT: Do und Fr, Gästezimmer. **Preise:** niedrig.

☼ **CAFE INKA – Ötlingen.** Weit oben im Dorf und ziemlich gut versteckt in einem lauschigen Hinterhof, das Café Inka. Der ungewohnte Name des Hauses ist den prächtigen Wandtapeten mit Szenen aus dem alten Peru geschuldet. Diese wurden 1819 in Paris für den ehemaligen Wirtshaussaal gefertigt. Erst 1988 wiederentdeckt, restauriert und am ursprünglichen Platz installiert, bildet das mit 2000 Druckstöcken gefertigte Panorama nun den außergewöhnlichen Rahmen für ein außergewöhnliches Tagescafé: Stilsicher renovierte Wirtsräume mit einer rückwärtigen Holzlaube und einem sonnigen Innenhof. Auch der bleibt frei von Betonformsteinen, Plastikstühlen und angeschraubter Dreschflegelromantik. Ein Ensemble, das von innen raus stimmt. Zur Ästhetik des Ortes paßt die kleine, freilich auffallend sorgfältig komponierte Mittagskarte, täglich wechselnd mit kleinen, durchweg fleischlosen Gerichten. Wobei hier ein seltenes Kompliment angebracht ist: fleischlos, aber nicht freudlos. Die Schrecken der ‚Gemüseplatte mit Spiegelei' bleiben einem ebenso erspart wie mit Leidensmine serviertes grünes Gestrüpp. Dafür gibt es von der Gemüsesuppe bis zur Lauchquiche frisch und gut zubereitete Speisen, mit selbstgebackenem Brot freundlich serviert. Zu solchen Gerichten paßt der frische, federleichte Gutedel von Ruser, Tüllingen. Allein schon ein Teller mit Blattsalaten zeigt hier, mit was für Grobheiten man ansonsten belästigt wird. Im Cafésegment feine Kuchen leichterer Bauweise, eigene Teekarte, auch grüne Tees. Aufgeweckte Stimmung, sorgfältige Bedienung und fortgeschrittene Gäste ergeben einen Gesamteindruck, der den Glauben an den Geschmack im Menschen wach hält. Bleibt nur die Frage, weshalb so ein Programm anderswo kaum zu bekommen ist. Im Gästebuch findet sich viel Lob, darunter dieses: „Krönender Abschluß eines herrlichen Ausflugs". Sagen wir so: Café Inka – Café Surprise.

→ **Café Inka,** Weil-Ötlingen, Dorfstraße 95 (schräg gegenüber dem Ochsen). Mo bis Sa 12-18 Uhr, RT: So, Mo (abends für Gesellschaften nach Vereinbarung); innen nur für Nichtraucher (wegen der Tapeten). Freisitz im Innenhof und in einer geschützten Laube. Tel. 07621-65387. **Preise**: günstig-mittel.

Weil ist den meisten wohl eher als Grenzort denn als idyllisches Ausflugsziel bekannt. Viele lauschige Winkel hat die aus vier Ortsteilen zusammengewachsene Stadt auch nicht zu bieten, ein paar in der Altstadt am Fuß des Tüllinger Berges (schöne Auffahrt von dort nach Lörrach-Tüllingen). Ansonsten spürt man die Grenzlage deutlich, auch an der

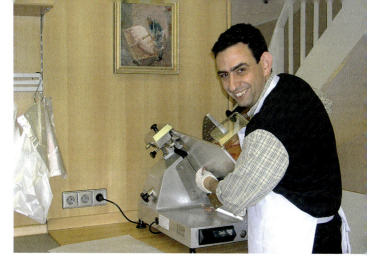

Feinschnitt und Feinkost – Baldo Clementi, Weil

auffallenden Zahl von Gasthäusern der gehobenen und oberen Preislage, welche aus Schweizer Sicht immer noch eine günstige ist. Entsprechend hoch die Rösti-, Leberli- und Eglidichte im mittleren Segment. Entlang der Bundesstraße 3 im grenznahen Ortsteil *Haltingen* darf man natürlich keine lauschigen Tips mehr erwarten, sondern die Karawanserei, wie sie entlang großer Verkehrswege mittlerweile die Regel ist. Ein paar Ausnahmen gibt es trotzdem:

■ **Da Baldo** (Weil-Zentrum). ‚Feines aus Italien' heißt das zutreffende Hausmotto und es wird bei Baldo nicht nur optisch, sondern auch qualitativ eingelöst. Also ein Feinkostladen, der nicht ein paar gängige italienische Mythen, sondern einfach ausgesucht gute Produkte und unverzichtbare Standards anbietet. Somit wäre hier eine Quelle für den Einkauf jenseits von Romadur und Presswurst. (Gute Auswahl an rohem *und* gekochtem Schinken, Salume, Käse, Mortadella; auch frische Pasta etc., pp.). Hinzu kommt eine engagiert, freundliche Stimmung im Laden, die von einer deutschen Versorgungseinrichtung für Lebensmittel ein gutes Stück weit entfernt ist. Baldo Clementi sei Dank gibt es Alimentari-Stimmung nun also auch in Weil. Hauptstraße 284, Tel. 07621-78411.

Fischküche und gute Stube – Krone in Weil-Märkt

■ **Metzgerei Senn** (in Eimeldingen): Eine Landmetzgerei gleich an der Bundesstraße, aber was für eine: Metzger Senn holt sein Vieh noch direkt beim Bauern, gewurstet wird im Haus und die Handwerksehre von Senn schmeckt bis in Lyoner und Wienerle durch. Teils erstklassige Kalb- und Rindfleischqualitäten (auch Hinterwälder), gute Wurst (Wienerle wie früher, die grobe Leberwurst!). Extrawürste und Sonderwünsche direkt beim Metzgermeister Senn anmelden. Hauptstraße 28 (direkt an der B 3), Tel. 07621-62 598.

KRONE – Weil-Märkt: Gerade bei der etwas angespannten gastronomischen Situation im grenznahen Dreiländereck bietet die Krone im abseits gelegenen Ortsteil Märkt einen Ausweg. Seit Jahren eine beliebte Adresse im mittleren Segment. Zu den besonderen Annehmlichkeiten zählt der rückwärtige Garten mit großzügig gestellten Tischen, kastanienschattig und eingewachsen, somit ein ideales Rückzugsgebiet an einem heißen Sommerabend. Drinnen behagliche, gut eingesessene und im Wortsinne bürgerliche Gaststuben – alles ohne Plüsch und Plunder. Zum Gesamtsystem paßt die mittelständische Karte, auf der jeder etwas finden dürfte. Besonders fällt das Angebot an frischen

Eingang zum Kastaniengarten, Krone in Weil-Märkt

Fischgerichten auf sowie der ebenso verlockende wie seltene Hinweis: ‚Ganze Fische auf Anfrage, je nach Tagesangebot' (Warum geht das eigentlich nur hier?). Das Haus zählt als einziges deutsches zur Schweizer Restaurantgemeinschaft ‚Fischküche mit Auszeichnung'.

Wenn Alpenländer die Fischküche loben, darf das Eglifilet allerdings sowenig fehlen wie eine standfeste Remoulade. Die Zubereitung geht in Ordnung, Finesse im Detail oder mediterrane Kunst sollte man aber nicht erwarten. Dafür bleiben die Preise einigermaßen im Rahmen, was auch für die Weinkarte gilt, auf der sich einzelne Positionen interessanter Güter finden, auch offen (u.a. von Soder, Istein). Der persönlich-zupackende Service orientiert sich am jeweils Möglichen, wobei Effektivität stets im Vordergrund steht. Bei realistischer Erwartung ist die Krone eine zuverlässige Adresse und eines der wenigen Lokale im äußersten Südwesten, für die man gerne mal einen kleinen Umweg fährt. Besonders im Sommer , wenn der lässige Wirtsgarten lockt.

→ **Krone, Weil-Märkt**, Rheinstraße 17, Tel. 07621-62304. RT: Mo, Di. Neun vergleichsweise preiswerte Gästezimmer. **Preise**: mittel.

Lörrach

Dies ist ein Taschenbuch und irgendwann muß Schluß sein, leider. Deshalb kann der Raum Lörrach kulinarisch nicht so breit abgehandelt werden, wie es eigentlich nötig wäre. Es ist das gleiche Problem wie in der Region nördlich von Freiburg. Keine Grenze ist gerecht und es muß hier leider bei einer scharfen, freilich keinesfalls reizlosen Auswahl bleiben.

☼ **ZUM WILDEN MANN – Lörrach.** Zentral einkehren, am Tresen anhalten und was Ordentliches trinken – in der Ödnis einer deutschen Fußgängerzone ein fast unlösbares Problem. Nicht in Lörrach, ausgerechnet in Lörrach nicht. Dabei hat man sich ja längst damit abgefunden, daß die Lauflagen der Innenstädte nach Ladenschluß so entvölkert sind wie nach einem C-Waffen-Einsatz. Man geht also durch Straßen, deren Materialmix an den Ausstellungsraum einer Baustoffhandlung erinnert und läßt die Hoffnung fahren. Aber dann eine einladende Fassade, die Freifläche plastikfrei bestuhlt und nicht in Pellegrino- oder Langneseschatten getaucht. Der Blick nach drinnen zeigt, hier mußten Bollenhut & Kupferpfännle draußen bleiben. Schon kurz nach der Eröffnung wurde die zentral gelegene Schänke zum Klassiker. Einfach, weil das Konzept stimmt: aufgeweckte Stimmung statt ranziger Kneipenatmosphäre, guter Getränkeservice, Café kurz und lang nach italienischem Standard, beispielhafte Weinauswahl, dazu von der Früh weg ein kompaktes Angebot an schnellen Happen und Belegtem, sowie eine kleine Mittagskarte, einfach zubereitet.

Das größte Plus des Wilden Mannes ist die gelungene Mischung aus Mensch und Raum. Hinzu kommt eine hochklassige Weinauswahl regionaler, aber auch italienischer Güter. Frisches Bier von Lasser, gesprächsfreundliches Ambiente mit Bar, Stehtischen und Tischen, in der jede und jeder seine Ecke finden kann (Lärm- und Rauchpegel unter Volllast

Konrad Winzer, Wilder Mann

beachtlich). Als Extra wäre noch ein stimmungsvoller Wintergarten im Innenhof; hier mitunter Weinproben, Themenmenüs und Sonderauftritte. Motto: schau, schau an. Der Wilde Mann ist reifer geworden, aber immer noch einer für Alle.

→ **Zum Wilden Mann** (Konrad Winzer & Hans Peter Gerber), Lörrach, Basler Straße/Am Alten Markt, Tel. 07621-3729. Weinproben u. Verkauf. Von der Früh bis spät am Abend (So-morgen geschlossen). Mit Freiterrasse auf dem alten Marktplatz und überdachtem Innenhof fürs ganze Jahr. **Preise**: günstig-mittel.

■ **Alt Stazione – Lörrach:** Tank und Rast in Lauflage am Alten Markt, im Herz der Stadt neben Kinos und Migros. Eigentlich hätte es auch hier zu einer dieser städtischen Fettecken kommen können, an denen hohe Pacht für steten Wechsel sorgt. Entstanden ist das Gegenteil: eine Haltestelle mit Marmorböden, Tische zum Stehen und mit Aussicht, auf dem Marktplatz lockt eine Sitzfläche. Nebenbei gibt so ein Platz dem städtischen Leben mehr Impulse als subventionierte Alibikunst. Die einfache Küche bietet, was Eilige oder Bürogäste erwarten: belegtes Ciabatta, über Mittag Tagespasta, Salat und Angebote auf der Tafel. Gute Weine, taufrisches Lasser-Pils. Alt Stazione könnte man auch so übersetzen: Es geht also doch! Alt Stazione (Wolfgang Weber), Am Alten Markt (am Kino/Migros). Mit Terrasse. Von 7 Uhr morgens bis gegen 23 Uhr, RT: So und Feiertage, Tel. 07621-46074. **Preise**: günstig-mittel.

Hotel-Restaurant AM BURGHOF – Lörrach: Parallel zum ambitionierten Kulturzentrum im Burghof wurde auch eine architektonisch anspruchsvoll gestaltete Gastronomie neu geschaffen: mit einer Klasse-Bar, mit großer Freiterrasse und elegantem Restaurant im ersten Stock, dazu acht Gästezimmer, wohnlich eingerichtet, bezahlbar, absolut zentral gelegen. Kurz, die Burghof-Gastronomie hat und hätte Potential, so ein Haus hat Lörrach gefehlt. Nach allerlei Pächterwechsel und (viel zu) langen Anfangsturbulenzen scheint die Situation nun stabiler, das Haus ist endlich auf einem Weg, auch kulinarisch. Mittags wird Bistro- und Terrassenküche in zeitgenössischer Mischung geboten, abends im gediegenen Restaurant (und nur dort) auch ein ambitioniertes Angebot, dazu eine bemerkenswert gute Weinauswahl. Somit der Platz, um in angenehmer Umgebung ein gewähltes Fläschle zu nehmen. Beim Tellerbild steht das Gefällige allerdings stets vor dem Filigranen. Neben Mediterranem und den gerade aktuellen Fusionen sind aber auch oberbadische Klassiker auf der Karte. Gleich wie, das Haus befriedigt ein breites Spektrum an Ansprüchen und es bietet – namentlich im Restaurant im 1. Stock – einen ansprechenden Rahmen. Man wünscht gutes Vorankommen und Spurtreue. Für Auswärtige interessant: die kommode Unterkunft in bezahlbaren Gästezimmern.

→ Rest./Bar und Hotel **Burghof,** Lörrach, Herrenstr. 3, Tel. 07621-94 03 80, Fax: 94 03 838, Ruhetag So. Acht komfortable Gästezimmer, zentrale Lage, Freiterrasse. **Preise:** mittel.

■ Ein beliebtes Garni in Lörrach in einer Villa im Park, ruhig und noch recht zentral: **Villa Elben**, Hünerbergweg 26, Tel. 07621-2066. 34 Zimmer garni, teils in der Villa, teils im Anbau. Mittlere Preise.

Entgegenkommende Küche – Afrim Nikqi vom Peja in Lörrach

PEJA – Lörrach. Trotz üblicher Lage in einer Innenstadt-Passage und erwartbarer Einrichtung (wie in einer Innenstadt-Passage) hat sich das Café-Bar-Restaurant Peja zu einem allseits beliebten Innenstadttreff in Lörrach entwickelt. Mittags gilt ein volksnah kalkuliertes Angebot, eine Tagessuppe, zwei Vorspeisen, vier, fünf Hauptgerichte in der zehn-Euro-Klasse, flotter Service, unverkrampfte Stimmung, saubere Weine (u.a. von Ruser, Lörrach). Einfach ein Angebot, das den Gästen entgegenkommt. Das genügt, der Laden brummt. Für den Abend ist Reservierung dringend empfohlen: dann bietet die Karte zwischen Schweinsteak ‚Walliser Art' und Saltimbocca ein zwischenkulturell breit gefächertes, achtbar umgesetztes Programm, das die Kundschaft offensichtlich goutiert. Keine Adresse für spitzfingrige Gourmets, sondern einfach robustfreundliche Multifunktionsgastronomie. Warum nicht? Peja ist übrigens der Name einer Stadt im Kosovo.

→ **Peja**, Lörrach, Turmstraße 17, Tel. 07621-16 11 793, Wochenkarte für mittags unter: www.peja-loe.de, geöffnet von 10 bis 24 Uhr. Sonntag Ruhetag. **Preise**: günstig-mittel.

Karl Heinz Ruser, Lörrach-Tüllingen

☼ **WEINGUT RUSER – LÖ-Tüllingen.** Es soll ja noch Winzer geben, die am Wein nicht rumspielen wie an einer Barbie-Puppe. Also keine Sondereditionen in aufgerüschten Pullen. Kein Schmirgeln des Inhalts auf einen gerade vorherrschenden Geschmackstrend. Kein Aufzuckern, um in mäßigen Jahren Alkohol und Wucht vorzutäuschen, die nur die Sonne bringen kann. Kein Entsäuern, um Wein auch für Altbiertrinker gefällig zu machen, keine Schönung und natürlich auch keinerlei nachträgliche Süßung, um ins Reich der Fruchtsaftfreunde vorzudringen. Karl Heinz Ruser ist so einer. Sein kleines, bescheiden auftretendes Weingut wird damit zur Ausnahme (auch wegen seiner eher unauffälligen Preise). Dem Wein seine Eigenheiten lassen und dem Kunden damit eine Breite an Weinerfahrungen, an Weinfreuden weitergeben, die ein konfektioniertes Produkt nie liefern kann. So kommt es, daß bei Ruser ein nicht angereicherter, nicht entsäuerter Gutedel mit gerade einmal 10 oder 10,5 % Alkohol plötzlich wieder so schmeckt, wie Gutedel früher einmal geschmeckt hat: Klar, hell und erfrischend wie Quellwasser, mit dem winzigen Etwas an Kohlensäure. Ein Wein, der zum Weitertrinken anregt und nicht betäubt wie die hochchaptalisierten, entsäuerten Breitärsche aus der weinindustriellen Massenproduktion. Aber auch beim eleganten, zurückhaltenden Müller-Thurgau und bei seinen Burgundern gelingen Ruser Weine mit Aha-Effekt. Aha, so kann ein Wein also schmecken, wenn man ihn nicht zurechtstutzt oder aufmotzt. Dazu zählen auch die kräftigen, aber selten fetten Grauburgunder. Mitunter gelingt auch ein wunderbarer Weißherbst, ein Wein der absoluten Extraklasse, hellrosé mit filigranen Fruchttönen. Wobei Rusers Burgunder in vergangenen, durchweg guten Jahren (2003, 2004) natürlich nicht mehr in der light-Klasse liegen, sondern mit Wucht daherkommen. Das gilt auch für die unterschiedlich dichten Rotweine, gerade hier sorgte das fette Klima für so gewaltige Brummer, daß man sich auch als Kunde mal wieder einen normaleren Jahrgang wie 2005 regelrecht herbeisehnt. Und jedesmal sagt sich der Weinfreund: Warum, verdammt noch mal, verfolgen nur noch ein paar Außenseiter so eine Arbeitsweise. Warum muß heute an allem rumgedreht werden. Könnte es am Ende sein, daß Blender und Dekorateure – beim Wein, beim Wort – längst gewonnen haben. Nicht lange nachdenken, eine Flasche Ruser öffnen. Am besten mit jemandem, der es verdient hat. Weitermachen Karl Heinz und alle anderen!

→ **Weingut Ruser**, Lörrach-Tüllingen, Sodgasse (am Brunnen rechts ab). Tel. 07621-49620. Mit einem neuen, sehr geschmackvollen Probierraum. Im Sortiment auch feiner, restzuckerloser trockener Sekt und gute Obstbrände.

Weinwissen

Die Sorten

Sortenreiner Weinbau – also Wein, der aus nur einer einzigen Traubensorte gewonnen wird – ist im deutschen Weinbau die Regel, international aber eher die Ausnahme. Diese Sonderstellung des deutschen Weinbaus führt, zusammen mit der Vielfalt an Kleinlagen, zu einer Vielfalt, die einzig ist. Dies umso mehr, als der internationale Weintrend in Richtung sorten- und langenuntypischer Globalweine geht. Es lohnt sich deshalb, den Charakter der einzelnen Sorten etwas genauer kennenzulernen.

GUTEDEL – Er wird fast nur im Markgräflerland und in der Schweiz angebaut. Der hier angebaute Gutedel stammt aus Vevey am Genfer See. Die Sorte wurde 1780 von Markgraf Karl Friedrich in das Markgräflerland eingeführt. Außerhalb des Südwestens weitgehend unbekannt, zählt der bei Einheimischen überaus beliebte Gutedel zu den Charakterweinen der Region. Es gibt hier Leute, die jahrein, jahraus ihren trockenen Gutedel trinken – und sonst nichts.

Der Gutedel ist eine der alten Kulturreben (in der französischsprachigen Schweiz *Chasselas* genannt, im Wallis, und nur dort: *Fendant*). Gutedel liefert auch ausgezeichnete Speisetrauben. Die kleinbeerige, helle, saftreiche Gutedeltraube bringt leichte, säurearme Weine ohne ausgeprägtes Bukett. Weine, die am besten jung getrunken werden, ein Alltagswein zu jeder Gelegenheit. Die relativ geringe Säure des Gutedel (sie liegt von Natur aus nur zwischen 5 und 8 Gramm je Liter) hat zwei Seiten: Die einen loben die Bekömmlichkeit des milden Weines, den anderen ist er zu beliebig, vor allem zum Essen. Zudem ist so ein Wein nicht sehr lager- und entwicklungsfähig. Grundsätzlich gilt, daß gerade der leichte, bisweilen auch elegante Charakter des Gutedel nicht durch Anreicherung (= Trockenzuckerung zur Erhöhung des Alkoholgehaltes, vgl. weiter unten) auf Alkoholwerte über 11 oder gar auf 12 Vol.% verdorben werden sollte, wie dies leider bei vielen Gutedel-Faßweinen und auch bei den meisten Qualitätsweinen bestimmter Anbaugebiete (Q.b.A.) geschieht. Vereinzelt gibt es Bestrebungen, den Gutedel auch im Qualitätsweinbereich so naturrein, also leicht zu lassen, wie er gewachsen ist. Dieser Wein wird dann mitunter als *Sommerwein* oder *Leichtwein* oder unter ähnlich unklaren Begriffen verkauft. Einen besonders schönen, frischen Gutedel produzieren die Weingüter *Ruser* (Lörrach-Tüllingen und das *Schloßgut Istein* der Soders, vgl. jeweils dort).

Eine unselige Mode ist es, den Gutedel durch *biologischen Säureabbau* (BSA, oder auch malolaktische Gärung) in der Säure noch weiter zu reduzieren (auf Werte um 4 Gramm). Fehlender Biss wird dann durch Anreicherung auf Werte um 12,5 Vol.% Alkohol kaschiert. Die Praxis des biologischen Säureabbaus bei Weißweinen, früher vornehmlich in der Schweiz üblich, ist nun auch hierzulande en vogue. Heraus kommen im besten Fall gefällige, meist aber lahme, unfruchtige Weine, die auf ein Massenpublikum zielen, dem die natürliche Weinsäure zu spitz ist. Mitunter werden solche Gutedel unter Modenamen wie z.B. *Chasslie* vermarktet.

Weiter üblich: Die Rodung von Gutedellagen, weil sie gerade bei Genossenschaftsmitgliedern nicht mehr allzuviel Erlös bringen (Gutedel = Massenträger, der in Literflaschenqualität verramscht werden muß.). Die freien Lagen werden dann mit den derzeit modischen Sorten, allen voran den Spätburgundern, neu bestockt. So kann es in ein paar Jahren soweit kommen, daß ein Charakterwein des Markgräflerlandes verschwindet und daß uns eine Burgunderschwemme bevorsteht. Man glaubt eben wieder mal, einem derzeit grassierenden Rotweintrend hinterherpflanzen zu müssen. Dabei ist längst klar, daß Burgundertrauben nur in erstklassigen Lagen erstklassige Weine bringen.

MÜLLER-THURGAU – Lange Zeit war Müller-Thurgau die flächenmäßig wichtigste Sorte im gesamten deutschen Weinbau, auch in Südbaden. Die Kreuzung (wahrscheinlich aus *Riesling x Silvaner)* zählt dennoch zu den neueren Sorten, die sich erst in den letzten 40 Jahren verbreitet haben. Seit einigen Jahren schon wird die Rebe aber wegen einer regelrechten ‚Müller-Schwemme' am Markt genauso rigoros zurückgedrängt, wie sie zuvor gepflanzt wurde. Die Gründe für den Boom waren einfach: der *Müller*, wie er in Baden kurz genannt wird, gilt als problemloser Massenträger, der früh reift und keine allzugroßen Anforderungen an Lage und Boden stellt. Müller wächst – grob gesagt – auf so manchem Kartoffelacker. Bei der Ausweitung der Rebflächen in den vergangenen Jahrzehnten konnten so auch mindere Lagen mit einer ertragreichen Rebe bepflanzt werden. Längst ist die Situation da: Es gibt zuviel Müller minderer Qualität, der zu Schleuderpreisen vermarktet werden muß. Seit Jahren versucht man, Müller mit wohlklingenden Tarnnamen – z.B. dem Synonym *Rivaner* – zu veredeln und, auf elegante Flaschen gefüllt, zum Premiumprodukt zu stylen. Ein Versuch, der nur bei Weinignoranten Erfolg haben kann.

Unter Weinfreunden ist der ‚Müller' – wegen seines bisweilen (nicht immer!) penetranten Muskattons – umstritten. Manche rühren ihn nicht an, manche lassen sich von einem gut ausgebauten, säurefrischen, spritzigen ‚Müller' überzeugen. In Verruf kam die Sorte durch pappige und womöglich noch restsüße Genossenschaftsweine, die zu Schleuderpreisen angeboten werden. Wie bei Vielem: Masse zerstört den Glanz. Sicher kommt es gerade bei der geschmacklich heiklen Bukettsorte Müller auf das Können des Winzers an. Zurückhaltender Ertrag (möglich sind bis zu 250 Liter je Ar, vernünftig wären unter 80 l/Ar), richtige Lesezeit und sachkundiger Ausbau sind enorm wichtig – unter diesen Voraussetzungen gibt es keinen Grund für eine generelle Müller-Aversion. In Italien ist derzeit sogar eine Müller-Renaissance im Gange.

SILVANER – Vor einigen Jahren noch war der Silvaner – besonders im Kaiserstuhl – eine der wichtigsten Rebsorten, leider wurde er dort von den problemloseren Sorten wie Müller-Thurgau verdrängt, heute eher von den Burgundern. Der Kaiserstuhl blieb aber ein Kerngebiet des Silvaners. „Der Silvaner ist ein Bötzinger Kulturgut." (Winzer HEGER) Silvanertrauben liefern einen feinfruchtigen, im Idealfall leicht-eleganten Wein, der ähnliches Mostgewicht, aber üblicherweise keine so hohe Säure und nicht so viel Duft hat wie der Riesling. Das Bukett ist nicht sehr ausgeprägt, auch deshalb kann die Säure ganz frischer Silvanerweine anfangs etwas spitz oder grasig wirken, was sich aber mit den Monaten legt und keinesfalls ein Grund für jene künstliche Entsäuerung hergibt, wie sie von vielen Großerzeugern angewandt wird – und zwar nicht nur beim Silvaner. Mit seinem zurückhaltenden, fast neutralen Geschmack ist ein leicht ausgebauter Silvaner der ideale Alltagswein für Weintrinker, denen z. B. der Gutedel zu glatt und zu mild schmeckt, die aber auch nicht gleich jeden Tag einen rassigen Riesling mögen.

NOBLING – Von den vielen Neuzüchtungen, die selten überzeugende Ergebnisse liefern, ist der Nobling eine der Sorten, die sich im Markgräflerland zumindest als Randsorte etablieren konnte und selbst unter skeptischen Weinliebhabern Freunde gefunden hat. Nobling ist eine Kreuzung aus Silvaner x Gutedel. Er bringt in guten Lagen mehr Duft und Bukett und bisweilen auch mehr Säure als die einzelnen Sorten, aus denen er gezüchtet wurde. Wegen ihres vergleichsweise vollen Buketts werden Noblingweine im Qualitätsweinbereich gerne stark angereichert, nicht selten bis 11,5 oder gar 12 Vol. %. So entstehen dann fruchtig volle – aber nur vermeintlich leichte – Weißweine, die auch zu kräftigeren Speisen passen. Nobling-Weine im Kabinettbereich gehören zu den stillen Stars im Markgräflerland.

Andere Neuzüchtungen, die man im Südwesten vereinzelt findet, sind z. B.: *Kerner, Scheurebe, Findling, Freisamer*. Keine dieser Sorten konnte sich durchsetzen.

RIESLING – Der König unter den Weißweinen ist im äußersten Südwesten selten. Zum einen sind die für den Riesling förderlichen leichten (Schiefer- oder Kalk-)Gesteinsböden hier kaum vorhanden, dann fehlen auch die typischen Riesling-Steillagen, wie sie z. B. an Mosel, Saar und Nahe zu finden sind. Dennoch gibt es einige Winzer und Winzergenossenschaften, die ein paar Parzellen mit Riesling bestockt haben, teilweise auch in sehr guter Lage. Die Ergebnisse sind je nach Boden und Jahrgang extrem unterschiedlich: Wie keine andere weiße Sorte spiegelt der Riesling Gunst oder Ungunst von Boden und Klima. Spitzenerzeuger bieten den Riesling bei uns (ganz anders als im Elsaß) oft als exklusives Nischenprodukt an, es soll bei der Spezialität bleiben. Wer leichte, aber rassige und säurebetonte Weine mit überraschenden Differenzierungen (feinste, an Pfirsich erinnernde Aromen) mag, sollte auch hier im Südwesten – in der Riesling-Diaspora – gezielt danach fragen. Gute Riesling-Jahrgänge sind – wegen der hohen Säurewerte – lang haltbar: Sie schmecken jung oft spitz und etwas unfertig und erreichen ihren Höhepunkt häufig erst nach ein, zwei, drei Jahren. Sie zählen zum Feinsten, was man sich in den Keller legen kann.

ELBLING – war vom Mittelalter an eine der verbreitetsten Rebsorten. Der ‚kleine Bruder des Riesling' liefert fruchtig-leichte, neutrale Weine, die nicht ganz so säurebetont sind wie der Riesling, und unter Freunden leichter Zechweine begehrt sind. Der Elbling wurde im Südwesten praktisch vollständig von anderen – vermeintlich besser vermarktbaren – Sorten verdrängt. Heute dürfen nur noch an der Mosel Elblingweine verkauft werden. Elbling aus Südbaden ist nicht zum Verkauf zugelassen. Wieder eine dieser unsinnigen Zwangsmaßnahmen der Weinlobby, die dem Elbling freilich das Überleben unter ein paar verschwiegenen Weinliebhabern erst recht gesichert hat.

BURGUNDER-SORTEN: Wie bei allen Burgundersorten stellt auch der edle *Weißburgunder* hohe Ansprüche an die Lage. In mittelmäßigen Lagen gesetzt, wie dies heute – wo Burgundersorten in Mode sind – mehr und mehr geschieht, enttäuscht das Resultat fast immer. So dürften einige der Neuanlagen, die wegen des Überangebotes von Gutedel und Müller-Thurgau gepflanzt wurden, in ein paar Jahren wieder zur Disposition stehen. Wo der Weißburgunder in guter Lage steht, bringen die Trauben hohe Mostgewichte, oft im Kabinett- und Spätlesebereich. Sie haben feine Säure und ein zurückhaltendes Bukett. Ein idealer Wein zu Fischgerichten, zu Spargel oder anderen leichten Speisen.

Der *Grauburgunder* (Synonym auch: *Ruländer,* ital.: *Pinot*

Grigio) hat ein volleres, wuchtigeres Bukett als der Weißburgunder und zählt wie jener zu den kostbaren weißen Edelsorten. Weil aber in den letzten Jahren manche Erzeuger (besonders große Vermarkter und Winzergenossenschaften im Kaiserstuhl) den Ruländer als säurearmen, alkoholreichen, honiggelben und penetrant fetten Wein – häufig mit klebriger Restsüße – ausgebaut haben, sind heute viele Winzer dazu übergegangen, die Trauben früher zu ernten und einen eher frischen, säurebetonten Wein zu erzeugen – der bewußt nicht als Ruländer, sondern unter dem Synonym ‚Grauer Burgunder' vermarktet wird.

Neue Sorten: CHARDONNAY etc.: Durch die Lockerung der über Jahrzehnte hinweg starren Anbaubestimmungen ist es möglich, neue Sorten und spezielle Züchtungen zu pflanzen. Neben den *interspezifischen* Weinsorten (Hybriden; spezielle, selektierte Kreuzungen, die nicht gespritzt werden müssen, bislang aber meist im Bukett enttäuschen) wurde bei Weißweinen hierzulande viel mit *Chardonnay*-Reben experimentiert. Wohl auch deshalb, weil diese Sorte in Frankreich, ja weltweit, zur Moderebe wurde, (noch) einen Namen hat und hervorragende Weine liefern kann, nicht muß. Wie immer, wenn mit Neuem experimentiert wird, überzeugen die Ergebnisse nicht auf Anhieb. Nach der Anfangseuphorie mehren sich längst kritische Stimmen unter Winzern, die sich vom Chardonnay keine Wunder versprechen, vielmehr die Gefahr sehen, daß er schnell zum fetten Bukettwein wird. Aus Ernten im oberen Prädikatsbereich *(Kabinett, Spätlese)* können auch die südbadischen Chardonnays vereinzelt zu Spitzenweinen werden. Freilich nicht für Freunde eines leichten, eleganten Weintyps. Chardonnays sind oft ungemein dichte, aromatische Weine, die es leicht mit ausgewachsenen Grauburgundern aufnehmen. Freilich muß gute Qualität entsprechend bezahlt werden.

Gesunder Spätburgunder kurz vor der Ernte

GEWÜRZTRAMINER – Die extrem bukettreichen Traminersorten sind eine rare Spezialität. Der stark duftende, oft an Rosenaromen erinnernde Gewürztraminer wird im Südwesten nur auf kleiner Fläche angebaut, er stellt – noch mehr als der Riesling – allerhöchste Ansprüche an die Lage. Die Trauben bringen wenig Ertrag, aber hohe Mostgewichte, die oft in den Spät- und Auslesebereich reichen. So entstehen wuchtige, aromareiche Weine, die – sofern sie genug Säure mitbekommen haben – auch gut lagerfähig sind. Kein Wein für alle Stunden, aber zur richtigen Zeit serviert, ein nachhaltiges Ereignis. Ideal zur Leberpastete, Blauschimmelkäse, aber auch als Dessertwein oder Aperitif denkbar.

SPÄTBURGUNDER – Aus den schwarzroten Spätburgundertrauben werden im Südwesten zwei verschiedene Weine gewonnen:

- Einmal die regionale Spezialität *Spätburgunder Weißherbst:* ein zart schimmernder Roséwein. Dazu werden die Trauben wie bei der Weißweinherstellung üblich, behandelt: Der Most wird so schnell wie möglich von den Preßrückständen (der Traubenmaische) getrennt, so daß sich keine der überwiegend in der Beerenhaut befindlichen Farbstoffe auslösen können. Der so gewonnene Rosé begeistert manche schon mit seinem luziden Farbenspiel, er schmeckt leichter und fruchtiger als ein Rotwein, ist es aber nur selten. Weißherbst gilt denn auch als *Schtriitwii* – als Zänkereien fördernder Streitwein. Zudem muß man sehen, daß zur Weißherbstbereitung oft problematisches Lesegut verwendet wird, das wegen Schimmelpilzbefall für die heiklere Rotweinbereitung nicht mehr in Frage kommt. So stammt ein Großteil der normalen Weißherbstqualitäten aus minderem Lesegut. Dies wird sich in Zukunft dramatisch verstärken, weil in den letzten Jahren viele Neubestockungen in pilzanfälligen Lagen vorgenommen wurden. Das südbadische Spätburgunderfieber wird eine Flut einfacher Lesen bringen, von denen manche zu Weißherbst verherbstet werden müssen – oder zu einfachen Rotweinen, die mit Kellertechnik irgendwie hingezirkelt werden: Entsprechende Manipulationsversuche mit getoasteten Eichenchips, Reinzuchthefen und Mostkonzentration laufen bereits. Also gilt gerade beim Spätburgunder in Zukunft: Auf zuverlässige Lieferanten und Qualität (möglichst: Kabinett & Spätlese) achten, die gibt es nicht zum Discountpreis.

- Gute *Spätburgunder Rotweine* gelten mit ihrem vollen Burgunderton, der an Brombeeren, bisweilen auch an Kirschen erinnert, mit einer durchaus erwünschten herben Gerbstoffnote (die oft weichgespült wird) und ihrer funkelnd roten Farbe als die kostbarsten Weine überhaupt. Die blauen Spätburgunderreben brauchen aber sehr gute Lagen und einen sachkundigen Ausbau, um beste Ergebnisse zu liefern. Noch extremer als bei anderen Sorten kommt es beim Spätburgunder Rotwein auf bedingungslosen Qualitätsweinbau an. Eine Einstellung, die man nur bei wenigen Erzeugern findet und deren Resultat in der Literflasche sicher nicht zu bekommen ist. Entsprechend enttäuschen heimische Spätburgunder im unteren und mittleren Qualitätsbereich. Oft können es diese substanziell dünnen, lediglich im Alkohol schweren Spätburgunder-Weinchen nicht einmal mit einem einfachen südländischen Tafelwein aufnehmen, der höchstens die Hälfte kostet und immerhin trinkbaren Standard liefert.

Noch wichtiger als bei anderen Sorten ist eine optimale Witterung im Herbst, dann eine sorgfältige (Hand-)Auswahl der Trauben während der Lese und eine traditionelle Maischegärung. Vereinfacht beschrieben bleibt der Most hierbei lange (im Idealfall auch mal länger als eine Woche) auf den zerkleinerten, zermanschten Trauben stehen, wobei das Gemisch immer wieder durchgerührt wird, um eine möglichst gute Extraktion der Geschmacks- und Farbstoffe zu erreichen. Der Prozeß ist freilich wegen der unvermeidlichen Oxydationsprozesse beim offenen Vergären nicht ohne Risiken. Die ursprüngliche *Burgunder-Methode* wird aber neuerdings durch geschlossene Gärtanks, verfeinerte Temperaturführung und gesteuerte Umrühr-Intervalle immer besser beherrschbar.

Ganz im Gegensatz zur aufwendigen Vergärung auf der Maische steht die viel problemlosere *Extraktion durch ein kurzes Erhitzen der Maische*, wie es von vielen Großvermarktern (WGs) angewandt wird, was milde, oft regelrecht beliebige Rotweine bringt, typisch hier: der Geschmack von gekochter Marmelade. Die fehlende Farbe kann dann durch Zusatz von Färbertraubenmost nachträglich zugegeben werden. Die rotlaubigen Färbertrauben (z.B.: *Deckrot*) werden nur ihrer intensiven Farbstoffe wegen angebaut. Eigentlich überflüssig, weil neu zugelassene Sorten wie *Regent* (oder *Merlot*) ebenfalls extrem viel Farbe bringen und bis zu 15 % mit Spätburgunder verschnitten werden können.

Entgegen der offiziellen Lehrmeinung, daß Rotweine möglichst wenig Säure haben und immer mild, samtig schmecken sollten (der leidige Geschmackstyp ‚Kurgastwein'), gibt es durchaus den Liebhaber von Spätburgunder Rotweinen, denen man noch etwas von ihrer natürlichen Fruchtigkeit und Säure anmerkt. Die gerade bei Rotweinen weit verbreitete Entsäuerung und Schönung im Keller ist also keinesfalls zwingend. Gute Spätburgunder Rotweine, gerade auch jene mit einer anfangs hohen Säure und kräftigem Tannin, sind lagerfähig und entwickeln sich mit jedem Jahr weiter. Mit ihrem reichlichen Gerbstoffgehalt schmecken sie jung (im ersten Jahr nach der Ernte) meist noch etwas unfertig und rauh, auf der Mundschleimhaut oft regelrecht adstringierend – kein Nachteil, sondern ein Zeichen für große Zukunft.

Spätburgunder, keine Keulen

Noch eins: Immer wieder ist das Vorurteil zu hören, daß es in Südbaden zwar hervorragende Weißweine, aber eben keine „g'scheiten Rotweine" gäbe. Die wären nur in Italien, Frankreich oder Spanien zu finden. Richtig ist daran, daß hiesiger Spätburgunder Rotwein mit *Chianti-, Piemont-, Bordeaux-* oder gar *Rioja-* oder *Duero*-Rotweinen nicht zu vergleichen ist. Aber die mediterranen Weintypen, die zudem meist aus mehreren Sorten komponiert sind, sollten gar nicht als Konkurrenz zu einem sortenreinen Spätburgunder gesehen werden.

Das Reizvolle und Typische an den hiesigen Rotweinen ist ja gerade ihre Eleganz und Differenziertheit, und nicht die Wucht des Südens, die bisweilen zum Keulenschlag wird. Unsere Spätburgunder haben einen eigenen Charakter, sie wollen gar nicht an den südlichen Aromagranaten gemessen werden, die im übrigen immer mehr in Richtung eines weltweit vermarktbaren Geschmacks getrimmt werden. Nur ist diese Einstellung in Zeiten internationaler Geschmacksbilder und Weintrends (derzeit: mollig-weich, fruchtig, wuchtig) natürlich eine Minderheitenmeinung. Wer seine Spätburgunder Rotweine so ausbaut, wie sie wachsen – elegant mit Finesse – hat auf Prämierungen kaum mehr eine Chance. (Zum Thema ‚Barriqueausbau' vgl. S. 391.)

Neue Rotweinsorten: Im Zuge der Liberalisierung des Weinrechts können nun auch in Südbaden neue Sorten angebaut werden, zunächst im Versuchsanbau auf kleiner Fläche. Besonders beim Rotwein – wo ja bislang nur eine Sorte, eben der *Spätburgunder* zugelassen war – können sich hierdurch neue Perspektiven ergeben. So experimentieren derzeit fast alle Winzer und Genossenschaften mit neuen Sorten. Zum einen mit bewährten Traditionssorten aus dem Süden, darunter: *Merlot* und *Cabernet*, aber auch mit neueren Sorten wie *Regent* oder *Dornfelder*, die mehr Farbe bringen. Für abschließende Urteile ist es noch zu früh, aber das Sortenspektrum der Rotweine wird größer, was sicher kein Fehler ist.

Die Lagen

Alle Weinsorten – besonders aber die edlen wie *Riesling, Burgunder* und *Spätburgunder Rotwein* – bringen je nach Art der Böden, nach Neigung und Exposition der Hänge extrem unterschiedliche Ergebnisse. Nicht nur das Mostgewicht (das später über den Alkoholgehalt entscheidet), sondern auch der Duft und der Charakter der Fruchtsäure werden von der Lage so stark beeinflußt, wie dies wohl bei keiner anderen Kulturpflanze der Fall ist. Aus diesem Grund gab es früher eine Vielzahl von Kleinst- und Einzellagen, die im günstigen Falle mit einer für genau diese Lage optimalen Rebe bestockt waren.

Arbeitsaufwand im Weinberg

Die Pflege der Reben ist sehr arbeitsintensiv und verlangt fast ganzjährig den Einsatz des Winzers.

Mit der Technik hat der Winzer eine entscheidende Hilfe erfahren, welche aber nur auf den dafür geeigneten Flächen genutzt werden kann.

In diesen Flächen stellt sich der Arbeitsaufwand pro Hektar und Jahr wie folgt dar:

	Stunden	Zeitpunkt
Rebschnitt	100	Dez. - März
Biegen der Reben	60	März - April
Laubarbeit	150	Mai - August
Bodenbearbeitung (Bodenpflege)	80	ganzes Jahr
Düngung	20	Dez. - Juni
Schädlingsbekämpfung	30	Mai - Juli
Traubenernte	400	Sept. - Nov.
Sonstiges	60	

Viele Lagen = viel Arbeit

Mit dem Aufkommen von Winzergenossenschaften und Weinvermarktung im größeren Stil, die ja erfordert, daß Sorte und Lage auch über einen längeren Zeitraum hinweg lieferbar sein müssen – praktisch mit dem Versuch, ‚Markennamen' zu etablieren – mußten die über Jahrhunderte gewachsenen Kleinlagen zum Ärgernis der großen Weinvermarkter werden. Welche Genossenschaft kann es sich schon erlauben, den Lesetermin nach einzelnen Kleinlagen zu differenzieren? Das bedeutet nämlich: das Lesegut aus -zig Lagen getrennt zu erfassen, in getrennten Fässern auszubauen, unterschiedlichste Abfüllungen vorzunehmen, Etiketten zu drucken etc. – eine babylonische Kellerwirtschaft wäre die Folge. Man sieht: eine feine Ausdifferenzierungen der Rebkultur verträgt sich schlecht mit dem Gedanken einer genossenschaftlichen Großvermarktung.

Aber die Weinlobby schnitzt sich ihre Gesetze bekanntlich selbst. Deshalb wurden in den letzten Jahrzehnten die Einzellagen drastisch reduziert bzw. Kleinstlagen zusammen-

Großlage braucht großes Lager (vor der WG in Oberbergen)

gefaßt. Dazu kamen die bis heute umstrittenen *Großlagenbezeichnungen*. Diese ermöglichen es den Großvermarktern (etwa der Zentralkellerei in Breisach), Weine aus völlig unterschiedlichen, oft über -zig Kilometer weit verstreuten Lagen, unter einem wohlklingenden Namen zu vermarkten. Es sind überwiegend Weine aus solchen Großlagen, die in den Supermärkten zu Schleuderpreisen auftauchen und entsprechend schmecken.

Vorsicht Großlagen, Classic und Sélection

Das Weingesetz, auch das Wein-Bezeichnungsrecht wird derzeit wieder mal liberalisiert und EU-weit angepaßt, dem Grundgedanken folgend, daß nun bei den Etiketten erlaubt ist, was nicht ausdrücklich verboten ist. Früher war es fast umgekehrt, jedenfalls waren die Grenzen enger. Insofern sind Aussagen zur Etikettensprache derzeit nur unter Vorbehalt weiterer Änderungen möglich.

Es gibt im Markgräflerland drei solcher Großlagen, vor denen man sich als ernsthafter Weinfreund hüten sollte:

Vogtei Rötteln,
Burg Neuenfels,
Lorettoberg
und 48 Einzellagen,
die wesentlich engere Bereiche umfassen.

In den Bereichen Kaiserstuhl und Tuniberg jeweils eine Großlage:

Vulkanfelsen
Attilafelsen
und 54 Einzellagen.

Im Bereich Breisgau wieder drei Großlagen:

Burg Zähringen,
Burg Lichteneck,
Schutterlindenberg
und 19 Einzellagen.

Die Diskussion über Sinn und Unsinn der bisherigen Großlagen ist voll im Gang. Die Zulassung weiter zusammenfassender Kennzeichnungen auf dem Etikett, sowohl Lage als auch Sorte betreffend, ist zum Teil schon realisiert, z. B. mit fragwürdigen Sammelbegriffen wie *Classic* und *Sélection*. Der Hintergrund ist meist derselbe: große Mengen Wein unterschiedlicher Herkunft sollen unter *einem* wohlklingenden Namen marktgängig werden.

Den fortgeschrittenen Weinfreund interessieren all diese Umtriebe freilich nur am Rande. Er kauft bei Quellen, die Einzellagen getrennt ausbauen – und nicht alle zwei Jahre eine neue Sprachregelung einführen.

Der Anbau

Wie die Lage beeinflussen auch die Art des Anbaues und die Pflege der Weinberge den Charakter des Weines. Es ist vor allem die Frage: ‚Qualität *oder* Quantität'?, die beim Anbau entschieden wird. Hier ist kein Fachseminar, deshalb nur ein paar knappe, aber entscheidende Aspekte: Der ökologische Weinbau versucht, natürliche Kreisläufe im Weinberg zu erhalten, sowie ohne *synthetische* Dünge- und Spritzmittel auszukommen, was funktioniert. Die beiden Bilder oben sind keine zwei Kilometer voneinander entfernt aufgenommen, sie zeigen aber zwei völlig unterschiedliche Pflegemethoden, einmal ein blanker, unkrautfrei gespritzer Boden mit entsprechender Problematik (Grundwasserbelastung durch Herbizide, Erosion, keine Humusbildung); rechts ein Boden mit Dauerbegrünung und entsprechenden Vorteilen, bei höherem Arbeitsaufwand (wie Mulchen, bzw. mechanischer Unkrautbeseitigung).

Die Qualität ökologisch sinnvoll erzeugter Weine ist nicht schlechter als die konventionell erzeugter Weine. Freilich geht es im Weinbau nicht ohne Spritzmittel, vor allem dem drohenden Pilzbefall der Trauben wäre ohne Spritzungen nicht beizukommen. Auch im ökologischen Weinbau sind Schwefel- und Kupferpräparate unverzichtbar, und das Schwermetall Kupfer reichert sich nun mal im Boden an. Betriebe, die zu Recht auf *kontrolliert ökologischen* Anbau hinweisen, sind in einem der anerkannten Verbände organisiert. Weitaus am meisten Mitglieder hat der ‚Bundesverband ökologischer Weinbau' mit dem Markenzeichen *Ecovin*. Aber: Es gibt auch Betriebe, die keinem Verband beitreten und dennoch entsprechend der Richtlinien arbeiten, dies aber nicht an die große Glocke hängen. Auch dies ist zu respektieren.

Nackte Tatsache: Rebzeile mit blankem, krautfreiem Boden

Was ist ökologisch, was umweltschonend?

Neben dem seit Jahren etablierten ökologischen Weinbau gibt es noch weitere sog. umweltschonende Anbaumethoden, auf die durch Kennzeichnung hingewiesen werden darf. Wie im Bio-Landbau ist auch beim Weinbau ein einheitliches Bio-Siegel zu erwarten, insofern sind langfristige Aussagen zu einzelnen Kennzeichnungen derzeit schwer möglich.

Zumindest erkennen auch Großvermarkter, daß im umweltgerechten Weinbau zusätzliche Vermarktungschancen liegen. Zudem ist es – angesichts steigender Grundwasserbelastung – einfach nicht mehr möglich, und dank technischer Entwicklungen auch nicht mehr nötig, mit den früher gewohnten Aufwandmengen an Spritzmitteln zu arbeiten. So konnte die Zahl der notwendigen Spritzungen von 8 auf 4 gesenkt werden. Dennoch, die Unterschiede zwischen dem *kontrollierten, ökologischen Anbau (1)* und dem *kontrollierten, umweltschonenden Anbau (2)* sind gravierend. Ein Vergleich zeigt, daß der sogenannte umweltschonende Anbau auf halbem Wege stehen bleibt und mit herkömmlichen Methoden – nur sparsamer als bisher – weitermacht:

Ökologische Vernunft: Rebzeile mit Dauerbegrünung

– *Bodenbearbeitung:* Bei (1) und (2) sind keine synthetischen Herbizide (Unkrautbekämpfungsmittel) mehr erlaubt. Bewuchs zwischen den Rebzeilen wird mechanisch entfernt. Ziel ist es, die Böden durch Dauerbegrünung und entsprechende Einsaaten gesund zu erhalten (vgl. die Bilder vorige Seite).

– *Düngung:* Bei (1) dürfen nur organische Düngemittel (Dünger aus natürlichen Stoffen) verwendet werden, bei richtig angewandter Dauerbegrünung und vernünftiger Erntemenge braucht nur sehr spärlich gedüngt zu werden.

Bei (2) darf – wie im konventionellen Weinbau – immer noch mineralischer Stickstoffdünger verwendet werden, allerdings nur noch zu gewissen Zeiten der Vegetationsphase und entsprechender Bodenproben. Mineraldünger sind leicht löslich und führen zur bekannten Nitratüberlastung der Gewässer.

– *Pflanzenschutz:* Bei (1) dürfen keine synthetischen Spritzmittel verwendet werden. Gegen Pilzerkrankungen, die bei weitem den größten Problemkreis beim Rebschutz darstellen, sind als Spritzmittel folgende Fungizide erlaubt: Pflanzenauszüge, Schwefelpräparate und Kupfermittel (problematisch, weil sie sich im Boden anreichern).

Bei (2) sind neben den vorgenannten Fungiziden auch zahlreiche synthetische Fungizide zugelassen, außerdem dürfen zur Bekämpfung von Insekten (wie Traubenwickler und Rote Spinne) auch synthetische Insektizide eingesetzt werden.

- *Der Unterschied:* Auf die konventionelle Palette synthetischer, chemisch hochkomplexer Spritzmittel – mitsamt ihrer ungeklärten Langzeitwirkungen – wird bei (2) nicht verzichtet, es wird aber versucht, sie zu reduzieren.

Bitte beachten: Einige Kameraden sind schon wieder auf dem Rückzug. Nachdem sich abzeichnet, daß ökologisch erzeugte Weine auf dem Markt nicht den erhofften Mehrerlös gegenüber den Konventionellen bringen, heißt es vielerorts: Vorwärts, wir marschieren zurück! Wer die Rebzeilen im Kaiserstuhl mit offenen Augen anschaut und sich nicht auf PR-Terminen einseifen läßt, sieht die Folgen: mehr nackte Böden, zwischen den Stöcken wird wieder mit Herbiziden gespritzt. Auch beim Kunstdüngereinsatz gilt: immer feste druff! So trennt sich die Spreu vom Weizen. Wer von seinem Konzept beseelt ist, bleibt dabei, auch wenn der Mehraufwand bei der Bodenbearbeitung und beim Pflanzenschutz nur unzureichend vergütet wird. Trittbrettfahrer kehren heim ins Reich.

Mengenirrsinn

Schon beim Anschnitt der Reben wird die Menge des Ertrags mitbestimmt. Je mehr Knospen (Augen) man stehen läßt, desto größer der Blütenansatz und damit der Ertrag. Umweltgerechte Anbauweisen verzichten auf hohe Erträge, die mit Kunstdünger und mit Chemie gepäppelt werden müssen. Dafür wird bei Ertragsverzicht häufig eine bessere Qualität erreicht (mehr Öchsle, mehr Extrakt, mehr Säure = kompaktere, dichtere Aromen). Dies muß einleuchten, denn schließlich ist die Wurzeloberfläche, mit der eine Rebe die Nährstoffe aufnimmt, immer gleich groß, gleich wieviel Trauben sie versorgen muß.

Noch immer herrscht in weiten Kreisen des Weinbaus reines Ertragsdenken, mit Stolz wird mit Hektarerträgen geprahlt, die bei den Massenträgern wie Müller-Thurgau zum Teil um ein Mehrfaches über den Erträgen verantwortlicher Anbauer liegen. Dies wird so bleiben, solange sich die Vergütung der Genossenschaften nicht ändert. Die Folge: noch immer wird in jedem Supermarkt Wein verschleudert, der zuvor mit viel Chemie hochgezogen wurde. Private Weingüter können hier konsequenter agieren und im besten Falle – natürlich ist das nicht bei jedem so – bedingungslos auf Qualität setzen. Anders eine Genossenschaft, die ja mit der Anlieferung *aller* Mitglieder etwas anfangen muß.

Sogenannte Ertragsbegrenzung

Die gesetzliche *Ertragsbegrenzung* von derzeit ca. 120 kg Trauben (ergibt ca. 90 Liter Most je Ar) war zwar ein Schritt in die richtige Richtung, sie wird aber das herrschende Mengendenken kaum ändern. Dies ist schon daran zu erkennen, daß den Funktionären der Genossenschaften ein Ausnahmejahr wie 2003 ausreicht, um wegen geringerer Erträge eine Lockerung der Ertragsbegrenzung zu fordern. Wie gehabt: die Lobby formuliert ihre Regeln nach Bedarf. Dabei ist die festgelegte Obergrenze ohnehin schon hoch – erst unter 60 l/Ar beginnt der Qualitätsweinbau – darüberhinaus gilt die Obergrenze nur als relativer Durchschnittswert. Es ist also weiter erlaubt, Übererträge aus dem einen Jahr mit geringeren Ernten aus dem Vor- oder Folgejahr zu verrechnen. Gleiches gilt für Erträge aus verschiedenen Lagen, die ebenfalls miteinander verrechnet werden können. Jeder, der ein Stück mit ertragsschwachen Edelsorten hat, kann also weiterhin auf einem anderen Stück in die Vollen gehen. Was halten Sie von einem Tempolimit, das dann nicht mehr gilt, wenn man zuvor eine Stunde langsam gefahren ist? Ehrlicher wäre es, eine absolute Obergrenze festzulegen, oder die – weitgehend unwirksame – Regelung zu streichen.

Die Alternative zum Vollernter: Handlese mit Bottich und Hänger

Die Ernte

Geerntet wird, wenn die Trauben reif sind. Nur: Wann sind sie eigentlich reif? Die Frage ist nicht so einfach, wie sie auf den ersten Blick scheint. Kurz gesagt kommt es darauf an, bei der Ernte das optimale Verhältnis zwischen der Reife der Trauben und ihrem Gehalt an *Fruchtsäure* zu erwischen. Lange Reife bringt bei gutem Herbstwetter einen Zuwachs an Zucker (Mostgewicht, gemessen in Grad Öchsle, vgl. unten), aber leider oft einen Abbau an Säure, die für frische, fruchtige Weißweine und deren Lagerfähigkeit entscheidend ist. Die natürliche Säure ist das belebende Element, das die deutschen Weißweine weltweit einzigartig sein läßt.

Die breite Meinung und der davon beeinflußte Geschmack tendiert in den letzten Jahren allerdings zu weniger säurebetonten, eher milden Weinen (gleich ob ‚trocken' etikettiert, der gesüßt). Auch in der Fachliteratur ist immer noch zu lesen, daß in schlechten Jahren bzw. bei hohen Säurewerten, der Wein entsäuert werden müßte (entweder durch biologischen Abbau oder mit Kalk). In der Schweiz ist der biologische Säureabbau (die sog. malolaktische Gärung) absolut üblich. Die künstliche Entsäuerung und alle anderen Schönungen sind in den Augen derer, die den Wein – unabhängig von Trends – so genießen möchten, wie er wächst, ein Unding. Und es gibt auch Erzeuger, die den Reiz und die Finesse säurebetonter Weine seit jeher schätzen und auch eine Stammkundschaft haben, die ebenso denkt (einige davon finden Sie im Buch empfohlen).

Auf guten Weinlisten sind neben den Analysewerten für *Alkohol* und *Restzucker* auch die *Säurewerte* angegeben. Als hoch gelten Werte ab etwa 8 g/l, mittel 6-8, nieder um 4. Dabei ist zu beachten, daß der Säuregehalt der einzelnen Sorten von Natur aus sehr differiert. Um zwei Extreme zu nennen: Riesling, der von der Säure lebt, und der Gutedel, dessen Milde geschätzt wird.

Wichtig für die Lese ist es, die Trauben gesund, also vor einer eventuell beginnenden Fäulnis zu ernten. Bei feuchtem Wetter können hier schon zwei Tage entscheidend sein. Weiter entscheidend für gute Ergebnisse ist das Aussondern kranker oder fehlerhafter Trauben gleich bei der Lese. Dies erfordert *Handarbeit*, also Lese mit der Hand und sachkundige Leute bei der Ernte, die im Zweifelsfall bereit sind, großzügig vorzugehen. Voraussetzungen, die bei schwer kontrollierbaren Massenlesen kaum je gegeben sein werden, erst recht nicht beim immer mehr aufkommenden Einsatz maschineller *Vollernter*, die wie Mähdrescher durch den Weinberg rauschen und alles absaugen. Aber auch hierfür gibt es Lösungen: Ist das Lesegut nicht einwandfrei ausgesucht und damit labil im Ausbau – hilft man sich eben im Keller mit mehr Chemie. Eine Tatsache, die für den überschaubaren Kleinbetrieb spricht.

Die Qualitäten

Innerhalb der einzelnen EG-Weinbauzonen wurden per Gesetz für jede Qualitätsstufe jeder Sorte bestimmte Mindestmostgewichte festgelegt, die im klimatisch begünstigten Baden höher liegen als in anderen deutschen Weinbauzonen. Diese Mindestmostgewichte entscheiden mit darüber, welcher Qualitäts- oder Prädikatsstufe der Wein später angehört. Dabei ist zu beachten, daß einzelne Winzer heute auf das offizielle Klassifizierungsverfahren, das sog. Anstellen, verzichten und ihre Weine freiwillig in der untersten Qualitätsstufe als *Deutscher Tafelwein* verkaufen, weil sie zum einen auf offizielle Prädikate angesichts der zahlreichen prädikatgeschmückten Skandalweine keinen Wert legen, oder weil der Wein nach den offiziellen Kriterien – die durchaus fragwürdig sind – als fehlerhaft eingestuft werden würde.

So kommt es, daß manche Weine, die vom Mostgewicht her in den Kabinett- oder gar in den Spätlesebereich reichen, als Tafelwein verkauft werden. Üblich ist dies allerdings nur bei privaten Weingütern.

Mindestmostgewichte in Grad Oechsle

Für: QUALITÄTSWEIN (Q.B.A.) – KABINETT – SPÄTLESE

Gutedel	63 – 76 – 86
Müller-Thurgau	66 – 76 – 89
Silvaner	66 – 79 – 92
Riesling	60 – 76 – 86
Weißburgunder	69 – 82 – 92
Grauer Burgunder	72 – 85 – 92
Gewürztraminer	72 – 85 – 92
Spätburgunder	69 – 85 – 95

Zum Vergleich: *Riesling* im Gebiet Mosel/Saar/Ruwer: 51 – 67 – 76. Das heißt, ein Riesling mit dem Prädikat KABINETT aus Baden wäre anderswo in Deutschland eine SPÄTLESE.

Oechsle, Alkohol und Zucker: Mit dem Mostgewicht, gemessen in Grad Oechsle, wird das spezifische Gewicht des Traubensaftes und damit auch sein Zuckergehalt gemessen. Über die Oechslezahl des Mostes läßt sich der spätere Alkoholgehalt des Weines ermitteln: *Ganz grob* gilt, daß z.B. 75 Grad Oechsle bei vollständiger Vergärung auch 75 g/l an Alkohol ergeben. Ein Gutedelmost mit 75 Oechsle würde ganz durchgegoren also 75 g/l Alkohol haben. Multipliziert man die 75 mit dem Faktor 0,13, dann erhält man ungefähr die Prozent Vol. Alkohol, die auf jeder Flasche angegeben sein müssen. Unser 75 Oechsle Gutedel (der immerhin schon ganz knapp unter der Kabinettgrenze von 76 Grad liegt) hätte demnach 75 x 0,13 = ca. 9,75 Vol. % Alkohol. Hören Sie noch zu? Jetzt wird's interessant: So einen leichten Gutedel-Qualitätswein bekommt man nur selten, bis vor kurzem gab's solche Weine fast gar nicht. Denn praktisch alle Weine im *Qualitätsweinbereich* werden durch Zugabe von Zucker **vor** der Gärung *angereichert* (oder: verbessert, in Frankreich heißt das: CHAPTALISIERT). Diese weit verbreitete Sitte (bzw. Unsitte) ist nur wenigen Weinkonsumenten bekannt und wird zudem immer wieder mit dem Begriff TROCKEN verwechselt, mit dem die Anreicherung überhaupt nichts zu tun hat.

Anreichern und Süßen ist zweierlei

TROCKEN ist ein Begriff, der den Restzuckergehalt, also den noch vorhandenen Zucker **nach** der alkoholischen Gärung betrifft, vgl. hierzu weiter unten. Der Zucker, der **vor** der Gärung zugegeben wird, dient einzig dazu, das Mostgewicht zu erhöhen, um später – nach der Gärung – einen Wein mit höherem Alkoholgehalt zu haben, als er seiner natürlichen Reife entsprechend hätte. Nicht aber, um den Wein süß zu machen.

Schon ein Blick auf das Etikett der meisten Qualitätsweine – wo der Alkoholgehalt in Vol. % angegeben sein muß – zeigt, daß fast alle Qualitätsweine einen höheren Alkoholgehalt haben, als das natürliche Mostgewicht ergeben würde. Fazit: fast alle Qualitätsweine ohne Prädikat und *praktisch alle Faßweine* in Gaststätten sind angereichert, also gezuckert, um den Alkoholgehalt zu erhöhen.

Nochmals: Dies geschieht nicht etwa der Süße wegen, sondern zur Steigerung des Alkoholgehaltes. Das weiß jeder in der Weinbranche, aber fast kein Kunde erfährt es. Auf das Privileg der künstlichen Erhöhung des Alkoholgehaltes wird nur ungern verzichtet, gerade dann, wenn der Most dünn daherkommt. Schließlich ist Alkohol ein Geschmacksträger, er täuscht Wucht und Substanz vor, auch dort, wo keine gewachsen ist. Er macht den Wein haltbar und lagerfähig. Bis vor kurzem gab es noch Obergrenzen der Anreicherung, nun sind diese entfallen. Das heißt: Jeder noch so dünne Most kann zu einem alkoholschweren Brummer aufgezuckert werden. Das ist wichtig für alle, die Massenerträge aus mäßigen Lagen in den Verkehr bringen müssen. Man sieht: Die Weinbranche macht sich ihre Gesetze selbst.

Die auch in Frankreich beliebte Tradition der Anreicherung ist für jene ein Unglück, die leichte, bekömmliche Weine schätzen. Daß gerade unsere heimischen Weißen zwischen 10,5 und 11 Vol. % Alkohol, bzw. im Kabinettbereich – das wäre dann um die 11 % – vollwertig sind, dafür gibt es mittlerweile -zig Beispiele, auch international. Aber es ist nun mal so: Angereichert auf Werte um 12 oder gar 12,5 % kommen auch flachbrüstige Schwächlinge wie gedopte Burschen aus dem Kraftstudio daher. Gerade fortgeschrittene Trinker schätzen aber den natürlich erworbenen Ausdruck, also auch den natürlichen (und optimal bekömmlichen) Alkoholgehalt. Zumal sich solche Weine eleganter trinken. Aber leider ist auch bei manchem Renommierweingut der Verzicht auf die arbeitsintensive Kabinetternte üblich, die aromatische, leichte Weine bringen kann. Stattdessen erntet man ohne Risiko früh, bekommt damit gesunde Trauben mit schöner Säure und hat kein Fäulnisproblem. Das geringere Mostgewicht wird in Kauf genommen, denn der Most von Q.b.A.-Weinen darf mit Zucker verbessert werden, um höhere Alkoholwerte zu erzielen, die dem Wein später dann eine Wucht geben, die er an sich nicht hat. So werden die wunderschönen Kabinettweine, die in Deutschland einzig sind, immer seltener.

Ein Drittel Rübenzucker

Bedenkt man, daß ein Most im mittleren Qualitätsweinbereich – sagen wir um 70 Grad Oechsle – einen natürlichen Zuckergehalt von ca. 145 Gramm bringt, der vergoren zu ca. 9,1 % Vol. Alkohol wird, so ergibt sich beim Anreichen auf 12,5 % ein erlaubter Zusatz an Saccharose von über einem Drittel der Menge des natürlichen Zuckers. Das wären in unserem Fall fast 50 g Zucker je Liter Most bzw. 12,5 Gramm oder **4 Stück Würfelzucker pro Viertele**. Zum Wohl!

Nun wird klar: Der irreführende Begriff QUALITÄTSWEIN täuscht Dinge vor (Fülle, Körper, Alkoholgehalt), die nicht auf natürliche Weise in den Wein kommen. So zwei, drei Zuckerle dürften in den meisten Viertele Qualitätswein zur Alkoholerhöhung schon sein. Daß dies auch in anderen Ländern – vor allem in Frankreich – so geschieht, ist kein Alibi für die Hochzuckerei. Dagegen gibt es für eine mäßige Anreicherung in schlechten Jahren durchaus Argumente: Alkohol ist schließlich ein *Geschmacksträger*, er gibt Fülle und Körper und mancher Wein wird erst über einer gewissen Grenze lebendig. Das Problem liegt aber bei der Menge und in der Tatsache, daß auch noch minderste Weine aus Lagen, die eher der Kartoffelacker oder einer Kiesgrube vorbehalten sein sollten, auf vollmundige Werte hochgezuckert werden.

Die Rettung: Kabinett & Co.

Nun haben wir ein leider wenig bekanntes Weingesetz, das von der Qualitätsstufe KABINETT an (und aufwärts: SPÄTLESE, AUSLESE etc.) das Anreichern grundsätzlich verbietet. Das führt zu einer – ebenfalls wenig bekannten – Konsequenz:

→ **Wer leichte, nicht verbesserte Weine sucht,** Weine die nur soviel Alkohol haben, wie sie von der Natur mitbekommen haben, wählt am besten KABINETT oder, wenn mehr natürliche (!) Fülle erwartet wird, eben eine SPÄTLESE.

Ein Vergleich der Alkoholzahlen auf den Etiketten der gleichen Sorte zeigt, daß die Kabinettweine der meisten Anbieter fast immer weniger Alkohol haben als deren Qualitätsweine.

Mostkonzentration und Spinning Cone Columne

Die Bedeutung der Qualitäten KABINETT und SPÄTLESE ist umso wichtiger, seit diverse Verfahren der Konzentration *(im Qualitätsweinbereich)* nun auch in Deutschland zugelassen sind. Hierbei geht es nicht um Zugabe von Zucker, sondern um das Gegenteil. Um den Entzug von Wasser aus dem Traubenmost, praktisch also um eine kellertechnische Rückverdichtung, denn auch dadurch läßt sich ein Most nachträglich verbessern. Erreicht wird dies z.B. durch UMKEHROSMOSE und VAKUUMVERDAMPFUNG. Ohne in die Details der relativ aufwändigen Verfahrenstechnik einzusteigen, läßt sich sagen: Die Mostkonzentration – mag sie international üblich sein oder nicht, mag sie der Bekömmlichkeit zuträglich sein oder nicht – ist ein weiteres Verfahren, um Wein per Technik in bestimmte Geschmacksrichtungen zu trimmen. Das vergleichsweise aufwändige Verfahren wird derzeit noch nicht bei Massenprodukten, sondern speziell im oberen Qualitätsbereich angewandt, um dem Most mehr Dichte und Fülle zu geben (Spötter sagen: es geht zu wie beim Marmelade kochen!).

Gleich wie: Die Mostkonzentration ist ein Schritt mehr auf dem Weg vom Naturprodukt zum internationalen Marken- oder Designerwein, der je nach internationaler Mode gestaltet wird. Da eine eventuell erfolgte Mostkonzentration auf dem Etikett nicht angegeben wird, gibt es nur einen Weg, diesem Verfahren auszuweichen:

→ Bei den Qualitätsstufen KABINETT und SPÄTLESE ist Mostkonzentration derzeit **nicht** zugelassen.

Noch reizendere Optionen verspricht ein anderes high-tech-Gerät, das bereits von hunderten großer Weinhersteller in *Australien, Kalifornien* und *Chile* genutzt wird: Die SPINNING CONE COLUMNE (SCC): eine Art Gegenstrom-Dampfmaschine, die Wein in einzelne Komponenten zerlegt, quasi fraktioniert, um ihn danach neu zusammenbauen zu können. In Europa wird die Technik bislang nur in der Fruchtsaftindustrie eingesetzt. Die EU-Zulassung wird beim Internationalen Amt für Rebe und Wein (OIV in Paris) seit Jahren positiv diskutiert, und just im Herbst 2005 machen sich Großerzeuger und Importeure daran, die Zulassung für den europäischen Weinmarkt zu erhalten. Eine Erlaubnis kann demnach nur eine Frage der Zeit sein. Die SCC-Technik ermöglicht zum Beispiel *Aromaintensivierung* und *Alkoholmanagement* – um nur zwei Möglichkeiten des weiten Feldes moderner Kellertechnik zu nennen. Angesichts solcher Optionen meinte ein südbadischer Winzer mit altem Keller neulich: „Dann klebe ich auf meine Flaschen eben ein Rückenetikett, da steht dann drauf, was wir alles nicht machen." Keine schlechte Idee.

Fazit: Ein QUALITÄTSWEIN (und das sind in einem normalen Jahr ca. 90 % der angebotenen Gesamtmenge) kann gut sein, er kann trocken sein, aber er hat meist mehr Alkohol, als ihm die Sonne oder Kleinklima mitgegeben haben. Gerade teure Qualitätsweine (im Burgundersektor) können mittels

An der Traubenmühle: Hans Werner Ötlin, Weingut Dörflinger

Mostkonzentration kellertechnisch ‚rückverdichtet' worden sein, und damit auf Extraktwerte gebracht sein, deren Ursache nicht in Lage und Boden, sondern im virtuosen Einsatz moderner Kellertechnik liegt. Wer das vermeiden möchte, wählt KABINETT oder aufwärts und erhält – gesetzlich garantiert – einen nicht angereicherten Wein. Es gibt ganz wenige Weingüter, die prinzipiell nur *unverbesserte* und *trockene* Weine verkaufen. Bei denen, die ich kenne, wird im Buch ausdrücklich darauf hingewiesen.

Diktatur des Faßweins: Mit der Renaissance des Natürlichen erhält auch der Faßwein, wie er in vielen Gaststätten im Südwesten angeboten wird, eine ungebrochene Beliebtheit. Nichts gegen einen sauberen Faßwein, man sollte aber wissen, daß praktisch alle Faßweine angereichert sind, also einen hohen Alkoholgehalt um 12/12,5 Vol. % haben. Nicht das richtige Maß für Leute, die gerne mal ein paar Gläser trinken, ohne mit runden Füßen aufzustehen. Hinzu kommt: Kaum ein Winzer wird sein gutes Lesegut ausgerechnet zu Faßwein verarbeiten, der ja am billigsten abgegeben wird. Damit ist nicht gesagt, daß ein Faßwein schlecht sein muß, aber es ist an der Zeit, den Mythos vom ehrlichen ‚Faßwein' zu demontieren. Es kommt nicht von ungefähr, daß auch manche Kellermeister prinzipiell keinen Faßwein trinken.

Trockene Weine

Wohl kaum ein anderer Begriff wird in der Weinwirtschaft so stark mißbraucht wie der des trockenen Weines. Nachdem der Siegeszug trockener Weine zum Trend wurde, vertrauen viele Verbraucher der ebenso schlichten wie falschen Devise: TROCKEN = natürlich = gut.

Mit einem ‚trockenen Wein' wurde ursprünglich ein Wein bezeichnet, dessen Zuckergehalt – bis auf einen unvergärbaren Rest von etwa einem Gramm – zu Alkohol vergoren ist. Einzig diese auch DURCHGEGOREN genannten Weine werden zu Recht als ‚trocken' bezeichnet. Sie haben einen Anteil an Restzucker, der in Gramm je Liter angegeben wird und zwischen 0,0 und 4 g/l liegen kann. Die Bezeichnung ‚durchgegoren' darf auf dem Etikett aber nicht angegeben werden. Heute gilt vielmehr eine Regelung, die den Begriff ‚Trocken' entwertet hat, denn **als ‚trocken' darf jeder Wein bezeichnet werden, der unter 9 g/l Restzucker hat**. Das kommt einer Verhöhnung des Verbrauchers gleich, denn unter diese Grenze fallen selbst Weine, die **nach** der Gärung mit Hilfe von *Süßmost* lieblich gepanscht werden. Und die süße Welle rollt klammheimlich, in Baden wie im Elsaß.

Leicht gekürzt ein Artikel, den ich in der BADISCHEN ZEITUNG veröffentlicht habe, der bei der Weinwirtschaft zu hysterischen Reaktionen führte – was ja kein schlechtes Zeichen sein muß:

Trockener Schwindel

Wenn Traubensaft zu Wein vergoren wird, bleibt kein Zucker übrig. Höchstens ein Rest und der liegt fast immer unter 1 bis 2 Gramm je Liter Wein. Solche Mengen an natürlichem Restzucker sind sensorisch nicht mehr wahrnehmbar. Ein höherer Gehalt an Zucker ist das Resultat einer Manipulation, sprich ‚Süßung' des Weines. Gesüßt wird mit sterilisiertem Traubensaft, der dem Wein nach der Gärung zugesetzt wird. Eine künstliche Süßung versucht, Fülle, Aroma und Lieblichkeit vorzutäuschen, einen Charakter also, den der ungesüßte Wein von Natur aus nicht hat.

Nun gibt es eine eben so einfache wie objektive Methode, dem Weinkäufer die trockene oder süße Wahrheit einzuschenken: Es ist die Angabe des Restzuckergehaltes auf dem Flaschenetikett (auch auf der Restaurantkarte). Werte, die unter 2 Gramm je Liter liegen, garantieren einen Wein, der nicht nachträglich gesüßt wurde. Höhere Werte signalisieren ein Getränk, das auf Markt und Moden hin frisiert wurde. Spätestens ab vier Gramm Restzucker wird die Süße im Wein auch für Ungeübte schmeckbar, ab 8 Gramm geht es zügig in Richtung Fruchtsaftgetränk. So weit, so einfach.

Nun hat die Weinbürokratie in den 70er Jahren Eigenartiges verfügt: Künstlich gesüßte Weine müssen nicht besonders gekennzeichnet werden, natürlich durchgegorene Weine können markiert werden. Dafür ist der Begriff TROCKEN zu verwenden. Sinnfällige Begriffe wie ‚durchgegoren' dürfen nicht auf das Etikett. Die Grenze für trockene Weine wurde zunächst bei sinnvollen vier Gramm je Liter Restzucker angesetzt, später jedoch auf unsinnige neun Gramm je Liter erhöht. Just in den süßen 70er Jahren begannen die Deutschen mit den Ferienreisen, sie tranken im Ausland Wein. Trockenen Wein, denn anderen gab es dort nicht. Und siehe da, niemand verendete elend.

Als der Erfolg trockener Weine offensichtlich war, wurde auch hierzulande mehr und mehr unter dem Begriff ‚Trokken', vermarktet. Die hohe Restzuckergrenze von neun Gramm bietet aber jederzeit einen gewaltigen Spielraum zur nachträglichen Geschmacksgestaltung, zum trendgerechten Styling, zum Rundschliff. Jeder Erzeuger kann mit Süße schminken und der verkaufswirksame Begriff ‚Trokken' kann trotzdem verwendet werden. Weil ‚Trocken' als Klassifizierung längst nicht mehr taugt, setzen Erzeuger, die ihre Kunden ernst nehmen, den Restzuckerwert zusätzlich auf's Etikett. Wer mit ‚Trocken' nur angeben und tarnen will, läßt den Restzuckerwert folgerichtig ganz weg. Zuckerwerte bei trockenen Weinen zwischen vier und sechs Gramm sind längst keine Ausnahme mehr. Zunächst sinnvolle Begriffe werden besetzt, manipuliert und entwertet. Trocken ist längst nicht mehr trocken. Im Zweifelsfall bringt nur der Blick auf's Etikett Klarheit. Wo ‚Trocken' draufsteht, die Restzuckerwerte aber fehlen, hat das Schweigen einen süßen Grund.

Traurige Tatsache also, daß der Begriff TROCKEN in der jetzigen gesetzlichen Fassung nichts mehr darüber sagt, ob der Wein voll durchgegoren oder mit Restsüße versetzt wurde. Gleiches gilt verstärkt für das Elsaß, wo noch mehr gesüßte Weine angeboten werden. Viel aussagefähiger ist hier der Restzuckergehalt, der – Bacchus sei Dank – auf dem Etikett angegeben werden darf. Werte bis ca. 2 g/l sprechen für einen im ursprünglichen Wortsinne trockenen, voll durchgegorenen Wein. Zu beachten wäre noch, daß ein Wein, der einen hohen Anteil an Säure hat (die nicht mehr auf dem Etikett angegeben werden darf, aber auf den Listen der Erzeuger), auch einen etwas höheren Anteil an Restzucker verträgt, ohne schwer und süß zu wirken.

Fazit: Die Werte für *Alkohol* und *Restzucker*, die auf jedem Weinetikett angegeben werden dürfen, bilden zusammen mit evtl. Prädikatsangaben wie KABINETT etc. einen guten Orientierungsrahmen zur ersten Beurteilung eines Weines. Auch bei Weinlisten sollte man darauf achten, ob die Werte (auch die Säure) mit angegeben sind. Schmecken muß der Wein dann freilich auch noch. Alle Weingüter, die im Buch genannt sind, bieten immer schon und ausschließlich trockene, voll durchgegorene Weine an. Die wenigen Ausnahmen werden ausdrücklich genannt.

Ausbau

Für den Ausbau – die Pflege des Weines im Keller – gibt es eine einfache Regel, an der sich qualitätsbewußte Erzeuger orientieren: Im Keller geschieht so wenig wie irgend möglich. Wer seine Trauben im Weinberg richtig behandelt hat, muß im Keller nicht mit tausend Tricks nachhelfen. Es würde hier zuweit führen, alle Kniffe und Schönungsmethoden, die *erlaubt* sind, aufzuzählen, wir betreiben kein Chemieseminar. Notwendig sind jedenfalls nur zwei Maßnahmen: Die Filtration des Weines über einen Papierfilter und die *Schwefelung* des Weines mit schwefeliger Säure, um die sonst unvermeidliche Oxydation zu verhindern – nur so wird Wein auf Dauer haltbar. Es gibt bislang noch keinen Ersatz für diesen einzigen Zusatzstoff, ohne den kein Wein auskommt. Es ist allerdings so, daß bei gesundem Lesegut und sauberem Keller so geringe Mengen ausreichen, daß die Schwefelung keinerlei Folgen hat – auch bei reichlich Weingenuß. Die erlaubten Höchstwerte (gemessen als gesamtes/freies SO_2, in vielen Analysen angegeben) von 160/50 bei Rotweinen und 210/50 bei Weißweinen, werden von erfahrenen Erzeugern weit unterschritten. Dagegen wird ein Kleinerzeuger, der seine wenigen Fässer sicher durch den Keller bringen will, ebenso wie eine Genossenschaft, die nicht genau weiß, was angeliefert wird, eher nach der Devise: „sicher ist sicher" arbeiten. Unerfahrene merken es leider erst am Morgen danach, denn es ist in ein Zuviel an Schwefel, das den Fetzenschädel macht – nicht der Alkohol!

Barrique: Genuß oder Schreinerwein?

Ein ganz anderes, seit Jahren strapaziertes Thema ist der *Barriqueausbau*, der auch im Südwesten – besonders beim Ausbau von Spätburgunder Rotwein – gegen Ende der 90er Jahre immer beliebter wurde, seinen Zenit nun aber überschritten hat. Hierbei wird der junge Wein eine gewisse Zeit in einem frischen, noch ‚grünen' Eichenfaß gelagert, das – anders als ein großes Holzfaß – noch reichlich Holzaromen (u.a. Gerbstoffe, Tannin) an den Wein weitergibt.

Beim traditionellen Barrique, wie es im Bordeauxgebiet verwendet wird, ist dies ein 225-Liter-Eichenfaß. Mittlerweile wird aber auch mit anderen Faßgrößen, auch mit unterschiedlich ‚grünen' Fässern experimentiert. Manche Weingüter legen nicht nur Rote, sondern auch Weiße auf junges Holz und versuchen so, ihren Weinen einen besonderen Hautgout zu geben, wie es international Trend einmal war (das Weingut *Johner* in Bischoffingen hatte und hat damit Erfolg). Im Grunde werden dem Wein durch solche Methoden zunächst einmal weinfremde Aromen mitgegeben, die freilich in einem späteren Stadium der Reife – und nur im gelungenen Fall – vom Wein eingebunden werden. Resultat: mehr Fülle und Körper. Resultat im Unglücksfall: banaler, penetranter Holz- und Loheton, der die differenzierten, natürlichen Weinaromen übertönt, freilich von jedem einigermaßen Geübten schnell rauszuschmecken ist: ein Schreinerwein.

Ob mit dieser, im Bordeaux traditionellen Methode, nun in allen Weinbaugebieten und in Südbaden herumexperimentiert werden muß, ist eine Frage, die schnell zu grundsätzlichen Debatten führt. Wer neugierig ist, Holzaromen mag und bereit ist, für die Experimente der badischen Winzer etwas mehr zu bezahlen kann sich ja ein paar Flaschen hinlegen. Tatsächlich ist ein Barriqueton oft nur ein bequemer Weg, um mittelmäßige Weine aufzublasen. Wem der Wein so schmeckt wie er wächst, wird auf zusätzliche Aromen ebenso verzichten können wie auf die neue Technik der maschinellen Mostkonzentration. Ärgerlich wird die Sache dann, wenn solche Weine durch Künstleretiketten und Flaschenformen hochgestylt werden – womöglich noch in numerierter Auflage – und zum doppelten Preis angeboten werden.

Chip statt Fass

Seit geraumer Zeit beflügelt das vielversprechende Preisniveau von Barriqueweinen die Innovationsfreude der Weinwirtschaft. Wo gehobelt wird, gibt es Späne: auch beim Barriquebau gibt es Abfallholz. Die Reste lassen sich – zerhäckselt in getoastete Eichenholzchips und nach dem Prinzip des Teebeutels verabreicht – als aromatische Turbolader einsetzen. Längst praktiziert die neue Weinwelt in Übersee das preiswerte Aromatuning mittels Eichenchips, schließlich reduzieren sich die Kosten durch Chipeinsatz von ca. 2 Euro je Liter (bei Barrique-Lagerung, ein Faß kostet ca. 500 Euro) auf freundliche 2 Cent beim Chipverfahren. Neben dem Chipeinsatz kommen noch Spezialtanks mit innenliegenden Holzbrettern zum Einsatz. Im alten Europa waren derlei Methoden zum kostengünstigen Aromatransfer bislang verpönt, gerade bei Winzern, die ausschließlich mit traditioneller Kellertechnik arbeiten. So sind Chips für Hermann Dörflinger in Müllheim „nichts anderes als eine Methode zur Aromatisierung von Wein".

Im Jahr 2003 erlaubte das Ministerium für Ernährung und ländlichen Raum in Stuttgart das Experimentieren mit der umstrittenen Chiptechnik, was sich im Behördendeutsch so liest: „Genehmigung eines landesweiten Versuchs zum Einsatz von Eichenholzstücken und Weinlagerbehältnissen mit innenliegenden Eichenholzlatten bei der Weinbereitung". Was die Öffentlichkeit angeht, wird zwar mit vornehmer Zurückhaltung experimentiert, aber durchaus mit Mengen, die eigentlich nicht zum Wegschütten gedacht sein können: einzelne Genossenschaften produzierten zwischen 30.000 und 40.000 Liter Versuchswein. Punkt drei des Ministerialschreibens regelt die ‚Kenntlichmachung': Sie lautet etwas wolkig: „Aus Versuchsausbau mit Eichenholzbehandlung", sofern der behandelte Wein zu mehr als 15 % im Enderzeugnis enthalten ist. Unterhalb der 15 %-Schwelle dürften sich die Resultate der neuen Eichenholzbehandlung demnach im Dunkel der Kellertechnik verlieren. Gleich, wie die Ergebnisse ausfallen, mit der Eichenchips-Technik drängt ein Instrument mehr in die Kellerwirtschaft, mit dem Wein nach aromatischen Trends gestaltet werden kann. Zwar glaubt niemand, mit ein paar Holzspänen könnten Tiefe, Struktur und Haltbarkeit großer Barriqueweine erreicht werden, aber es geht ja auch mehr um das Design von Massenware. Wer Modeschmuck kauft (und trinkt), kümmert sich wenig um den Unterschied zwischen Gold und Goldauflage.

Konsequenz

– Qualitätsbewußtsein beginnt im Weinberg mit dem Verzicht auf hohe Erträge, mit umweltgerechter Pflege und sachkundiger Lese von Hand, satt mit dem vollautomatischen Traubendrescher.

– Fast alle Faßweine und Qualitätsweine sind angereichert. Diese Praxis mag noch so verbreitet sein und von mir aus auch in Frankreich Tradition haben. Das heißt noch lange nicht, daß damit auch minderste Moste hochgejubelt werden müssen. Der gesetzliche Begriff Qualitätswein ist in dieser Hinsicht irreführend. Wer im Wein nur den Alkohol haben möchte, den die Sonne in die Trauben lacht, kauft Prädikatsweine (Kabinett, Spätlese).

– Trocken heißt zunächst einmal gar nichts. Erst unter 2 g/l Restzucker ist ein Wein durchgegoren. Wer nichts zu verbergen hat, gibt den Restzuckerwert auf dem Etikett an.

– Die Ergebnisse eines qualitätsbewußten Weinbaues sind kosten- und arbeitsintensiv: Sie sind ausnahmslos(!) nicht im Sonderangebot zu bekommen.

– Obacht vor Verpackungskünstlern und Werbetextern: Neue Namen wie *Chasslie* für aufgemotzten Gutedel, limitierte Auflagen, Künstleretiketten – der ganze Stylingfimmel: Wer hat das Tamtam wohl nötig?

– All die modernen Prämien- und Punktesysteme, Ranglisten und Kaufempfehlungen sind für Leute, deren Geldbeutel schneller als der Geschmack gewachsen ist. Mit der Cola Aufgewachsene, sind ohne ihren Parker natürlich aufgeschmissen. Weinkultur braucht Zeit, Punkte-Systeme und Ranglisten suchen Gefolgschaft.

– Trotz allen Mediengeklingels über die Renaissance im deutschen Qualitätsweinbau, trotz Imagepflege durch Mietmäuler, die sich Journalisten nennen: Nach wie vor sind Kunstdüngereinsatz und Höchsterträge aus zweitklassigen Lagen die Regel im hiesigen Weinbau. Faustregel: Klasse 10 %, Masse 90 %. Also: Mit kritischer Leidenschaft dranbleiben, dem eigenen Gefühl und Geschmack trauen, den Morgen danach als verlässliches Zeichen akzeptieren. Dicke Haut gegenüber den Weintalk, Prämienfimmel und Punktewahn, offene Ohren für vernünftige Information.

– Den kleinen, den ach so billigen Geheimtip-Winzer **gibt es nicht.** Wenn jemand sauberen Wein anbietet, dann spricht sich das unter Kennern bald rum, solche Erzeuger haben keine Vermarktungsprobleme und bieten nicht zu Niedrigstpreisen an. Gute Erzeuger haben treue Kundschaft.

– Unter dem Gesichtspunkt der Zuverlässigkeit sind die in diesem Buch empfohlenen Weingüter ausgewählt. Wer sicher gehen möchte, findet am Buchende eine Auswahl von Adressen, die zu den besten (nicht zu den teuersten) Erzeugern im Südwesten gehören, deren Weine ich schon länger kenne und deshalb empfehlen kann.

– Guter Wein ist nicht teuer: Fast alle Weine der hier genannten Erzeuger sind unter 10 Euro zu haben. Mit allen hat man einen Abend lang Freude und am nächsten Morgen keinen Kummer – wo gibt's das sonst noch?

Feldsalat heißt jetzt ‚Insalata di Campo'

Die schwarze Liste

Ein Schnellkurs zum Enttarnen von Scharlatanen. Jeder macht mal Unfug, Anfänger genießen Welpenschutz, bei mehr als drei Kreuzen hört der Spaß aber auf.

– *Mediterrane Diarrhöe:* Gelobt sei die tatsächliche Mittelmeerküche. Wenn aber jeder Hanswurst glaubt, uns mit Gummimozzarella, ein paar Blättchen Basilikum und unser aller Rucola abzocken zu können, hört der Spaß auf. Maggi heißt jetzt Balsamico. Schmeckt es deshalb besser?

– *Risotto-Deppen*: Weshalb blamieren sich in Ehren ergraute Küchenmeister mit heiklen Gerichten wie Risotto&Co? Dickfinger, die nicht mal einen ordentlichen Reis zustande bringen, sollten keinen Risotto rühren.

– *Servicewüste*: Ist es zuviel verlangt, daß in einem Lokal, das seine Hauptgerichte zum Preis eines innereuropäischen Fluges anbietet, etwas Salz und eine betankte, sowie funktionierende Pfeffermühle auf jedem Tisch steht?

– *Wegelagerer:* Draußen Getränke nur im Halblitergebinde, drinnen das Wasser nur im Viertelliterfläschle – Trickdiebstahl.

– Die *vom Schwein-, vom Rind-, vom Kalb*-Karte der gastronomischen Stahlhelmfraktion: vorgedruckt, seit Jahren unverändert. Unbefleckt von der Saison, unberührt von Fisch, Geflügel, Lamm und Wild.

– Es gibt Klassiker und Kandidaten für die gastronomische Altkleidersammlung, darunter: *Gebackener Camembert mit Preiselbeeren, Putengeschnetzeltes im Reisrand, Kalbsschnitzel Bombay und Filetsteak Lukullus* (mit Ananas und Käse überbacken), *Kartoffelplätzchen, Serbische Bohnensuppe* und natürlich unser aller *Krabbencocktail*. Weg mit dem Gerümpel: Wer trägt heute noch Trevirahosen mit Bundfalten?

– *Schaumschläger:* Es gibt wenige Könner, von Michelin zu recht besternt. Und es gibt Möchtegerne, die mit Zierleisten arbeiten. Viel zu oft fallen die Reifenprofis drauf rein: *Kartoffelschuppen, Gemüsestroh, Lotuswurzelessenz, Macadamianußkruste, weiße Tomatenmousse, Rucolasorbet* – geht's noch?

– *Aufschneider*: Wieso verbreiten sich Spitzenköche detailreich über die Verwendung von handgezupftem, bretonischem Jahrgangsmeersalz, wenn sie auf gezielte Nachfrage nicht einmal sagen können, wo genau ihr Gemüse wächst?

– *Zwangshandlung*: Wie lange noch gehört das Markieren von Teller aller Art mit drei bis sechs pastösen, sirupsüßen und dunkelbraunen Saucentröpfchen zu den Zwangshandlungen mäßig begabter Köche?

– *Kochende Poeten*: Darf man Dialoge von Dings an Bums anrichten und dazu aufgebackene Brotsimulation reichen?

– *Lachs, Garnelen und kein Ende.* Die Bedingungen in den Fischfarmen bleiben ein Problem. Auf Synonyme achten:

Unser Liebling: Alles frisch aus Asien!

Salm = Lachs, Fjordlachs = Zuchtlachs. Wildwasserlachs = Zuchtlachs (wird ja im Meer gezüchtet). Nicht minder problematisch: *Viktoriabarsch, Red Snapper* und andere eingeflogene Exoten, die fragwürdige Aufzucht auf den Flossen haben. Dank moderner Logistik liegt der Atlantik vor der Haustür, und was bieten unsere Helden: Fisch aus dem Viktoriasee, zehn Flugstunden entfernt. Nicht besser: antibiotikasatte Zuchtgarnelen aus Jauchegruben in Fernost.

– *Neue Welt Weine und Exoten:* billig im Einkauf, teuer im Verkauf. Wo solche Weine auf der Karte stehen, wird auch in der Küche mit Tarnen & Täuschen gearbeitet.

– *Krustentier-Komplex:* Ein Nudelhaufen wird durch die Applikation von asiatischen Riesengarnelen zwar nicht besser, aber meist doppelt so teuer. Wann hört die Unsitte auf, Sättigungsbeilagen mit Teuerungsauflagen zu verschlimmern? Ausgezehrte Flughummer, blattgolddünn geraspelte Trüffel. Nur, damit der Gast über die 50 Euro-Grenze geht. Eine Nummer kleiner bitte.

– *Weihnachtserdbeeren & Märzenspargel:* Kein Blödsinn ist

groß genug, als daß er Gastronomie und Kundschaft nicht anzieht: Erdbeeren im Januar, Spargel im Februar, Ganzjahrestomaten. Und weiter geht's: Bohnen aus Kenia, Algen aus Sambia, (G)litschis aus Tralala.

– *Rentner:* Wer bei ‚Garnitur' nur an das eine denkt, an Salatblatt, Petersilienfragment und Tomatenviertel, sollte den Ruhestand antreten. Außerdem: nieder mit der Mehrbereichssoße.

– *Buffet-Wahn:* Ich möchte keine Grünschnittdeponie, sondern ein, zwei Sorten, frisch und knackig. Nicht in saurem Grundwasser stehend, sondern mit einer Vinaigrette angemacht. Außerdem: Nieder mit der weißen Soße!

– *Rungis-Tick:* Nicht alles, was aus Paris oder von weither kommt, schmeckt allein schon deshalb. Laßt den Bretonen doch ihren Butt, den Schotten die Rinder und den Chilenen ihre Flußkrebse. Es gibt auch hier erstklassige Erzeuger, wenn man sich darum kümmert.

– *Kräuterphobie/Kräuterwahn:* Was gibt es für herrliche Kräuter. Ein Parkplatz weniger würde für einen Kräutergarten genügen. Und was kommt auf den Teller: Schnittlauch und Petersilie, schon beim Basilikum wird kassiert wie beim Heilpraktiker. Die andere Seite: *Bärlauch über alles. Gänseblumenschaumsüppchen*, *Lamm im Wiesenheumantel*, Ziegenkäse in *Beinwellblättern*. Ein Koch ist ein Koch, kein Apotheker!

– *Vegetarierteller:* So diskriminierend wie die Einrichtung der Frauenbeauftragten! Warum werden Vegetarier nicht wie Menschen behandelt, warum werden sie mit lauwarmen, zerkochten Blumenkohlköppen beleidigt?

– *Missionarstellung* beim Gemüse geht so: Vier halbe Möhren liegen neben drei Röschen Broccoli, daneben zwei Knospen Blumenkohl. Immer wieder. Frühling, Sommer, Herbst und Winter.

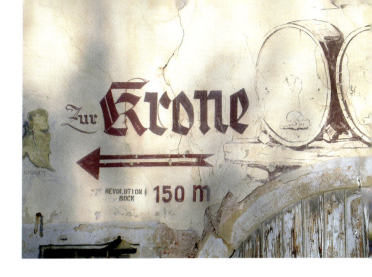

Nicht versäumen – ausgewählte Oasen

☼ Besondere Adressen sind im Text markiert. Diese Liste ist weder systematisch, noch zufällig. Entscheidend bei der Auswahl waren nicht *nur* kulinarische Kriterien, vielmehr der Gesamteindruck aus Küche, Charme und Betriebssystem – dies in Relation zur *jeweiligen Klasse* des Hauses. Reihenfolge ohne Wertung, entsprechend der Position im Buch:

Enoteca, Freiburg 37

Basho-An, Freiburg 41

Kreuzblume, Freiburg 45

Eichhalde, Freiburg 46

Grüner Baum, Merzhausen 49

Hirschen, Merzhausen 51

Hirschen, FR-Lehen 54

Löwen, FR-Lehen 56

Weinberg, FR-Herdern 59

Ochsen, FR-Zähringen 62

Trattoria D.O.C., Freiburg 67

Großer Meyerhof, Freiburg 88
Halde, Schauinsland 171
Zähringer Hof, Münstertal-Stohren 175
Kreuz, March-Buchheim 179
Schlegelhof, Kirchzarten Burg-Höfen 189
Rössle, Kirchzarten-Dietenbach 191
Ochsen, EM-Wasser 195
Post, Emmendingen 197
Chada Thai, Malterdingen 202
Scheidels Kranz, Kenzingen 203
Krone, Freiamt-Mußbach 207
Bierhäusle, Bötzingen 213
Schwarzer Adler, Oberbergen 228
Rebstock, Oberbergen 231
Rössle, St. Ulrich 238
Rebstock, Scherzingen 252
Storchen, Bad-Krozingen, Schmidhofen 256
Hirschen, Sulzburg 269
Erics Weingalerie & Restaurant, Sulzburg 271
Krone, Müllheim-Zunzingen 288
Hirschen, Müllheim-Britzingen 292
Blauels Restaurant, Neuenburg 294
Grüner Baum, Badenweiler-Sehringen 306
Hirschen, Schliengen-Obereggenen 311
Rebstock, Schliengen Obereggenen 313
Krone, Schliengen-Mauchen 325
Hirschen, Kandern-Egerten 334
Café Inka, Weil-Ötlingen 345
Krone, Weil-Märkt 348
Zum Wilden Mann, Lörrach 350

Ausgewählte Weingüter

Walter Roser, Königschaffhausen **218**

Franz Keller, Oberbergen **230**

Clemens Lang, FR-Munzingen **248**

Carl Brugger, Sulzburg-Laufen **276**

Hermann Dörflinger, Müllheim **282**

Sektkellerei Reinecker, Auggen **322**

Schloßgut Istein (Fam. Soder), Istein **340**

Karl-Heinz Ruser, Lörrach-Tüllingen **354**

Kulinarische Themen

Zur gastronomischen Qualität in Freiburg 31

Doppelhaus und Milchschaumdüse 69

Von Maggi zu Balsamico 113

Service light 116

Straußenwirtschaften 164

Walnüsse und Nussöl 224

Der Garten im Weinberg 243

Spargel am Tuniberg 245

Kaffee und mehr 264

Vesperwurst und luftgetrockneter Schinken 220

XXL-Obst 310

Neuer Wein und Zwiebelkuchen 331

Orte

Amoltern 217
Au 161
Auggen 321
Auggen-Hach 321
Badenweiler 296ff
Badenweiler-Oberweiler 224,305
Badenweiler-Sehringen 306
Bad Bellingen 327
Bad Krozingen 251,296
Bad Krozingen-Biengen 255
Bad Krozingen-Schmidhofen 256
Bahlingen 184
Bickensohl 233
Biederbach 210
Biengen 255
Binzen 339
Blansingen 336
Bötzingen 213
Brettental 205,209
Britzingen 291
Burkheim 140,225
Denzlingen 193
Dreisamtal 187
Ebringen 162,237
Eduardshöhe 155,238
Efringen-Kirchen 342
Egerten (Kandern) 333
Egerten-Nebenau 334
Eggener Tal 308
Egisholz 334
Ehrenkirchen-Offnadingen 253
Ehrenstetten 244
Eichstetten 183
Eimeldingen 348
Elztal 209
Emmendingen 197
Emmendingen-Wasser 195
Endingen 216
Endingen-Amoltern 217
Endingen-Königschaffhausen 218,224
Feldberg (Müllheim) 315
Fischingen 337
FR-Au 161
FR-Brühl 121
FR-Günterstal 58,108
FR-Herdern 46,59,81,121
FR-Hochdorf 182
FR-Landwasser 121
FR-Littenweiler 112,121
FR-Mooswald 121
FR-Munzingen 248
FR-Rieselfeld 121,147
FR-St. Georgen 121
FR-Stühlinger 104,121
FR-Vauban 121,147,149
FR-Weingarten 121
FR-Wiehre 101,121,136
FR-Zähringen 62,121
Freiamt 193,205
Freiamt-Brettental 205
Freiamt-Mußbach 207
Freiamt-Ottoschwanden 206
Freiburg 24ff
Geiersnest 238
Giersberg 191
Glottertal 199
Grunern 267
Hach (Auggen) 321
Hammerstein 333
Hartheim 140
Hexental 160,235
Holzen 330
Horben 154ff
Istein 340
Kaiserstuhl 212ff
Kandern 306,328
Kandern-Egerten 333
Kappel 187
Katharinenkapelle 214
Kenzingen 203

Kiechlinsbergen 222
Kirchzarten 188
Kirchzarten-Dietenbach 191
Kirchzarten/Burg-Höfen 189
Königschaffhausen 218

Laufen 274
Lehen 54,144
Liliental 214
LÖ-Tüllingen 354
Lörrach 350

Malterdingen 202
March 178
March-Buchheim 178
March-Hugstetten 181
Markgräflerland 267
Markgräfler Wiiwegle 279
Märkt 348
Mauchen (Schliengen) 325
Merzhausen 49,51,152
Müllheim 280
Müllheim-Feldberg 309,315
Müllheim-Niederweiler 306
Müllheim-Vögisheim 287
Müllheim-Zunzingen 288
Munzingen 248

Neuenburg 294
Niederrotweil 232
Nimburg 140,185

Oberbergen 228
Obereggenen 311
Oberglottertal 200
Oberried 192
Obersimonswald 211
Oberspitzenbach 210
Ötlingen 343
Offnadingen 253
Opfingen 247
Opfinger See 138,178

Rheinauen-Weg 226
Rimsingen 139

Schauinsland 166

Schelinger Höhe 184,214
Scherzingen 252
Schlatt 251
Schliengen 324
Schliengen-Mauchen 325
Schloß Bürgeln 308,316
Schmidhofen 256
Schönberg 141,236
Sexau 200
Simonswäldertal 209
Sitzenkirch 320
Sölden 237
St. Ulrich 155,237
St. Wilhelmer Tal 192
Staufen 258
Stohren 173
Sulzburg 269
Sulzburg-Laufen 274

Tennenbach 201
Tennenbacher Tal 200
Trubelsmattkopf 168
Tüllingen (LÖ) 354
Tuniberg 245
Tunsel 252

Vogelsangpaß 213
Vögisheim 287
Vörstetten 194

Weil 346
Weil-Märkt 348
Weil-Ötlingen 343
Wiedener Eck 168
Wittnau 237
Wollbach 333

Zunzingen 288

Gasthäuser

Adler, Offnadingen 255
Adler Burg, Au 161
Alter Simon, FR 90
Alte Post, Müllheim 286
Alt Stazione, Lörrach 351
Aran, FR 79
Babeuf, FR 105
Basho-An, FR 41
Berghofstüble, Bad Bell. 327
Bierhäusle, Bötzingen 213
Blauels, Neuenburg 294
Blume, FR-Opfingen 247
Blumencafé, FR-Lehen 143
Brennessel, FR 105
Buckhof, Horben 156
Bürgerstube, Pizzeria, FR 96
Burghof, Lörrach 351,352
Café-Bar Burse 74
Café Blumencafé, FR-Lehen 143
Café-Tasse, Merzhausen 53
Caféduft, Freiamt-Ottoschwanden 206
Café – im Museum für Neue Kunst, FR 76
Café au lait, FR 144
Café Bar im Bursengang, FR 74
Café Bar Wiener, FR 75,90
Café Decker, Staufen 262
Café Hipp, Freiamt-Ottoschwanden 206
Café Inka, Ötlingen 345,346
Café Jos Fritz, FR 142
Café Scenario, FR 142
Café Schöpflin, FR-Haslach 144
Casa Española , FR 62
Chada Thai, Malterdingen 202
Colombi, FR 33
Cräsh, FR 98
D.O.C., FR 66
Dattler, FR 111

Deutsches Haus, FR 89
Dorfcafé, Horben 156
Dreiländerblick, Ötlingen 344
Drei Lilien, Laufen 275
Eckhof, Horben 242
Egon 54, FR 105
Eichhalde, FR 46
Engel, Bickensohl 233
Engel, Sitzenkirch 320
Enoteca, FR 37
Eric's Weingalerie, Sulzb. 271
Erle, Obersimonswald 211
Feierling, FR 82
Feierling Biergarten, FR 82,83
Ganter Hausbiergarten, FR 83
Gerstenhalmstüble 242
Giesshübel, Stohren 173
Goethe, Garni, Staufen 264
Goldener Anker, FR 103
Gotthardhof, Staufen 263
Grace, FR 90
Graf's Weinst., Oberegg. 314
Graf Anton (Colombi) FR 36
Greiffenegg-Schlößle, FR 110
Großer Meyerhof, FR 88
Grüner Baum, Badenweiler-Sehringen 306
Grüner Baum, Merzhausen 49
Grünhof, FR 97
Gutsschänke Dr. Schneider, MÜ-Zunzingen 290
Halde, Schauinsland 171
Haus Friede, Vögisheim 287
Heiliggeiststüble, FR 85
Hirschen, Britzingen 292
Hirschen, Kandern-Egerten 334
Hirschen, FR-Lehen 54
Hirschen, Merzhausen 51
Hirschen, Holzen 330
Hirschen, Obereggenen 311
Hirschen, Staufen 261
Hirschen, Sulzburg 269

Holzschopf, Schliengen 324
Hotel beim Hirschen, FR-Merzh. 53
Jackson Pollock, FR 92
Jazzhaus, FR 99
Jesuitenschloß, Merzhausen 141,160
Kagan, FR 93
Kaiserstuhl, Nimburg 185
Klemmbachmühle, Müllheim-Niederweiler 306
Klostermühle, Offnadingen 253
Kolbenkaffee, FR 73,143
Kreuz, Kappel 188
Kreuz-Post, Staufen 261,267
Kreuzblume, FR 45
Krone, Biengen 255
Krone, Freiamt-Mußbach 207
Krone, Geiersnest 240
Krone, Mauchen 325
Krone, Staufen 260
Krone, Weil-Märkt 348
Krone, Zunzingen 288
Kybfelsen, FR-Günterstal 58
La Bottega, FR-Hochdorf 182
La Cabaña, FR 79
La Cantinella, Badenweiler 302
La Finca, FR 81
La Vigna, Laufen 274
Lilie, Liliental 215
Litfaß, FR 133
Lotte, Staufen 263
Löwen, FR 96
Löwen, FR-Lehen 56
Löwen, Sölden 237
Löwen, Staufen 258,260
Löwen, Vörstetten 194
Ludinmühle, Freiamt-Brettental 206, 209
Luisenhöhe, FR-Horben 155
Maien, Vogelbach 320
Maria, FR 90

Markgräfler Hof, FR 87
Markthalle, FR 72
Martinsbräu, FR 72
Oberkirchs Weinst., FR 30,84
Ochsen, Eichstetten 183
Ochsen, EM-Wasser 195
Ochsen, MÜ-Feldberg 315
Ochsen, FR-Zähringen 62
Ochsen, Ötlingen 344
Omas Küche, FR 101
Osteria - Oporto, FR 78
Paulihof, Geiersnest 155,241
Peja, Lörrach 353
Post , Emmendingen 197
Raben, FR-Horben 157
Rebstock, Bahlingen 184
Rebstock, Efr.-Kirchen 342
Rebstock, Endingen 217
Rebstock, Oberbergen 231
Rebstock, Obereggenen 313
Rebstock, Scherzingen 252
Reichsadler, FR 100
Reingerhof, ob Istein 338
Römerbad, Badenweiler 299
Rössle, Dietenbach 191
Rössle, St. Ulrich 238
St. Barbara, FR-Littenweiler 112
St. Valentin, FR-Günterstal 108
Schauinsland-Bergstation 170
Scheidels Kranz, Kenzingen 204
Schlappen, FR 90
Schlegelhof, Kirchz./B.H. 189
Schloßcafé, FR 107
Schloßwirtschaft Bürgeln 318
Schönberger Hof, bei FR 141,162
Schwarzer Adler, Oberb. 228
Sonne, Amoltern 217
Sonne, Badenweiler 301
Sonne, Oberglottertal 200
Sonne, Vörstetten 194

Sonnen-Straße (bei St. Ulrich/Bollschw.) 165,240
Steinbuck, Bischoffingen 233
Steller Naturkostbar, FR 81
Sternen-Post, Oberried 192
Stilzerfritz, Freiamt 209
Storchen, Schmidhofen 256
Stube, Kiechlinsbergen 222
Sushi Bar, FR 76
Taberna, Müllheim 284
Tanne, FR-Opfingen 247
Teuffels Küche, March-Hugst. 181
Tizio, FR 65
Traube, Blansingen 337
Traudel's Café, Brettental 205
UC Café, FR 144
Villa Elben, Lörrach 352
Vini e Dintorni, FR 68
Waldhotel Bad Sulzburg 273
Waldsee, FR 107
Weber's Weinstube, FR 95
Wiehre-Bahnhof, FR 102,137
Winzerstube, Badenweiler 298
Zähringer-Hof, Münstertal-Stohren 175
Zähringer Hof, Auggen-Hach 321
Zum Engel, Tennenbach 201
Zum Gscheid, Freiamt-Keppembach/Gutach 210
Zum Kaiserstuhl, Niederrotweil 232
Zum Kranz, Kenzingen 203
Zum Kreuz, March-Buchheim 178
Zum Weinberg, FR-Herdern 59
Zum Wilden Mann, LÖ 350

Läden und Handwerker

Asia Shop, FR 126
Bäckerei Herr, Waldkirch 123
Bäckerei Mellert, Freiamt 209
Brot-Faller, FR 123
Brot Burkhart, Jechtingen 124
Bueb, FR 95
Cammerers Bauernladen, Bad Krozingen-Tunsel 252
Chocolaterie, FR 125
Coffee & More, Staufen 264
Confiserie Mutter, FR 125
Da Baldo, Weil 347
Degusto, FR 126
Herdermer Bauernmarkt, FR 48
Käse-Stähle, FR 122
Käsespezialitäten a.M., FR 122
La Pasta Mia, FR 125
Mc Entire, Ledermode, FR 129
Messer-Ferrazza, FR 122
Metzgerei Dirr, Endingen 220
Metzgerei Senn, Eimeld. 348
Moka, FR 125
Obst- und Gemüse: Schwörer, FR 121
Ölmühle Eberhard, Badenweiler 224
Ölmühle Reinacher, Königschaffhausen 224
Pralinerie Sixt, Staufen 267
Primo-Markt, FR 126
Sandalenwerkstatt, FR 128
Schmids Bauernladen, Bad Krozingen-Schlatt 251
Schöpflins, Backhaus, FR-Haslauch 124
Schreiner Benz, Kandern 329
Schreiner Jonny B., Laufen 275

Schuhladen Venzl, FR 128
Schuhmacher Hermann, FR 128
Schuhmacher Kienzle, FR 129
Seiberts Teekontor, FR 126
Sohr, Lederwaren, FR 127
Sonnen-Straußе, Hofladen (oberh. St.Ulrich) 165
Spargel: Bernd Kiechle, Mengen 246
    Klaus Vorgrimmler, Munzingen 246
    Willy Frey, Tieningen 246
Staudengärt. v. Z., Laufen 278
Täschnerei Eckert, FR 129
Waidner, Tisch&Bett, FR 130
Weinladen (beim Babeuf), FR 106
Wochenmärkte in FR 120

Weingüter

Brugger, Laufen 276
Dörflinger, Müllheim 282
Frick, Binzen 339
Keller, Oberbergen 230
Lämmlin-Schindler, Mauchen 327
Lang, FR-Munzingen 248
Reinecker, Sektkellerei, Auggen 322
Roser, Walter, Endingen-Königschaffhausen 218
Ruser, LÖ-Tüllingen 354
Schloßgut Istein 340
Ulmann, Staufen 264

Hotels und Gästezimmer

Einige im Buch genannte Häuser bieten auch schöne Gästezimmer an. Eine Auswahl von Landgasthof bis Grand Hotel, Details im Text:

Kreuzblume, FR-Altstadt 45
Hirschen Hotel Clarion, FR-Lehen 54
Löwen, FR-Lehen 56
Oberkirch, FR-Münsterplatz 84
Halde, Schauinsland 171
Schlegelhof, Kirchzarten 189
Rössle, Kirchzarten-Dietenbach 191
Krone, Freiamt-Mußbach 207
Schwarzer Adler (Gästehaus Weinberg), Oberbergen 228
Rössle, Bollschweil-St. Ulrich 238
Hirschen, Staufen 261
Goethe-Garni, Staufen 264
Hirschen, Sulzburg 269
Erics Weingalerie, Sulzburg 271
Blauels, Neuenburg 394
Römerbad, Badenweiler 310
Sonne, Badenweiler 301
Rebstock, Obereggenen 313
Traube, Blansingen 337
Burghof, Lörrach 351
Villa Elben, Lörrach 352

Alle Angaben in diesem Buch wurden vom Autor nach bestem Wissen erstellt und von ihm und dem Verlag mit größtmöglicher Sorgfalt geprüft. Inhaltliche Fehler sind dennoch – wie wir im Sinne des Produkthaftungsrechtes betonen – nicht vollständig auszuschließen. Daher erfolgen alle Angaben ohne Garantie des Verlags und des Autors. Beide übernehmen keine Verantwortung und Haftung für etwaige Unstimmigkeiten.

Verlag und Autor freuen sich jederzeit über Anregungen, Tips und Korrekturhinweise! Wichtige Anregungen und Hinweise werden mit einem Freiexemplar honoriert.

„**Nicht umsonst heißt der Verlag Oase –
eine Oase in der deutschen Reiseführerlandschaft.**"
Tages Anzeiger, Zürich

Wir ertrinken im Mittelmaß, am Guten herrscht bitterer Mangel. Oase Reisebücher zeigen handverlesene Adressen zum Abhauen, Einkehren und Unterkommen. Dazu besondere Touren und reizvolle Ecken.

Südschwarzwald Abel
Süd-Elsass und Sundgau Salamander/Abel
Oasen am Oberrhein Abel
Freiburger Glück Abel und Halter
Badische Küchenkunde Abel
Französischer Jura Ikenberg
Lago Maggiore und Tessin Abel/Salamander
Cinque Terre und ligurische Küste Hennig
Adria – Romagna und Montefeltro Blecking
Portugals Pousadas Abel

In Vorbereitung:
Kaiserstuhl und Tuniberg Abel

Oase Verlag
Obermattweg 3
D-79410 Badenweiler
Tel. 07632-7460
Fax: 07632-5098

www.oaseverlag.de
oaseverlag@t-online.de

Handwritten notes:

238 Rössle, bei Ullrich
237 Löwen, Söldu
240/241

Dr. Göhring 27.4.18
Löwen, Söldu 237
Bolanders, Bollschweil
Staude, Au
?

einschauen

278   271
282   282
289/90   313
292   315
306

© 14. Auflage 2006
Oase Verlag
D-79410 Badenweiler
Tel. 07632-7460
Fax: 07632-5098
www.oaseverlag.de

Herstellung: fgb • Freiburger Graphische Betriebe

ISBN 3-88922-061-4   Alle Angaben ohne Gewähr